JN441613

□ 운암 조신권 교수 전집 3

구약설화의 세계

재미있고 신나는 성경 이야기

조 신 권 지음

아가페문화사

The World of the Old Testament Narratives

∗61 Wonderful Bible Stories∗

by

Shin Kwon Cho

2008

Agape Culture Publishing Company

Seoul, Korea

雲岩 조신권 교수 전집을 펴내면서

지금까지 50여 년 간 연세대학교와 총신대학교 및 한국여자신학교에서 가르치고 연구하며 성경과 문학과의 가교를 놓는 일에 진력해 오신 우리들의 동료이자 은사이시며 신앙의 선배이신 雲岩 조신권 교수님의 학덕을 기리고, 신앙과 사상, 교육과 연구 및 문화와 학술 면에서 그가 세운 업적과 공적을 길이 보존하며, 후대에 널리 전승시키고 선양시키기 위하여 그의 전집을 펴내고자 합니다.

그 사이 연구하여 발표하고 출판했던 번역물들과 학술논저들, 그리고 틈틈이 써서 내놓았던 창작물들과 새로 쓴 것들을 모아 雲岩 전집 20권과 별책 1권『인생여록』(人生餘祿)으로 묶어 펴내려 합니다. 이 20권 중에는 『성경의 문학적 탐구』를 비롯한 5권의 성경과 문학의 관계저서와 『존 밀턴의 문학과 사상』을 비롯한 5권의 영문학과 성경과의 관계 저서, 『한국문학과 기독교』를 비롯한 6권의 기타 기독교 관계 저서와 창작물, 그리고 『실낙원』을 비롯한 4권의 번역물과 해설이 포함됩니다.

이 전집에서 우리는 끊임없이 새로운 것을 추구하는 선생님의 정열과 도전 및 탐구 정신과 만나게 되고, 무엇보다 복음 안에서 모든 학문과 현상을 재구성하고 재창조하는 그의 탁월한 상상력과 용광로처럼 뜨거운 열정을 재체험(再體驗) 또는 감응감수(感應感受) 할 수가 있습니다. 이런 영성은 혼탁한 세대를 밝히는 등불이 될 것이고, 어디로 가야할 지를 모르는 사람들에게는 지팡이가 될 것입니다.

독자 여러분에게 놀라운 은혜와 감동 및 유익과 새로운 깨달음을 줄 수 있었으면 좋겠습니다. 동시에 그의 한결같은 일관성과 그의 쇠심줄 같은 끈기 및 그의 성문학(聖文學)에 대한 사명감 등을 공유할 수가 있었으면 좋겠습니다. 더구나 영상매체가 판을 치는 이때에 펴내는 이 전집이 천박해 지기 쉬운 우리들의 후학과 후손들의 품격을 고상하게 격상시켜 주는데 도움이 되었으면 좋겠습니다.

지속적인 후원과 기도를 부탁드리며 순차적으로 펴내도록 하겠습니다.

雲岩 조신권 교수 전집 출판후원회

고문: 총신대학교 총장 김인환 박사

대표: 기독신문 주필 김영우 목사

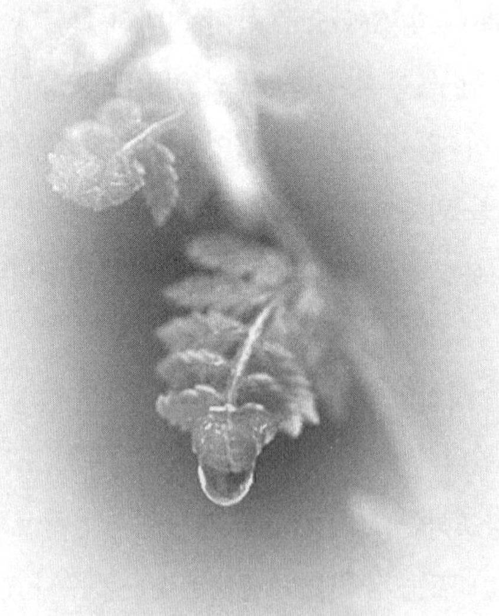

머 리 말

새것을 좋아하고 낡은 것을 싫어함은 누구나 다 같은 생각이지만, 우리의 소용(所用)됨에는 낡은 것이라도 새것만 못지않습니다. 우리가 우리의 역사를 소중하게 여기는 것처럼 옛것을 찬찬히 반추해서 그것으로부터 양질의 영양소를 얻는 것은 매우 소중한 일이라 아니 할 수 없습니다. 오늘을 오늘답게 살아가려는 슬기로운 사람들에게는 고금신구(古今新舊)의 양서가 다 그들의 스승이 될 수 있습니다. 그 스승의 가르침과 깨우침과 키워줌은 천금을 주고도 다른 데서는 살 수가 없습니다. 특히 옛것(古典)은 그러합니다.

많은 옛것들 중에서도 우리가 늘 사랑하고 아껴야 할 것은 성경이라고 생각합니다. 성경은 옛날 히브리 민족의 생각이나 느낌 즉 그들의 체험을 기록해 놓은 것이기는 하지만, 그것은 오늘에 있어서도 마치 묵은 김치처럼 깊은 맛과 심원한 맛갈스러움을 선사해줄 뿐 아니라 화단의 꽃들처럼 우리들의 삶에 각종 아름다움과 향기를 풍겨줍니다. 그 아름다움과 그 깊은 향기로운 냄새는 우리들의 지성을 풍성하게 해주는 동시에 사람의 마음을 아름답게 그리고 향기롭게 해줍니다.

하나님께서는 그 자신의 아름다움과 그 향기 곧 그 메시지를 전해 주기 위해 다양한 문학양식을 동원하였습니다. 그러므로 성경을 해석하는데 있어서 문학양식은 결정적인 역할을 한다고 생각합니다. 성경에서 제일 많이 사용된 문학양식은 강론형식입니다. 이 강론형식은 구약에서보다는 신약에서 더 많이 찾을 수 있습니다. 강론이라 함은 여러분도 잘 아시는 바와 같이 객관적 진리에 대한 직접적 논리전개나 설명을 의미합니다. 바울의 서신들이 이 강론적인 형태의 대표적인 글들입니다.

그 다음으로 많이 발견되는 문학양식은 설화(narrative)와 전기의 형태라 할 수 있습니다. 구약의 상당 부분과 사복음서가 이 설화와 전기의 형태를 취하고 있습니다. 이런 문학양식들 못지않게 가장 눈에 띄는 것은 시(poetry)형식입니다. 시편을 비롯해서 많은 예언서와 지혜서들이 시의 형태를 갖추고 있습니다. 그리고 성경에서는 연설, 비유, 풍자, 비극, 지혜문학, 예언문학 등의 형태도 찾을 수 있습니다. 물론 이보다 더 많은 문학양식을 찾을 수 있고, 또한 더 상세하게 구분할 수도 있지만, 이 가운데서 많은 부분들이 겹쳐지기도 합니다.

이처럼 다양한 문학양식 중에서도 이 책에서는 성경에 나오는 설화들만 모아서 가능한 쉽게 이야기를 전개하겠습니다. 설화란 곧 이야기를 말 합니다. 이야기에는 등장인물이 나오고 사건이 나오며 배경이 나옵니다. 그러나 성경의 설화는 꾸며낸 허구(fiction) 즉 소설이 아니라 일어난 사실들을 다루는 역사이야기입니다. 성경의 역사를 말할 때에는 소설(novel)이나 이야기(story)라는 말보다는 설화(narrative)라는 말을 쓰는 것이 더 좋습니다. 왜냐하면 이야기는 가령 "옛날 옛적에 . . . "로 시작되는 이야기처럼 지어낸 어떤 것을 의미하는 말로 더 많이 쓰이기 때문입니다.

이 설화의 목적은 하나님께서 그의 창조세계에서, 또 그의 백성들 가운데서 일하고 계심을 보여주고자 하는데 있습니다. 또한 설화는 우리로 하여금 그에게 영광을 돌리며, 그를 깨닫고 인식하도록 도와주며, 또한 그의 섭리와 보호하심의 면면을 보게 해줍니다. 동시에 설화는 가타 우리의 삶에 중요한 많은 교훈들을 시례로 제시해 주기도 합니다. 구약의 40퍼센트가 이 설화로 구성되어 있습니다.

창세기, 여호수아, 사사기, 룻기, 사무엘상하, 역대상하, 에스라, 느헤미야, 다니엘, 요나, 학개는 책 전부가 설화의 형태로 되어 있고, 출애굽기, 레위기, 민수기, 신명기, 예레미야, 에스겔, 이사야, 욥기 등도 사실상 많은 설화적인 부분을 포함하고 있습니다. 신약성경에도 사복음서의 많은 분량과 사도행전 거의 전체가 설화로 구성되어 있습니다. 설화 이외의 부분들 특히 시 부분은 雲岩 조신권 교수 전집 20권 중 제1권에 해당되는『성경의 문학적 탐구』에서 다루겠습니다. 이 책은 운암전집 제3권에 해당됩니다. 이미 1999년에 『재미 있고 신나는, 성서의 세계-멀고도 가까운 이야기 탐험』이라는 제목으로 아가페 문화사에서 출간되었던 책을 여기서는 두 권으로 나누어, 하나는 『구약설화의 세계-재미있고 신나는 성경 이야기』로, 다른 하나는 『신약설화의 세계-예수와 그 주변 사람들의 이야기』로 개칭해서 운암전집 제3권과 제4권으로 출간하게 되었습니다. 많은 부분은 1999년에 출판되었던 내용 그대로이고, 미흡했거나 부족했던 부분에 대해서는 상당 부분 보충하거나 첨가했습니다(여기서 사용한 성경전서는 개역개정 4판입니다).

운암전집을 내는 일에 큰 관심을 가시고 여러 모로 배려를 아끼지 않으신 총신대학교 총장 김인환 박사님과 그 밖의 여러 교수님들, 그리고 학교 당국에 감사를 드립니다. 또한 기도와 물심양면의 도움을 주신 후원회 회원 여러분과 전집출판에 심혈을 기울여 주시는 아가페문화사 사장 김영무 목사님께 감사를 드리며, 맞춤법과 띄어쓰기 같은 자잘 구례한 일들을 불평 없이 맡아 처리해 준 총신대학교 영어교육과 이아란 양에게 고마운 마음을 표현합니다. 동시에 표지 디자인에 정성을 쏟아 주어 좋은 책을 내도록 해준 셋째 자부 황인정 집사께도 심심한 사의를 표합니다.

2008년 3월 10일

관악산이 바라다 보이는
총신대학교 종합관 연구실에서
운암 조 신권 씀

차 례

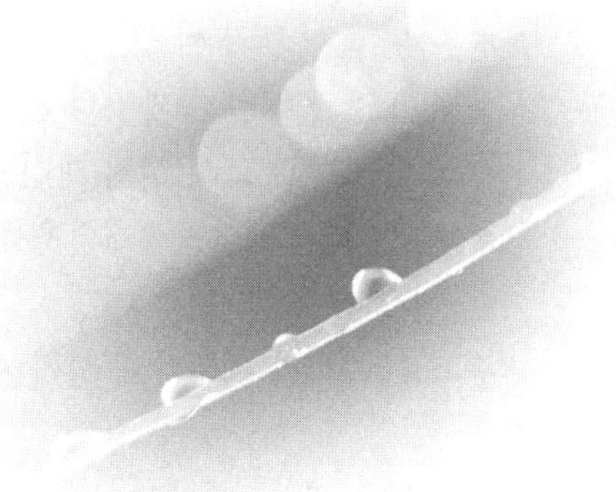

1 창조와 타락

- 하나님과 그의 천지창조(天地創造)
- 아담과 하와가 살던 에덴동산
- 가인과 그 후예(後裔)들
- 노아의 홍수와 하늘의 무지개
- 니므롯과 그가 쌓은 바벨탑

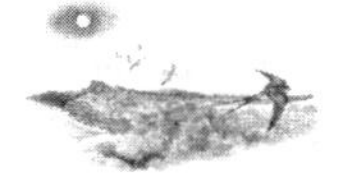

하나님과 그의 천지창조(天地創造)

처음, 중간, 끝을 갖는 사건의 연속을 이야기라고 한 아리스토텔레스의 정의를 받아들인다면, 분명 창세기(*Genesis*)는 시작이요 요한 계시록(*The Book of Revelation*)은 끝이며, 그 밖의 다른 모든 사건들은 중간이라 할 수 있습니다. 창세기는 시간(time)과 역사(history)가 어떻게 시작되었는가를 기술하고 있고, 요한 계시록은 그것이 어떻게 끝날 것인가를 예시해 주고 있습니다.

창조 이야기의 주역(主役)은 하나님이십니다. 그 하나님은 이 시간(때)이 시작되기 훨씬 이전부터 계셨습니다. 창세기의 기록자는 하나님은 "태초"(창 1:1) 그 이전부터 계셨다고 하였습니다. 창조의 주역으로서의 엘로힘 하나님은 우주의 밖에 있으며(초월성) 자신의 위대하고 강력한 말씀으로 만물을 창조하고 그것을 통제하며 보존해 가십니다. 동시에 만물에 아름다운 형태를 부여한 장인(匠人)이십니다(창 1:2). 그는 참으로 좋은 분이시고 무엇이든지 다 하실 수 있습니다. 하나님은 하늘에 계신 영적인 존재이지만, 닿을 수도 없고 알 수도 없는 어떤 신령한 에너지가 아니고 인간들이 개인적으로 만나서 교제를 나눌 수 있는 인격적인 분이십니다.

하나님의 이름들

이름	뜻	관련성구
엘 (단수)	나는 주	신 5:9
엘 샷다이	전능하신 하나님	창 49:24, 민 1:6,12
엘 엘 욘	지극히 높으신 하나님	창 14:22, 민 24:16
엘 올 람	영생하시는 하나님	창 21:33
엘 로 힘	창조주	창 1:1-3
여호와(야훼)	스스로 있는 자	출 13:14
의로운 가지		렘 23:5-6
지 혜		골 1:13-19, 2:1-3
목 자		사 40:11
여호와의 말씀		시 33:4, 6
종		사 42:1-4, 49:1-7, 52:1-12
영 광		출 16:7, 마 25:31

하나님께서 이 세상을 만드시기 전에는 아무것도 없었습니다. 하늘도, 땅도, 소리도, 빛도 없었고, 살아서 움직이는 것도 전혀 없었습니다. 오직 땅에는 어둠과 고요, 그리고 생명이라고는 전혀 없는 공허(空虛), 마치 수렁과도 같은 텅 빈 허공만 있었습니다. 그런데 하나님께서 이 세상과 사람을 만드시고 꼴(form)과 색깔(color)을 주었고 무질서하던 것을 질서 있게 하셨으며 텅텅 비어있던 것을 살아 움직이는 것들로 가득 채우셨습니다. 삼위일체(三位一體)이신 하나님은 서로 사이좋게 도모하고 협동하면서 이 일을 하셨습니다. 그렇게 해서 그분은 가장 아름답고 보기에 좋은 최선의 작품을 만드셨습니다.

아버지 하나님(Father God)은 전지전능(全知全能)의 능력을 가지시고 창조의 기본 계획(masterplan)을 세웠고, 아들 하나님(Son God)은 지혜의 말씀(Word)으로써 창조물들을 구체적으로 배열하는 작업을 하셨으며 성령 하나님(Holy Spirit God)은 사랑(love)으로써 공허한 지면을 감싸듯 운행하시면서 새로운 생명의 요소와 그 깊은 수면을 채워 창조의 마무리를 짓는 일을 하셨습니다. 이 일은 따로따로 시간차를 두고 이루어진 것이 아니라 동시적으로 이루어졌다고 할 수 있고, 삼위(三位) 하나님의 기능은 각기 달라도 그것은 한 하나님으로부터 나오는 일체(一體)의 행위요 작업이라 할 수 있습니다.

성경의 창조 이야기는 두 곳에 나오는데, 하나는 창세기 1장 1절부터 2장 4절까지이고, 다른 하나는 2장 4절부터 3장 24절까지입니다. 창세기 1장의 하나님은 위엄은 있지만 아주 멀리 떨어져 있는 전지전능하시고 초월적인 동시에 질서와 천사들의 하나님으로 나타나십니다. 그 하나님이 "태초에 천지를 창조"(창 1:1) 하셨습니다. 이 구절은 히브리 문학의 보편적 특색이라 할 수 있는 일반론이라 할 수 있습니다. 이 일반론으로부터 시작하여 창조의 과정을 좀더 구체적으로 서술 전개시키고 있습니다.

하나님은 "빛이 있으라"(창 1:3)고 말씀하셨습니다. 그러자 어둠과 고요함 위로 빛이 비쳐 왔습니다. 하나님이 그것을 보시니 참 좋았습니다(창 1:4). 하나님은 빛과 어둠을 갈라놓으시고 빛을 "낮", 어둠을 "밤"이라 하였습니다(창 1:5). 밤이 지나고 낮이 되니 하나님이 세상을 만드신 첫째 날이었습니다.

하나님은 말씀으로 물 가운데 궁창(firmament)을 창조하시고, 궁창 아래의 물과 궁창 위의 물을 나누었습니다. 밤이 지나고 낮이 되니 둘째 날이었습니다. 셋째 날, 하나님은 하늘 아래의 물을 한 곳으로 모아서 땅을 창조하고 채소와 풀과 열매 맺는 과목을 창조하셨습니다. 넷째 날, 하나님은 낮과 밤을 가르는 큰 빛(sun)과 작은 빛(moon)을 창조해서 낮과 밤을 다스리게 하셨습니다. 다섯째 날, 하나님은 물속의 각종 물고기와 공중의 각종 새를 창조하고 생육 번성하라고 하셨습니다. 여섯째 날, 하나님은 땅의 육축과 기는 것과 짐승을 창조하고 마침내 그 자신의 모습대로 인간을 창조하셨습니다. 일곱째 날, 하나님은 모든 창조를 끝내고 쉬셨습니다. 이것이 안식일의 기원이 되는 것입니다(창 1:6-31).

하나님은 세상, 즉 하늘과 땅 그리고 그 안에 살아 움직이는 모든 것을 만드셨습니다. 우리는 이 창조 이야기 속에서 이스라엘 민족의 드높은 양심과 놀라운 진실 곧 그 민족 특유의 신관과 역사관을 이해할 수 있습니다. 창세기의 기록자는 과학적으로 정확한 사실을 기록하려고 했다기보다는 보다 깊은 종교적 상상력으로써 그 민족 특유의 신관을 제시하여, 그 보편적인 진리를 인류에게 암시해 주려고 한 것입니다.

하나님의 창조패턴

날	배 경	날	완 성
첫 째 날	우주, 빛(1:1-5)	넷 째 날	해, 달, 별(1:14-19)
둘 째 날	궁창(1:6-8)	다섯째날	새, 물고기(1:21-23)
셋 째 날	바다, 땅, 식물(1:9-13)	여섯째날	짐승, 사람(1:24-31)
일곱째날	안식하심(2:1-3)		

위의 도표에서 보듯이 하나님의 창조 행위는 평행 구조 속에서 진행되었음을 알 수 있습니다. 첫째 날의 빛의 창조와 빛과 어두움을 나눈 것은 넷째 날의 큰 빛(해)과 작은 빛(달)의 창조와 병행을 이룹니다. 둘째 날의 궁창 창조와 궁창 아래의 물과 궁창 위의 물로 구분한 것은 다섯째 날의 물과 공중의 각종 생물을 창조한 것과 병행을 이룹니다. 셋째 날의 땅과 채소의 창조는 여섯째 날의 땅 위에 각종 생명과 채소류를 창조한 것과 병행을 이룹니다. 이와 같이 하나님은 일정한 틀 속에서 처음 삼일 동안에 창조한 것을 그 후 삼일 동안에 움직이게 하였습니다. 넷째 날 해와 달에다 빛과 어두움, 낮과 밤의 주기적 패턴(cyclical pattern)을 주어 해와 달을 운동시킨 후, 하나님은 땅과 공중과 바다에다 고기와 새와 인간을 포함한 동물을 살게 하고 생육하고 번성하라고 축복해 주었습니다. 이처럼 하나님은 하늘과 땅, 해와 달, 빛과 어두움, 낮과 밤, 궁창 아래의 물과 궁창 위의 물, 공중의 각종 생물과 땅의 각종 생명과 채소류와 같은 창조의 병행구조 안에서 창조했던 것을 축복으로 재창조했

던 것입니다.

창세기 1장의 창조 이야기의 구조 분석을 통해 몇 가지 하나님의 계획과 뜻을 살펴볼 수 있습니다. 첫째로 하나님은 만물을 만드신 창조자이지만, 하늘에서는 해와 달을 그의 대리자 또는 수임자(受任者)되게 하셨고, 땅에서는 사람을 그의 대리자 또는 수임자로 만드셨다는 것입니다. 둘째로 하나님은 처음 삼일 동안에 창조한 하늘과 땅을 그뒤 삼일 동안에 운동시키셨고, 셋째로.하나님은 창조의 위계질서에 따라 생물을 창조하셨다는 것입니다.

이 창조의 이야기 속에 스며있는 예술적 형식의 한 요소는 반복이라 할 수 있습니다. "하나님이 말씀하시기를, · · · 있으라, 그러니 그렇게 되었다" (God said, let · · ·, and it was so). 이런 반복적 형식은 시의 후렴과 같이 창조의 긴 여운을 남겨 주는 동시에 흥겨운 축제나 신비로운 천상의 연도(連禱)와 같은 효과와 율동감을 자아내고 있습니다.

또한 창조의 구상을 보면, 선포(announcement : 하나님이 말씀하시기를), 명령(command : · · · 있으라), 보고(report : 그러니 그렇게 되었다), 평가(evaluation : 하나님이 보시니 좋았다)로 이루어진 것을 알 수 있습니다. 일시적인 틀 안에서의 배치(placement in a temporal frame : 저녁이 되고 아침이 되니 · · · 날이다)와 같은 일정한 패턴을 사용하여 무엇보다 질서를 중시한 것을 알 수 있습니다. 이런 창조의 리듬과 질서는 땅의 수임자인 우리 사람들로서는 무엇보다 먼저 본 따야만 할 창조 행위의 원형이 되는 것입니다.

다음으로는 창세기 2장 4절 이후에 나오는 창조 이야기로 넘어가 보겠습니다. 그 이야기는 이렇게 시작됩니다.

"여호와 하나님이 하늘과 땅을 만드시던 날에 여호와 하나님이 땅에 비를 내리지 아니하셨고 땅을 갈 사람도 없었으므로 들에는 초목이 아직 없었고 밭에는 채소가 나지 아니하였으며 안개만 땅에서 올라와 온 지면을 적셨더라. 여호와 하나님이 땅의 흙으로 사람을 지으시고 생기를 그 코에 불어 넣으시니 사람이 생령이 되니라. 여호와 하나님이 동방의 에덴에 동산을 창설하시고 그 지으신 사람을 거기 두시니라 여호와 하나님이 그 땅에서 보기에 아름답고 먹기에 좋은 나무가 나게 하시니 동산 가운데에는 생명나무와 선악을 알게 하는 나무도 있더라"(창 2:4-9).

이 창조 설화를 읽어 보면 창세기 1장에서와는 달리 인간의 생활과 그 환경에 더 관심이 집중되었다는 것을 알 수 있습니다. 여기서는 창조나 시간의 시초를 강조하는 것이 아니라 시간 속에서 이루어지는 역사의 기원을 강조하고 있습니다.

하나님은 흙으로 사람을 빚어 만드시고 거기에 숨을 불어넣으셨습니다. 그러자 사람은 숨을 쉬기 시작하였습니다. 하나님의 숨은 사람에게 죽지 않는 영혼과 지성과 의지와 마음을 지니게 하여 자유와 선택의 능력을 갖추게 하였습니다. 하나님은 그를 '아담'(Adam)이라고 이름 지어 주셨습니다. 그것은 '흙으로 만들어졌다'는 뜻입니다.

아담은 주위를 둘러보았습니다. 하늘을 나는 새들, 물속을 헤엄쳐 다니는 고기들, 땅 위를 기어 다니고 뛰어 다니는 갖가지 짐승들, 그리고 온갖 과일과 풀과 곡식들을 보니 참으로 보기 좋고 매우 즐거웠습니다. 아담은 이 모든 것을 바라보며 이름을 지어 주었습니다. 그런데 이것들 가운데는 아담과 이야기를 나눌 만한 친구가 없었습니다. 하나님은 혼자 있는 아담의 쓸쓸함을 보시고 그에게 어울리는 짝을 만들어 주기로 생각하셨습니다. 그래서 그는 깊이 잠든 아담의 갈빗대를 한 개 뽑아서 그것으로 여자를 만드셨습니다. 이렇게 하여 아담은 그의 짝을 갖게 되었으며, 그녀를 '하와'라고 이름을 지었습니다. 하와란 '생명이 있는 것의 어머니'라는 뜻입니다. 아담은 자기 짝인 하와를 보며 기뻐서 이렇게 소리쳤습니다.

"이는 내 뼈 중의 뼈요,

내 살 중의 살이로구나.

남자에게서 취하였으니
여자라고 부르리라" (창 2:23)

그 후 두 사람은 꽃과 향기로 가득 찬 에덴동산에서 사랑하며 행복하게 살았습니다. 17세기 영국의 청교도 시인인 밀턴(John Milton)은 인간의 타락을 주제로 하는 작품 『실낙원』(*Paradise Lost*)을 썼습니다. 그는 이 작품에서 인간을 다음과 같이 시적으로 묘사하고 있습니다.

그 중에서도 몸이 곧고 키 큰 보다 고상한 두 모습,
마치 하나님처럼 곧고 나체지만 위엄 있는 그 몸엔
타고난 존귀함이 주어져 만물의 주 같고
또한 그만한 가치 있어 보인다. 그들의 거룩한 얼굴엔
영광스러운 창조주의 모습, 의로움과 지혜와
엄하고 순결한 거룩함이 빛난다.
엄하지만 아들로서의 참된 자유에서 연원되는 것,
그러기에 인간의 참된 권위 거기서 난다.(4. 288-95)

밀턴은 첫째로 아담과 하와의 모습을 "하나님처럼 곧고" (Godlike erect) 키가 크고 고상한 것으로 그리고 있습니다. 그것은 외면적으로는 키가 크고 곧은 직립의 자세를 묘사한 것이지만, 또한 다른 피조물과 대조해서 특별히 인간의 청렴 강직함(uprightness)을 강조하는 고전적 전통의 빛에서 보면 "만물의 주" (Lords of all)를 표현한 것이라 할 수 있습니다. 그리고 "나체지만 위엄 있는" (naked majesty)이라는 표현은 그들에게 나타나는 신의 순결함의 반영이라 할 수 있고, 무엇보다 그들에겐 "아들로서의 참된 자유" (true filial freedom)가 있었다는 뜻입니다. 그들은 신의 아들이 되는 자유를 누릴 수 있는 하나님의 자녀들이라는 말입니다. 아들은 아버지의 상속인이 되는 것입니다. 상속인으로서의 아들은 아버지(하나님)로부터 참된 권위와 존엄성을 물려받은 것입니다.

또한 밀턴은 아담과 하와의 외모에 나타나는 아름다움과 특성을 여러 곳에서 이렇게 묘사하고 있습니다. 아담의 남성미(男性美)에 대한 묘사부터 보겠습니다.

그의 아름답고 넓은 이마와 숭고한 눈에는
절대권이 나타나 있고, 히아신스의 머리채는
가루마를 탄 앞머리에서 수북이 늘어져
사나이답지만, 넓은 어깨 밑까지는
이르지 않는다.(4. 300-303)

그의 넓은 이마와 숭고한 눈에는 "절대권"(Absolute rule)이 주어졌고, 히아신스의 꽃처럼 흐르는 듯한 "머리채"(Hyacinthine locks)는 그의 초인적인 신성한 미를 암시하고 있습니다. 하와의 여성미(女性美)도 다음과 같이 구체적인 표현으로 그리고 있습니다.

그녀의 꾸밈없는 금발은 마치 베일처럼
호리호리한 허리까지 흐트러져 내려진 채,
포도덩굴의 수염이 꼬부라지듯
제멋대로 곱슬곱슬 굽이친다.(4. 304-307)

그녀의 부푼 젖가슴이
미끈하게 풀어 늘어뜨린 황금빛 머리채에 가려져
반쯤 드러난 채로 그의 가슴에 닿는다.(4. 495-497)

이러한 하와의 외적인 미가 그녀의 내면적인 미와 직결될 때 더욱 깊은 의미를 갖게 됩니다.

이는(금발) 복종을 의미하지만,
너그러운 주권의 요구를 받아
그녀 스스로 응하는 것, 수줍으면서도 공손하게,
겸손하면서도 자랑스럽게, 달콤하면서도 마음 내키지
않는 듯 망설이며 정답게 응하는 것이기에, 그는 이를
극진히 받아들인다.(4. 307-312)

결국 하와는 외적으로도 아름답지만 내면적으로 "신성하고" "순진한" "순종하는" "겸손한" 여성으로 묘사되어 있습니다.

창세기 2:4-9절의 창조 설화에 따르면, 밀턴이 그린 대로 하나님께서는 자기의 형상대로 먼저 사람을 만들었고 그 다음으로 그가 살아 갈 사회적 환경을 만들어 주었다는 것을 알 수 있습니다. 따라서 두 번째 창조 이야기는 병행구조로 이루어진 것이 아니라 순환구조로 이루어졌다고 봄이 옳을 것입니다. 이런 구조 속에서 본다면, 인간은 그의 물리적 환경과 깊은 관계 아래 있는 존재로서 밭을 갈고 그것을 잘 보존하며 에덴동산을 돌보지 않으면 안 된다는 것을 알 수 있습니다. 또한 사람은 다른 생물들을 분류하고 정의하는 따위의 책임을 갖고 있으며, 다른 사람과 서로 사랑의 관계를 맺고 서로 돕고 의존하지 않으면 존재성을 상실할 수밖에 없다는 것도 알 수 있습니다. 남자와 여자가 부모를 떠나 서로 연합하여 한 몸이 되는 진리가 여기에 있는 것입니다.

하나님의 모습도 이 창조 설화에서는 지극히 인간적으로 묘사되고 있어서 하나님의 예지를 의심할 정도입니다. 동산을 만들고 저녁에 산책을 하는가 하면, 손가락 사이에 진흙을 묻혀서 사람을 빚어 만든 후 코에 입김을 불어 생명을 주기도 하고, 갈빗대를 뽑아 여자를 만들고 땅을 주어 살아가게 하는 것을 볼 때 우리는 무척 다정하신 아버지 같은 느낌을 받기도 하고 정원사나 토기장이 같은 느낌을 갖게도 합니다. 뿐만 아니라 아담과 하와가 선과 악을 알게 하는 나무 열매를 따먹었을 때 동산으로 찾아오시는 것이라든지, 죄를 지은 아담과 하와를 불쌍히 여겨 가죽 옷을 지어 입혀주시는 것 등을 보아서도 두 번째 창조 이야기에 나타난 하나님의 모습은 지극히 인간적이라는 것입니다.

그러나 창조의 주체는 역시 "여호와 하나님" 이십니다. 각 절 첫머리에서 반복되어 사용된 "여호와 하나님" 이라는 표현은 전지전능하신 초월적인 하나님을 가리키는 것이 아니라 우리를 찾아와서 말씀하시고 자비를 베풀어주시는 구원의 하나님을 가리킵니다. 이처럼 우리를 찾아오셔서 창조를 통하여 우리에게 사랑을 베풀어주시는 그 하나님을 우리 인간들은 목소리를 높여 찬송하여만 합니다.

앵글로 색슨 시대의 밀턴이라고 불리는 캐드몬(Caedmon)은 원래 휫트비 수녀원장 힐다(Hilda) 밑에서 일하는 무식한 마부(馬夫)였는데 하룻밤은 성령의 감화를 받아 그 영감을 통하여 하나님의 천지창조에 대한 노래를 창작하게 되었습니다. 그의 "찬미" 라는 시는 아주 짧은 시지만 영적인 감동력을 갖고 있어서 읽는 사람들의 마음을 흔들어 놓았다고 합니다.

> 이제 우리는 천국의 수호자
> 그의 능력과 그의 지혜,
> 영광스러운 아버지 하나님의 업적을
> 찬양하여야 하리라. 이는 영원한 주님께서
> 놀라운 만물의 시초를 마련하였음에서이니라.
> 거룩하신 창조주께서는 먼저 사람의 아들들을 위하여
> 하늘을 지붕으로 만드셨고 인류의 보호자이신,
> 영원한 주님이시며, 전능하신 기쁨이 되시는 주님께서는
> 후에 땅 위의 사람들을 위하여 이 땅을 꾸미셨느니라.

우리 인간의 첫째 의무는 태초에 만물을 창조하신 하나님을 찬미하는

것이라는 것입니다. 이런 의미에서 캐드몬은 성경의 정신을 철저하게 형상화했다고 할 수 있습니다. 왜냐하면 성경의 출발점은 창조에서부터 시작되기 때문입니다. 하나의 체계로서의 기독교는 구주이신 그리스도와 함께 시작되는 것이 아니라, 태초에 천지를 창조하시고 역사의 흐름 속에서 인간을 의미심장한 존재로 만드신, 무한하시고 인격적인 하나님과 함께 시작합니다. 모든 창조의 목적과 기능이 우리의 궁극적 관심사인 창조하고 통치하는 하나님을 찬양하는데 있다고 봅니다.

아담과 하와가 살던 에덴동산

창조 설화에 이어지는 이야기는 하나님께서 만드신 사람과 뱀, 그리고 에덴의 동산에 관한 설화입니다. 이 이야기는 창세기 2장 7절로부터 3장 24절까지에 나옵니다. 창세기 2장 8절을 보면 "여호와 하나님이 동방의 에덴에 동산을 창설하시고 그 지으신 사람을 거기 두시니라"라는 말씀이 있습니다. 성경에는 에덴동산에 대한 자세한 묘사가 없지만 밀턴의 『실낙원』을 보면 실로 에덴동산이야말로 너무나 아름답고 풍요로운 곳이라는 것을 알 수 있습니다.

> 이렇게 사탄이 전진하여 에덴의 경계에
> 이르니, 이제 더욱 가까워진 아름다운
> 낙원은 시골집의 토담처럼
> 푸른 울타리가 황막한 산의 평평한 봉우리에
> 씌워졌고, 덤불이 뒤덮인 우거진
> 산비탈은 기괴하고 험해서

가까이 갈 수가 없다. 그리고 머리 위에는
삼나무 소나무 전나무 가지 뻗은 종려 등
지극히 높은 수목들 하늘 닿는 높이로 자라
삼림의 장면을 이루며, 숲 위에 숲으로 층층이
올라갔으니 아주 장엄한 숲의 극장이다.
수목들의 꼭대기보다 훨씬 높게
낙원의 푸른 울은 솟아 있고,
여기서 우리들의 조상은 그 부근 가까이 있는
아래 세상을 널리 둘러본다.
이 울보다 높이 빙 둘러 열을 진,
아름다운 열매 가득하고 금빛 꽃도 피고
열매도 맺는 훌륭한 나무들은
화려하고 찬란한 갖가지 빛깔에 물든 듯 하였다.
그 위에 태양은 아름다운 저녁 구름보다도,
또는 하나님이 대지에 소나기를 내리실 때의
무지개보다도 더 찬란하게 빛을 뿌린다. 그 경치
그렇게 아름다웠다.(4. 131-53)

그에 따르면 에덴동산은 녹음이 우거진 자연의 향기 속에 둘러 싸여 있는 장엄한 숲의 극장과 같습니다. 햇빛은 늘 아름답고 저녁노을은 하늘을 수놓고 맑은 공기에 봄바람이 항상 불어오는 이곳이 바로 지상 낙원입니다.

이 에덴동산은 동쪽 에덴이라는 아주 넓은 지역 그 어느 곳에 하나님께서 창설하신 동산(garden)을 말합니다. 하나님께서 인간을 위해 창설한 에덴동산은 참으로 아름답고 먹음직스런 열매가 가지마다 휘어지도록 달려 있고, 깨끗한 네 개의 강물이 동산에서 흘러 내려 땅을 적시고 세상을 윤택하게 만들었습니다. 이 네 강의 이름을 비손강(2:11), 기혼강

(2:13), 힛데겔강(2:14), 그리고 유브라데강(2:14)이라 하였습니다. 에덴을 극동(極東)에 있었다고 주장하는 학자들은 그 증거로서 이 강들의 위치를 들고 있습니다. 그들은 네 강중에서도 비손강을 인도의 인더스강 또는 갠지스강으로, 기혼강을 이집트의 나일강으로 보고 있기 때문에 그렇게 주장합니다.

에덴동산의 네 강

이 름	뜻	특 징	추 정 지 역
비 손 강	풍성하게 흐름	금과은, 보석의 다산지	아라비아-인도지역
기 혼 강	차고 넘치도록 흐름		아라비아와 페르시아만 사이의 홍해
힛데겔강	화살처럼 빠르게 흐름	티그리스강 옛이름	앗수르 동편지역
유브라데강	물맛이 맑고 상쾌함	큰강, 바다하수 등으로 불림	고대 바벨로니아 (메소포다니마아)

에덴동산에는 꽃들이 철따라 예쁘게 피었고 갖가지 과일나무에서는 맛있는 열매가 열렸습니다. 그리고 여기저기에서 아름다운 새소리가 들렸습니다. "에덴"이라는 말은 "즐겁다, 기쁘다"는 뜻이고 "동산"은 헬라어로는 "파라데이소스"라 하는데 "낙원"이라는 뜻입니다. 그래서 에덴동산을 "낙원"이라고도 합니다. 이 낙원에서 아담과 하와는 매우 행복하게 지냈습니다. 그들은 알몸이었지만 부끄러운 줄을 몰랐고 자유로웠으며 악을 모르고 살았습니다. 서늘한 저녁 바람이 불어올 때면 하나님께서 동산을 거니시다가 그들에게 말을 건네시기도 하였습니다.

"에덴"이라는 말은 지리적인 지역을 지칭하는 말로도 쓰이지만, 상징적으로 쓰이는 경우가 더 많습니다. 이사야 51장 3절에 보면 "나 여호와가 시온의 모든 황폐한 곳들을 위로하여 그 사막을 에덴 같게, 그 광야를 여호와의 동산 같게 하였나니 그 가운데에 기뻐함과 즐거워함과 감사함과 창화(唱和)하는 소리가 있으리라"는 표현에서 보는 바와 같이, 에덴동산은 상징적으로 말해서 온갖 기쁨, 만족, 안식, 창화, 미덕, 아름다움, 자연과의 합일, 젊음, 조화 및 자유 따위가 충만한 곳을 뜻합니다.

창세기 2장에 나오는 에덴동산은 여러 면에서 전통적인 몇 가지 특징이 첨가되어 있습니다. 그 중에서도 가장 중요한 것은 하나님께서 에덴 동산을 마련했다는 것입니다(창 2:8). 이것은 두 가지 기본적인 원리를 의미하고 있는데, 그것은 첫째 자연은 하나님의 창조적 기교를 나타내 보여주는 예술품으로써 특별히 인간을 위해 마련된 것이라는 것이고, 둘째 낙원은 누구도 침범할 수 없는 은둔처가 아니라 처음부터 시련의 장소였다는 것입니다. 다시 말해서 에덴동산은 완전한 곳이기는 하지만, 잠재적 변화의 가능성을 내포하고 있는 상태였다는 것을 뜻합니다.

그리고 나서 하나님 보시기에 아름답고 좋은 먹음직스런 열매를 가지마다 휘어지도록 달리게 하셨고, 깨끗한 강물을 동산에서 흘러 내려 땅을 적시고 세상을 윤택하게 만드셨습니다. 이곳은 정말 아름답고 평화로운 낙원이었습니다. 하나님은 아담을 데려다가 에덴에 있는 동산을 돌보게 하며 이렇게 말씀하셨습니다. "여호와 하나님이 그 사람에게 명하여 이르시되 동산 각종 나무의 열매는 네가 임의로 먹되 선악을 알게 하는 나무의 열매는 먹지 말라 네가 먹는 날에는 반드시 죽으리라 하시니라"(창 2:16-17).

하나님께서는 인간을 만드시고 그들을 바로 이 에덴동산에 살게 하신 후, 그들과 매우 중요한 기본적인 조건을 세우셨습니다. 그것이 아담과 하와가 짝을 이루어 살며 서로 협동하여 에덴의 동산을 돌보며 그것을 지켜가라는 것이었습니다(창 2:15). 이 첫째 조건만 보아도 에덴에서의 생활에는 어떤 분명한 목적이 있었던 것을 알 수 있습니다. 둘째로 하나님께서 그들에게 세운 조건은 에덴동산 한 가운데 생명나무와 선악을 알게 하는 나무를 두고 선악과는 따먹지 말라는 것이었습니다. 그 명령을 따르는 것이 창조주 하나님께 대한 경외와 사랑의 표징이었습니다. 그러나 만일 불순종하는 날에는 반드시 죽음이 이 세상에 들어오게 되리라는 것입니다.

이 금지된 나무는 몇 가지 이유 때문에 중요합니다. 첫째로 그것이 중요한 것은 말뿐 아니라 행동으로 하나님께 애정과 감사를 표현할 수 있는 기회를 인간에게 주기 때문이며, 둘째 그것은 하나님께서 창조하신 우주는 육체적인 법만이 아니라 도덕적 정신적 법에 따라 움직인다는 것을 보여주기 때문입니다. 셋째로 그것이 중요한 것은 인간에게 전인적인 자유를 주체적으로 활용할 수 있는 기회를 주기 때문이요, 마지막으로 그것이 중요한 것은 금지된 나무는 타락 이전의 인간의 완전성이 조건적이라는 것과 인간 실존의 가장 기본적인 요건이 도덕적 선택이라는 것을 시사해 주기 때문입니다. 이런 점에서 금지된 나무는 매우 중요한 의미를 갖는 것입니다.

아담과 하와는 한 몸이 되어 모두 벗은 채 부끄러운 줄도 모르며, 순결한 상태에서 끝없는 자유와 사랑과 조화와 안식을 누리며 살았습니다. 그런데 에덴의 동산에는 갖가지 동물이 있었는데, 그 중에서 가장 약삭빠르고 교활한 것이 뱀이었습니다. 어느 날 이 뱀이 하와에게 말했습니다. "하나님이 참으로 너희에게 동산 모든 나무의 열매를 먹지 말라 하시더냐"(창 3:1).

여자가 뱀에게 말하되 "동산 나무의 열매를 우리가 먹을 수 있으나 동산 중앙에 있는 나무의 열매는 하나님의 말씀에 너희는 먹지도 말고 만지지도 말라. 너희가 죽을까 하노라 하셨느니라"(창 3:2-3) 하였습니다. 이렇게 정직하게 하와가 대답하자, 뱀은 아주 교활하게 웃으며 말했습니다. "너희가 결코 죽지 아니하리라. 너희가 그것을 먹는 날에는 너희 눈이 밝아져 하나님과 같이 되어 선악을 알 줄 하나님이 아심이니라"(창 3:4-5).

그 말을 들은 하와의 마음은 움직이기 시작했습니다. 쳐다보니 과연 먹음직스럽고 보기만 해도 탐스러우며 지혜롭게 해줄 것만 같았습니다. 그래서 하와는 손을 뻗어 그 열매 두 개를 따 가지고 한 개는 자신이 먹고 다른 한 개는 남편에게 주었습니다. 그 열매를 먹자 뱀의 말대로 두 사람은 눈이 밝아져 자신들이 벌거벗은 알몸인 것을 알게 되었고 처음으로 부끄러움을 느끼게 되었습니다. 그래서 그들은 무화가 나무잎을

엮어서 치마를 만들고(창 3:7) 그것을 허리에 둘렀습니다. 이것이 인간이 옷을 걸치게 된 시초라고 합니다.

결국 아담과 하와는 "먹지 말라"고 한 선악을 알게 하는 나무 열매를 따먹음으로써 하나님으로부터의 형벌을 면치 못하게 됩니다. 뿐만 아니라 뱀도 다음처럼 저주를 받게 됩니다. "네가 모든 가축과 들의 짐승보다 더욱 저주를 받아 배로 다니고 살아 있는 동안 흙을 먹을지니라. 내가 너로 여자와 원수가 되게 하고 네 후손도 여자의 후손과 원수가 되게 하리니 여자의 후손은 네 머리를 상하게 할 것이요 너는 그의 발꿈치를 상하게 할 것이니라"(창 3:14-15). 이 이야기에 나오는 뱀을 사탄(Satan)과 동일시할 수 있는 곳은 한 곳도 없지만, 그것이 어떤 악령이나 또는 악의 상징이라고는 말할 수는 있습니다. 악이라는 추상적 개념을 뱀이라는 동물로 의인화해서 하와를 꾀어 넘어뜨리게 한 것입니다. 뱀이 악의 주동자로서 등장하는 일종의 동물우화입니다. 후일 요한도 요한 계시록 12장 9절에서 사탄과 뱀을 동일시했습니다. 여기서 예언된 "여자의 후손"은 메시아를 가리키는 말로서 메시아에 대한 최초의 예언이라는 점에서 "원시 복음"이라고 불리기도 합니다. 그리고 "머리"와 "발꿈치"는 공격의 강약을 표시하는 말로서, 장차 오시게 될 메시아가 사탄의 생명의 근원이 되는 머리를 쳐서 이김으로 영생에 이를 것을 약속하신 말씀입니다.

아무튼 간교한 이성을 표상하는 뱀과 육체의 나약성을 상징하는 하와의 심성(감성)이 결탁하여 하나님과 같이 되려는 교만을 낳았습니다. 이 교만은 악의 어머니로서 결국은 하나님의 명령을 거역하는 불복종(disobedience)을 초래했습니다. 이런 불복종의 결과로 이 세상에는 죽음과 온갖 악 즉 잉태하는 고통, 남편을 사모하는 애타는 마음과 그의 다스림을 받아야 하는 고통, 그리고 이마에 땀을 흘려야 먹고 사는 고통이 들어오게 되었습니다(창 3:16-19). 원죄의 결과 마침내 인간은 에덴의 동산에서 황량한 들로 쫓겨나게 되는 것입니다. 창세기 3장 24절을 보면

"이같이 하나님이 그 사람을 쫓아내시고 에덴동산 동쪽에 그룹들과 두루 도는 불 칼을 두어 생명나무의 길을 지키게 하시니라"는 말씀이 있습니다. 이때부터 인간의 비극적인 역사는 시작되는 것입니다.

에덴의 동쪽으로 추방된 인간은 필연적으로 잃어버린 고향을 되찾을 때까지는 "나그네"(wayfarer) 인생으로 생존할 수밖에 없고 이마에 땀을 흘리며 땅을 갈지 않으면 안 되었습니다. 나그네의 삶이란 원래 고달픈 것인데, 인간은 원죄(original sin)의 결과로 그런 수고와 고생의 짐을 짊어지고 살아갈 수밖에 없는 비극적인 실존이 되었던 것입니다. 뿐만 아니라 인간은 온갖 맹수와 질병 그리고 이 세상에 들어온 온갖 죄악들과 더불어 싸우지 않으면 안 되는 고독한 투쟁자(warfarer)가 되었습니다. 악과의 투쟁없이는 꿈에도 소원인 낙원을 되찾을 수 없는 것입니다. 고통과 투쟁 그것은 에덴의 동쪽에 살고 있는 추방당한 인간의 두 가지 삶의 양식을 이루고 있습니다.

이 설화를 통하여 배울 수 있는 것은 죄의 결과는 사망이지만, 하나님은 그런 인간을 불쌍히 여겨 가죽옷을 지어 입혀 주셨다는 것입니다. 가죽옷은 동물을 죽여 얻을 수 있는 것으로 그리스도의 십자가를 예표 한다고 할 수 있습니다. 그것은 하나님의 자비와 사랑을 표상하는 것으로 종말론적으로 해석한다면 예수 그리스도를 통해서 인간을 비극적인 질곡에서 해방시켜줄 것을 예표 하는 것이라 할 수 있습니다.

이런 하나님의 자비와 사랑은 생명나무와 관련된 부분에서도 나타납니다. 하나님은 아담과 하와를 에덴의 동산에서 쫓아내고 동산 입구에는 늘 하나님의 임재와 관련이 되는 그룹 천사들과 불꽃이나 칼의 형상으로 나타난 하나님을 일컫는 "불 칼"을 두어 생명나무에 접근하는 것

창세기에 나타난 그리스도의 예표

예 표	관련성구
여자의 후손	3:15
짐승의 가죽으로 만든 옷	3:21
아벨이 드린 피의 제사	4:4
노아의 방주	7:6-24
희생제물이 된 이삭	22:1-19
높이 들린 요셉	41:37-45
유다 지파의 왕권	49:8-10

을 막고 있지만, 동산의 문이 되는 예수를 통하여 그 생명 세계로 다시 들어갈 수 있게 하셨습니다. 생명나무라는 명칭은 하나님께서 인간에게 이미 부여해 주신 생명을 상징합니다. 따라서 인간이 하나님의 뜻에 계속 순종한다면 인간은 영원한 생명을 누리게 될 것을 의미하는 동시에 불순종으로 인해 인간이 타락하게 될 때에는 하나님과의 관계 회복을 통해 잃었던 생명을 다시 찾게 될 것을 의미하기도 합니다. 하나님과의 관계 회복은 그의 독생 성자인 예수 그리스도를 통해서만 가능하므로, 어거스틴이 말한 바와 같이 그리스도는 이 생명나무에 이르는 문이라 할 수 있습니다. 생명의 문이 되시는 그리스도를 통해서만 영원한 생명을 얻을 수 있다는 것입니다. 영원하신 하나님의 이런 오묘한 섭리가 이 이야기 속에 들어 있습니다.

가인과 그 후예(後裔)들

가인과 그 후예들의 역사는 한 마디로 말해서 죄악의 역사(罪惡史)라 할 수 있습니다. 그들의 역사는 아담과 하와가 에덴동산에서 쫓겨난 다음부터 시작됩니다. 에덴에서 쫓겨난 후 시간이 흐름에 따라 아담은 먹을 것을 얻기 위해 땅을 가꾸기 시작하였고, 하와는 아담과 자신을 위해 집안일을 하기 시작하였습니다. 그리고 그들은 하나님과 직접 이야기할 수는 없었지만, 하나님을 사랑하는 표시로 땅을 일구어 얻은 곡식과 짐승을 하나님께 바치는 일을 게을리 하지 않았습니다.

그들은 새 생활에 익숙해지기 위해 열심히 노력하며 살아갔습니다. 그러는 동안 창세기 4장 1절을 보면 "아담이 그 아내 하와와 동침하매 하와가 잉태하여 가인을 낳고 이르되 내가 여호와로 말미암아 득남(得男)하였다 하니라" 라는 말씀 그대로 하와는 가인이라 이름 붙인 첫 아이를 낳았습니다. 얼마 후에 두 번째 아이가 태어났습니다. 이번에도 아들이었습니다. 아담과 하와는 두 번째 아기의 이름을 아벨이라 지었습니다. 가인이란 "창" 이라는 뜻이고 "아벨" 이란 "입김" 이라는 뜻입니다.

형 가인은 밭일을 좋아하여 농사꾼의 조상이 되었고, 동생 아벨은 양을 길러서 양치기의 조상이 되었습니다. 여기서 "양치는 자"와 "농사하는 자"(4:2)는 인류의 가장 오래된 형태의 직업으로, 아담의 범죄 이후 하나님께서 남자에게 내리신 저주의 내용(창 3:17-19)과 깊은 관계가 있다고 생각합니다. 어떤 학자들은 이를 근거로 해서 이 이야기를 두 가지 생활형태 곧 목축과 농경 사이의 대립관계로 해석하려고도 하지만, 하나님께서는 양쪽 생활 방식 즉 농경과 목축을 다 인정하고 계시므로(신 8장 참조), 그 해석은 옳지 못합니다. 그보다는 생업과 예배를 함께 연관시켜 보는 것이 더 옳다고 생각합니다.

어느 날 가인과 아벨은 제단을 쌓고 하나님께 제물을 바쳤는데, 하나님께서는 아벨이 바친 양의 첫 새끼는 받고 가인이 땀 흘려 일해서 거둔 곡식은 받지 않으셨습니다. 이를 놓고 역시 학자들 간에 많은 논란이 있습니다. 어떤 학자의 주장에 따르면 가인은 피가 없는 제물을 바쳤기 때문에 실격 당했다고 합니다. 그러나 히브리 사회에서는 동물을 제물로 드리기도 했지만 더 흔하게는 곡물제사도 드렸으므로(레 2:1), 하나님께서 피없는 제물은 싫어하신다는 주장은 정당하지 않습니다. 하나님께서 기쁘게 받아들이고 받아들이지 않고 하는 것은 제물 그 자체에 달렸다기보다는 드리는 사람의 인격과 믿음(히 11:4)에 달려 있는 것입니다.

이 사실을 보고 가인은 하나님께서 아벨만을 사랑하는 것으로 착각하고 실망낙담하여 안색이 변하였습니다. 안색이 변했다고 하는 것은 일반적으로 불만과 분노를 나타낼 때 사용되는 말입니다(렘 3:12; 욥 29:24). 다시 말하면 가인의 얼굴 표정 속에 그 자신의 못마땅한 심기가 드러났다는 뜻입니다. 또한 "네가 분하여 함은 어찌 됨이며 안색이 변함은 어찌 됨이냐"(4:6)에서 "어찌 됨이며 · · · 어찌 됨이냐"라는 반복적 표현은 가인의 잘못된 태도에 대한 시인과 동의를 구하는 하나님의 절박한 호소라 할 수 있습니다. 또한 "선을 행하지 아니하면 죄가 문에 엎드려 있느니라. 죄가 너를 원하나 너는 죄를 다스릴지니라"(4:7)라는 말씀에도 죄를 다스리라는 하나님의 간절한 소망이 나타납니다. 이 말씀은 마치 죄는 집안에 있는 사람을 향하여 으르렁거리면서 달려드는 짐승처럼, 죄가 달려들고 있으나, 난폭한 야생동물을 길들이면 유용하듯이 죄를 잘 길들이면 하나님께서 그를 회복시켜 주시겠다는 약속이라 할 수 있습니다. 이처럼 간곡한 호소만이 아니라 그에게 회복의 언약까지 주었는데도 불구하고 가인은 끝내 회개하지 않았습니다. 그 오만무례함이 하나님께서 그의 제물을 받지 않게 된 주원인이 되는 것입니다.

이미 마귀에게 사로잡혀 마음이 비뚤어진 가인은 더욱 하나님을 원망하게 되고 동생인 아벨을 미워하게 되어 마침내 동생을 들로 끌어내 돌로 쳐 죽였습니다. 그것을 본 하나님은 가인을 불러 물었습니다.

"네 아우 아벨이 어디 있느냐?"

"(그걸 제가 어떻게 압니까?) 내가 내 아우를 지키는 자니이까?" (4:9) 하고 가인은 시치미를 떼었습니다.

그러나 하나님은 가인을 향해 이렇게 말씀하셨습니다. "네가 무엇을 하였느냐. 네 아우의 핏 소리가 땅에서부터 내게 호소하느니라. 땅이 그 입을 벌려 네 손에서부터 네 아우의 피를 받았은즉 네가 땅에서 저주를 받으리니 네가 밭 갈아도 땅이 다시는 그 효력을 네게 주지 아니할 것이요 너는 땅에서 피하며 유리하는 자가 되리라" (4:10-14). 고대인들은 무죄하게 흘린 피는 보복될 때까지 계속하여 부르짖고 있다는 사상을 가지고 있었다고 합니다.

이 본문에 나타난 바와 같이, 무고한 동생 살해로 인하여 가인이 받은 형벌 중 첫째는 그의 생존의 기본 토대였던 땅에서 추방당한 것입니다. 둘째는 땅 그 자체가 생산 능력을 더 이상 풍성하게 베풀지 않게 되었다는 것입니다. 어머니의 품과 같은 곳으로 생각했던 고대인들의 생각에 비추어 볼 때, 인간과 땅의 유대가 완전히 파괴되었음을 알 수 있습니다. 셋째는 주의 앞에서 쫓겨나 "기쁨"을 뜻하는 "에덴"과 좋은 대조를 이루는 "놋"(방황하는 땅)이라는 이름 속에 표현된 유리 방랑 생활을 하게 된 것입니다. 이 형벌은 아담이 받은 형벌보다 훨씬 무거운 형벌이라 할 수 있습니다.

이렇듯 무거운 벌을 받고 가인은 "내가 땅에서 피하며 유리하는 자가 될지라 무릇 나를 만나는 자마다 나를 죽이겠나이다"(4:14)라고 하나님께 호소하였습니다. 그러자 하나님께서는 "가인을 죽이는 자는 벌을 칠 배나 받으리라"(4:15)고 말씀하시고, 그의 이마에 표를 찍은 후 그를 내쫓아습니다. 곧 가인은 그 땅에서 물러 나와 에덴의 동쪽 "놋"(Nod)이라는 곳에서 자리를 잡게 되었습니다. 가인의 이마에 찍힌 표는 일종의 통행증과 같은 것으로 하나님께서 그를 보호해 주시겠다는 자비의 약속으로 볼 수 있습니다. 창세기 4장 16절로부터 26절까지는 참회를 거절하고 하나님 앞을 떠나 독립적인 인간이 된 가인의 후예들이 자기만족에 빠져 그들 나름대로의 죄악 된 문화를 발전시키면서 급속히 불어나는 과정을 서술하고 있습니다. 본문에 따르면 가인 후예들의 죄악 된 문화는 그들의 이름을 통해 알 수 있습니다. 즉 라멕(힘센 자 4:18), 아다(꾸민 자 4:19), 씰라(알랑거리는 자 4:19) 등의 이름은 그 당시의 폭력상과 세속적 아름다움을 추구하는 타락상을 대변하는 이름들입니다. 타락의 역사 중에서 제일 먼저 나타난 것이 형제 살해이고, 그 다음이 두 아내를 취한 행위입니다. 그리고 폭력이 앞서게 되는 것입니다. 그것은 라멕의 노래에서 알 수 있습니다.

> "아다와 씰라여 내 목소리를 들으라.
> 라멕의 아내들이여 내 말을 들으라
> 나의 상처로 말미암아 내가 사람을 죽였고
> 나의 상함으로 말미암아 소년을 죽였도다.
> 가인을 위하여는 벌이 칠 배일진대
> 라멕을 위하여는 벌이 칠십 칠 배이리로다"(4:23-24)

이 노래는 두발가인이 만든 무기와 유발이 만든 악기를 양손에 각각 들고 교만한 마음으로 부른 라멕의 증오와 복수의 노래입니다. 이 노래 속에서, 우리는 문명의 진보와 발전 배후에 있는 인간 심성의 타락상을 여실히 볼 수 있습니다. 그는 하나님의 복수 금지법을 비웃고, 자기 손으로 복수할 것을 주장합니다. 즉 한군데 상처를 입으면 한 사나이를 죽이고, 한 번 손찌검을 받으면 한 아이를 죽이며 자기를 다치게 한 자에 대해서는 일곱 배로 보복하겠다는 야수적인 정신을 노래한 것입니다. 이런 노래를 서슴없이 부르는 라멕을 보면, 하나님의 보호의 필요성을 느꼈던 가인과는 정반대로 그는 완전히 하나님과의 단절을 주장하면서도 죄의식의 흔적조차 갖지 않았다는 것을 알 수 있습니다. 그의 이 증오와 복수의 노래는 하나님과 생명의 존엄성을 철저히 무시한 그 시대의 포악성과 잔학성을 대변하고 있다고 할 수 있습니다.

가인의 후예들이 이룩한 타락상은 또한 그들이 행한 일을 통해 알 수 있습니다. 그들은 놋 땅에 자리를 잡은 후 "성을 쌓았습니다"(4:17). 성은 그 규모가 크건 작건 간에 인간이 세운 정착지에 적용될 수 있는 용어라 할 수 있습니다. 그곳 즉 놋 땅을 세속적인 쾌락의 정착지로 삼았던 것입니다. 그 다음으로는 라멕의 두 아내 중에서 아다가 낳은 유발은 수금이나 통소 같은 악기를 만들었고, 씰라가 낳은 두발가인은 강철 무기와 각양 날카로운 기계를 만들었습니다(4:19-22). 이것은 그 이후의 생활 문명으로 이어지는 예술과 기술을 일으킨 최초의 행위로 높이 찬양 할 수도 있지만, 사실상 그 행위는 정복과 압제 그리고 향락적 생활을 단적으로 드러낸 일이라 할 수 있습니다. 또한 그들의 타락상은 결혼제도를 통해 알 수 있습니다. 하나님께서는 남자와 여자를 만들고 그들에게 최선의 가정 질서 유지 체제인 일부일처제의 가족제도를 수립해 주었는데 반해 가인의 후예들은 그것을 거역하고 근친결혼과 일부다처제를 그들 자신의 마음대로 따랐던 것입니다.

결론적으로 "가인과 그 후예들"의 이야기를 통하여 우리가 배워야 할 것은 첫째로 회칠한 무덤 같은 바리새적인 형식적 예배를 하나님께서 싫어하신다는 것입니다. 제사(예배)에 아무런 차별이 없다면 가인의 제물이나 아벨의 제물은 둘 다 선택되었어야 할 것입니다. 그런데 하나님께서는 아벨의 제물은 기쁘게 받아들였으나 가인의 제물은 받아들이지 않으셨습니다. 그 이유는 무엇이겠습니까? 그것은 가인의 제물사상(際物思想)이 잘못되었기 때문입니다. 그런데도 가인은 그것을 뉘우치지 않고 오히려 하나님이 원망스럽고 동생이 미워서 폭력을 휘둘러 살인극을 벌였던 것입니다.

둘째는 가인의 후예들이 어떤 의미에서 현대 문명의 선구자라고 할 수도 있지만, 그들이 이룩한 기술문명과 예술은 실로 잘못 이용하게 되면 사람들을 더욱 속화시키고 더욱 타락시켜 엄청난 비극으로까지 몰고 간다는 것입니다. 문화는 선용되든 악용되든 그 자체가 인간에게 구속을 제공하지는 못하는 것입니다.

그러나 이러한 소망의 빛이 창세기 4장 마지막 두 절에 나타나는데, 이것은 하나님의 선물과 인간의 응답으로 이루어집니다. 아담이 일백삼십 세에 낳은 셋과 셋이 일백오 세에 낳은 에노스 그리고 그 자손들을 통하여 하나님의 이름이 다시 불리게 되었고, 무신문화(無神文化)를 대신하는 하나님 있는 문화(有神文化)가 형성되면서 영성이 회복되었던 것입니다.

이 설화는 역사라기보다 역사에 대한 해설로서 비록 간결하기는 하지만 진실되고, 사람을 설복할 수 있는 힘을 갖고 있으며 용의주도하게 구성되어 있습니다. 아담과 하와의 이야기는 물론이지만, "가인과 그 후예들"의 이야기도 죄(sin)와 형벌(punish-ment) 그리고 자비(mercy)라는 패턴에 의해 제어되어 있습니다. 가인이 아벨을 죽임으로써 동생과 이웃을 거슬리는 죄를 지었고, 그 결과 세상을 떠돌아다니는 떠돌이 신세가 되었던 것입니다. 그러나 하나님께서는 그를 해치지 못하도록 그의 이마에 표를 찍어 주셨습니다. 그것은 "죄의 표"(mark of sin)인 동시에 하나님의 자비를 표상하는 "용서의 표"(mark of forgiveness)이기도 한 것입니다. 또한 가인의 후예들은 더욱 무서운 독버섯같은 무신문화를 만들어 스스로 자기 만족에 도취되어 하나님께서 세우신 가정 질서와 사회 질서를 파괴하여 스스로 비극을 자초하였지만, 하나님께서는 그것을 그대로 방치하지 아니하시고 셋과 에노스와 같은 의인의 세력을 다시 세워 영성을 회복하고 새로운 희망의 문화를 이룩해 가도록 그 지위를 회복시켜 주십니다. 그것이 하나님의 자비인 것입니다.

이스라엘 구속 역사의 패턴

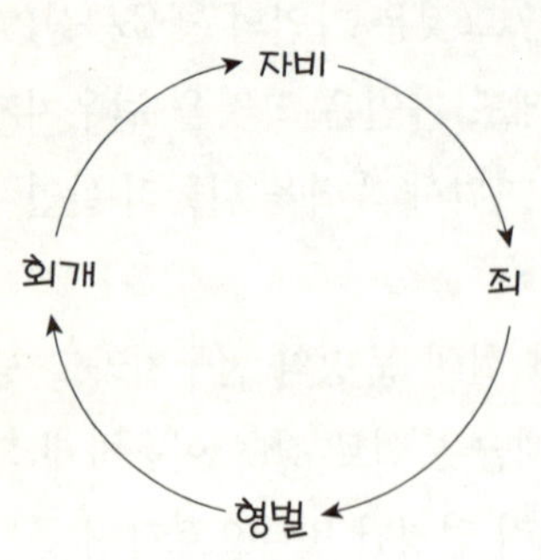

밀턴이 쓴 『실낙원』의 제11권을 보면 아담과 하와를 에덴의 동산으로부터 좇아내기 전에 미가엘 천사가 아담을 이끌고 높은 산으로 올라가 그들이 지은 원죄의 결과를 보여주는 장면이 나옵니다. 아담이 맨 처음 본 것은 가인이 아벨을 죽이는 장면이었고 그 다음으로 본 것은 나병자 수용소인 듯한 장소에서 온갖 질병으로 인해서 비참하게 죽어가는 모습입니다. 아담은 눈물로 탄식하며 "하나님의 모습을 받은 / 인간은 전에는 그토록 훌륭하고 곧게 / 창조되었는데 그 후 죄를 지었다 해서 이렇게 / 비인간적 고통 속에 보기 흉한 수난으로 떨어져야 하는가"라고 절규합니다. 아담의 이 절규소리를 듣고 미가엘은 이렇게 대답합니다.

> 그들이 스스로 타락하여 방자한 식욕의
> 노예가 되고, 그들이 섬기던 그분의 모습을
> 주로 하와의 죄로 유도하는 짐승 같은 악덕을
> 취했을 때, 그들을 저버렸도다. 그래서 그들의
> 벌이 그렇게 비열하기 때문에 하나님 아닌
> 자기 자신들의 모습을 추하게 하도다.

한편 순결한 자연의 건전한 법을
꺾고 가공할 질병을 일으키도다.
그들이 자신 속의 하나님의
모습을 존중치 않으니 그것은 당연하니라. (XI. 515-525)

아담은 미가엘에게 "그러나 이 괴로운 길 이외에 다른 방도가 없나이까?" 하고 물었습니다. 미가엘은 "그대 만약 '도를 넘지 말라' 는 법을 지키고 / 먹고 마시는 일에 절제를 배워 살다보면 / · · · 거세게 꺾이는 일 없이 편안히 / 성숙한 죽음에 이를 수도 있으리라" 라고 가르쳐 줍니다. 다시 말하면 회개하고 주의 계율을 지켜 살면 주의 자비를 얻어 구원을 얻으리라는 것입니다. 위의 이스라엘 구속 역사의 패턴이 바로 그 사실을 보여줍니다.

노아의 홍수와 하늘의 무지개

노아의 홍수와 하늘에 세워진 무지개 이야기는 창세기 6장에서 10장까지 이어집니다. 가인이 동생 아벨을 죽이고 아담과 하와의 곁을 떠난 뒤, 시간이 지남에 따라 아담과 하와 사이에는 자식들이 많이 태어났습니다. 제일 먼저 태어난 사내아이는 '셋' 이라고 이름을 지어 주었습니다. 아담은 셋을 낳은 다음에도 팔백 년 동안이나 더 살았으며 그 무렵 땅 위에는 많은 사람들이 살고 있었습니다. 그러나 사람들이 많아지면서 하나님을 잊고 살 뿐 아니라 나쁜 짓을 하는 사람들도 점차 늘어났습니다.

셋은 어른이 되어 가정을 이루고 그의 자식들이 태어났습니다. 셋의 자손 가운데에는 에녹이라는 사람이 있었는데, 그는 하나님과 함께 거닐며 이야기를 나누기도 하는 착한 사람이었습니다. 그의 아들들 중에는 므두셀라라는 아들이 있었습니다. 그리고 므두셀라의 아들들 중에는 라멕이라는 사람이 있었습니다. 라멕에게는 노아라는 아들이 있었는데, 그는 셋의 자손 중에서 가장 뛰어난 사람이었습니다. 이들은 모두 900세 이상 산 사람들입니다. 그 당시 900세 이상 산 사람들을 도표로 나타내면 다음과 같습니다.

900세 이상 산 사람들

이 름	연 수	성경구절
아 담	930세	창 5:3-5
셋	912세	창 5:6-8
에 노 스	905세	창 5:9-11
게 난	910세	창 5:12-14
야 렛	962세	창 5:18-20
므 두 셀 라	969세	창 5:25-27
노 아	950세	창 9:29

노아는 "안식과 위로"라는 뜻이며 이 이야기의 중심인물입니다. 노아는 아담의 10대 손입니다. 아담으로부터 10대가 지난 이후 노아 시대의 사회는 도덕적으로 타락한, 악하고 음란한 시대(마 12:39)였습니다. 이러한 시대에 노아는 살았습니다. 어느 정도였는가 하면 하나님의 아들들 즉 경건한 셋의 아들들이 사람의 딸들 즉 가인 계통의 불경건한 자들 중에서 마음에 드는 아름다운 여자를 골라 아내를 삼을 정도였습니다(창 6:2). 이것은 철저한 타락과 배신의 단적인 증거였습니다.

이처럼 이 시대 사람들은, 가인의 후손이든 셋의 후손이든, 동물처럼 못된 생각만 하고 성적으로 문란한 생활만 일삼아 왔던 것입니다. 이런 인간의 패악상을 하나님께서 보셨을 때, 몹시 슬펐고 인간을 창조한 것이 후회스럽기까지 했습니다. 그래서 하나님께서는 그 퇴폐한 인간계를 물로 심판키로 했습니다. 그것을 창세기 6장 3절에서는 "나의 영이 영원히 사람과 함께 하지 아니하리니"라고 표현하였습니다. 여기서 "나의 영"이란 성령을 가리키는 말이 아니라 하나님이 인간의 몸속에 불어넣어 주신 생기(창 2:7) 즉 생명(life)을 의미합니다. 그리고 "나의 신이 영원히 사람과 함께 하지 아니하리니"라는 말은 인간이 죽어야만 하는 것 즉 영원히 죽지 않고 살 수 없다는 뜻입니다. 덧붙여 말하면 타락이 절정에 달했기 때문에 이제는 하나님께서 주신 생명을 거두어들이겠다는 홍수 대 심판을 암시하는 표현이라 할 수 있습니다.

이 정도로 노아 시대의 모든 것이 다 타락했지만, 오직 한 사람 노아만은 이 시대의 예외적인 인물이었습니다. 그는 비록 늙은 몸이었지만, "의인이요 당대에 완전한 자라 그는 하나님과 동행하는" (창 6:9) 사람이었습니다. 그에게는 아들이 세 명 있었는데, 셈, 함, 야벳이라 하였습니다. 하나님은 노아가 있는 곳에 나타나서 "그들을 땅과 함께 멸하리라" (창 6:13) 하였습니다. 그리고 하나님께서는 노아에게 할 일을 지시했습니다. "너는 고페르(잣나무)로 너를 위하여 방주를 만들되 그 안에 칸들을 막고 역청을 그 안팎에 칠하라" (창 6:14).

그리고는 교회와 그리스도의 모형인 방주(ark)를 만드는 방법까지 자세히 가르쳐 주셨습니다. 길이는 삼백 규빗(약 150m, 1규빗 = 약 44.4cm), 폭은 오십 규빗(약 25m), 높이 삼십 규빗(약 15m)으로 하고 삼층으로 만들되, 지붕을 만들어 한 규빗 치켜올려 덮고 옆에는 출입문(그리스도는 양의 문이라는 뜻)을 내라는 것이었습니다. 그 명령에 따라 노아는 조롱을 받으면서도 하나님의 말씀만을 믿고 열심히 작업을 하였습니다. 마침내 큰 배 즉 방주가 완성되었을 때 하나님은 "지금부터 칠 일이 지나면 내가 사십주야를 땅에 비를 내려 내가 지은 모든 생물을 지면에서 쓸어버리리라." (창 7:4)고 다시 명령하셨습니다.

이 말을 들은 노아는 땅 위에 있는 모든 짐승(2,000여종)과 새(약 6,500종류)들을 한 쌍씩 배 안에 다 몰아넣었습니다. 그리고는 그의 아내와 아들들과 며느리들을 데리고 배에 들어간 다음 노아는 그 입구를 튼튼히 닫고 역청(송진류)으로 칠했습니다. 바로 그 날 땅 밑에 있는 큰 물줄기가 모두 터지고 하늘의 구멍이 뚫려 사십일 동안 밤낮으로 땅 위에 폭우가 쏟아졌습니다. 즉 모든 자연의 법칙은 깨지고 질서는 일시에 무너져 버렸던 것입니다. 모든 것이 비정상적으로 될 수밖에 없었습니다. 물이 점점 불어나서 그 큰 배는 물 위에 떠다니게 되었지만, 땅위의 생명력 있는 모든 것은 모두 홍수에 휩쓸려 죽고 말았습니다. 비는 하나님이 예고한 대로 사십일 동안 밤낮으로 쏟아지다가 멎었지만, 그 물은 백오십일 동안이나 땅 위에 괴어 있었습니다.

물이 줄어들기 시작한 지 백오십일 되던 날, 그 배는 마침내 흑해와 카스피해 사이에 있었다고 하는 아라랏(Ararat) 등마루에 머물렀습니다. 그 후 사십일이 지난 후 노아는 배의 창을 열고 까마귀 한 마리를 내보냈는데, 앉을 만한 지면이 없었으므로 되돌아왔습니다. 그로부터 일 주일이 지난 후 이번에는 비둘기를 내보냈지만, 비둘기도 발 붙일만한 장소를 찾지 못하고 되돌아왔습니다. 다시 일주일이 지난 후 노아는 비둘기를 내보냈습니다. 저녁때가 되어서야 비둘기는 올리브 잎사귀를 물고 돌아왔습니다. 물이 점차 빠지고 있는 것이 틀림없었으나, 노아는 매우 조심성 있는 사람이었으므로 그로부터 일주일을 기다려 비둘기를 다시 내보냈습니다. 이번에는 방주로 끝내 돌아오지 않았습니다.

폭우가 내리기 시작한 날로부터 삼백 십사 일만에 지면에서 물이 걷혔고 삼백 칠십 일이 되는 그 해 이월 이십칠일에야 겨우 땅이 말라서 노아는 가족과 모든 생물을 데리고 배에서 나왔습니다. 노아는 배에서 나오자마자 그곳에 제단을 쌓고 제물을 바치며 감사를 드렸습니다. 제단에서 그 제물을 태우는 향기가 하늘 높이 치솟았습니다. 하나님은 그 향긋한 냄새를 맡으시며 새로운 삶을 시작하는 노아에게 다시는 홍수로 모든 생물을 없애 버리지 않겠다는 언약을 하셨습니다.

창세기 9장 8절에 보면 이런 언약의 말씀이 나옵니다. "하나님이 노아와 그와 함께 한 아들들에게 말씀하여 이르시되 내가 내 언약을 너희와 너희 후손과 너희와 함께 한 모든 생물 곧 너희와 함께 한 새와 가축과 땅의 모든 생물에게 세우리니 방주에서 나온 모든 것 곧 땅의 모든 짐승에게니라. 내가 너희와 언약을 세우리니 다시는 모든 생물을 홍수로 멸하지 아니할 것이라 땅을 멸할 홍수가 다시 있지 아니하리라."

노아의 홍수는 자연법칙의 파괴요 창조질서의 중단이라고 이미 앞서서 말한 바 있습니다. 그러나 하나님께서 세우신 언약은 노아 시대에 내렸던 그 대심판 즉 그런 창조질서를 파괴하는 홍수 심판은 다시는 없을 것이라는 것을 보증하신 것이었습니다. 이 언약의 징표로 구름 사이에 세우신 것이 무지개(rainbow)입니다. 창세기 9장 12절에서 15절까지를 보면, "하나님이 이르시되 내가 나와 너희와 및 너희와 함께 한 모든 생물 사이에 대대로 영원히 세우는 언약의 증거는 이것이니라 내가 내 무지개를 구름 속에 두었나니 이것이 나와 세상 사이의 언약의 증거니라. 내가 구름으로 땅을 덮을 때에 무지개가 구름 속에 나타나면 내가 나와 너희와 및 육체를 가진 모든 생물 사이의 내 언약을 기억하리니 다시는 물이 모든 육체를 멸하는 홍수가 되지 아니할지라"는 말씀이 나옵니다.

무지개란, 우리가 다 아는 바와 같이, 태양이 수분 층을 통과할 때 햇빛이 굴절되면서 나타나는 현상인 것입니다. 그것은 빛의 파장의 길이에 따라 나뉘면서, 빨주노초파남보의 아주 아름다운 색깔을 드러내게 됩니다. 물론 홍수 이전에도 이런 아름다운 무지개는 있었지만 홍수 이후 언약을 세우면서 그것에 특별한 의미가 부여됩니다. 노아와 그 가족들 아니 모든 사람들은 아름다운 하늘의 무지개를 바라보면서 세상 마지막 순간까지 노아의 홍수 때와 같은 자연 질서의 파괴는 일어나지 않을 것을 믿고 안심하며 살아가게 됩니다. 이것은 믿는 사람에게만 주신 특별한 은총이 아니라 세상 모든 사람들에게 주신 일반 은총인 것입니다. 사람들은 이 하나님의 일반 은총에 대해서 감사하며 살 때 새로운 삶의 의미를 지니게 됩니다.

하나님께서는 여러 가지를 통해서 언약의 증거를 세우십니다. 가령 선악을 알게 하는 나무는 그냥 평범한 나무에 불과했습니다. 그 나무의 열매를 따먹는다고 해서 더 악해지는 것도 더 선해지는 것도 아니었습니다. 다만 하나님께서 그 나무를 언약의 표증으로 삼으심으로 그것은 특별한 의미를 갖게 되고 또한 순종의 표지가 될 수 있었습니다. 또 하나님께서는 아브라함의 자손들과는 할례 언약을 세우셨는데, 이 의식은 아브라함의 자손들만 행하던 특별한 의식은 아니었습니다. 그것은 많은 부족들이 행하고 있었던 일반적인 의식이었습니다. 다만 하나님께서 그의 소유의 표증으로 아브라함의 자손들에게 특별히 할례를 받도록 명했을 때 비로소 그것은 새로운 의미를 갖게 되는 것입니다. 성찬식에 행하는 잔의 언약은 이미 유월절에 포함되어 있었던 것인데, 예수님께서 그것을 거룩한 새 언약의 표증으로 정함으로써 그것은 새로운 의미를 갖게 됩니다. 무지개 언약도 마찬가지였습니다. 그리고 무지개 언약이 보여주는 것은 하나님 이외의 어느 누구도 이 세상을 멸망시킬 수도 없으며 또한 자연 질서를 파괴할 수도 없다는 것입니다. 이 얼마나 놀라운 하나님의 은총이라 할 수 있겠습니까?

"노아와 대홍수의 이야기"는 단순히 일어난 사건을 말해주는 역사적 기록이 아니라, 도덕적으로 문란하고 인간 중심적인 교만이 팽창할 때는 하나님께서 공의에 따라 심판하신다는 역사적 교훈을 설화해주는 서사시적인 일화라 할 수 있습니다. 가인은 이웃을 거슬리는 죄를 지었지만, 노아 시대의 사람들은 인간성을 거슬리는 죄를 지었습니다. 가인은 그 형벌로 세상을 떠돌아다니는 신세가 되었지만, 노아 시대의 사람들은 물로 파멸 당했습니다.

그리고 하나님은 가인에게 그 자비의 표상으로 이마에 표를 주었지만, 노아와 그 가족에게는 "생육 번성하라"라는 축복과 함께 용서의 표로 무지개를 구름 속에 세우셨습니다. 무지개는 아득한 옛날부터 살을 당긴 신의 활을 상징한다고 생각해 왔습니다. 따라서 하늘에 무지개가 나타난 것은 하나님께서 노여움을 풀고 그 당겼던 활을 내려 놓으셨다는 자비의 언표(言表)라 할 수 있습니다. 이렇게 볼 때 노아와 대홍수 이야기에 나타나는 서사적 교훈도 죄, 형벌, 자비라고 하는 틀 속에서 엮어 짜진 것임을 알 수 있습니다.

또 홍수 이후 사람들은 고기를 먹을 수 있게 되었지만, 생명을 상징하는 피(blood)는 뽑아내야만 했습니다. 그것은 하나님의 명령에 따른 것으로 이는 피의 언약(Covenant of Blood) 곧 예수 그리스도의 피 흘림으로 말미암아 인류는 구원받을 수 있다는 묵시적 표상이 되는 것입니다. 따라서 노아의 이야기에 나오는 무지개와 피의 언약은 둘 다 구원의 예표라 할 수 있습니다. 이런 의미구조는 성경의 설화를 풀어 가는데 있어서 매우 중요한 기능을 갖습니다.

영국의 19세기 낭만파 시인들 중의 대표 격이라고 할 수 있는 윌리엄 워즈워스(William Wordsworth)의 많은 자연을 노래한 시 가운데 "무지개"라는 시가 있습니다. 그 시를 먼저 소개하겠습니다.

하늘에 무지개 바라보면
내 가슴 뛰노라.
내 목숨 시작할 때 그러했고
어른이 된 지금도 그러하니
늙어서도 그러하리라.
아니라면 죽음만도 못하리!
어린이는 어른의 아버지
원컨대 내 생애의 하루하루가
자연에 대한 경외로 이어지기를.

자연을 바라볼 때 우리는 그 어떤 놀라움, 그 어떤 기쁨, 그 어떤 신비감이 그 속에 깃들어 있다고 늘 생각하게 됩니다. 살아나가느라, 감각의 거울에 땟물을 끼게 하고, 그로써 자연을 바라보며 놀라움이 없는 분별없는 눈만 가졌다면, 그야말로 이 시의 구절처럼 "살아서 무엇 하겠는가!" 우리의 더럽혀진 눈을 그리스도의 보혈의 강수(江水)로 깨끗이 씻음 받아 무지개를 바라보게 된다면 실로 그 옛날 노아시대에 있었던 대홍수와 다시는 물로는 심판하지 않으시겠다는 언약의 표로 세우신 하나님의 그 긍휼하심과 놀라운 사랑을 새롭게 느끼며 감사하게 될 것입니다. 그렇지 못하다면 살아서 무엇 하겠습니까?

니므롯과 그가 쌓은 바벨탑

노아와 그의 세 아들(셈, 함, 야벳)은 "땅에 충만하라"(창 9:1)는 하나님의 축복을 받고 새로운 세상에서 새 생활을 하기 시작하였습니다. 노아는 물난리를 겪고 난 후 배에서 나오자마자 포도원을 가꾸기 시작하였습니다(창 9:20). 하루는 포도주를 마시고 취하여 벌거벗은 채로 천막에 누워 있었는데, 마침 함(Ham)이 그것을 보고 밖으로 뛰어나가 형과 아우에게 그 추태를 비난하는 투로 이야기했습니다. 그러나 셈(Shem)과 야벳(Japheth)은 겉옷을 집어 어깨에 걸치고 뒷걸음으로 들어가 그 벗은 몸에 덮어드렸습니다. 술이 깬 노아는 함이 행한 일을 알고 가나안을 저주하였습니다.

> 가나안은 저주를 받아
> 그 형제의 종들의 종이 되기를 원하노라(창 9:25)

가나안은 함의 막내아들입니다. 노아의 벗은 하체를 보고 조롱한 자는 함이었는데 왜 그 아들 가나안이 저주를 받았는가 하는 문제에 대해서는 여러 가지 의견들이 있습니다. 즉 함이 받을 형벌의 가혹함을 더 분명하게 나타내려고 가나안으로 대표되는 그 후손들을 저주하고 있다는 견해와 가나안도 이미 그의 아버지의 불경건함과 죄악을 답습하고 있었기 때문에 저주받았다는 견해, 그리고 노아는 예언의 은사를 통하여 장차 가나안족이 징계를 받을 것이라는 사실을 알고 있었다는 견해 등입니다. 어느 견해든 상관이 없다고 생각합니다. 왜냐하면 그 주장은 모두 다 일리가 있기 때문입니다. 여하튼 가나안족에 대한 저주는 모두 성취되었습니다. 즉 여호수아 시대에 가나안 족속은 셈족인 이스라엘인들에 의해 비천한 종의 형태로 전락되었고(수 9:23), 나머지는 솔로몬 시대에 완전 정복당했습니다(왕상 9:20-21). 그 후 원래 가나안 족속의 거주지의 일부였던 베니게 지역이 야벳 족속인 페르시아인들과 마게도니아인들 및 로마인 등에 의해 철저히 정복당하고 말았습니다. 이처럼 하나님의 사람의 저주는 정말 무섭게 성취되는 것입니다.

맥크 코넬리(Marc Connelly)라는 극작가는 그의 현대극 『초록빛 목장』(*Green Pastures*)에서 노아를 술을 좋아하는 남자로 묘사하고 있습니다. 노아가 술을 좋아했는지는 알 수 없으나 그는 하나님을 경외하는 그 당시의 의인이었습니다. 농사를 짓기 시작하면서 제일 먼저 심은 것이 포도나무였습니다(창 9:20). 포도나무를 재배하면서 자연스럽게 생산되는 포도주가 주 음료수로 되었을 것입니다. 그러니까 그 당시에 포도주를 마시는 것은 크게 문제시되지 않았을 것으로 생각합니다. 그러나 대취(大醉)해서 그것도 겉옷을 모두 벗은 채 알몸으로 누워있었다고 하는 것은 큰 실수요 수치스러운 일이라 아니 할 수 없습니다. 그것은 영적으로 나태해진 징조요 실로 무분별한 행위라 아니 할 수 없습니다. 따라서 노아는 끝까지 참지 못하고 함을 저주하는데 이르는 것입니다.

아래의 도표에서 보는 바와 같이, 시간이 흐름에 따라 노아에게는 후손들이 많이 태어나 큰 무리를 이루게 되었습니다. 셈과 야벳은 선택된 백성의 줄기를 형성해 가는 반면 함은 유기된(버림받은) 백성의 줄기를 형성해 가게 됩니다. 셈과 야벳 중에서도 야벳의 후손은 구속사와는 깊은 관련이 없습니다. 이스라엘 민족의 구속사는 셈의 후손들이 그 줄기

노아의 아들들과 그 후손들

아들	후 손 들	관련성구
셈	엘람　앗수르　아르박삿　룻　아람 아르박삿 ↓ 셀라 ↓ 에벨 ↓ 벨렉→르우스 ↓ 스룩 ↓ 나홀 ↓ 데라 ↓ 아브람(후일의 아브라함) 아람 ↓ 우스 훌 ↓ 게델 ↓ 마스	창 10:21-31
함	구스　미스라임　붓　가나안 구스 ↓ 스바 ↓ 하윌라 ↓ 삽다 ↓ 라아다→스바 ↓ 드단 라아다 ↓ 삽드가 ↓ 니므롯 미스라임 ↓ 불레셋(페르시아) 가나안 ↓ 사돈 ↓ 헷 다음 족속의 조상 : 여부스 ↓ 아모리 ↓ 가르가스 ↓ 히위 ↓ 알가 ↓ 신 ↓ 아르왓 ↓ 스말 ↓ 하맛	창 10:6-20
야벳	고멜　마곡　마대　야완　두발　메섹　다라스 고멜 ↓ 아스그나스 ↓ 리밧 ↓ 도갈마 야완 ↓ 엘리사 ↓ 달리스 ↓ 깃딤 ↓ 도다님	창 10:2-5

를 이어가게 됩니다. 셈의 아들 다섯 가운데서 셋째 아들인 아르박삿은 셀라를 낳았고 셀라는 에벨을 낳았는데, 이 에벨이 바로 히브리 혹은 히브리 사람이라고 불리게 됩니다. 그러나 노아로부터 저주를 받은 함의 막내 아들 가나안 일족은 지금의 가자에서부터 사해변의 소돔과 고모라에 이르는 광활한 영토를 확보하고 살아가게 됩니다. 그리고 함의 맏아들인 구스의 동생 미스라임은 마침내 히브리인의 별칭인 이스라엘의 원수가 되는 블레셋(페르시아)인의 조상이 됩니다.

당시 사회는 개개 부족이나 씨족이 자기들의 통치자를 두고 있었던 족장 시대였습니다. 따라서 힘 있는 부족이 보다 약한 부족을 정복해서 지배하는 즉 힘의 논리만이 팽배한 약육 강식의 참담한 시대였습니다. 이러한 때 구스의 막내아들인 니므롯은 스스로 왕이 되어 왕국을 이룩하였습니다. 그는 왕국을 건설하는 과정에서 백성의 자유를 잔혹하게 압제하고 신적 권위에 도전하는 최초의 군주로 나타나는 것을 봅니다. 특히 니므롯을 "여호와 앞에 용감한 사냥꾼"(창 10:9)이라 하였는데, 이 "사냥꾼"이라는 사실에는 복합적인 의미가 내포되어 있습니다. 즉 "사냥꾼"이라는 말은 전쟁에서도 사용되던 말이었습니다. 이것은 당시 사냥은 전쟁의 한 훈련 과정이었고, 고대의 전쟁 영웅들을 가리켜 사냥꾼의 제자라고 호칭한 것에서도 짐작할 수가 있습니다.

니므롯은 실로 문자 그대로 널리 침략 전쟁을 펼쳤던 영걸(英傑)이요 특이한 사냥꾼이었습니다. 그는 처음 메소포타미아나 갈대아 남부 지역인 시날 땅을 점령하여 바벨, 에렉(Erech), 악갓(Accad), 갈레(Calneh) 등의 성읍을 세운 후 계속 북쪽으로 나아가 앗수르를 침략하여, 니느웨, 르호보딜, 갈라, 레센 등의 큰 성읍을 세웠습니다(창 10:11). 이중 바벨은 후일 바벨론 국가로 발전하게 되었고, 니느웨는 앗수르의 수도로서 고대 세계에서 가장 크고 번창한 도시가 되었습니다.

대홍수 이후 사람들은 아라랏 산지를 떠나 생활의 편리한 장소를 찾아 동방으로 향하다가 시날 땅에 머물면서 살게 되었는데, 그 때 그들은 모두가 한 가지 말을 사용하고 있었습니다. '구음(口音)이 하나' 였기 때문이었습니다. 구음(입술)이 하나인 것은 단결을 의미하는 것입니다. 이들은 아주 비옥한 평야에서 땅을 경작하거나 양을 치는 일을 했을 뿐 아니라, 벽돌을 구워서 집을 지어 큰 도시를 이루었습니다. 그래서 끝내는 그들 자신의 힘과 슬기를 믿고 하늘까지 닿는 크고 높은 탑을 쌓게 되었습니다. 이 바벨탑을 쌓는 일을 선동하고 지도한 사람이 니므롯이었습니다.

이 폭군 같은 힘센 장사 니므롯이 바벨탑을 쌓는 일에 앞장 선 까닭은 무엇일까요? 창세기 11장 4절 "성읍과 탑을 건설하여 그 탑 꼭대기를 하늘에 닿게 하여 우리 이름을 내고 온 지면에 흩어짐을 면하자"는 말씀에 잘 나타나듯이, 그것은 그들 자신의 이름과 안전을 자신들의 단결력에 의해 도모하려 했던 인간주의적인 과시욕 때문이었습니다. 이것은 그들 자신의 힘과 기술을 악용해서 에덴을 창조하려던 행위라 할 수 있으므로 분명 하나님의 뜻을 거역하는 죄의 행위라 할 수 있습니다. 그러나 하나님은 그들의 교만을 못 본 채 내버려두지 않았고 말을 혼란케 하여 그들의 세력을 꺾었을 뿐 아니라 서로 의사소통이 되지 않게 하셨습니다. 구음이 하나가 아니기 때문에 의사소통이 되지 않았고 따라서 마음도 통하지 않게 되었습니다. 그래서 그들은 그 이상 탑 쌓는 일을 진행하지 못하고 서로 다투기만 했습니다. 왜냐하면 하나님께서 그들의 말을 혼란케 했기 때문입니다.

그들은 마침내 쌓던 탑을 버리고 자기와 같은 구음을 가진 사람들끼리 모여 사방으로 흩어지게 되었습니다. 경악과 두려움으로 어쩔 줄 몰라 하면서, 탑도 도시도 어중간 상태로 방치해 두었습니다. 그 도시가 "바벨"(혼잡의 문) 또는 "바빌"(많은 신들)로 불리게 된 것은 이러한 데서 연유된 것입니다. 그리고 그 탑을 흔히 바벨탑(Tower of Babel)이라 하는데, 그것은 "혼란의 장면"(sense of confusion), "시끄러운 모임"(noisy assembly), "의미없는 허튼 소리"(meaningless noise) 따위로 통하게 되었습니다. 자기지상주의와 자기도취의 오만은 인간 사회의 일치를 파괴하고 마음의 교통을 흩으러 수많은 파벌을 만듦으로써 세상을 분열시키기 때문에 그런 이름이 붙게 된 것입니다.

밀턴은 『실낙원』에서 히브리어로 "적대자"(adversary)를 뜻하는 니므롯을 폭군의 원형 또는 영적으로는 사단의 모형으로 내세우고 있습니다.

그들(니므롯과 그 일당들)은 벽돌과 그 밖의 재료로
그 꼭대기가 하늘에 닿는 도시와 탑을
세워, 이름의 좋고 나쁨은 불문하고 스스로
이름을 얻고자 하리라, 아니면 그 이름
멀리 이국으로 흩어져 자기들의 기억
잃을가 해서. 그러나 가끔 보이지 않게
내려와 인간을 찾고 그 거처 사이를
거니시며 그들의 행위를 살피시는
하나님께서 곧 그것을 바라보시고, 그 탑이
하늘 탑을 막기 전에 내려오시어 그 도시를
보고 비웃으시며, 그들의 혀에 불화의 정신을
심고 그들 본래의 언어를 완전히 빼앗아 버리고,
대신 알지 못하는 말의 소음을
뿌리셨느니라. 갑자기 건축자들 사이에
무서운 지껄임 소리가 요란하게 일어나,
서로 부르지만 알아듣지 못하고,
결국은 목이 쉬고 분개하여
하나님께서 비웃으신 대로 야단법석이
났느니라. 하늘에 웃음소리
높고, 이 기이한 소동을 내려다보며

또한 그 소음 듣는도다.
이리하여 건축은 우습게 중단되고,
이 공사는 혼란이라 부르게 되리라. (12, 43-62)

위의 인용문에서 보는 바와 같이, 니므롯은 사단과 마찬가지로 교만과 야심 때문에 하나님의 바른 길을 거역하고 인간생활의 지침이 되는 자연의 법칙을 파괴하였습니다. 뿐만 아니라 그는 그의 포악한 주권에 대항하는 자들을 전쟁으로 점령했고 바벨탑을 쌓아서 하나님과 동등한 지위를 얻으려 했던 것입니다. 이것은 그들 자신의 힘과 기술을 악용해서 에덴을 창조하려던 행위라 할 수 있으므로 분명 하나님의 뜻을 거역하는 죄의 행위라 할 수 있습니다.

그러므로 하나님께서는 그들의 인간주의적 거역 행위를 묵과하지 않고 그들의 언어를 혼란시켜 그들로 하여금 탑을 버리고 사방으로 흩어지게 했던 것입니다. 즉 그들의 공동체가 파산되는 형벌을 받게 되는 것입니다. 그러나 하나님은 인류의 구속사를 이어가시기 위해서 아브라함이라는 인물을 부르십니다. 여기에 하나님의 자비가 나타납니다. 따라서 이 이야기의 구조도 죄, 형벌, 자비로 이루어졌다고 규정지을 수 있습니다.

2 족장 시대

- 아브라함과 모리아산
- 롯과 소돔에 내린 불비
- 이삭과 그의 아내 리브가
- 야곱과 하나님과의 씨름
- 욥과 그의 시련

아브라함과 모리아산

노아의 맏아들인 셈의 자손 중에 데라(Terah)라는 사람이 있었습니다. 그는 바벨에서 그리 멀지 않은 우르(Ur)라는 도시에서 살았는데, 이 도시는 바빌론 제국 안에 있었습니다. 데라에게는 아브람, 나홀, 하란이라는 세 아들이 있었습니다(창 11:26- 32). 그들이 우르에서 살던 때는 기원전 1800년경으로 그들은 풀이 많은 곳을 찾아다니며 양이나 그 밖의 가축들을 기르며 사는 유목민이었습니다. 갈대아 우르는 유프라테스가 페르시아 만으로 흘러들어가는 하구 근처에 있는 인류 문화를 최초로 밝혔던 수메르 문화의 중심지였습니다.

발달한 도시교통을 비롯하여 관료기구와 무역, 설형문자로 기록된 엄청난 문서와 서적, 그리고 다신교와 범신론의 종교와 철학, 태양과 달을 숭배하는 신앙, 그 모든 것이 데라에게도 많은 영향을 끼쳤을 것이 틀림없습니다. 세 아들과 함께 우르에 살고 있던 데라는 그 어떤 불가사의한 충동에 이끌려 부와 번영의 도시 우르를 떠나 사막 서쪽의 가나안으로 갈 결심을 하였습니다. 그러나 떠나기 얼마 전에 그의 아들 하란이 죽었습니다. 그리하여 데라는 하란의 아들인 손자 롯과 아들 아브람, 그의 아내 사래, 둘째 아들 나홀과 그의 아내 밀가, 그리고 가축들을 데리고 가나안을 향하여 길을 떠났습니다. 그 노정은 우선 유프라테스 강과 티그리스 강 사이의 대초원을 북서로 거슬러 올라가 도시 하란으로 갔다가 다시 지중해변의 폭 좁은 팔레스타인 녹지대를 지나 남으로 향하는 것이었습니다. 위험하기 짝이 없는데다가 식수 조달이 어려운 아라비아 사막을 피해서 가자면 초생달 지대의 우회로를 이용할 수밖에 없었습니다. 그들은 일단 하란이라는 곳에 이르러 자리를 잡게 됩니다. 하란에서 살던 데라는 이백오 세에 죽었습니다.

데라가 산 시대, 다시 말해 기원전 1900년경의 하란은 동서남북으로 이어지는 대상로(隊商路)의 중심지요 정치 문화의 중심지이기도 하였습니다. 아버지를 이어 족장이 된 아브람은 오래도록 하란에 머물렀습니다. 그 동안 재산이 많이 늘어나서 양, 소, 염소, 당나귀 등의 가축이 많아지고 따로 이것들을 돌보는 종들도 필요해졌습니다. 둘째 아들 나홀은 아버지가 숨을 거둔 곳 하란을 고향으로 삼아 정주하기로 마음을 정했습니다.

그러나 아브람(창세기 11장으로부터 29장까지에 걸쳐서 나오는 믿음의 조상 아브라함의 본명)은 칠십오 세가 되던 해에 하나님의 부르심을 받았습니다. "너는 너의 고향과 친척과 아버지의 집을 떠나 내가 네게 보여줄 땅으로 가라 내가 너로 큰 민족을 이루고 네게 복을 주어 네 이름을 창대하게 하리니 너는 복의 근원이 될지라. 너를 축복하는 자에게는 내가 복을 내리고 너를 저주하는 자에게는 내가 저주하리니 땅의 모든 족속이 너를 말미암아 복을 얻을 것이라" (창 12:1-3).

이미 나이 75세가 된 아브람은 하나님이 이런 늙은이를 어디로 데려가려고 하는 것인지 불안했습니다. 또한 그에게는 대를 이어나갈 자식도 없었습니다. 그리고 평안히 살 수 있는 정든 하란을 떠난다는 것은 매우 어려운 일이었습니다. 하란은 가축들을 기르는 데 기후가 알맞았고 아브람은 그곳에서 족장으로서 존경을 받으며 살고 있었기 때문입니다. 실로 어디로 가는지도 모르면서 떠난다고 하는 것은 큰 위험이 따르는 모험이었습니다. 그러나 그는 믿음으로 하나님의 명령에 따라 길 떠날 준비를 했습니다. 그리고 아브람의 조카인 롯(Lot)도 함께 가기로 했습니다. 그들의 길고 긴 여행은 사막과 황폐한 땅을 지나 계속되었고 괴로운 일도 많이 있었습니다. 더구나 하나님이 어디로 데리고 갈 지도 모르는 여행이었습니다. 그러나 믿음이 깊은 아브람은 하나님이 어디로 인도하든 따라가기로 했습니다.

마침내 가나안의 세겜 땅에 이르렀을 때 하나님은 "내가 이 땅을 네 자손에게 주리라"(창 12:7)고 말씀하셨습니다. 그곳에는 큰 상수리나무가 한 그루 있었는데, 아브라함은 하나님이 나타나셨던 그 자리에 제단을 쌓고 하나님께 감사 기도를 드렸습니다. 그러나 그 지방에 마침 흉년이 들어서 아브람과 그 일가는 애굽(이집트) 땅으로 옮겨 갈 수밖에 없었습니다. 그가 애굽이라는 남의 땅에 발을 들여 놓으므로 파라오에게서 자기 아름다운 아내 때문에 어려움을 당한 일도 있지만, 일반적으로는 이상적인 족장의 전형으로 묘사되고 있습니다. 조카 롯이 궁지에 몰렸을 때, 즉 엘람 왕에게 사로잡혀 갔을 때, 자신이 길러낸 사병 삼백십팔 명을 이끌고 나가 그를 구해 주었으며, 롯의 목자들과 아브람의 목자들이 서로 다툴 때 그는 롯에게 좋은 땅을 양보했으며, 또 소돔성의 멸망을 구원하기 위하여 하나님께 중보의 탄원을 드리기도 하고, 가정의 평화를 이루기 위하여 부득이한 처사이긴 했지만 이스마엘과 하갈을 내쫓기 전 그들의 먹을 것과 마실 것을 준비해 준 것 등은 모두 아브람이 이상적인 부족장의 모습을 보여주는 실례들입니다.

하나님은 아브람이 한 이런 일들을 보고 기뻐하여 환상 가운데 나타나 아브람에게 말씀하셨습니다. "아브람아 두려워 말라 나는 네 방패요 너의 지극히 큰 상급이니라"(창 15:1). 이에 아브람은 "주 여호와여 무엇을 내게 주시려 하나이까. 나는 자식이 없아오니 나의 상속자는 이 다메섹 사람 엘리에셀이니이다"(창 15:2)라고 하였습니다. 여기서 언급한 "엘리에셀"은 아브람의 집에서 자란 가장 신임하는 종(창 24:2)이었습니다. 아브람은 자식이 없으므로 그 종 엘리에셀을 자신의 후사로 추천하게 되었던 것입니다.

이렇게 아브람이 말하자 하나님은 그를 밖으로 데리고 나가 하늘의 별을 보여주며 말씀하셨습니다. "하늘을 우러러 뭇별을 셀 수 있나 보라. 또 그에게 이르시되 네 자손이 이와 같으리라"(창 15:5). 아브람은 속으로 웃었습니다. 이미 그의 나이 아흔아홉 살이요, 사래도 아흔 살이나 되어 아이를 낳기에는 너무 늙었기 때문입니다. 그러나 하나님은 사래가 아들을 낳을 것이라고 아브람에게 말씀하셨습니다.

"나는 전능한 하나님이라. 너는 내 앞에서 행하여 완전하라. 내가 내 언약을 나와 너 사이에 두어 너로 크게 번성케 하리라. · · · 내 언약이 너와 함께 있으리니 너는 여러 민족의 아버지가 될지라. 이제 후로는 네 이름을 아브람이라 하지 아니하고 아브라함이라 하리니 이는 내가 너로 여러 민족의 아버지가 되게 함이니라"(창 17:1-5).

하나님이 이름을 바꾸신 신앙인물

본 이 름	새 이 름	관련성구
아 브 람	아브라함	창 17:5
사　래	사　라	창 17:15
야　곱	이스라엘	창 32:28
호 세 아	여호수아	민 13:16
솔 로 몬	여디디야	삼하12:25
시　몬	베 드 로	요 1:42
사　울	바　울	행 13:9

그리하여 위의 도표에서 보는 바와 같이 "높은 가문의 사람"이라는 뜻인 아브람은 "많은 민족의 조상"라는 뜻인 아브라함으로 바뀌게 되었고, "나의 여왕"이라는 뜻인 사래는 "많은 민족의 어머니"라는 뜻인 사라로 불리게 되었습니다.

어느 무더운 날 오정(午正) 즈음, 아브라함은 마므레의 상수리나무 근처에 처 놓은 천막 입구에 앉아서 한낮의 뜨거운 열기를 피해 쉬고 있었습니다. 아브라함이 고개를 들어 보니 낯선 나그네 세 사람이 자기를 향해 걸어오고 있었습니다. 그 당시 관습에 의하면 나그네를 친절하게 대접하는 것은 유목민들의 가장 중요한 덕 중의 하나였습니다. 아브라함은 천막에서 달려 나가 나그네들 앞에 엎드려 절하며 그들을 맞이했습니다. 우선 먼지투성이가 된 발을 씻을 물을 가져왔습니다(창 18:4). 아브라함은 속히 사라가 만든 떡과 하인들이 만든 기름진 송아지 요리와 버터 및 우유(창 18:6-8) 등을 가지고 와 정성껏 나그네들을 대접하였습니다. 아브라함이 베푼 이런 손님 후대의 모습은 그의 일상적인 신앙 인격을 드러내 보여주는 좋은 사례라 할 수 있습니다. 그는 실로 그 자신도 모르는 동안에(히 13:2) 하나님 앞에 겸손히 엎드려 경배했고, 또한 기쁜 마음으로 정성껏 하나님을 손님으로 모시게 되었습니다.

음식을 먹고 잠시 쉬고 난 나그네들은 아브라함에게 "네 아내 사라가 어디 있느냐"(창 18:9)고 물었습니다. 아브라함은 천막 안에 있다고 대답하였습니다. 그러자 그들 중의 하나가 아브라함에게 "내년 이맘때 내가 반드시 네게로 돌아오리니 네 아내 사라에게 아들이 있으리라"(창 18:10)고 말하였습니다. 천막 안에서 이 소리를 듣고 있던 사라는 속으로 웃었습니다. 왜냐하면 아브라함도 자기도 나이가 들대로 들어 아기를 갖는다는 것은 생각도 할 수 없는 처지였기 때문이었습니다.

나그네의 모습으로 아브라함을 찾아온 하나님은 사라가 웃는 것을 아시고 "여호와께서 능치 못한 일이 있겠느냐"(창 18:14)고 꾸짖었습니다. 사라는 갑자기 나그네들이 두려워졌습니다. 그래서 사라는 "내가 웃지 아니 하였나이다"(창 18:15)라고 뚝 잡아뗐습니다. 하나님은 "아니라 네가 웃었느니라"고 말씀하시고 소돔을 향하여 떠났습니다.

하나님이 세우신 언약의 말씀에는 거짓이 없었습니다. 그 후 1년이 지나 아내인 사라는 아들을 낳았습니다. 그들은 크게 기뻐하며 하나님의 말씀대로 그 이름을 이삭이라 지어 주었습니다. 이삭이란 말은 "웃음"이라는 뜻인데, 그 말대로 이삭은 아브라함의 가정에 웃음과 기쁨을 가져다주었습니다. 이삭은 부모의 귀여움을 받으며 훌륭한 아이로 자랐습니다.

어느 날 하나님은 느닷없이 아브라함에게 이렇게 말씀하셨습니다. "네 아들 네 사랑하는 독자 이삭을 데리고 모리아 땅으로 가서 내가 네게 일러 준 한 산 거기서 그를 번제(burnt offering)로 드리라" (창 22:2). 아브라함은 심히 괴로웠으나 끝까지 하나님의 명령을 따르기로 했습니다. 그는 아침 일찍 일어나 나귀에 안장을 얹고 장작을 실은 다음 두 종과 아들 이삭을 데리고 모리아 산을 향해 떠났습니다. 모리아 산은 원래 여부스 사람 오르난(Ornan)의 타작마당(대하 3:1)이었는데, 다윗이 그것을 그로부터 사들여 거기에다 그의 아들 솔로몬이 성전을 건축한 곳입니다. 바로 이곳에서 백세에 얻은 자식을 번제물로 바치라는 지시를 아브라함은 받았던 것입니다. 삼일 후에 모리아 산기슭에 도착하자 종들을 그 기슭에 남겨 둔 채, 아브라함은 이삭의 등에 번제물을 태울 장작을 지우고 자신은 양을 잡을 큰 칼과 불씨를 챙겨 들고 산으로 올라갔습니다. 아버지의 거동이 이상하게 느껴진 이삭은 아버지에게 물었습니다.

"불과 나무는 있거니와 번제할 어린 양은 어디 있나이까?" (창 22:7).

"아들아 번제할 어린 양은 하나님이 자기를 위하여 친히 준비하시리라" (창 22:8).

이렇게 말은 했지만 아브라함의 마음은 천근 만근되는 양 무거웠습니다. 그러나 아브라함은 하나님이 일러주신 자리에 제단을 쌓고 장작을 얹은 다음 별안간 아들을 묶어 제단 장작더미 위에 올려놓았습니다. 그리고는 양을 잡을 때의 칼을 꺼내어 아들을 찌르려 했습니다. 이런 믿음과 순종으로써 아브라함은 믿음의 조상이 되었고 복의 근원이 되었습니다. 이런 믿음과 관련해서 "아브라함의 품" (Abraham's bosom, 눅 16:22)이라는 관용 표현이 생겼는데, 그것은 "복되게 죽은 사람의 거처" (the abode of the blessed dead) 혹은 "하늘의 축복" (the blessedness of heaven)의 뜻으로 사용됩니다.

윌리엄 워즈워스는 "바다 옆에서" (By the Sea)라는 시를 썼는데 거기서 아브라함의 품이라는 비유를 성경에서 끌어다가 인유(引喩)하였습니다.

고요하고 풍만하고 아름다운 저녁,
숨죽이고 예배드리는 수녀처럼
조용하고 거룩한 시간, 환한 대낮의 해는
고요히 지고 있고
바다에는 하늘의 안온함이 깔린다.
들으라! 힘센 존재(하나님)는 깨어나
그 영원한 거동으로 끝없이
천둥과 같은 소리를 낸다.

여기서 나와 함께 걷고 있는 귀여운 아이! 귀여운 소녀!
네가 엄숙한 사상에 사로잡히지 않은 듯해도
너의 본성이 덜 성스러운 것은 아니다.
너는 일년 내내 아브라함의 품에 안겨
성전의 지성소(至聖所)에서 경배하기에
우리가 알지 못할 때에도 하나님은 너와 함께 있도다.

이 시는 영국의 19세기 낭만파 시인 중의 한 사람인 워즈워스의 것입니다. 그는 프랑스 혁명이 일어나자 곧 큰 기대를 안고 프랑스로 달려갔습니다. 거기에 머무는 동안 발롱(Anette Vallon)과의 사랑의 결과로 얻은 캐로린(Carolin)과 도우버 해협의 프랑스 항구인 칼레(Calais) 해안을 거닐며 체험한 신비로운 감정을 형상화하여 이 시를 썼습니다. 숨을 죽이고 예배드리는 수녀처럼 경건하고 고요한 저녁, 해가 지고 바다에 하늘의 안온함이 깔리는 순간, 파도 소리는 우뢰와 같이 울려 퍼졌습니다. 그 순간 워즈워스는 경이로운 힘을 묵시하며 수면에 운행하는 하나님의 신을 느꼈던 것입니다.

구약 시대의 성전 구조는 세 부분으로 나뉘어져 있었습니다. 즉 그것은 이방인의 뜰, 성소, 지성소(Holy of Holies)로 구분되어 있었습니다. 이방인들은 성전 밖에 있는 이방인의 뜰에만 들어올 수 있었고, 이스라엘 사람들은 성전 안에 있는 성소에 들어와 예배할 수 있었습니다. 그러나 성전 가운데서도 가장 거룩한 곳으로 성별된 지성소에는 기름부음을 받은 대제사장만이 들어가 하나님과 직접 교제를 나눌 수 있었습니다. 이런 성전 구조와 묘사를 배경으로 하여 워즈워스는 자연과 직접 영교(靈交)하는 딸을 지성소에서 경배하는 대제사장에 비유했던 것입니다. 결국 이 시에 나타나는 성경적인 지식을 통해서 볼 때 자연은 하나님이 늘 계시는 성전이요 심신이 모두 가난하고 천진난만한 캐로린과 같은 사람은 지성소에서 직접적인 영교를 하나님과 나누며 합일의 축복과 환희("아브라함의 품에 안겨")를 누리는 대제사장과 같다 할 수 있습니다.

제단 장작더미 위에 묶은 아들을 올려놓았을 그때, 하늘에서 큰 소리가 들려왔습니다. "아브라함아 아브라함아, 아무 일도 하지 말라. 네가 네 아들 네 독자까지도 내게 아끼지 아니하였으니 내가 이제야 네가 하나님을 경외하는 줄을 아노라"(창 22:12). 그 소리를 듣고 아브라함이 고개를 들어보니 뿔이 덤불에 걸려 허우적거리는 숫양 한 마리가 눈에 띄었습니다. 아브라함은 곧 가서 그 숫양을 잡아 아들 대신 번제물로 드렸습니다.

다음 도표에서 보는 대로 아브라함은 그 곳을 "여호와 이레"라 이름 붙이고 아들과 함께 무사히 집으로 돌아왔습니다.

여호와에서 파생된 하나님의 이름들

이 름	뜻	관련성구
여호와 이레	예비하시는 하나님	창 22:13-14
여호와 닛시	나의 깃발이 되시는 하나님	출 17:15
여호와 살롬	평강의 하나님	삿 6:24
여호와 삼마	거기 계시는 하나님	겔 48:35
여호와 라파	치료하시는 하나님	출 15:26
여호와 라아	목자가 되시는 하나님	시 23:1
여호와 치드케뉴	만군의 하나님	삼상 1:3

그때 또 다시 큰 소리가 들렸습니다. "네가 이같이 행하여 네 아들 네 독자도 아끼지 아니하였은즉 내가 네게 큰 복을 주고 네 씨가 크게 번성하여 하늘의 별과 같고 바닷가의 모래와 같게 하리니 네 씨가 그 대적의

성문을 차지하리라"(창 22:16-17). 여기 "네 씨가 그 대적의 성문을 차지하리라" 하였는데, 그 일차적 뜻은 아브라함의 후손인 이스라엘이 자기 원수들을 물리치고 그들의 성읍을 점령할 것이라는 것입니다. 그러나 그보다 더 깊은 영적 의미는 장차 메시아를 통하여 그를 믿는 모든 성도들 즉 아브라함의 영적 후손들이 복음으로 세상을 점령하며 모든 암흑의 세력들을 극복할 것이라는 의미입니다(갈 3:7-9, 14).

나이 많은 아브라함은 아들 이삭을 자기가 살아 있을 때 결혼시키고 싶어 가장 나이 많고 믿을 수 있는 종에게 마지막으로 가장 중요한 수고를 해 달라고 부탁했습니다. 리브가라는 아리따운 아가씨를 며느리로 맞이했습니다. 이것이 아브라함의 이야기에 나오는 큰 줄거리입니다. 이 줄거리를 보아서 알 수 있듯이 아브라함의 이야기는 하나님이 그 고향에서 아브라함을 불러내신 일부터 시작됩니다. 그가 아브라함을 불러 명령한 것은 "여행"(journey)을 떠나라는 것입니다. 여행이란 원래 낭만적이면서도 모험과 위험이 따르기 마련입니다. 왜냐하면 그것은 일종의 탐구(quest)의 과정이기 때문입니다. 더구나 아브라함의 여행은 그 행선지조차 명확하지 않은 상태였으므로, 하나님의 언약(covenant)을 절대적으로 믿고 받아들이는 순종의 신앙 없이는 이루어질 수가 없었습니다.

약속의 땅(천국의 예형)과 후손을 바라며 찾아가는 아브라함의 추구는 하나님과의 계약 관계 위에 기초를 두고 전개됩니다. 그 계약은 스토리가 진행됨에 따라 점진적으로 구체적인 내용이 계시되는 것을 볼 수 있습니다. 따라서 하나님의 약속은 아브라함의 이야기를 구성하는 가장 기본적인 구조적 원리가 됩니다.

롯과 소돔에 내린 불비

롯은 갈대아 우르에서 함께 떠나온 아브라함의 조카입니다. 아브라함과 롯은 한 때 가나안 땅에서 함께 살았습니다. 그러나 그들의 양떼와 소떼는 너무나 많이 늘어났습니다. 그 결과로 아브라함의 목동들과 롯의 목동들 사이에 목초지와 물을 둘러싸고 자주 다툼이 생겼습니다. 그래서 그들은 서로 갈라져 살기로 했습니다. 아브라함은 롯과 헤어져서 서쪽에 있는 산악 지방으로 옮겼고 롯은 요단 분지를 모두 차지하기로 하고 그리로 옮겨 갔습니다. 그곳 사해 부근에는 부유함으로 이름 높고 또 퇴폐와 끝없는 욕망의 남색(男色)의 도시 소돔(Sodom)과 고모라(Gomorrah)가 있었습니다. 소돔과 고모라는 죄악으로 가득 찼고 의인이라고는 찾아볼 수 없었습니다. 그래서 하나님께서는 그 두 도시를 멸망시키기로 마음먹었습니다. 그 계획을 아브라함에게 숨길 수가 없었음으로 하나님께서는 아브라함에게 이렇게 말씀하셨습니다.

"소돔과 고모라에 대한 부르짖음이 크고 그 죄악이 심히 무거우니 내가 이제 내려가서 그 모든 행한 것이 과연 내게 들린 부르짖음과 같은지 그렇지 않은지 내가 보고 알려 하노라"(창 18:20-21). 아브라함이 대접한 세 사람은 사람의 모습을 한 하나님과 그와 함께 온 두 천사들이었습니다. 아브라함은 걸음을 멈추고 하나님 앞에 섰습니다. 소돔에 사는 롯이 걱정스러웠기 때문입니다.

아브라함은 하나님이 하시려는 이 일을 잠자코 지켜보기만 해서는 안 될 것 같았습니다. 그래서 하나님께 아브라함은 물었습니다.

"(하나님, 소돔에 사는) 의인을 악인과 함께 멸하려 하시나이까? 그 성 중에 의인 오십 명이 있을지라도 주께서 그 곳을 멸하시고 그 오십 의인을 위하여 용서하지 아니   하시리이까?"(창 18:23-24).

하나님은 걸음을 멈추시고 아브라함에게 대답하셨습니다.

"오십 명. 오십 명의 의인을 찾으면 온 지역을 용서하리라"

"그러시면 · · ·" 아브라함은 다시 말했습니다.

"오십 의인 중에 오 명이 부족하다면 그 오 명이 부족함으로 말미암아 온 성읍을 멸하시리이까?

"멸하지 아니하리라."

"사십오 명이 사십 명이 되면 어찌 하려 하시나이까?"

"사십 명을 찾으면 멸하지 아니하리라"

"주여, 만약 삼십 명밖에 없으면 어찌 하시겠습니까?"

"멸하지 아니하리라"

"이십 명이라면 · · ·"

아브라함은 다시 물었으나 하나님의 대답은 한결 같았습니다. 아브라함은 다시 한 번 물었습니다.

"내가 이번만 더 아뢰리이다. 거기서 십 명을 찾으시면 어찌 하시려 하시나이까?"

"내가 십 명으로 말미암아 멸하지 아니하리라"

하나님께서는 의인 십 인만 있어도 소돔과 고모라를 멸망시키지 않겠다고 아브라함에게 약속했습니다.

하나님은 이렇게 여러 번 아브라함의 물음에 대답하고 나서 그 자리를 떠났습니다. 아브라함도 자기 천막으로 돌아와 소돔에 사는 조카 롯을 생각하며 하나님이 소돔에서 의인 열 사람만이라도 찾아내시어 소돔이 무사하기를 바랐습니다. 아브라함이 하나님과 이야기를 하고 있을 때 소돔과 고모라를 향해 걸어간 두 나그네는 하나님의 천사였습니다.

날이 저물 때에 소돔의 성문 앞에 두 나그네는 도착했습니다. 왜 하필이면 날이 저물 때에 두 나그네는 소돔 성을 찾아온 것일까요? 그것은 음란과 방탕과 온갖 사악한 일들이 활개 치는 시간이 주로 어두운 밤 시간이기 때문이었습니다. 소돔 성의 타락상을 가장 잘 살필 수 있는 시간을 택하여 두 천사는 소돔을 찾으셨습니다. 그것은 "우리가 거리에서 밤을 새우리라" (창 19:2)라는 말씀이 입증해 주고 있습니다. 거리는 성안의 넓은 공터나 광장을 뜻합니다. 그곳에서 바로 소돔의 타락상을 가장 바로 살필 수가 있었을 것입니다. 옛 소돔의 암흑가를 상상으로 바라보고 있을 때 떠오르는 것은 헨리라고 시인의 다음과 같은 시구였습니다.

어둠이 짙구나—
해쪽으로, 아 해쪽으로!
길이 거칠구나—
앞으로, 끊임없이 앞으로!

정녕 새벽은 동쪽 그늘에
숨겨져 있지만,
언젠가는 우리들의 눈 앞에
아름다운 풀밭이 펼쳐지리라.

위로 그리고 앞으로!
세월이 우리를 회복시켜 주리니.
빛은 우리 위에 있고
안식은 우리 앞에 있도다.

이 시를 쓴 윌리엄 어네스트 헨리(William Ernest Henley, 1849-1993)는 영국의 시인이요 극작가였습니다. 그는 『운문시집』(*A Book of Verses*, 1888)으로 명성을 얻었고, 그 후에 서정시 『산사나무와 라벤더』(*Hawthorn and Lavender*, 1899), 애국적인 노래 『영국을 위하여』(*For England's Sake*, 1900)를 내놓았습니다. 그밖에 평론집과 극시 등이 있습니다. 헨리의 시에는 어둠 속으로 동터오는 아침의 햇살이 보이지만 소돔의 거리에는 어둠만 짙게 깔려 있습니다.

날이 저물 때 소돔의 성문 앞에 도착한 낯선 두 나그네를 본 롯은 그들 앞에 엎드려 절하며 말했습니다. "내 주여 돌이켜 종의 집으로 들어와 발을 씻고 주무시고 일찍이 일어나 갈 길을 가소서"(창 19:2). 나그네를 맞아들인 롯은 식탁을 베풀고 빵을 구워 저녁식사를 정성껏 대접하였습니다. 두 나그네가 식사를 마치고 잠시 앉아 있는데, 소돔에 사는 노소 남자들이 롯의 집으로 몰려와 문을 두드리며 외쳤습니다. "오늘 밤에 네게 온 사람들이 어디 있느냐. 이끌어 내라. 우리가 그들을 상관하리라"(창 19:5). 여기서 "상관한다"는 말은 성교 즉 동성애(同性愛)를 가리키는 완곡한 어법으로 사용된 것입니다(삿 19:22). 동성애의 죄악은 아비의 하체를 비웃은(창 9:22) 함의 후손인 가나안인 가운데 특히 만연된 죄악이었습니다. 성경에서는 하나님의 창조 원리(창 2:24)와 인간의 본성에 어긋나는 동성애를 엄격히 금지하고 있으며(롬 1:26-27; 고전 6:9), 모세의 율법에서 이 죄는 죽음에 해당되었습니다(레 20:13). 남색(男色)을 의미하는 영어 "소도미"(Sodomy)라는 말은 성적 문란으로 타락한 소돔(Sodom)에서 파생된 말로 영원한 치욕의 단어가 되었습니다.

롯은 벌떡 일어나 장막 입구의 휘장을 걷어 올리고 밖으로 나왔습니다. 두 팔을 벌려 장막 입구를 막으면서 온통 욕망으로 이글거리는 무리를 향해 입을 열었습니다. "내 형제들아 이런 악을 행하지 말라. 내게 남자를 가까이 아니한 두 딸이 있노라. 청하건대 내가 그들을 너희에게로 이끌어 내리니 너희 눈에 좋은 대로 그들에게 행하고 이 사람들은 내 집에 들어왔은즉 이 사람들에게는 아무 일도 저지르지 말라"(창 19:7-8). 무리들은 롯을 밀치며 장막 입구로 몰려들며 이렇게 모욕적인 언사를 퍼부었습니다. "이 자가 들어와서 거류하면서 우리의 법관이 되려하는도다"(창 19:9).

나그네 가운데 한 사람이 급하게 팔을 뻗어 롯을 장막 안쪽으로 끌어당겨 들였습니다. 그는 문을 거칠게 닫으면서 "네 아내와 두 딸을 이끌어 내라. 이 성의 죄악 중에 함께 멸망할까 하노라. 그러나 · · · 도망하여 생명을 보존하라. 돌아보거나 들에 머물지 말고 산으로 도망하여 멸망함을 면하라"(창 19:15-17). 롯은 두 나그네에게 부탁했습니다. "내가 도망하여 산에까지 갈 수 없나이다. 두렵건대 재앙을 만나 죽을까 하나이다. 보소서 저 성읍은 도망하기에 가깝고 작기도 하오니 나를 그곳으로 도망하게 하소서"(창 19: 19-20). 두 나그네는 롯의 청을 들어 주었습니다. "네 소원을 들었은즉 네가 말하는 성읍을 멸하지 아니하리니 그리로 속히 도망하라"(창 19:21-22). 그날 이후 그 작은 성읍은 "소알"(작은 성이라는 뜻)이라고 불리게 되었습니다.

롯의 가족과 함께 소돔을 빠져나오자 하늘에서 유황과 불비가 내려 소돔은 온통 불바다가 되어 성벽이 무너져 내리는 소리가 요란했습니다. 롯의 아내는 소돔에 모든 것을 두고 빠져나오는 것이 너무 안타까웠습니다. 그래서 나그네가 뒤를 돌아보지 말라고 했는데도 소돔에 대한 미련 때문에 뒤를 돌아다보고 말았습니다. 그러자 롯의 아내는 그만 목숨을 잃고 소금 기둥으로 변해 버렸습니다.

롯은 소알에서 생활하는 것이 두려운 나머지 두 딸과 함께 산으로 올라가 동굴 속에서 살았습니다. 동굴 속에 살면서 두 딸은 아비 롯에게 술을 마시게 한 후 동침하여 아들을 얻게 되는 데, 큰 딸에게서 난 아들은 모압(아버지로 말미암아)이고, 둘 째 딸에게서 얻은 아들은 암몬(내 아비의 아들)이라 하였습니다.

다음 도표에서 보는 바와 같이 성경에 나타나는 몇 안 되는 근친상간의 실례들 가운데 맨 처음에 오르게 된 것이 롯의 두 딸입니다. 그리고 그들이 낳은 아들들의 이름은 근친상간을 나타내는 이름들로서 그 아비의 수치를 영원히 후세에 전하고 있습니다. 그 결과 롯은 언제 어디서 어떻게 죽었는지 성경에 기록되지도 못한 채 의혹 속에 사라져 버렸습니다.

성경에 나타난 근친상간의 실례들

이 름	관련성구
롯의 딸들	창 19:33
르우벤	창 35:22
유다	대상 2:4
암논	삼하 13:14
압살롬	삼하 16:2 2
헤롯	마 14:3, 4

미국의 소설가 존 스타인벡(John Steinbeck)은 그의 소설 『에덴의 동쪽』(*The East of Eden*)에 등장하는 새뮤얼 해밀튼(Samuel Hamilton)을 통해 이렇게 말을 합니다. "창세기로부터 우리를 괴롭히고 따라 붙는 두 이야기가 있는데, 그것은 원죄의 이야기와 가인과 아벨의 이야기이다. 그런데 나는 이를 모두 이해하지 못한다."

이러한 이야기의 패턴으로 스타인벡은 우선 아담과 그의 형제 찰스의 불행한 삶과 또 아담의 쌍둥이 칼렙과 아론의 삶 속에서 재현되는 악과 물려받은 죄의 신비함을 파헤쳐 봅니다. 철학자의 본능을 지니고 있고, 신앙심이 깊은 중국인 리(Lee)는 죄의 저주는 제거할 수 있다고 주장합니다. 그는 성경 속에서 하나님이 가인에게 말씀하실 때, 하나님은 '팀셸' (Timshel)이라는 히브리어로 말씀하신다고 주장합니다. 리의 설명에 따르면 이 말씀은 약속이 아니라면 적어도 "너는 죄를 이길 수도 있다"라는 승리의 가능성을 의미합니다. 이 소설은 다음과 같은 말로써 끝이 납니다. "너는 할 수도 있다. 할 수도 있어! 무한한 영광이여!"

아담 트라스크(Adam Trask)는 아내 캐디(Cathy)와 함께 새로운 행복의 가정을 꾸미려는 희망으로 살리나스 계곡에 도착합니다. 아담은 자기 이름에 걸 맞는 에덴을 만들어 놓으려 합니다. 그러나 캐디는 이브(Eve)가 아닙니다. 쌍둥이 아들을 낳은 후에, 그녀는 악의적으로 남편을 해치고 떠나갑니다. 아담은 더욱 어두운 삶으로 돌아갑니다. 새뮤얼 해밀튼의 도움으로 그는 삶의 의지를 다시 얻게 되지만 결국은 자신의 두 아들이 자기 소년시절의 가정을 파괴시켰던 적대감과 형태를 다시 거듭 반복하고 있다는 끔직한 사실만을 발견하게 됩니다.

리(Lee)라는 중국인은 "너는 죄를 이길 수도 있다"라고 인간 승리의 가능성을 말하고 있지만, 결단코 원죄의 뿌리에서 태어난 모든 인간은 자기 힘으로 죄를 이기고 자기의 힘으로 에덴을 만들 수가 없습니다. 롯도 비옥한 소돔 땅을 택했을 때는 아담 트라스크나 같은 생각을 했을 것입니다. 그러나 말할 수 없는 죄를 물먹듯 저지른 소돔은 결국 불비에 의해 망하고 말았습니다.

노아 때는 물로 심판하셨고 저주받은 도시 소돔을 심판하실 때 하나님께서는 유황과 불비를 사용하셨습니다. 심판의 도구는 그때그때마다 다를 수 있지만 죄악의 결과는 멸망이라는 진리는 어제나 오늘이나 변하지 않습니다. "롯과 소돔에 내린 불비" 이야기는 아브라함의 이야기 속에 포함될 수 있는 하나의 짧은 에피소드지만 실로 전율을 느끼게 하는 한편의 현장르포와 비슷합니다. 너무나 생생하고 박진감이 넘치는 죄악상의 폭로 기사요 무서운 심판의 기록이라 아니 할 수 없습니다.

이삭과 그의 아내 리브가

이삭은 사라를 통하여 아브라함이 얻은 유일한 아들입니다. 그때의 아브라함의 나이는 100세였고 사라의 나이는 90세였습니다. 이삭이 자라 애굽 태생의 여종 하갈이 낳은 이복형 이스마엘(창 16:4)과 상속문제가 대두되자, 사라는 "이 여종과 그 아들을 내쫓으라. 이 종의 아들은 내 아들 이삭과 함께 기업을 얻지 못하리라"(창 21: 10)고 아브라함에게 요청하였습니다.

아브라함은 그 이튿날 아침 일찍 일어나 떡과 물 한 가죽 부대를 준비하여 하갈의 어깨에 메워주고 그 자식을 이끌고 마므레 상수리나무 장막을 떠나게 했습니다. 하갈은 고향인 애굽으로 갈 생각이었습니다. 그러나 남쪽의 뜨거운 모래언덕 브엘세바에 이르렀을 때 가죽 부대의 물이 바닥을 드러냈습니다(창 21:15). 물 한 방울 없는 메마른 사막, 어머니와 아들 이스마엘은 마주 앉아 방성대곡(放聲大哭)하였습니다. 그때 홀연히 하늘에서 소리가 울리며 이런 말이 들렸습니다. "네 아이나 네 여종으로 근심하지 말고 사라가 네게 이른 말을 다 들으라. 이삭에게서 나는 자라야 네 씨라 부를 것임이니라. 그러나 여종의 아들도 네 씨니 그로 한 민족을 이루게 하리라"(창 21:12-13). 하나님께서 하갈의 눈을 밝히시니 하갈은 메마른 사막에서 샘물을 볼 수가 있었습니다. 하갈은 그리로 가서 가죽 부대에 물을 채워다가 그 아이에게 마시게 했습니다. 하나님께서 그 아이와 함께 하시니 이스마엘은 장성하여 광야에서 활쏘기의 명수가 되었습니다(창 21:20). 이스마엘이 바란 광야에 있을 때에 그 어미 하갈이 애굽 여인을 취하여 아내를 삼게 했습니다. 말 타기와 활의 명인인 아라비아인은 이스마엘의 후예로 알려져 있습니다. 그러나 그보다 더 중요한 것은 이 쫓겨난 아브라함의 아들 이스마엘의 정신적 또는 종교적 후예가 이슬람의 시조 마호메트라는 사실입니다. 마호메트는 자신을 아브라함 신앙의 정통을 물려받은 상속자라고 말하고 있습니다. 실제로 그 종교가 받드는 대상은 유일신이며 천지의 주인인 알라입니다. 아래 도표에서 보는 바와 같이 축첩한 가정은 어느 가정이나 예외 없이 불화가 싹튼다는 것을 알 수 있습니다. 아브라함의 가정도 예외는 아니었습니다.

축첩으로 불화한 가정

가정이름	관련성구
아브라함의 가정	창 21:8-21
야곱의 가정	창 29:16-30:24
기드온의 가정	삿 8:30-9-57
엘가나의 가정	삼상 1:1-8
다윗의 가정	삼하 3:2-5

세월이 흘러 이삭은 건장한 소년으로 자랐습니다. 아브라함은 그에게 모든 희망을 걸고 있었습니다. 이삭이 청년으로 자란 어느 날, 사라는 백이십 칠세의 나이로 세상을 떠났습니다. 사랑하던 사람의 죽음은 아브라함에게 매우 큰 슬픔을 가져다주었습니다. 아브라함은 이웃에 사는 헷 사람인 에브론의 밭에 있는 막벨라 동굴을 은 사백 세겔을 주고 사서 그곳에 사라의 시체를 안장했습니다(창 23:1-20). 아브라함은 자기도 죽을 날이 멀지 않았다는 것을 알고 아들 이삭의 결혼을 서둘러야겠다는 생각을 하였습니다. 그 당시의 풍습에 의하면 이삭의 신부는 반드시 친척의 딸이어야 했습니다. 고향을 떠나 가나안에 살던 아브라함은 가장

나이 많고 믿을 수 있는 늙은 종 다메섹 사람 엘리에셀(창 15:2)을 불러 말했습니다. "하늘의 하나님, 땅의 하나님이신 여호와를 가리켜 맹세하게 하노니 너는 내가 거주하는 이 지방 가나안 족속의 딸 중에서 내 아들을 위하여 아내를 택하지 말고 내 고향 내 족속에게로 가서 내 아들 이삭을 위하여 아내를 택하라"(창 24:3-4).

엘리에셀은 아브라함에게 물었습니다. "여자(신부감)가 나를 따라 이 땅으로 오려고 하지 아니하거든 내가 주인의 아들을 주인의 나오신 땅으로 인도하여 돌아가리이까?"(창 24:5).

"내 아들을 그리로 데리고 돌아가지 아니하도록 하라. 나를 내 아버지의 집과 내 고향 땅에서 떠나게 하시고" 나를 이곳으로 인도하시고 나에게 아들을 주시며 "이 땅을 네 씨에게 주리라"고 약속하신 하나님의 천사가 너를 인도하여 어려움 없이 이삭의 아내를 고르게 해 줄 것이라"(창 24:7)고 아브라함은 그 종에게 말하였습니다.

엘리에셀은 그렇게 하겠다고 주인에게 맹세하였습니다. 엘리에셀은 낙타 열 마리에 아브라함이 보내는 귀한 선물을 가득 싣고 다른 하인과 함께 하란을 향해 떠났습니다. 메소포타미아를 향해 사막을 가로지르는 이 여행은 참으로 힘들었습니다. 그들은 여러 날의 여행 끝에 하란 성 밖에 있는 우물가에 도착하였습니다. 마침 여자들이 물을 길러 나오는 저녁때였습니다.

에벤에셀은 하나님께 이렇게 기도하였습니다.

"우리 주인 아브라함의 하나님 여호와여 원하건대 오늘 나에게 순조롭게 만나게 하사 내 주인 아브라함에게 은혜를 베푸시옵소서. 성중 사람의 딸들이 물 길으러 나오겠사오니 내가 우물곁에 서 있다가 한 소녀에게 이르기를 청하건대 너는 물동이를 기울여 나로 마시게 하라 하리니 그의 대답이 마시라 내가 당신의 낙타에게도 마시게 하리라 하면 그는 주께서 주의 종 이삭을 위하여 정하신 자라 이로 말미암아 주께서 내 주인에게 은혜 베푸심을 내가 알겠나이다"(창 24:12-14).

엘리에셀이 기도를 막 마치려 할 때 다음 도표에서 보는 바와 같이 나홀의 손녀인 리브가(Rebekah)가 성 밖으로 나오는 것이 보였습니다. 매우 건강해 보이고 아름다운 아가씨였습니다. 물동이를 가지고 우물로 내려가 물을 긷고 있는 리브가에게 엘리에셀이 다가가 말했습니다. "네 물동이의 물을 내게 조금 마시게 하라"(창 24:17). 그러자 리브가는 급히 그 물동이를 손에서 내려놓으면서 "주여 마시소서"(창 24:18)라고 말하였습니다. 그리고 나서 덧붙여 말하기를 "당신의 낙타를 위해서도 물을 길어 그것들도 배불리 마시게 하리이다"(창 24:19)라 하였습니다. 그리고 리브가는 물을 길어다가 낙타에게 먹였습니다.

아브라함에서 야곱까지의 가계도

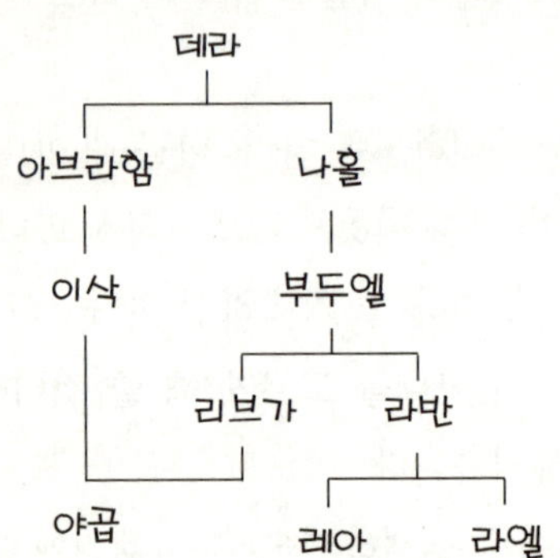

엘리에셀은 이 아가씨야말로 하나님께서 기도를 들어 주시고 보내 주신 아가씨가 틀림없다는 생각을 했습니다. 그런데 이 친절한 아가씨가 누구네 집 딸인지 알 수가 없었습니다. 그래서 엘리에셀은 자기가 가지고 있는 금고리 한 개와 금 손목고리 한 쌍을 주머니에서 꺼내어 리브가에게 감사의 표시로 주면서 물었습니다. "네가 누구의 딸이냐 네 아버지의 집에 우리가 유숙할 곳이 있느냐"(창 24:23).

"(저는) 브두엘의 딸이니이다. · · · 우리에게 짚과 사료가 족하며 유숙할 곳도 있나이다"(창 24:24-25). 리브가의 아버지는 아브라함의 조카였습니다. 말을 마친 리브가는 물동이를 들고 성 안으로 들어갔습니다. 엘리에셀은 머리 숙여 여호와께 경배하고 그를 인도하신 주님을 찬송하였습니다(창 24:26-27). 리브가는 집으로 달려가 우물가에서 있었던 일을 온 식구에게 고했습니다. 리브가의 오빠 라반은 동생의 말을 듣고 우물가로 달려와 엘리에셀의 일행을 자기 집으로 안내하였습니다.

엘리에셀의 일행이 리브가의 집에 도착하자, 리브가의 식구들은 낙타의 짐을 부리고 짚과 보리를 낙타에게 주고 엘리에셀과 그의 일행에게는 발 씻을 물을 갖다 주었습니다. 그들이 발을 씻고 나자 맛있는 음식을 차려놓았습니다. 그러나 엘리에셀은 음식을 먹기 전에 먼저 자기가 무슨 일로 이곳에 왔는지 이야기했습니다.

"나는 아브라함의 종이나이다. 여호와께서 나의 주인에게 크게 복을 주시어 창성하게 하시되 소와 양과 은금과 종들과 낙타와 나귀를 그에게 주셨고 나의 주인의 아내 사라가 노년에 나의 주인에게 아들을 낳으매 주인이 그의 모든 소유를 그 아들에게 주었나이다. 나의 주인이 나에게 맹세하게 하여 이르되 너는 내 아들을 위하여 내가 사는 땅 가나안 족속의 딸들 중에서 아내를 택하지 말고 내 아버지의 집, 내 족속에게로 가서 내 아들을 위하여 아내를 택하라고" (창 24:34-38) 하셨습니다.

엘리에셀은 계속해서 성 밖 우물가에서 자기가 하나님께 기도했는데, 마침 물을 길러 온 리브가가 자기와 낙타에게 물을 마시게 해 주었고 이것은 하나님이 나의 주인의 소원을 들어 주신 표시라고 설명하였습니다. 엘리에셀은 리브가의 아버지에게 리브가가 이삭과 결혼할 것을 허락해 달라고 부탁했습니다. 이 말을 듣고 리브가의 아버지 브두엘은 대답했습니다.

"이 일이 여호와께로 말미암았으니 우리는 가부를 말할 수 없노라 리브가가 당신 앞에 있으니 데리고 가서 여호와의 명령대로 그를 당신의 주인의 아내가 되게 하라" (창 24:50-51).

엘리에셀은 아브라함이 보낸 금은으로 된 패물과 옷감, 그리고 가나안에서 만든 아름다운 옷들을 꺼내어 리브가와 가족들에게 주었습니다. 엘리에셀과 그 일행은 융숭한 대접을 받고 하룻밤 편히 쉬었습니다. 이튿날 아침, 엘리에셀은 리브가를 데리고 주인에게로 돌아가겠다고 했습니다. 그러자 라반과 그의 어머니는 며칠만 더 머물고 떠나라고 애원했습니다. 그러나 엘리에셀은 거절하였습니다.

"나를 만류하지 마소서. 여호와께서 내게 형통한 길을 주셨으니 나를 보내어 내 주인에게로 돌아가게 하소서" (창 24:56).

할 수 없이 그 어머니는 딸 리브가에게 물어 보기로 하였습니다. "네가 이 사람과 함께 가려느냐?" 리브가는 엘리에셀과 함께 떠나겠다고 하였습니다. 리브가는 유모와 함께 엘리에셀을 따라 가나안을 향해 떠났습니다.

하란을 떠난 리브가와 엘리에셀의 일행은 여러 날의 여행 끝에 가나안에 도착하였습니다. 엘리에셀은 이삭에게 여행 중에 있었던 일, 하나님이 리브가를 만나게 해 주신 일 등을 자세하게 들려주었습니다. 이삭은 매우 기뻐하면서 리브가를 아내로 맞이하였습니다. 그는 어머니 사라가 살던 브엘세바에 있는 천막에서 새 가정을 꾸미고 리브가와 행복하게 살았습니다.

그들을 바라보는 아브라함은 이제야말로 안심하고 눈을 감을 수 있을 것 같았습니다. 하나님과 맺은 계약은 진실한 열매를 맺고 있었습니다. 지상에서의 시간이 다 되어 복받은 노인으로서 아브라함이 눈을 감은 것은 그의 나이 175세 때였습니다. 유해는 마므레에 면한 막벨라 동굴 안에 안장된 사라 옆에 안치되었습니다. 막벨라 동굴에는 아브라함, 이삭, 야곱, 사라, 레아 및 리브가가 묻혀 있습니다(창 49:30-31).

가나안 땅에 흉년이 들어 이삭은 리브가를 데리고 불레셋의 한 도시 그랄(Gerar)에 머물렀습니다. 리브가의 아름다움으로 인하여 이삭은 죽임을 당하지나 않을까 두려워(창 26:7) 아내를 누이라고 속였던 것입니다. 이런 신앙과 언약을 떠난 두려움에서 자기의 아내를 부인한 것으로 인하여 그는 불레셋 왕 아비멜렉에게 질책을 받았습니다. 그러나 이삭은 여호와로부터 복을 받아 양과 소가 많이 늘어났고 노복이 심히 많아졌습니다. 마침내 거부(巨富)가 되었습니다. 그래서 불레셋 사람들이 시기하였습니다(창 26:12-13). 아비멜렉의 요청에 따라 이삭은 그랄 골짜기에 장막을 치고 우거하게 되었습니다. 그러나 불레셋 목자들과 이삭의 종들 사이에 우물을 놓고 자주 다툼이 있었습니다. 그 다툼을 인하여 첫 번째 얻은 우물의 이름을 에섹이라 하였고 또 다시 판 두 번째 우물의 이름을 싯나라 하였습니다. 이삭이 거기서 옮겨 다른 우물을 팠더니 다투지 아니하므로 그 이름을 르호봇이라 하였습니다(창 26:20-22). 이삭이 그곳으로부터 브엘세바로 옮기던 그날 밤 여호와께서 이삭에게 나타나 "나는 네 아버지 아브라함의 하나님이니 두려워하지 말라. 내 종 아브라함을 위하여 내가 너와 함께 있어 네게 복을 주어 네 자손이 번성하게 하리라" (창 26:24) 하셨습니다. 이삭은 그 은혜에 너무 감격해서 "그곳에 제단을 쌓고, 여호와의 이름을 부르며" (창 26:25) 찬미했습니다. 이는 아이작 와츠(Issac Watts, 1674-1748)라고 하는 영국의 찬미가 작가가 부른 "하나님의 사랑" 이라는 찬미가 작가가 부른 찬미와 거의 비슷합니다.

나의 하나님, 당신의 사랑은 참으로 끝이 없도다.
당신의 은혜 밤마다 새롭고,
아침이면 당신의 사랑 새벽 이슬처럼
하늘로부터 방울져 듣는도다.

당신은 밤의 장막을 드리워
잠자는 나의 시간을 지켜 주시고,
그 뛰어난 말씀으로 햇빛을 돌이켜
졸리는 나의 감각을 일깨워 주시도다.
나는 나의 모든 능력을 당신의 명령에 따르게 하고
나의 날들을 당신께 바치리라.
당신의 손으로부터 받는 영원한 축복이 있기에
영원한 찬미의 노래를 당신께 드리리라.

아이작 와츠는 경건한 비국교도로서 찬미가를 600편정도 썼습니다. 그는 신학적으로는 칼빈주의자였기 때문에 원죄의 깊은 뜻을 찬미가 속에 담으려고 애썼습니다. 그의 시집으로는 『성경 역사』(*Scripture History*, 1732)와 『마음의 개선』(*The Improvement of the Mind*, 1741) 등이 있습니다. 와츠가 하나님의 일상적인 돌보심과 영원한 하나님의 축복을 찬미하듯이 이삭도 그런 심정으로 단을 쌓고 그의 이름을 부르며 기도와 찬미를 올렸으리라고 생각합니다.

"이삭과 그의 아내 리브가"의 이야기는 아브라함의 이야기에 포함시킬 수 있는 아주 짧은 에피소드입니다. 이삭에 관한 기록은 그리 많지 않습니다. 그러나 이삭은 이스라엘의 제2대 족장으로 훌륭한 성격을 가지고 있었다는 여러 증거를 찾을 수 있습니다. 그는 순종의 사람이었고(창 22:6, 9) 묵상의 사람이었으며(창 24:63), 하나님을 깊이 신뢰한(창 22:6, 9), 애정의 사람이었으며(창 24:67), 그리고 평화를 사랑한 사람이었습니다(창 26:20-22). 또한 그는 일평생 기도와 믿음 생활을 충실하게 행하면서 살았습니다(창 26:25, 히 11:11-17).

신약을 보면 이삭은 약속의 자식이라 불렸고(갈 4:22-23) 최초로 난지 8일 만에 할례를 받았으며(행 7:8), 장자권에 의해 최초로 하나님의 축복을 받은 사람으로 소개되기도 합니다(롬 9:7). 바울은 하나님의 약속 안에서 믿음으로 의롭다 함을 받은 자들을 논할 때 역사적인 인물로서 이삭과 그의 어머니를 예로 들고 있습니다(갈 4:21-31).

이삭은 4대 족장들 중에서 제일 장수한 사람이었습니다. 아브라함은 175세를 살았고(창 25:7), 야곱은 147세를 살았으며(창 47:28), 요셉은 110세를 살았고, 이삭은 180세를 살았습니다(창 35:28). 이처럼 이삭은 4대 족장 중에서 가장 장수한 사람이었지만, 그에 대한 기록은 가장 짧았습니다. 그것은 족장들의 생활 중에서 그의 생활이 가장 단순했고 평범했기 때문입니다. 그러나 그의 평범한 생활 속에서 우리는 평화를 사랑하는 그의 마음과 깊은 신앙을 찾을 수 있습니다.

야곱과 하나님과의 씨름

이삭이 리브가를 아내로 맞아들였을 때 그는 마흔 살이었습니다. 그런데 결혼한 후 여러 해 동안 리브가는 아기를 낳지 못했습니다. 이삭은 열심히 하나님께 잉태하지 못하는 아내를 위하여 기도했습니다(창 25:21). 이삭은 결혼한 후 20년이 지나서, 60세 때에, 처음으로 아들을 얻었습니다. 리브가는 달이 차서 아기를 낳았는데 아들 쌍둥이었습니다. 먼저 태어난 아기는 살결이 붉고 털투성이어서 그 이름을 에서(Esau-"털이 많은 자"라는 뜻)라 하였습니다. 그것은 그의 야성적이고 육욕적인 성품을 보여주는 전조(前兆)라 할 수 있습니다. 나중에 태어난 아기는 살결이 희고 털이 없었지만 형의 발꿈치를 잡고 나왔기 때문에 그 이름을 야곱(Jacob-"발꿈치를 잡은 자"라는 뜻)이라 하였습니다(창 25:25-26).

그들은 점점 자라면서 서로 판이한 성격과 행동을 나타내 보였습니다. 에서는 들판을 돌아다니는 날쌘 사냥꾼이 되어 아버지가 좋아하는 "사냥한 고기" 음식을 대접하였으므로 그의 사랑을 받았습니다. 그러나 동생 야곱은 조용하고 차분한 성격의 소유자로서 천막(집안)에 거하면서 가정적이고 교양적이며 경건한 생활을 했기 때문에 모친 리브가의 사랑을 받았습니다(창 25:27-28). 이로 보건대 에서는 남성적인데 비해 야곱은 여성적이요, 내성적인 인물이었던 것을 알 수가 있습니다.

이러한 성격의 차이 때문에 두 사람은 쌍둥이면서도 서로 다른 인생길을 걷게 되었습니다. 에서는 성격상 밖에 나가 지내기를 좋아했고, 배가 고파 죽을 지경이 되어서야 집에 들어오곤 했습니다. 그렇기 때문에 그는 부모의 교육을 충분히 받을 수가 없었고, 야곱은 늘 집안에서 지냈기 때문에 부모의 감화와 교육을 충분히 받을 수가 있었습니다. 그러므로 야곱은 아브라함과 이삭에게 주어진 하나님의 약속이 얼마나 존귀한 것인지도 알게 되었던 것입니다. 아버지 이삭은 날쌘 사냥꾼 에서를 더 사랑하였고 어머니 리브가는 성격이 차분한 야곱을 더 사랑하였습니다.

에서는 장남이었으므로 아버지 이삭이 죽고 나면 그의 뒤를 이어 족장이 되어서 하나님의 약속과 축복을 이어받는 장자권을 갖고 있었습니다. 그 당시 장자권을 가진 사람은 아버지로부터 유산을 물려받을 때 다른 형제들 몫의 두 배를 받게 되어 있었습니다. 특히 아브라함이나 이삭과 같은 족장의 가정에서 갖게 되는 장자권은 다른 가정의 경우보다 더 중요한 것이었습니다. 왜냐하면 재산뿐만 아니라 하나님의 갖가지 축복까지도 아버지의 유언을 통해 주어지기 때문입니다. 그리고 족장이 장자에게 내려주는 축복의 유언은 오직 한 번밖에 할 수 없으며 취소할 수도 없는 것이었습니다. 아브라함의 자손의 경우, 장자권에는 하나님 백성의 선조가 되고 하나님이 주시겠다고 약속한 땅을 물려받을 권리도 포함되어 있었습니다. 그러나 에서는 하나님의 크나큰 축복이 따르는 장자권에는 별로 마음이 없었습니다.

리브가는 야곱을 더 사랑했기 때문에 어떻게 하든지 에서의 장자권을 야곱에게 잇게 하려고 마음먹고 있었습니다. 어머니의 생각이 그러했고, 야곱 자신도 아버지의 후사가 되고 싶어했습니다. 그래서 어머니 리브가와 야곱은 그런 기회만을 노리고 있었습니다. 그러던 어느날 평소와 마찬가지로 사냥에서 돌아온 에서는 배가 몹시 고팠습니다. 때마침 부엌에서는 동생 야곱이 죽을 끓이고 있었습니다. 에서는 야곱에게 "내가 피곤하니 그 붉은 것을 내가 먹게 하라"(창 25:30)고 부탁하였습니다. 이때 야곱은 붉은 팥죽 한 그릇을 줄 테니 당장 장자권을 팔라고 했습니다(창 25:31). 배가 고픈 에서는 앞 뒤 가릴 것 없이 야곱이 끓인 팥죽 한 그릇에 그의 장자권을 팔아 버렸습니다. 이처럼 그는 상속권을 대수롭지 않게 여겼습니다. 그것은 하나님의 약속을 경홀히 여긴 것으로, 하나님은 이런 에서를 망령된 자 곧 믿음을 배반한 자라 했습니다(히 12:16).

이런 일이 있은 다음에도 변함없이 에서는 사냥을 하고 야곱은 양을 치며 살았습니다. 몇 년이 지나 에서가 마흔 살이 되던 해, 그는 언어도 다르고 혈통도 다른 헷 사람 브에리의 딸 유딧과 헷 족속 엘론의 딸 바스맛을 아내로 맞아들였습니다. 이삭과 리브가는 이 일로 마음이 몹시 상했습니다(창 26:34-35).

세월이 흘러 이삭은 나이가 많아져 앞을 볼 수 없을 만큼 눈이 어두워졌습니다. 언제 죽을는지 알 수 없게 된 이삭은 에서를 불러 "내 아들아 하매 그가 이르되 내가 여기 있나이다 하니 이삭이 이르되 내가 이제 늙어 어느 날 죽을는지 알지 못하노니 그런즉 네 기구 곧 화살통과 활을 가지고 들에 가서 나를 위하여 사냥하여 내가 즐기는 별미를 만들어 내게로 가져와서 먹게 하여 내가 죽기 전에 내 마음껏 네게 축복하게 하라"(창 27:1-4)고 하였습니다. 이 말을 엿들은 리브가는 편벽된 사랑에 눈이 어두워 둘째 아들 야곱과 공모, 염소 새끼로 별미를 만들고 떡도 만들어 교활하게 이삭을 속여 에서가 받을 축복을 가로채기로 하였습니다. 에서는 털이 많은 사람이요, 야곱은 매끈매끈한 사람이었습니다. 그래서 야곱은 어머니 리브가가 시키는 대로 에서의 좋은 옷을 골라 입고 염소 새끼의 가죽으로 그 매끈매끈한 손과 목을 감추고 아버지 앞에 나가 그를 속여 축복해 줄 것을 요청했습니다. 그래서 이삭은 야곱이 만들어 온 별미를 먹고 나자 아무 생각 없이 야곱을 옆으로 불러놓고 축복하며 자신의 후사가 될 권리를 주었습니다.

야곱이 아버지 방에서 나올 때 에서가 사냥 길에서 돌아왔습니다. 그도 별미를 만들어 아버지에게로 들고 가 권하였습니다.

"아버지여 일어나서 아들이 사냥한 고기를 잡수시고 마음껏 내게 축복하소서"

"너는 누구냐?"

"나는 아버지의 아들 곧 아버지의 맏아들 에서로소이다."

"그런즉 사냥한 고기를 내게 가져온 자가 누구냐. 네가 오기 전에 내가 다 먹고 그를 위하여 축복하였은즉 그가 반드시 복을 받을 것이니라."

"내 아버지여, 내게 축복하소서. 내게도 그리하소서" (창 27:31-34).

에서는 소리 내어 통곡하면서 애원하였습니다. 그러나 한 번 하나님께 맹세하며 베푼 축복을 취소할 수는 없었습니다. 미칠 것 같은 에서는 아버지가 돌아가시기만 하면 동생을 죽여 버릴 작정이었습니다. 이것을 눈치 챈 어머니 리브가는 야곱을 몰래 자기의 오빠인 라반이 있는 곳으로 도망치게 했습니다. 야곱은 혼자서 먼 길을 떠났습니다. 그 여행은 험한 바위산과 사막을 지나야 하는 매우 힘든 것이었습니다. 긴 여행을 계속하던 중 어떤 한 곳에 이르러 그 곳에서 돌을 하나 주워 베개 삼고 그 자리에서 자다가 꿈을 꾸었습니다. 꿈속에서 높은 탑같이 생긴, 땅에서 하늘까지 닿는 사닥다리를 보았습니다. 그 위를 하나님의 천사들이 오르내리고 있었습니다. 그 천사들 가운데 하나님이 나타나시어 야곱에게 말씀하셨습니다.

"나는 여호와니 너의 조부 아브라함의 하나님이요 이삭의 하나님이라. 네가 누워 있는 땅을 내가 너와 네 자손에게 주리니 네 자손이 땅의 티끌 같이 되어 네가 서쪽과 동쪽과 북쪽과 남쪽으로 퍼져 나갈지며 땅의 모든 족속이 너와 네 자손으로 말미암아 복을 얻으리라. 내가 너와 함께 있어 어디로 가든지 너를 지키며 너를 이끌어 이 땅으로 돌아오게 할지라. 내가 네게 허락한 것을 다 이루기까지 너를 떠나지 아니하리라" (창 28:13-15).

야곱은 다음날 아침 일찍 일어나 간밤에 베고 잤던 돌을 세워 작은 제단을 만들고 그 위에 기름을 붓고는 그곳을 '벧엘' 즉 '하나님의 집'이라고 불렀습니다. 그곳의 본래 이름은 루스(Luz)였습니다(창 28:18-19). 그 뜻은 아몬드(편도나무 : Almond tree)였습니다. 하나님은 이 꿈을 통해서 야곱이 에서를 대신하여 하나님의 약속과 축복을 받을 사람으로 뽑혔다는 것을 알려 주신 것입니다.

이 꿈에서 본 야곱의 사닥다리는 영문학사상 많은 작가들이 영적인 체험을 표현할 때 인유하는 예입니다. 19세기 영국의 시인 프랜시스 톰슨(Francis Thompson, 1859-1907)도 "하나님의 나라"(The Kingdom of God)라는 시에서 그런 영적 비전을 보여주고 있습니다.

하나님의 나라

—낯설지 않은 땅에서—

오 보이지 않는 세계여, 우리는 그대를 보며,
오 만질 수 없는 세계여, 우리는 그대를 만지며,
오 알 수 없는 세계여, 우리는 그대를 알며,
이해할 수 없어도 우리는 그대를 붙잡는다!

물고기는 대양을 찾기 위해 하늘로 날아오르는가,
독수리는 하늘 찾기 위해 땅으로 뛰어내리는가—
저 하늘에서 당신 소식을 들었느냐고
운행하는 별들에게 물어 보아야 하다니?

회전하는 천체가 희미해 보이는 곳도

우리의 마비된 지각이 비상하는 곳도 아니다—
우리들이 귀를 기울이기만 한다면, 떠 다니는 날개가
바로 우리들의 흙덧문을 두드리리라.

천사들은 옛 위치를 지키고 있으니—
다만 돌을 굴리고 날개를 쳐라!
그렇다, 찬란한 광채를 놓치게 되는 것은
바로 그들, 그대들의 외면한 낯 때문이다.

그러나(더 슬플 수 없을 만큼 슬플 때)
부르짖으라— 그러면 그대의 그처럼 아픈 상실 위에
하늘과 췌어링 크로스 사이에 세운
야곱의 사닥다리로 천사들이 왕래하는 모습이 비치리라.

그렇다 나의 영혼, 나의 딸이여, 밤에
부르짖으라— 하늘의 치맛단을 비어 잡고서.
그때에 그리스도는 게네사렛 호수가 아닌
테임즈 강 위로 걸어오시리라!

이 시를 쓴 톰슨은 1859년 로마 가톨릭 개종자의 아들로 태어났고 아쇼 대학(Ashaw college)를 다녔습니다. 그는 성직자가 되려고 하였으나 적임자가 아니라는 것을 알고 그것을 포기했고 뒤에는 의학을 공부하였으나 그것도 끝내질 못했다고 합니다. 그는 런던에서 떠돌이 생활을 하였는데, 그의 빈곤은 말로 다 표현할 수가 없었습니다. 더욱 아편 중독으로 그의 건강은 파멸 일보 직전이었습니다. 1888년 가톨릭 잡지의 편집자인 윌프레드 메이넬(Wilfred Meynell)과 그의 아내 엘리스(Alice)가 그를 구출해 냈다고 합니다. 그는 주로 종교시를 썼는데 그 정신을 보면 17세기 형이상학 시인 중의 한 사람인 리쳐드 크래쇼(Richard Crashaw)의 그것과 흡사합니다. 그의 시집으로는 『자매시』(*Sister Songs*, 1895)와 『신시들』(*New Poems*, 1897) 등이 있고 그가 좋아했던 셸리(Shelley)에 대한 평론도 있습니다.

"하나님의 나라"라고 하는 이 시는 그가 별세한 뒤에 발견된 것으로 그의 신비적인 체험을 담고 있습니다. 하나님의 나라는 보이지 않는 세계요, 만질 수 없는 세계요, 알수 없는 세계입니다. 그러나 시인은 그 세계를 영으로 보았으며 그것을 소유했습니다. 그에 따르면 세계 만물 가운데서도 하나님에 가장 가깝고 창조된 인간의 영혼 속에는 하나님의 영원한 빛이 모여 있다고 보았습니다. 그래서 우리는 이해할 수 없어도 하나님의 나라를 튼튼히 붙잡을 수 있는 것입니다. 물고기가 태양을 찾기 위해 하늘로 날아오르는 일이 없고, 독수리가 하늘을 찾기 위해 땅으로 뛰어내리는 일이 없듯이, 우리 인간도 운행하는 별들에게 하나님의 소식을 물을 만큼 어리석어서 되겠느냐는 것입니다. 영의 영역은 육체적 감각으로 의식할 수도 없고 인간의 이성으로 파악할 수도 없습니다. 그러나 야곱처럼 영적 체험을 갖는다면 우리의 영혼은 보이는 세계보다 더 보이지 않는 세계를 향해 열리게 되고 그 영혼의 세계를 사모하며 살게 된다는 것입니다.

그러기 위해서 먼저 돌을 굴리라고 합니다. 단단하고 강퍅한 마음은 영원한 그 빛을 향해 날개 치며 비상할 수 없기 때문입니다. 그 찬란한 빛을 놓치게 되는 것은 그 빛이 없어서가 아니라 그 빛을 외면하고 있는 영혼의 눈 때문이라고 합니다. 그래서 톰슨은 영혼의 어두운 밤, 더 슬플 수 없을 만큼 슬플 때 하늘을 향해 부르짖으라고 합니다. 그러면 야곱이 돌베개를 베고 야숙할 때 꿈속에서 천사들이 사닥다리로 왕래하는 것을 보았듯이, 하나님과 우리의 영혼 사이에는 신비로운 교통이 이루어질 것입니다. 그러면 하늘나라 체험은 바로 우리의 것이 될 수 있고 우리는 야곱이 다시 벧엘을 떠날 때와 마찬가지로 이로써 새로운 기쁨을 누릴 수 있을 것입니다.

벧엘을 떠나는 야곱의 마음은 한없이 기뻤고 그의 발걸음은 가벼웠습니다. 긴 여행 끝에 그는 외삼촌 라반이 살고 있는 하란 땅에 이르렀습니다. 그는 그 곳에서 당분간 살기로 했습니다. 외삼촌 라반은 기꺼이 야곱을 맞아 주었습니다. 라반에게는 두 딸이 있었습니다. 동생 라헬(Rachel)은 몸매도 아름답고 용모도 예쁜 미녀였습니다(창 29:17). 야곱은 라헬을 연모한 끝에 그녀를 아내로 삼기 위해 7년간 외삼촌의 일을 해주었습니다. 그러나 외삼촌 라반으로부터 속아 안력(眼力)이 부족한(창 29:17) 즉 총기가 좀 떨어지는 레아(Leah)를 맞게 되었고 라헬을 사모하는 야곱은 다시 7년간 외삼촌의 일을 해주기로 결심했습니다. 그리고 라헬을 아내로 맞았습니다.

다음 도표에서 보듯이 레아는 르우벤, 시므온, 레위, 유다, 잇사갈, 스불론이라는 아들들과 딸 디나를 낳았습니다. 라헬의 하녀 빌하는 단과 납달리를, 레아의 하녀 실바는 갓과 아셀을, 그리고 라헬은 요셉을 낳았습니다. 야곱은 밧단아람에 사는 동안 열한 명의 아들들과 한 명의 딸을 자녀로 두게 되었습니다(창 35:22-26). 그 중에서도 라헬이 낳은 아들 요셉을 야곱은 가장 사랑하였습니다.

야곱의 12아들

어머니	이 름	서 열	관련성구
레 아	르우펜	1	창 35:23
	시므온	2	
	레 위	3	
	유 다	4	
	잇사갈	9	
	스불론	10	
빌 하	단	5	창 35:25
	납달리	6	
실 바	갓	7	창 35:26
	아 셀	8	
라 헬	요 셉	11	창 35:24
	베냐민	12	

야곱은 레아와 라헬 두 아내를 맞은 대가로 십사 년 동안이나 라반의 집에서 머슴살이를 하면서 뼈 빠지게 일을 했지만 보수는 한 푼도 받지 못했습니다. 그래서 그는 독립을 할 수가 없었습니다. 그 고생은 말로 다 할 수 없었습니다. 이윽고 아버지 집을 떠나온 지 20년이란 세월이 흘러갔습니다. 야곱은 그때서야 고향으로 떠나겠다고 말했습니다(창 30:25). 그러나 라반은 조금만 더 일을 해 달라고 하였습니다. 야곱은 더

이상 속지 않으려고 라반의 양떼와 염소 떼 중에서 검고 얼룩지고 점이 있는 것은 자기에게 달라고 하였습니다. 라반이 생각하기에 그런 양이나 염소는 몇 마리 없었으므로 그렇게 하라고 하였습니다. 아버지 이삭의 양떼를 친 경험이 있는 야곱은 양과 염소를 교묘하게 길러 내 양과 염소는 물론 나귀와 낙타도 많이 늘어나 재산이 많아졌습니다(창 30:37-43).

그리하여 아내와 자녀를 데리고 라반의 집을 나와 고향으로 향했습니다. 그 여행길에 야곱은 이상한 일을 만났습니다. 고향 땅 가나안에 가까이 요단강 지류인 얍복강을 건널 때에 있었던 일입니다. 야곱이 진을 친 곳에 괴이한 풍문이 돌았습니다. 형 에서가 4백 명의 부하를 이끌고 야곱이 있는 곳으로 쳐들어온다는 것이었습니다. 옛날 형을 속인 일을 생각한 야곱은 버럭 겁이 났습니다. 야곱은 걱정이 되어 모든 재산과 하인들을 두 편으로 갈라놓았습니다(창 32:7). 만일 형의 부하들이 공격하여 한 편을 쳐 죽이더라도 다른 한 편은 살아남게 하려는 의도에서였습니다. 야곱은 아내들과 자식들을 얍복강 건너편으로 보내놓고 천막으로 돌아와 하나님께 간절히 기도했습니다. "내 조부 아브라함의 하나님, 내 아버지 이삭의 하나님 여호와여 주께서 전에 내게 명하시기를 네 고향, 네 족속에게로 돌아가라. 내가 네게 은혜를 베풀리라 하셨나이다"(창 32:9).

마침내 저녁 해가 떨어지고 사막 위에는 캄캄한 어둠이 찾아들었습니다. 그 때 별안간 누군가가 야곱을 꽉 잡았습니다. 캄캄한 밤중이어서 상대가 누구인지 알 수는 없었으나 그는 대단한 힘을 가지고 있었습니다. 야곱도 질 수는 없는 일이었습니다. 맹렬한 기세로 씨름은 벌어졌으나 승부는 좀처럼 나지 않았습니다. 끝내 그 상대는 야곱이 휘감은 팔에서 빠져나갈 수 없음을 알아차리자 야곱의 엉덩이뼈를 쳐서 다리의 관절을 삐게 만들었습니다. 그래도 야곱은 상대를 놓아 주지 않았습니다. 그러는 동안에 날이 밝아왔습니다. 동이 밝아 오니 나를 놓아 달라고 했지만, 야곱은 그 말을 듣지 않고 복을 빌어 주지 않으면 놓아줄 수가 없다고 했습니다. 일이 이쯤 되자 그는 야곱에게 물었습니다.

"네 이름이 무엇이냐"

"야곱이니이다."

"네 이름을 다시는 야곱이라 부를 것이 아니요 이스라엘이라 부를 것이니 이는 네가 하나님과 및 사람들과 겨루어 이기었음이니라"(창 32:27-28).

야곱은 밤새 씨름을 한 끝에 하나님으로부터 축복을 받았습니다. 이때부터 야곱은 절름발이가 되었지만, 이스라엘이라는 새로운 이름을 얻었습니다. 야곱이 축복을 받은 그곳을 브니엘이라 이름 붙이고 절뚝거리며 떠날 때 해가 떠올랐습니다.

야곱이 고개를 들어 보니 마침 에서가 4백 명의 부하를 거느리고 오고 있었습니다. 그러나 야곱은 이제 무섭지가 않았습니다. 밤새도록 고생한 덕택으로 그의 마음이 굳게 단련되었고 또한 정결하게 되었기 때문입니다. 그래서 그는 형 에서 앞으로 뛰어 나아가 일곱 번 절을 하면서 지난날의 잘못을 사과했습니다. 이것은 이 고장 사람들이 지위가 높은 사람을 대할 때 하는 인사 방법이었습니다. 본디 마음씨가 고운 에서는 동생이 오래간만에 돌아온 것을 보자 너무나 기뻐서 야곱을 껴안고 입을 맞추었습니다. 형제는 꼭 껴안은 채 울음을 터뜨렸습니다(창 33:4). 동생 야곱을 죽여 버리겠다고 벼르던 복수심은 온데간데없이 사라지고 사랑하는 마음으로 동생을 맞이하였습니다.

에서는 야곱에게 함께 가자고 하였으나(창 33:12) 야곱은 아이들과 가축들을 데리고 가야 했으므로 함께 갈 수 없다고 하였습니다. 그래서 에서는 다시 에돔으로 돌아갔고 야곱은 방향을 바꾸어 가나안으로 향했습니다. 야곱은 형 에서와 함께 살고 싶은 생각이 없었기 때문입니다. 야곱은 세겜에 이르러 천막을 치고 거기에 머물렀습니다. 어느 날 하나님께서 야곱에게 나타나 말씀하셨습니다. "일어나 벧엘로 올라가서 거기

거주하며 네가 네 형 에서의 낯을 피하여 도망하던 때에 네게 나타났던 하나님께 거기서 제단을 쌓으라 하신지라" (창 35:1).

야곱은 가족을 이끌고 벧엘로 가서 제단을 쌓아 하나님께 바쳤습니다. 그때 하나님께서 나타나 "네 이름이 야곱이다마는 네 이름을 다시는 야곱이라 부르지 않겠고 이스라엘이 네 이름이 되리라 하시고 그가 그의 이름을 이스라엘이라 부르시고 하나님이 그에게 이르시되 나는 전능한 하나님이라 생육하며 번성하라. 한 백성과 백성들의 총회가 네게서 나오고 왕들이 네 허리에서 나오리라. 내가 아브라함과 이삭에게 준 땅을 네게 주고 내가 네 후손에게도 그 땅을 주리라" (창 35:10-12).

야곱과 그의 가족들이 벧엘을 떠나 에브랏으로 가던 도중에 임신 중이던 라헬이 아들을 낳았습니다. 그런데 라헬은 어렵게 아기를 낳다가 그만 숨을 거두고 말았습니다. 야곱은 아기 이름을 베냐민이라고 지어 주었습니다. 그는 사랑하는 라헬을 베들레헴에 묻고 고향인 마므레를 향해서 떠났습니다.

어머니 리브가는 벌써 죽고 없었으나 아버지 이삭만은 살아 계셔서 그를 반갑게 맞아 주었습니다. 이삭은 아들 야곱과 손자들과 함께 살다가 백여든 살에 세상을 떠났습니다. 에서와 야곱은 아버지 이삭을 막벨라 동굴에 묻었습니다. 이때부터 야곱은 이스라엘이라는 이름으로 이삭의 뒤를 이어 족장이 되었습니다. 그리고 그의 아들 열두 명은 이스라엘 열두 지파의 우두머리가 되었고, 그들과 그들의 자손들은 이스라엘의 자손이라 불리게 되었습니다. 이렇게 야곱의 이야기는 얽혔던 모든 사건들이 잘 풀리면서 행복된 결말로 끝납니다.

야곱의 이야기는 창세기 25장 19절로부터 35장까지 기술되어 있는데, 그 줄거리를 훑어보면 서로 고리처럼 연결되면서 삼부(三部)로 전개되고 있음을 알 수 있습니다. 제1부는 부친의 집에서 함께 지냈던 초기생활로 이뤄져 있고, 제2부는 20년 동안 하란에서 보냈던 추방생활로, 제3부는 고향 땅으로 다시 돌아오게 되는 사건으로 구성되어 있습니다. 한 마디로 말해서 야곱의 일생은 그의 할아버지 아브라함과 마찬가지로 여행으로 이루어졌다고 해도 과언이 아닙니다. 브엘세바(Beersheba)에 있는 집을 떠나 벧엘(Bethel)로 가고(창 28:10-22), 후에는 세겜(Shechem, 창 33:18-20), 벧엘(35:6-7), 헤브론(Hebron, 창 35:27)으로 돌아옵니다. 세겜과 벧엘에서 아브라함이 그랬듯이(창 12:6-7; 12:8) 제단을 쌓습니다. 생의 마지막에는 애굽으로 이주했다가 거기서 죽습니다(창 46:-49:). 이 여행의 패턴에서 발견하게 되는 것은, 그 여행의 단계 때마다 하나님과의 만남이 이루어져, 그 신적 충격에 의해 유도 되어가고 있다는 것도 알 수 있습니다.

야곱의 초기생활을 지배하는 것은 리브가에게 계시된 하나님의 말씀(창 25:23)입니다. 그 계시에 따르면, 에서와 야곱 형제 사이에 투쟁이 일어날 것과 결국은 야곱이 승리할 것이라는 것입니다. 제2부의 스토리를 끌어가는 환상은 벧엘에서 받은 것으로(창 28:11-17), 야곱의 술수에도 불구하고 그의 자손이 번성할 것이라는 전통적 계약 관계가 그 중점을 이루고 있습니다. 그리고 고향으로 돌아오는 이야기에 있어서 중요한 것은 하나님의 천사와 씨름한 끝에 이스라엘이라는 이름을 새로 얻은 것이었습니다(창 32:22-31). 이렇게 볼 때 야곱의 이야기는 연쇄적 구조(circular structure)와 삼부적 전개(three-part movement) 및 유도적인 환상(vision) 즉 꿈의 틀로 짜여져 있다고 할 수 있겠습니다.

그리고 이 이야기의 사건을 이끌어 가는 플롯은 주로 갈등과 투쟁이라는 요소로 구성되어 있습니다. 야곱의 이야기에 있어서 주된 갈등은 가정의 불화, 특히 에서와 야곱이 태어나기 전에 시작된 동기간의 투쟁으로 집약될 수 있습니다. 리브가가 임신 중 "그 아들들이 그의 태속에서 서로 싸우는지라" (창 25:22)는 기록이 있는데, 이것을 통해 그 갈등은 이미 태어나기 전부터 시작되었다는 것을 알 수 있습니다. 그리고 그러한 투쟁은 에서와 야곱을 조상으로 하는 두 민족 사이에 적대 관계가 이루어질 것이라는 하나님의 예고 속에서 확대됩니다. 이와 같은 두 형제간의 갈등은 그들의 성격적 차이에서 연유되는 것이고, 그것은 결국 부모의 갈등으로 확산됩니다.

형제간의 갈등적 사건들 중에서 맨 먼저 꼽을 수 있는 것은 에서가 붉은 죽 한 그릇에 장자권을 팔아넘긴 사건입니다. 야곱은 모사꾼으로, 에서의 허기를 이용, 그에게 넓은 아량으로 음식을 주는 것이 아니고 그와 장자권을 놓고 흥정을 벌입니다. 이 에피소드에 있어서 에서는 비난을 받아 마땅합니다. 왜냐하면 그는 장자권의 영적 의미(하나님의 약속)를 가볍게 여겼기 때문입니다. 영적 실재를 중시하는 믿음보다는 순간적인 충동에 따라 살아갔다는 뜻에서 에서의 가치 척도는 그릇된 것이었습니다. 이런 가치 척도 때문에 동기간의 싸움은 시작되었던 것입니다.

장자권을 둘러싼 형제간의 투쟁은 눈 먼 아버지를 속여 축복을 빼앗는 이야기(창 27장) 속에서 그 절정을 이룹니다. 이 충격적인 설화의 중심적 요소로는 치열한 투쟁과 음모, 극적인 아이러니와 갑작스런 발견 등을 들 수 있습니다. 첫째 갈등은 두 쌍의 인물들 즉 이삭과 에서, 리브가와 야곱 사이에서 일어나고, 교묘한 음모는 리브가와 야곱에 의해 꾸며집니다. 그리고 설화적 기교 중에서도 가장 보편화되고 있는 극적인 아이러니로는 눈 먼 이삭이 위장한 야곱의 속임수에 걸려드는 장면을 들 수 있겠습니다. 야곱과 그의 아버지 사이에서 진행되는 대화라든가 그 아들의 정체에 대해 끊임없이 의심을 품는 이삭의 태도 따위에서 우리는 불안하고 마음 졸이게 하는 서스펜스(suspense)를 느끼게 됩니다. 그런 서스펜스는 에서가 사냥한 짐승을 가지고 돌아오는 장면에서 절정을 이루게 되고, 그것은 야곱의 교묘한 음모에 속았다는 이삭과 에서의 갑작스런 발견과 이어지면서 더욱 전율과 울분을 불러일으킵니다. 이런 두 형제 사이의 투쟁은 에서가 야곱을 죽이려고 음모를 꾸미는 장면에서 더욱 강화되고 확대됩니다.

야곱의 이야기에 있어서 다음 단계는 생명의 위협을 느껴 도피하는 과정이라 할 수 있는데, 그것은 우리에게 있어서는 매우 친숙한 원형이 됩니다. 즉 그것은 일종의 가입의식(加入儀式)의 테마로, 젊은 주인공이 밤에 남몰래 위험스런 여행을 떠나 성년에 이르게 되는 것을 뜻합니다.

야곱의 여행은 부조(父祖)의 고향 하란을 찾아가는 추적의 형태를 취합니다. 그는 탐구의 목적지에 이르기 전에 매우 뜻 깊은 하나님과 만나게 됩니다(창 28:10-17). 밤에 그는 땅으로부터 하늘까지 닿는 사닥다리가 놓이는 것을 꿈에 보게 됩니다. 흔히 문학에 있어서 꿈은 영적 계시의 도구가 됩니다. 그리고 천사들이 오르락내리락하는 사닥다리는 하나님과 야곱 사이의 영적 교제를 상징합니다. 천사들이 매개자의 역할을 함으로써 하나님과 야곱은 연합됩니다.

뿐만 아니라 꿈은 보다 깊고 특수한 의미를 갖습니다. 하나님은 사닥다리 꼭대기에 나타나 아브라함과 맺었으며 이삭에게 다시 확약했던 계약 관계를 되풀이하여 들려주었습니다. 하나님은 야곱의 후손이 불어나서 널리 퍼질 것과 모든 족속이 그 후손을 통해 축복을 받게 될 것을 약속하면서, "내가 너와 함께 있어 네가 어디로 가든 너를 지켜 주리라" (창 28:15)고 했습니다. 야곱은 부조의 하나님으로부터 계약의 상속자로 인정을 받게 됩니다. 그래서 야곱은 영적 의미에서 영적 성인에 가입되는 것입니다.

하란에 24년간 머무는 야곱의 이야기(창 29장-31장)는 주로 그의 가정적인 생활과 성격의 발전에 할애됩니다. 이 부분에 있어서 투쟁은 야곱과 라반 사이에 벌어집니다. 라반이 신부를 바꿔치기한 사건(창 29:23-25)은 일종의 시적 정의(poetic justice)로 알려진 설화적 기교의 한 예라 할 수 있겠습니다. 왜냐하면 그것은 일찍이 부친을 속인 야곱의 죄에 대한 보상이 되기 때문입니다.

마침내 고향으로 돌아오던 중 얍복 강가에서 천사와 만나 밤새 씨름하고 나서 야곱은 이스라엘이라는 새 이름을 얻게 되는 것입니다. 옛 사람 야곱은 형의 장자권을 붙잡았고(창 25:29-34), 그의 아버지의 축복을 붙잡았으며(창 27:1-29), 외삼촌 라반의 양과 가축을 붙잡은 사람이었습니다(창 30:25-43; 31:1). 그러나 귀향 도중 얍복 강가에서의 치열한 투쟁을 통해 옛 사람 야곱은 죽고 새로운 야곱이 탄생하게 됩니다. 새로운 야곱의 이름이 이스라엘입니다. 그 표적이 바로 하나님의 천사로부터 환도뼈(허벅지 관절)를 얻어맞아 상한 힘줄이라 할 수 있습니다. 야곱과 에서가 회개하는 마지막 장면에서 화해는 이루어지고 그는 명실 공히 그 가문의 족장이 됩니다. 야곱의 이야기는 이와 같이 희극적 결말로 끝맺음됨으로써 실제로 하나님의 계약이 야곱에게 전수된 것을 보여줍니다.

욥과 그의 시련

욥기의 주인공은 욥입니다. 그는 말할 수 없는 고통과 좌절 및 의심의 순간에도 불구하고 인내(약 5:11)와 군건한 신앙을 보여준 사표(師表)였습니다. 욥기는 설화의 형태로 욥의 인물을 소개하는 서론 부분(1:-2:)과 욥과 그의 친구들 사이에 벌어진 극적인 논쟁 형태의 본론 부분(중심부)(3:-37:), 그리고 시의 형태로 이루어진 하나님의 계시 부분(38:-42:6) 및 회개한 욥이 그 이전의 번영과 행복을 되찾는 설화 형태의 결론 부분(42:7-17)으로 구성되어 있습니다.

이 욥기에 따르면 욥은 에돔과 아라비아 사이에 있는 우스라는 곳에 살았던 역사적 실존 인물이었습니다. 그는 마음을 다하여 하나님을 섬기고 악을 멀리하며 진실 되게 살았습니다. 욥기의 저자는 욥을 "온전하고 정직하여 하나님을 경외하며 악에서 떠난 자"(욥 1:1)라 하였습니다. 욥은 일곱 명의 아들과 세 명의 딸을 두었으며 하인들도 많았고 양, 낙타, 소, 암나귀 등 가축도 수천 마리나 되는 이름난 부자였습니다. "이 사람은 동방 사람 중에 가장 훌륭한 자"(욥 1:3)였습니다. 고대 사회에서는 많은 자녀를 둔 것이 곧 권세와 부의 상징이었습니다. 욥의 자녀들도 아버지 욥의 가르침에 따라 하나님을 섬기며 착하게 살았습니다. 그러나 욥은 그의 아들들이 생일이면 각각 자기 집에서 잔치를 베풀고 그 누이 셋도 청하여 함께 먹고 마셨는데, 혹 그 과정에서 죄를 범하지 않았는지 해서 아침만 되면 그들의 명수대로 번제를 드렸던 것입니다. 이처럼 그는 가정 제사장의 역할을 성실하게 수행한 인물이었습니다. 또한 욥은 고아나 과부, 가난한 사람들을 돌보아 주며 하나님의 법에 따라 살았습니다. 그것을 보시고 하나님은 기뻐하셨습니다.

어느 날 하늘의 천사들이 하나님 앞에 모였습니다. 그 자리에는 사람들에게 악한 일을 일삼는 사단도 끼어 있었습니다. 하나님은 사단에게 "네가 어디서 왔느냐?" 라고 물으셨습니다. "땅을 두루 돌아 여기저기 다녀왔나이다" (욥 1:7)하고 사단이 대답하자, 하나님은 그에게 "(그러면) 네가 내 종 욥을 주의하여 보았느냐? 그와 같이 온전하고 정직하여 하나님을 경외하며 악에서 떠난 자가 세상에 없느니라" (욥 1:8)고 말씀하셨습니다. 사단도 욥이 착한 사람이라는 것을 부인할 수 없었습니다. 그러나 순순히 그것을 사단은 인정하기가 싫었습니다. "욥이 어찌 까닭 없이 하나님을 경외하리이까. 주께서 그와 그의 집과 그의 모든 소유물을 울타리로 두르심 때문이 아니니이까. · · · 주께서 그 손을 펴서 그 소유물을 치소서. 그리하시면 틀림없이 주를 향하여 욕하지 않겠나이까" (창 1:9-11). "그의 소유물을 다 네 손에 맡기노라. 다만 그의 몸에는 네 손을 대지 말지니라." 하나님의 허락을 받아 사단은 곧 그의 소유물에 손을 대기 시작하였습니다.

하나님 앞에서 물러나온 사단은 욥의 자산과 자녀들을 빼앗기로 하였습니다. 욥의 가축은 풀밭에서 한가로이 풀을 뜯고 있었고 자녀들은 큰아들 집에서 식사를 하고 있었습니다. 그런데 그때 이상한 일이 벌어졌습니다. 욥의 하인이 달려와 전하기를 스바 사람들이 쳐들어와 소와 나귀를 모두 빼앗아 가고 일꾼들을 칼로 베어 죽였다는 것이었습니다. 그 하인이 채 말을 마치기도 전에 다른 하인이 달려와 "하나님의 불이 하늘에서 떨어져서 양과 종들을 다 살라 버렸나이다"고 보고하였습니다. 그의 말이 채 끝나기도 전에 또 다른 하인이 달려와 갈대아 사람들이 몰려와 낙타를 빼앗아 가고 일꾼들을 모두 죽였다고 전하였습니다. 또 다른 하인이 새파랗게 질린 얼굴로 달려와 광야에서 강한 바람이 불어와 무너지면서 집 안에 있던 사람이 모두 깔려 죽었다는 것이었습니다. 이렇게 크고 무서운 사건을 당한 욥은 자기 옷을 찢으며 땅에 엎드려 울부짖었습니다.

그러나 욥은 "내가 모태에서 알몸으로 나왔사온즉 또한 알몸이 그리로 돌아가올지라. 주신 이도 여호와시요 거두신 이도 여호와시오니"(욥 1:21)라고 하나님을 원망하기는커녕 그 이름을 찬송하였습니다. 그러나 사단은 주의 손을 펴서 그의 뼈와 살을 치면 정녕 욥은 대면하여 주를 욕할 것이라고 말합니다. 하나님은 "내가 그를 네 손에 맡기노라. 다만 그의 생명은 해하지 말지니라"(욥 2:6) 하였습니다.

사단은 욥에게 큰 시련을 주었습니다. 갑자기 욥의 온 몸에 종기(악창)가 생겨 아프고 가려워서 견딜 수가 없었습니다. 욥은 땅바닥에 주저앉아 기와 조각으로 몸을 긁으며 괴로워했습니다. 재산과 자녀를 모두 잃고 자기 몸에 몹쓸 병까지 생겨 이제는 아무 희망도 가질 수 없는 상태였습니다. 그러나 욥은 하나님을 신뢰하였습니다. 그는 온 세상과 사람을 사랑하시고 다스리시는 창조주 하나님을 믿었습니다. 그래서 그는 온갖 고통 속에서도 하나님을 조금도 원망하지 않았습니다. 욥의 아내는 그러한 욥의 태도를 보고 "당신이 그래도 자기의 온전함을 굳게 지키느냐 하나님을 욕하고 죽으라"(욥 2:9)고 하였습니다. 욥은 하나님을 원망하는 아내를 "어리석은 여자의 말 같도다"(욥 2:10)라고 꾸짖었습니다.

욥이 무서운 시련을 당하고 있다는 소식을 전해들은 친구 세 사람이 욥을 위로하기 위하여 찾아왔습니다. 그러나 너무도 흉하게 변한 욥의 모습을 보고 친구들은 어떻게 위로해야 좋을지 몰라 칠 일 동안 한 마디

말도 하지 않았습니다. 보다 못해 욥이 먼저 입을 열어, '왜 사람은 고통을 당하여야 하고 죽어야 하는지, 왜 죄 없고 의지할 데 없는 사람에게 고통이 닥치는지, 그리고 하나님은 참으로 공평하신 분인지' 에 대한 의문과 한탄을 털어놓았습니다.

욥의 한탄을 들은 친구들은 그가 하나님을 모독하는 줄로 알았습니다. 욥이 살던 시대의 사람들은 죄를 지은 사람은 벌을 받고 착하게 산 사람은 보상을 받는다는 생각을 가지고 있었기 때문에 그들은 욥이 하나님으로부터 이처럼 큰 벌을 받는 것은 욥이 자기들 모르게 큰 죄를 저지른 잘못 때문이라고 생각했습니다. 그래서 그들은 욥이 자기 잘못을 인정하고 회개하여야 한다고 생각했습니다. 욥의 세 친구, 데만 사람 엘리바스, 수아 사람 빌닷 그리고 나아마 사람 소발은 한결같이, 선한 자는 흥하고 악한 자는 망하는 법인데, 욥이 이처럼 심한 고통을 겪는 것은 그의 잘못이 있기 때문이라고 욥을 나무랍니다.

욥은 그 자신을 위로하기 위하여 찾아왔던 친구들까지 그렇게 몰아세우는 것을 보고는 더욱 괴로워서 참을 수 없게 되었습니다. 욥은 성실치 아니한 친구를 가리켜 "내 형제들은 개울과 같이 변덕스럽고 그들은 개울의 물살 같이 지나가누나"(욥 6:15)라 하였습니다. 즉 성실치 못한 친구를 근원이 빈약한 광야의 개울에다 비유한 것입니다. 여기서 개울은 팔레스타인에서 흔히 발견되는 "와디"(wadi)를 가리키는 데 비가 오면 갑자기 물이 불어 범람하다가도 비가 그치면 얼마 안가서 바닥이 드러나는 시내처럼 그 친구들은 달면 삼키고 쓰면 뱉어버리는 사람들로서 끝까지 욥을 사랑하지 않는다는 것입니다.

욥은 이 친구들을 환자를 위하여 취하여야 할 처방을 알지 못하는 돌팔이 의사에다 비유하고 있으며(욥 13:4) 하나님의 낯을 좇는 자(욥 13:8) 즉 하나님의 눈치나 살피고 그것에다 비위를 맞추려고 애를 쓰는 아첨꾼에다 비유하였습니다. 그들이 많은 변론을 늘어 놓고 방어하는 말을 하지만 쉽게 부서질 토성(土城, 욥 13:12) 같다고 하였습니다. 그리고 그런 친구를 "너희는 다 재난을 주는 위로자들"(욥 16:2)이라고 비난하였습니다. 욥은 그런 불성실한 친구들과 더 이상 이야기를 하지 않았습니다. 욥은 너무 고통이 심해 이제는 몸도 제대로 가누지 못할 정도로 절망에 사로잡혀 있었습니다. 그때 비로소 하나님은 침묵을 깨고 도표에서 보듯이 폭풍 가운데 나타나셨습니다.

하나님의 나타나심의 방식

방 식	관련성구
불과 연기 가운데	출 3:2
세미한 소리 가운데	창 16:13
폭풍우 가운데	욥 38:1
그룹 가운데	행 9:3-5
빛 가운데	행 9:3-5
천사로서	창 16:3
성육신 하심으로	요 1:14, 18
교회 안에	엡 2:21-22
새 예루살렘 가운데	계 21:3

즉 하나님께서는 계시(욥 38:-39:)를 통하여 찾아와 욥과 말씀을 나누셨습니다.

무지한 말로 생각을
어둡게 하는 자가 누구냐
너는 대장부처럼 허리를 묶고
내가 네게 묻는 것을 대답할지니라.
내가 땅의 기초를 놓을 때에 네가 어디 있었느냐
네가 깨달았거든 말할지니라.
누가 그것의 도량법을 정하였는지,
누가 그 줄을 그것의 위에 띄웠는지 네가 아느냐
그것의 주초(柱礎)는 무엇 위에 세웠으며
그 모퉁잇돌은 누가 놓았느냐
그 때에 새벽 별들이 기뻐 노래하며
하나님의 아들들이 다 기뻐 소리를 질렀느니라.(욥 38:2-7)

욥은 한 마디도 대답을 할 수가 없었습니다. 그래서 욥은 하늘과 땅을 만드시고 그 안에 있는 모든 것들을 다스리는 하나님 앞에 머리를 숙였습니다. 그리고 하나님이 하시는 일에 불평을 한 것에 대해 용서를 청하고 모든 것을 하나님께 맡기기로 결심하였습니다.

> 주께서는 못하실 일이 없사오며
> 무슨 계획이든지 못 이루실 것이 없는 줄 아오니
> 무지한 말로 이치를 가리는 자가 누구니이까
> 나는 깨닫지도 못한 일을 말하였고
> 스스로 알 수도 없고 헤아리기도 어려운 일을 말하였나이다.
> 내가 말하겠사오니 주는 들으시고
> 내가 주께 묻겠사오니 주여 내게 알게 하옵소서.
> 내가 주께 대하여 귀로 듣기만 하였사오나
> 이제는 눈으로 주를 뵈옵나이다.
> 그러므로 내가 스스로 거두어들이고
> 티끌과 재 가운데에서 회개하나이다.(욥 42:2-6)

하나님은 욥의 호소를 들어 주셨습니다. 하나님은 당신께 충실한 사람을 결코 저버리시는 분이 아니시기 때문에 욥의 의로움을 인정해 주시고 그 동안 잃었던 것을 갑절로 돌려주셨습니다. 일곱 아들과 세 딸, 그리고 수만 마리의 가축을 돌려주셨는데 세상에서 욥의 세 딸만큼 아름다운 여자는 찾아볼 수 없었다고 합니다(욥 42:14). 욥은 그 큰 시련을 이겨낸 후 일백 사십 년을 더 살면서 아들, 손자 등 사대손을 보며 행복하게 살았습니다. 시련을 받았을 때의 욥의 나이가 육십 정도였으니까 욥은 적어도 이백 살 이상 살았다고 생각합니다(욥 42: 17).

욥기에는 두 차례에 걸친 천상(天上) 회의 장면이 나타나는데(욥 1:6; 2:1), 이는 인간사 배후에 영적인 존재의 역사(役事)가 개입되어 있음을 의미합니다. 특히 사단은 본문에서 이간자 또는 고소자로 등장함으로써(계 12:10), 우리의 중보자 되시는 예수 그리스도의 모습과 뚜렷이 대조됩니다(딤전 2:5). 천상 회의의 광경은 마치 욥을 가운데 두고 하나님과 사단이 일종의 내기를 벌이는 듯한 인상을 줍니다. 그러나 하나님은 터무니없이 사람을 시험하시는 분도 아니시고(창 22:1), 또한 인간 세상의 포악한 전제 군주마냥 함부로 권력을 휘두르는 분도 아니십니다. 하나님은 우리 인간의 장래를 확연히 다 아시는 분이시기 때문에 모든 일을 언제나 선하게 처리하시는 것을 볼 수 있습니다(시 119:68).

본서의 주인공 욥은 하나님을 순전히 경외하고 불우한 자들을 구제하는 등 악에서 멀리 떠난 당시로서는 가장 모범적인 신앙인이었습니다. 그러한 욥이 말로는 이루 표현할 수 없는 불행과 곤경을 당하게 됩니다. 물론 우주에 도덕적인 인과 관계가 없는 것은 아니지만 모든 고통이 다 죄로 연유되는 것은 아닙니다. 하나님께서 사단을 통하여 의인 욥에게 고통을 허락하신 것은 욥의 죄 때문이 아니라 욥에게 보다 심오한 영적 통찰력을 주시고자 하시는 인간으로서는 이해할 수 없는 그의 깊은 뜻에 따른 것이었습니다. 하나님과 욥과의 관계는 실로 현실적인 이해관계를 초월한 것이었습니다. 이와 같이 이해관계를 초월하지 못하게 되면 그 믿음은 천박해질 수밖에 없습니다.

하나님의 계시를 통하여 지금까지 협소했던 욥의 시계(視界)가 아주 빠르게 우주적인 차원으로 확대되었습니다. 즉 췌스터튼(Chesterton)이 "우주적 철학은 인간에게 적합하도록 구성되어 있지 않고 우주에 적합하도록 구성되어 있습니다. 사람은 자기 개인의 해와 달을 가질 수 없는 것과 마찬가지로 개인적인 종교를 가질 수 없다"라고 한 그런 역설적 진리에 눈을 뜨게 되는 것입니다. 그러면서 욥은 "하나님은 어떤 사람의 의지에 종속되지 않으시고 오로지 자신의 의지대로 하신다는 것과 하나님의 뜻을 인간의 지식을 가지고 해석하려했던 것" 이 어리석은 죄였다는 것을 깨닫게 됩니다. 그것은 지적인 교만의 죄로써 그것을 회개하지 않으면 하나님과의 간접적인 관계를 벗어날 수가 없습니다. 그러나 욥은 참다운 회개와 겸손한 기도를 통하여 간접적인 관계에서 직접적인 관계로 들어가게 됩니다. 그 결과 욥은 고통에서 벗어날 수 있었고 물질적인 축복도 전보다 배나 더 받을 수 있었습니다. 기도는 테니슨이 다음의 시에서 노래한 바처럼 이 세상이 생각하는 것보다는 더 많은 것들을 이루게 합니다.

기 도

나의 영혼을 위해 기도하라. 이 세상이 생각하는 것보다는
기도에 의해 더 많은 것들이 이루어진다.
그러므로 나를 위해 밤낮으로 그대의 기도 소리를
샘솟듯 솟게 하라. 만일 하나님을 알면서도 그 자신들과
친구들을 위해 기도의 손길을 들지 않는다면,
머리 속에 맹목적인 삶을 품고 있는
양이나 염소들보다 사람이 무엇이 나은가?
둥근 지구는 모든 면에서 황금사슬에 의해
하나님의 발 둘레에 묶여 있다.

이 "기도"는 19세기 유명한 영국의 시인 알프레드 테니슨(Alfred Tennyson, 1809-1892)의 시입니다. 테니슨은 랭카서의 새머즈비에서 목사의 아들로 태어났습니다. 14세 때 이미 시극을 썼으며, 케임브리지 입학 후에는 핼럼 등과 친교를 가지면서 교양과 인간적인 깊이를 넓혔습니다. 1830년경에 시집을 내어 차차 시단의 주목을 끌었지만, 그 친구 핼럼의 죽음으로 약 10년간 침묵을 지켰습니다. 1842년에 펴낸 『시집』(*Poems*) 2권은 그의 지위를 확고하게 해주었고 워즈워스의 후계자로서 계관시인에 추대되었습니다. 하나님을 알면서도 기도하지 않는 사람은 양이나 염소나 다름없다는 것입니다. 욥은 자신의 지적인 교만을 회개하고 겸손한 기도를 통하여 하나님과 화해하게 되었고 또한 친구들과도 화해하게 되었습니다. 그때 욥의 모든 곤욕은 풀렸습니다.

본 욥기가 욥의 회복 및 번영으로 끝나는 것은 단순히 행복한 결말(happy ending)을 유도하기 위한 저자의 유치한 발상에서 비롯된 것이 아니라 모든 성도들에게 확약된 종말론적 승리를 예표 하는 것이라 할 수 있습니다.

3 애굽으로부터 가나안까지

- 요셉과 그의 형제들
- 유다와 그의 근친상간
- 모세와 그의 지팡이
- 성막건립과 제사장의 의복 이야기
- 아론과 그의 아들들
- 이스라엘의 거룩한 절기 이야기
- 미리암과 그의 비방
- 제사장과 나병 정결의식
- 고라와 그를 따르는 자들의 반역
- 아론과 그의 싹 난 지팡이
- 불 뱀과 광야에 세운 놋 뱀
- 발람과 그의 나귀
- 비느하스와 그의 경건한 열심
- 국세조사와 행진준비
- 여호수아와 가나안 정복
- 갈렙과 그의 충성스러운 신앙

요셉과 그의 형제들

요셉과 그의 형제들 이야기는 창세기 37장에서부터 50장까지에 나옵니다. 그 중에서 38장의 유다와 다말의 이야기는 요셉의 이야기와는 별도로 취급되는 독립된 것으로 간주됩니다. 아무튼 요셉의 이야기는 크게 두 부분으로 구성되어 있는데, 그 일부는 요셉과 그의 가족과의 관계이고, 다른 한 부분은 애굽(Egypt)에서의 그의 생활에 초점을 두었습니다.

야곱에게는 열두 아들이 있었습니다. 야곱은 그 중에서도 열한 번째 아들 요셉을 "노년에 얻은 아들이므로"(창 37:3) 가장 사랑했습니다. 어린 베냐민을 빼놓고 야곱의 아들 열한 명은 양떼를 치고 있었습니다. 그 당시 양치기들은 단색의 소매가 없는 짧은 옷을 입었습니다. 야곱의 아들들도 그랬습니다. 그러나 야곱은 요셉에게는 귀인이나 영주만이 입는 소매가 길고 장식까지 달린 "채색 옷"(장옷 창 37:3)을 입혔습니다. 요셉은 형들보다도 더 성실하고 착했지만 단 한 가지 형들의 실수나 잘못을 아버지에게 고자질하는 나쁜 버릇이 있었습니다.(창 37:2). 이렇게 아버지가 유별나게 그만을 더 편애하는 것을 보고 형들은 그를 미워했습니다. 더욱이 요셉은 두 번씩이나 꿈 이야기를 형들에게 하여 그 때문에 형들은 그를 더욱 미워하게 되었습니다.

그 꿈 이야기는 대충 이런 것이었습니다. 하나는 밭에서 곡식 단을 묶고 있는데, 요셉이 묶은 단이 우뚝 일어서더니 형들이 묶은 단이 그 둘레에 모여 절을 하더라는 것이었고(창 37: 7), 다른 하나는 해와 달과 별 열하나가 요셉에게 절을 하더라는 것이었습니다(창 37:9). 요셉의 꿈은 비록 두 개였지만, 근본적으로는 같은 것이라고 볼 수 있습니다. 즉 형들이 동생 요셉에게 무릎을 꿇을 것이라는 것입니다. 이런 꿈 이야기를 들은 형들은 요셉을 미워했고, 기회만 있으면 요셉을 혼내주려고 생각했습니다.

요셉이 열일곱 살이 되던 어느 날, 형들은 세겜을 거쳐 도단에서 양떼에게 풀을 뜯기고 있었는데, 그때 요셉이 아버지의 심부름을 받고 그들을 찾아왔습니다. 평상시에 꿈장이라 하여 요셉을 미워하던 형들은 이때가 좋은 기회라 생각하여 그를 죽여 없애버릴 음모를 꾸몄습니다. 대부분은 요셉을 죽여 짐승이 잡아먹은 것처럼 꾸미자고 했지만, 맏형 르우벤은 구덩이에 처넣되 죽이지는 말자고 했습니다. 맏형의 제의에 따라 그들은 옷을 벗기고 요셉을 물 없는 빈 구덩이에 처넣었습니다. 때마침 이스마엘 상인들이 낙타를 타고 구덩이 곁으로 다가왔습니다. 그들은 길르앗에서 향료, 향유, 몰약 등을 싣고 애굽으로 가는 도중이었습니다.

그때 형들 중의 하나인 유다가 말했습니다.

"우리가 우리 동생을 죽이고 그의 피를 덮어둔들 무엇이 유익할까. 자 그를 이스마엘 사람들에게 팔고 그에게 우리 손을 대지 말자. 그는 우리의 동생이요 우리의 혈육이니라" (창 37:26-27).

형제들은 유다의 의견을 받아들이기로 하였습니다. 그렇게 하면 돈도 생기고 요셉을 멀리 쫓아 버릴 수도 있기 때문이었습니다. 이스마엘 상인들이 그들 가까이 이르렀을 때, 형제들은 요셉을 구덩이에서 끌어내어, 그 당시의 노예 값인 은 이십 개(세겔)를 받고 상인들에게 팔아 버렸습니다.

이스마엘 상인들이 멀리 사라진 다음 양떼를 돌보러 갔던 르우벤이 요셉을 구해 주려고 돌아와 보니 구덩이 속에 있던 요셉이 보이지 않았습니다. 그는 빈 구덩이 속을 들여다보며 애타게 요셉을 불렀으나 아무런 대답도 없었습니다. 르우벤은 동생들을 불러 요셉이 없어졌다고 말하자 그들은 요셉을 팔아 버렸다고 사실대로 말했습니다(창 37:29-30).

요셉의 형제들은 염소 한 마리를 잡아 그 피를 요셉의 옷에 바르고는 그 채색 옷을 아버지 야곱에게로 가지고 와 "우리가 이것을 발견하였으니 아버지 아들의 옷인가 보소서"(창 37:32)라고 하였습니다. 피가 묻은 요셉의 옷을 본 아버지 야곱은 요셉이 들짐승한테 잡혀 먹힌 줄만 알고 슬퍼하며 자기 입은 옷을 찢고 베옷을 몸에 걸친 채 아들을 생각하면서 날마다 울기만 하였습니다. 야곱은 아버지 이삭을 속여 장자의 축복을 받아냈는데, 그 아버지는 아들의 옷을 알아내지 못했지만 야곱은 아들 요셉의 옷을 알아냈으나 결과적으로는 아들들에게 속은 것입니다. 아버지를 속인 야곱이 자기 아들들에게 속은 것이라고 보고 있습니다.

이스마엘 상인들이 요셉을 애굽에 있는 노예시장으로 데리고 간 것은 기원전 1700년경이었습니다. 요셉이 애굽으로 이렇게 팔려간 것은 다음 도표에서 보는 바와 같이 요셉과 그의 형제들 간의 갈등의 결과였던 것입니다. 잘 생긴 요셉은 애굽 왕의 한 신하인 경호 대장 보디발(Potiphar)에게로 팔려갔지만, 다행히도 주인의 신용을 얻어 그 집안의 관리인이 되었습니다. 요셉이 열심히 일했으므로 보디발의 재산은 나날이 늘어 갔습니다.

구약에 나타난 형제간의 갈등

이 름	관련성구
가인과 아벨	창 4:1-8
이스마엘과 이삭	창 25:17-34
에서와 야곱	창 25:27-34
요셉과 그 형제들	창 37:2-36
다윗과 큰형 엘리압	삼상 17:17-30
암논과 압살롬	삼하 13:1-19

그런데 요셉은 "용모가 빼어나고 아름다운"(창 39:6) 사나이이기 때문에, 주인 보디발의 아내가 눈짓을 하며 그를 유혹하는 것이었습니다. 그러나 그는 주인의 신임을 생각하며, 그것은 하나님과 주인께 죄가 되는 것이라고 했습니다. 어느 날 요셉이 주인의 일을 돌보려고 집 안으로 들어갔을 때였습니다. 주인의 아내는 집안에 아무도 없는 것을 알고는 요셉의 옷을 붙잡고 침실로 같이 가자고 졸랐습니다. 그러나 요셉은 손에 잡힌 옷을 뿌리치고 밖으로 뛰쳐나갔습니다. 그러자 몹시 화가 난 보디발의 아내는 큰 소리로 집안사람들을 부르며 요셉이 자기에게 겁간(劫姦)하려다가 자기가 소리를 지르자 도망쳤다고 거짓말을 하였습니다. 그리고 남편에게도 요셉의 옷을 증거로 그가 자기를 강간하려고 했다고 보디발의 아내는 교묘하게 중상했습니다. 보디발은 아내가 하는 말을 듣고 화가 치밀어 요셉을 감옥에 가두었습니다(창 39:7-20).

그러나 어디를 가나 요셉은 하나님의 돌보심으로 보디발의 집에서 노예로 살 때처럼 감옥에서도 충실하고 정직하고 지혜로웠기 때문에 간수장의 신임을 얻게 되었습니다. 간수장은 감옥에 있는 모든 죄인을 요셉에게 맡겨 돌보게 하였습니다. 즉 요셉은 죄수들을 돌보는 간수장이 되었던 것입니다(창 39:21-23).

얼마 후에 죄수 두 사람이 들어왔습니다. 한 사람은 왕에게 술잔을 드리는 관원장이었고 다른 한 사람은 떡을 구워 올리는 관원장이었습니다. 이 두 사람은 왕의 노여움을 샀기 때문에 감옥에 갇히게 되었던 것입니다. 두 사람은 높은 지위에 있었지만 앞으로 어떻게 될 것인지 전혀 예측할 수 없는 처지가 되고 말았습니다.

어느 날 밤 그들은 각기 풀 수 없는 이상한 꿈을 꾸었습니다. 조금씩 다른 꿈이었는데, 두 사람은 그 꿈이 무엇을 뜻하는지 알 수가 없었습니다. 요셉은 그들의 얼굴에 수심이 가득한 것을 보고 "어찌하여 오늘 당신들의 얼굴에 근심의 빛이 있나이까"(창 40:7)라고 물었습니다. 그들이 그에게 대답하기를 "우리가 꿈을 꾸었으나 이를 해석할 자가 없도다"

(창 40:8)라고 하였습니다. 그 당시 사람들은 꿈을 대단히 중요하게 여겨서 하나의 예언이라고 믿고 있었습니다. 그러자 요셉은 꿈을 풀이하는 것은 하나님만이 하실 수 있는 일이지만 "청하건대 내게 이르소서"(창 40:8)라고 하였습니다.

그들의 말에 따르면 술 맡은 관원장은 포도주에 대해, 떡 굽는 관원장은 빵에 대해 꿈을 꾸었던 것입니다(창 40:9-19). 한 그루의 포도나무 옆에 서있자니 별안간 그 나무에 세 개의 가지가 돋아나고 그 가지마다 포도가 휘어지게 열리더라는 것입니다. 그래서 그 사람은 포도를 따 가지고 왕의 잔속에 짜 넣고 바쳤다고 했습니다.

또 한 사람이 꾸었다는 꿈은 그 관리가 떡을 가득 든 광주리 세 개를 머리에 이고 왕궁에 가려고 하니 별안간 새떼가 하늘에서 내려와 그 떡을 먹어치웠다는 내용이었습니다. 요셉은 그들의 꿈을 풀어, 전자는 사흘 뒤에 풀려나 복직되고 후자는 사흘 뒤에 사형당할 것이라 했는데, 그 꿈 풀이는 그대로 들어맞았습니다. 사흘 후에는 왕의 생일이었습니다(창 40:20). 왕은 모든 신하를 초대하여 잔치를 베풀었습니다. 왕은 여러 신하들 앞으로 술시중을 들던 관원장과 떡 굽는 관원장을 데려오게 하였습니다. 그리고 술시중을 들던 관원장에게는 다시 자기의 술시중을 들게 하였고, 떡을 구워 바치던 관원장은 나무에 매달아 죽이라고 명하였습니다. 본래의 관직으로 되돌아간 관리는 왕에게 아뢰어 요셉이 옥에서 풀려나도록 해줄 것을 약속했습니다. 그러나 아무리 기다려도 요셉은 옥에서 풀려나올 수가 없었습니다. 그 후에도 2년 동안 요셉은 옥중에서 고생을 해야만 했습니다.

왕의 술시중을 드는 관원장이 감옥에서 풀려난 지 이년이 지난 어느 날 이번에는 애굽 왕이 이상한 꿈을 꾸었습니다. 살찌고 잘 생긴 일곱 마리의 암소를 여위고 볼품없는 일곱 마리의 암소가 잡아먹는가 하면, 토실토실 여물어가는 일곱 이삭을 갓 돋아 여물지 못한 일곱 이삭이 삼켜버리는 그런 꿈이었습니다. 왕은 날이 밝자 나라 안에 있는 마술사, 지식인, 현자들을 모두 불러들여 자기의 꿈 이야기를 하였습니다. 그러나 한 사람도 속 시원히 왕의 꿈을 풀이해 주지 못했습니다. 술시중을 들던 관원장은 요셉을 까마득하게 잊어버리고 있었지만, 왕의 꿈 이야기를 듣고서야 비로소 요셉을 생각하고 옥중에서 있었던 꿈 해몽 이야기를 왕에게 아뢰었습니다(창 41:1-9).

요셉은 곧 왕 앞으로 불려 나와 왕이 꾼 꿈의 뜻을 풀이하게 되었습니다. 요셉은 꿈을 풀어, 7년 동안의 풍작 뒤에 7년 동안의 흉작이 계속되리라 했습니다. 왕은 요셉의 해몽과 제안이 옳게 생각되어 곧 그를 총리로 삼았습니다. 왕은 자기 손에서 반지를 빼어 요셉에게 끼워 주고 고운 모시옷(세마포)을 입히고 금목걸이를 걸어 주며 요셉이 지나갈 때에는 하인들이 앞서가며 사람들이 물러서도록 하였습니다. 삼십의 젊은 나이에 총리가 된 요셉은 그가 제안했던 대로 7년 동안 풍작이 계속될 때 그 오분의 일을 창고에 비축해 두어 그것으로 7년간의 기근을 메꿔 나갔습니다(창 41:14-57).

왕은 요셉의 이름을 사브낫바내아라 하고 그와 제사장 보디베라의 딸 아스낫과의 결혼을 주선했습니다. 요셉은 그녀와 결혼해서 두 아들을 두었는데, 큰 아들은 "하나님이 내게 모든 고난과 내 아버지의 온 집일을 잊어버리게 하셨다(창 41:51)라는 뜻으로 므낫세라고 이름을 지었고, 작은 아들은 "하나님이 내가 수고한 땅에서 번성하게 하셨다(창 41:52)라는 뜻으로 에브라임이라고 이름을 지어 주었습니다(창 41:45-52).

흉년은 이 지역에만 든 것이 아니라, 그 인접국가 모두가 마찬가지였습니다. 가나안도 역시 기근이 극심했습니다. 그래서 어디서든 곡물을 사들이지 않으면 안 되었습니다. 그 일을 위해 야곱은 십 명의 자식을 애굽에 보내게 되었습니다. 여기서 요셉과 그 형제들의 이야기는 다시 이어지게 됩니다. 야곱의 열 아들은 애굽의 총리대신 요셉 앞에 나아가 얼굴을 땅에 대고 큰 절을 하였습니다. 요셉 자신이 꾸었던 꿈은 결국 거의 다 맞은 셈이었습니다. 요셉은 그들을 알아봤지만, 형들은 요셉을 곧 알아보지 못했습니다. 그러나 요셉은 현재 그들이 어떤 성격을 가지고 있는가를 알기 위해 전혀 모르는 체 하였습니다. 그리고는 간첩들이라 울러대고, 그렇지 않다면 한 사람을 보내어 고향에 남아 있는 동생을 데려오라고 했습니다. 그들은 요셉을 괴롭혔던 죄의 대가라고 자기들끼리 수근 거리며 회한에 싸여 있었습니다. 이것을 본 요셉은 눈물을 금할 수 없었으나, 둘째 형 시몬을 인질로 잡아두고 고향의 베냐민을 데려온다는 조건아래 그들에게 양식을 팔았습니다. 그러나 그는 형들이 모르는 사이에 각자의 자루 속에 돈을 넣어 주었습니다(창 42:1-25).

야곱은 막내아들 베냐민을 내놓으려 하지 않았지만, 기근이 극심하여 다시 양식을 사올 수밖에 없는 처지라 하는 수 없이 베냐민을 딸려 보냈습니다. 그들은 선물을 마련하고 돈을 갑절로 준비하여 다시 요셉 앞에 나타났습니다(창 42:26-38). 그들을 맞은 요셉은 베냐민을 보고 그냥 애처로워 견딜 수가 없었습니다. 요셉은 그들을 자기 집으로 불러 나이 순서대로 앉히고 그들에게 잔치를 베풀어 주었습니다. 그리고는 자루에 양식을 가득 채워 주었습니다. 뿐만 아니라 그들이 모르는 사이에 자루마다 그들의 돈을 도로 넣어 주었고, 특히 베냐민의 자루에는 요셉이 항상 술을 따라 마시고 점을 치는데 사용하는 은잔을 넣어 주었습니다(창 43:1-15).

그리고 그들이 그 도시에서 멀리 가기 전에, 요셉은 집안 관리인으로 하여금 그들의 뒤를 쫓아서 은잔을 훔쳐간 것을 힐책케 하고 베냐민을 인질로 잡아오게 했습니다. 그들은 두려워 떨며 관리인을 따라 다시 요셉의 관저로 돌아왔습니다(창 44:1-13). 형제들은 눈물을 흘리면서, 늙은 아버지가 이 베냐민을 얼마나 사랑하고 있는지를 아뢰고 이 아이 대신 자기들을 노예로 삼을지언정 이 아이만은 꼭 돌아가게 해달라고 진정으로 간청했습니다(창 44:14-34).

마침내 요셉은 복받치는 감정을 억누를 길이 없어 통곡을 하며 자기가 요셉이라고 털어 놓았습니다. 요셉은 자기를 애굽으로 보낸 것은 그의 일족을 기근에서 구출해 내기 위한 하나님의 뜻에 의한 것이라고 했습니다(창 45:1-15). 그로부터 흉작이 계속되는 5년 간 왕의 허락을 받아 그들을 애굽에 와서 살게 했습니다. 야곱과 그 자손들은 이스라엘에서 가까운 고센 지방에 정착하여 목축업을 하며 70년간을 지냈습니다. 야곱은 베냐민과 요셉을 축복하며 고센 땅에서 숨을 거두었습니다. 요셉은 아버지의 유언에 따라 그를 가나안에 장사지냈습니다(창 50:4-14).

어렸을 때의 요셉은 아주 건방진 면이 있어서 형들에게 미움을 받았으나 오랜 세월이 걸린 고생과 경험으로 이제는 생각이 깊고 어진 인간이 되었습니다. 그 후로도 요셉은 훌륭한 정치를 하여 국민들의 사랑을 받았습니다. 그는 백십 세까지 향수한 후 뼈라도 가나안 땅으로 가져다 묻어달라고 유언을 남기고 잠이 들었습니다.

요셉의 이야기는 비교적 규모가 큰 설화로 고통 받는 종의 모티브를 다루고 있습니다. 이런 모티브를 전개하는 이야기에 있어서 주인공은 늘 당치않은 고통을 당하게 되고 그런 고통을 거쳐 그는 다른 사람들에게 큰 유익을 주게 됩니다. 요셉은 인류의 구세주가 되는 죄 없는 수난자(受難者)의 모형이라 할 수 있습니다. 고난 받는 종(suffering servant)의 이야기에 나타나는 가장 중요한 주제는 인간의 고통을 뜻 깊게 보는 이념인 것입니다. 왜 그것이 의미 있느냐 하면 하나님은 악과 인간의 고통을 이용하여 보다 큰 유익을 주기 때문입니다. 요셉 자신이 그의 고난의 체험을 겪고 난 후 이런 사실을 두 번이나 강조하고 있는 것을 볼 수 있습니다.

"당신들이 나를 이곳에 팔았다고 해서 근심하지 마소서. 한탄하지 마소서. 하나님이 생명을 구원하시려고 나를 당신들보다 먼저 보내셨나이다. 하나님이 큰 구원으로 당신들의 생명을 보존하고 당신들의 후손을 세상에 두시려고 나를 당신들보다 먼저 보내셨나니 그런즉 나를 이리로 보낸 이는 당신들이 아니요 하나님이시라. 하나님이 나를 바로에게 아버지로 삼으시고 그 온 집의 주로 삼으시며 애굽 온 땅의 통치자로 삼으셨나이다"(창 45:5, 7-8).

이것은 요셉이 자기 정체를 형들에게 밝히면서 인생의 비극을 하나님은 역이용, 선한 길로 인도하신다는 것을 개진한 것입니다. 그리고 야곱이 죽은 후 과거에 저지른 잘못으로 어떤 보응이라도 받을까 해서 형들이 두려워하고 있을 때, 요셉은 다시 다음처럼 말합니다. "당신들은 나를 해하려 하였으나 하나님은 그것을 선으로 바꾸사 오늘과 같이 많은 백성의 생명을 구원하게 하시려 하셨나니"(창 50:20).

이런 깊은 뜻이 담겨 있는 수난에 비추어 볼 때, 요셉의 생애는 가히 하나님의 영원한 섭리 안에서 이루어진 것임을 알 수 있습니다. 요셉 뿐 아니라 우리 모든 인간의 생애는 하나님의 주권적 섭리 안에 있습니다. 이런 의미에서 윌리엄 쿠퍼의 "섭리"라는 시를 함께 읽어보면 좋을 것 같습니다.

> 하나님은 그 기적을 이루시기 위해
> 신비로운 길로 움직이신다.
> 그는 바다에 그 발을 놓으시고
> 폭풍 위에 올라타신다.
>
> 결코 그르침이 없는 솜씨로 이룩한
> 무한한 보고(寶庫) 속 깊이
> 그는 그 찬란한 설계를 비장해 두고
> 그 높으신 뜻을 이루신다.
>
> 그대 두려워하는 성도들이여, 새로운 용기를 가져라.
> 그대들이 그토록 두려워하는 구름들이지만
> 자비로 가득 차 있고, 언젠가는 흩어져
> 그대들에게 축복을 내려 주리니.
>
> 그 힘없는 감각으로 주를 판단하지 말고
> 그의 은총을 믿으라.

그 찌푸린 섭리 뒤에 그는
웃음 짓는 얼굴을 숨겨두고 있도다.

그의 의도는 시간 시간이 펼쳐져
속히 무르익으리라.
그 싹은 쓴 맛이 돌지 모르지만
그 꽃은 달콤하리라.

맹목적인 불신은 정녕 잘못된 것,
그의 솜씨를 헛되게 살핀 것이니라.
하나님은 그 나름의 해석자,
그것을 뚜렷하게 풀어 주리라.

윌리엄 쿠퍼(William Cowper, 1731-1800)는 알렉산더 포프(Alexander Pope)와 윌리엄 워즈워스(William Wordsworth)를 연결하는 낭만주의의 선구자라 할 수 있습니다. 그는 1731년 11월 26일, 신앙심이 깊은 가정에서 태어났고 웨스트민스터 학교에서 공부를 하였습니다. 학교를 마친 뒤 17세가 된 쿠퍼는 변호사 채프만의 법률사무소에서 일을 하면서 주일에는 근처에 있는 숙부 댁에서 하루를 보내는 것이 유일한 즐거움이었습니다.

1752년 그가 20세가 되던 해에 쿠퍼는 무서운 우울증에 걸렸는데 이 병은 악마처럼 그의 일생을 위협하였다고 합니다. 심신을 요양한 결과 얼마 후 건강이 다소 회복되었으나 애인 데오도라와 결별하면서 우울증이 재발하였습니다. 1763년 32세 때에는 거의 이성을 잃은 광인(狂人)이 되어 정신병원에 입원하지 않으면 안 되게 되었습니다. 그러나 주위의 온정과 덕망 높은 정신병원 원장 카튼 박사의 치료로 그의 병은 호전되어 1765년 여름에는 헌팅든이라는 평화로운 마을로 이주하였고, 거기서 그는 전도자겸 교육가인 언윈(Unwin)씨와 친교를 맺게 됩니다. 그후 그는 언윈 씨의 집에서 동거하면서 그들의 가정예배와 성경연구에 참석하며 매일 매일을 기도와 찬송으로 풍요하게 보낼 수 있었습니다. 그러나 불행하게도 언윈 씨가 낙마(落馬)한 상처로 4일 만에 별세하여 그의 고적은 말로 표현할 길이 없게 되었습니다. 그는 마음의 위로를 받기 위하여 뉴튼(John Newton, 1725-1807) 목사가 살고 있는 올니(Olney)로 이사하였습니다. 여기서 그는 깊은 신앙체험을 쌓으며 번뇌와 발작증과 싸웠고 그런 가운데서도 많은 찬송시를 지었습니다.

1767년부터 1779년까지 쓴 찬송시를 존 뉴튼 목사와 합동으로 모아 『올니 찬송가집』(*Olney Hymns*)을 출간하였습니다. 이 찬송가집에 수록된 총수는 348편인데, 뉴턴의 것이 281편이고 쿠퍼의 것이 67편입니다. 뉴턴 목사는 쿠퍼를 복음주의(Evangelicalism)로 인도한 신앙의 지도자였지만, 회심하기 이전에는 노예선(奴隷船)의 선장 노릇을 하였다고 합니다. 외향성(外向性)이 강한 뉴턴과 내향성(內向性)이 짙은 시인 쿠퍼가 결합하여 합동시집을 낸 것은 기이한 느낌을 주지만, 쿠퍼의 우울증을 전환시켜 찬미시를 창작한 데에는 뉴턴의 공이 크다 아니 할 수 없습니다. 특히 쿠퍼의 인격을 형성하는 원천이 되었던 "복음운동"(福音運動)과 접촉할 수 있었던 것은 뉴턴의 덕이었습니다.

영문학사를 통하여 18세기만큼 감정이 메말랐던 시기는 더 없었을 것입니다. 알렉산더 포프가 군림한 문학계는 천박한 사상과 간명한 표현을 추종하는 경향으로 기울었고, 철학과 종교의 세계에서는 이성(理性)을 바탕으로 한 합리적 실증주의가 지배하였으며, 시대사조로서는 기계적 세계관이 압도적 세력을 이루고 있었습니다. 이런 풍조 속에서는 종교도 실증할 수 있는 하나의 과학적 사실로 인식되었고 따라서 정서적 및 실천적 요소는 그 본질적 영역에서 배제될 수밖에 없었습니다. 종교가 그 생명을 상실한 채 형해화(形骸化)의 길을 걸어가고 있을 때, 존 웨슬리(John Wesley)와 찰스 웨슬리(Charles Wesley) 형제가 나타나 복음주의운동(The Evangelical Revival)을 일으킨 것은 참으로 시의 적절한 것이었습니다. 이 운동으로 인해서 잠들어 있던 영국민의 종교적 본능은 각성되었고, 종교의 세계에서는 이성이란 일종의 무력한 방관자(傍觀者)에 불과하고 심정(心情)과 실천의 생활이 종교의 본래의 영역이라는 것이 실증되었습니다. 이러한 종교부흥운동이 영국 전역에 확대되면서 일대 영적인 반향을 불러 일으켰던 것입니다.

다시 말하면, 웨슬리 형제에 의한 종교부흥운동은 이성에 의해 폐쇄되었던 종교 감정의 해방이라 할 수 있습니다. 이와 같은 종교적 충격에 의해 영국민의 생활감정은 일대 혁신을 가져왔고, 시인의 상상력은 점화되어 점차 낭만주의운동으로 확산되어 갔던 것입니다. 하나의 종교적 각성이 문학부흥의 숨은 원천이 되었고 국민 전체의 감정에 자극을 준 정서적 압력이 되었습니다.

뉴턴 목사를 통하여 쿠퍼에게 미친 종교부흥운동의 영향은 『올니 찬송가집』으로 결실되었습니다. 쿠퍼는 신고전주의와 낭만주의를 연결하는 영시사상 매우 중요한 작가로 윌리엄 블레이크나 윌리엄 워즈워스에게도 직접 간접으로 영향을 많이 미친 시인입니다. 그의 "섭리"라는 찬송시는 하나님의 창조는 받아들이면서도 섭리는 받아들이지 않고 부정하던 그 시대에 일대 경종을 울리는 신앙시입니다. 이는 요셉의 생애를 주관하는 힘이 바로 섭리라고 믿는 신앙과 거의 동일한 그런 깊은 신앙 체험이라 할 수 있습니다.

요셉의 설화만큼 내용과 형식, 주제와 구조가 아주 교묘하게 서로 유기적으로 얽혀 짜진 이야기도 찾아보기 힘들다고 생각합니다. 요셉은 네 차례에 걸쳐 각기 다른 상황에서 지배적인 위치에 오르게 됩니다. 즉 그가 어렸을 적, 본가에서는 형들보다 우월한 입장에 있게 되고(창 37장), 보디발의 집에서는 그의 종들을 다스리는 위치에 있게 되며(창 39:4-6), 감옥에서는 동료 죄수들을 그리고 그 후에는 애굽의 땅을 관리하고 다스리는 위치에 오르게 됩니다(창 39:21-23, 41:39-41).

이런 단계 변화에 있어서 중요한 상징적 구실을 하는 것은 요셉의 옷(garment)이라 할 수 있습니다. 형들은 요셉을 구덩이에 처넣기 전에 그의 옷을 벗겼고(창 37:23), 보디발의 아내는 유혹에 실패하자 그의 옷을 붙잡고 늘어져 그것을 이용하여 그를 고발했으며(창 39:12-18), 감옥에서 나와 애굽 왕을 만날 때 요셉은 그의 옷을 갈아입었고(창 41:14), 애굽의 총리대신이 되어 나라를 다스릴 때는 고운 모시옷을 차려 입었습니다(창 41:42). 여기서 그의 옷은 지배(dominance)와 변이(transition)의 상징이며, 그리고 각 단계의 변이가 있을 때마다 요셉은 박해와 보존을 상징하는 구덩이, 감옥 및 애굽의 땅에 감금됩니다. 이것은 하나의 역설(paradox)로써 죄 없는 수난자가 당하는 고투의 과정을 묵시적으로 보여줍니다.

요셉의 이야기를 해설하는데 있어서 또 다른 중요한 요소는 꿈(dream)이라 할 수 있습니다. 이 이야기에 나오는 많은 꿈들은 요셉과 형들 사이에 벌어지는 갈등을 더욱 강렬하게 해주는가 하면, 요셉이 궁극적으로 성취할 성공을 예형적으로 예시해 주면서 요셉의 생이 처음부터 운명적이라는 것을 보여주고 있습니다. 이런 꿈의 기능으로 보아 요셉은 처음부터 하나님의 예언적 묵시 가운데서 살아가고 있음을 알 수 있습니다.

요셉의 초기 생활은 그의 아버지 야곱의 생활과 흡사합니다. 형제간의 불화와 질투는 구덩이에 던져 넣었다가 애굽의 노예로 팔아버리는 대목에 이르러 절정에 이르게 됩니다. 애굽에 팔려간 요셉은 보디발의 아내의 유혹과 무고로 죄 없이 감옥에 갇혔다가 마침내는 애굽의 총리대신까지 되어 나라를 잘 다스리므로 국민들의 사랑을 받게 됩니다.

이것만 보더라도 요셉의 이야기는 U형태의 구조 즉 상승—하락—상승의 구조를 갖는다는 것을 알 수 있습니다. 고난 받는 종의 모형으로서의 요셉은 하락과정에서 위험스런 여행을 거치게 되고 그 과정을 거쳐 그는 정신적 및 사회적 성년에 입문(入門)하게 되는 것입니다.

유다와 그의 근친상간

다음 도표에서 보는 바와 같이, 구약에는 유다(Judah)라는 이름을 가진 사람이 7명이나 나옵니다. 여기서 다루는 유다는 다름 아닌 야곱의 넷째 아들입니다. 그는 추잡한 근친상간의 죄까지 저질렀지만, 마침내는 회개를 통하여 사죄의 자비를 얻어 그의 계보(系譜)를 통해 인류의 구세주 메시아가 탄생하는 축복을 받습니다.

구약에 나오는 유다라는 이름을 가진 인물들

신 분	관련성구
야곱의 12아들 중 넷째 아들	창 29:35; 민26:19-21; 마 1:2
포로 후 성전 재건의 일꾼들을 감독한 사람	스 3:9
포로 후 이방여자와 결혼한 한 레위인	스 10:23
핫수느아의 아들	느 11:9
스룹바벨과 같이 포로에서 귀환한 레위 사람	느 12:8
예루살렘 성벽 축성 후 찬송을 올린 유다 방백	느 12:34
제사장의 아들로서 음악가였던 사람	느 12:36

이미 말한 대로, 유다는 야곱의 12 아들 가운데 넷째 아들로서 사실상

가장 두각을 들어냈던 인물이었습니다. 다른 형제들은 요셉을 다 죽이자고 했지만, 그는 그를 죽이기기보다는 이스마엘 상인들에게 팔자고 제안하여 그의 생명을 구하여 주었고, 야곱의 첫째 아들은 아니었지만 식량을 구하러 애굽으로 갈 때(창 46:28) 사실상 장자 노릇을 하였으며(창 38:28), 그의 형들보다 제일 많은 야곱의 축복을 받기도 하였습니다(창 49:8-10).

유다는 어리석게도 가나안 사람 수아라 하는 자의 딸을 아내로 삼고 그녀로부터 세 아들을 얻었는데, 엘과 오난과 셀라였습니다(창 38:3-5). 이 결혼은 아버지와 상의를 하고 맺은 것이 아니었고 새로 사귄 히라라는 친구를 통해서 경솔하게 맺게 된 것이었습니다. 그리고 그는 그의 아들들을 너무 일찍 결혼시키기까지 한 아주 경솔한 사람이었습니다. 결국 그들은 자제할 지혜나 능력을 갖지 못해서 좋지 못한 결과를 갖게 되었던 것입니다.

장남 엘은 여호와가 보시기에 악하여서, 다시 말하자면 하나님과 율법을 무시하여서 하나님께서는 그를 죽게 하였습니다. 차남 오난은 예부터 전해 내려온 관습을 따라 자식을 얻지 못하고 죽은 형의 씨를 보존하기 위하여 과부된 형수와 결혼을 했습니다. 형의 미망인과 결혼하는 계대 결혼의 관습은 훗날 모세에 의해 율법으로 규정되었습니다(신 25:5). 비록 오난이 형수와 결혼하는데 동의하긴 했어도 자기의 몸을 혹사하면서 원치 않는 형의 자식을 낳고 싶지가 않았습니다. 그래서 그는 형수와 성관계를 하다가 땅에 설정하고 말았습니다. 요사이 말로 말하자면 질외 사정을 한 것입니다. 이 일이 여호와 보시기에 좋지 않아 여호와께서 그도 죽게 하였습니다.

그러자 유다는 자기 가문의 자손이 끊길 가봐 아직 어린 삼남 셀라를 과부된 형수의 남편으로 약정하였습니다(창 38:11). 유다가 이처럼 그 미망인에게 약정한 것은 셀라가 너무 일찍 결혼하는 것을 원치 않았기 때문입니다. 다말은 시아버지 유다가 지시하는 대로 친정 아버지 집에 가서 묵묵히 현실에 따르며 그 결과를 기다렸습니다.

세월이 얼마 지나서 유다는 그만 불행하게도 사랑하는 그의 딸을 잃었습니다. 그의 딸이 죽자 너무 슬퍼서 그는 어떤 일도 할 수가 없었습니다. 유다는 얼마 동안 쉬면서 위로를 받을 기간을 갖고는, 유다지파가 정복한 이후 할당된 예루살렘 남쪽 또는 남서쪽 영토에 있었던 아둘람이라는 곳의 출생인 그의 친구 히라와 함께 양털을 깎으려고 딤나로 올라갔습니다. 양털 깎는 시기는 축제의 시기이며(삼상 25:4, 11), 이때는 가나안 종교의식에서 공공연하게 행해지던 음행이 도처에서 이루어지고 있었습니다. 유다가 히라와 함께 양털을 깎으러 딤나로 왔다는 소식을 전해들은 다말은 죽은 남편의 후사를 살아 있는 아들에게서 얻지 못할 바에야 시아버지에게서라도 얻어야겠다고 생각하고 사악하게도 창녀처럼 가장하고 그녀의 몸을 자기의 시아버지 유다에게 팔았습니다.

다말은 유다가 유쾌한 기분으로 양털 깎는 사람들과 함께 축연을 즐기고 있을 때를 이용하였습니다. 그녀는 앞서도 말한 것처럼 창녀처럼 과부의 옷을 입고 너울로 얼굴을 가리고 몸을 휩싸고(창 38:14) 딤나의 길가 에나임 문에 앉아 있었습니다. 유다는 그녀가 얼굴을 가리고 있었으므로 창녀로 여겨 며느리인 줄도 모르고 그녀에게 다가가 "네게 들어가게 하라"(창 38:16)고 청하였습니다. 그러자 그녀는 유다에게 "무엇을 주고 내게 들어오려느냐"(창 38:16)고 되물었습니다. 유다는 염소 새끼를 주겠다고 약속을 하였습니다.

당시 창녀의 몸값으로 염소 새끼는 적당한 것이었습니다. 그러나 유다는 염소 새끼 를 줄 때까지 다말의 요청에 따라 대신 패물을 맡겼었는데, 그것이 그를 수치스럽게 만들었습니다. 그는 저당물을 돌려받기 위하여 약속한 대로 염소 새끼를 보냈으나 그가 보았던 여자는 어디에서도 발견되지 않았습니다. 유다는 자기의 도장과 끈을 잃어버린 것으로 체념하고 더 이상 찾는 것을 그만두었습니다. 이는 만일 사람들에게 알려질 경우 수치를 당할 것이 두려웠기 때문이었습니다(창 38:23). 그는 그 죄를 용서받아야 하는 것에 대해서는 아무런 관심도 나타내지 않았습니다. 그가 관심을 쏟았던 것은 오직 부끄러움을 당하지 않으려는 것뿐이었습니다.

유다는 자신의 며느리 다말이 행음했다는 소식을 듣자 그녀를 엄하게 대하였습니다. 그녀는 율법에 따르면 셀라의 아내였으므로, 그녀가 다른 사람의 아이를 밴 것은 유다의 가문을 수치스럽게 만드는 일로 간주되었습니다. 그러므로 가장인 유다가 그녀를 처벌하게 되었습니다. 그 처벌은 "그녀를 끌어내어 불사르는"(창 38:24) 것이었습니다. 여기서 "그녀를 불사른다"고 하는 것은 그녀를 죽이려는 것이 아니라 그녀의 뺨이나 이마에 행음을 나타내는 낙인을 찍기 위한 것이었습니다. 보편적으로 자기의 죄에 대해서는 관대하나 남의 죄에 대해서는 가혹하게 대합니다.

유다는 다말과 행음한 자가 자기 자신이라는 사실이 밝혀지자 수치스러움을 금할 수 없었습니다. 그녀는 마침내 심판을 받는 자리에서 그가 맡겼던 반지와 끈을 꺼냈습니다. 그것은 다말의 배안에 든 아이의 아버지가 유다임을 증명하는 증표였습니다(창 38:25-26). 그는 행음자에게 찍는 낙인이 그 간음죄의 공범인 자기에게 찍혀야 함을 인정했습니다.

다말의 몸을 통하여 베레스와 세라 쌍태아가 출생함으로써 유다의 가문은 이루어졌습니다(창 38:28-30). 유다는 근친상간의 죄를 범하였지만 회개를 통하여 용서받고 그의 가문을 통하여 이스라엘의 왕 메시아가 탄생하게 되는 사죄의 자비와 축복을 얻은 기념비적 인물이 되었고 다말은 예수의 할머니가 되었습니다.

〈잠깐 쉬며 묵상하는 코너〉

용 서

오, 나의 죄를 사함 받은 이 기쁨
이제 나는 믿을 수 있고 또 믿는다네.
내가 가진 모든 것과 나 자신과 나의 앞날을
귀하신 주께 드린다네.
죽음의 잠에서 그가 나를 일으키셨고
내 영혼의 어두운 밤을 흩으셨다네.
평안을 속삭이며 나를 그에게로 이끄셨다네.
그가 바로 나의 큰 기쁨이 되셨다네.

갓난아이가 자기 어머니를 잊고
신랑이 자기 신부를 등한하게 한다 할지라도
그에게 진실 하라. 나는 다른 누구도 사랑하지 않으리니.
오직 그분과 먼저 굳게 결합 하리
예수여, 내 영혼의 고백을 들으소서.
약한 자는 나요, 강하신 분은 당신이오니
당신의 팔로 굳게 하시고 도우셔서
내 영혼으로 잠잠히 눕게 하소서!

\- 알버트 미들레인

모세와 그의 지팡이

요셉의 배려로 야곱과 그 일족(一族)은 애굽으로 옮겨와 고센 땅에 자리 잡고 오랜 세월 동안 거기서 살았습니다. 세월은 흐르고, "요셉을 알지 못하는 새 왕"(출1:8)이 나라를 다스리게 되었는데, 그 왕은 라암셋(람세스 2세, 출 1:11)이였습니다. 그는 히브리 사람들의 수가 점점 많아져 큰 힘을 가진 민족이 되는 것을 두려워했습니다. 또한 그는 만일 전쟁이 일어날 때 그들이 우리의 적군과 힘을 합하여 우리에게 대항할지도 모른다고 생각했습니다(출 1:10).

그때부터 왕은 감독관을 두어 히브리 사람들을 노예로 만들어 강제로 심한 노동을 시켰습니다. 곡식을 쌓아 둘 창고나 건물을 짓는 일, 진흙으로 벽돌을 구워 내는 일, 큰 궁전과 신전, 제방 만드는 일 같은 것만 시켰습니다. 왕은 감독관을 불러 히브리 사람들에게 노동을 더 많이 시키라고 하였습니다. 히브리 사람들은 감독관들의 채찍과 힘들고 위험한 노동에 시달려 죽어가는 사람들이 날이 갈수록 많아졌습니다. 그래도 히브리 사람들의 수는 점점 늘어났고 더욱 강인해졌습니다.

히브리 사람들의 증가를 두려워한 애굽 왕은 히브리 산파 십브라와 부아를 불러 놓고, "너희는 히브리 여인을 위하여 해산을 도울 때에 그 자리를 살펴서 아들이거든 그를 죽이고 딸이거든 살려 두라" (출 1:16)는 무서운 명령을 내렸습니다. 이것은 이스라엘의 씨를 말리려고 계획한 매우 잔혹한 술책이었습니다. 이때 나일 강 가까이에 아므람이란 히브리 사람이 살고 있었습니다. 아므람은 제사를 대행하는 레위 집안 출신으로 그의 아내 요게벳 사이에 아론이라는 아들과 미리암이라는 딸을 두었고, 또 세 번째로 아들을 갖게 되었습니다.

양친은 이 아이의 생명을 구하려고 석 달 동안이나 애굽 관리들의 눈에 띄지 않도록 집 안에 숨겨 두었으나 더 이상은 숨겨 둘 수가 없게 되었습니다. 그래서 어머니 요게벳은 나무진(역청)을 칠하여 물이 스며들지 않도록 만든 갈대(파피루스) 바구니에 아이를 담아 강기슭의 우거진 갈대숲 속에 숨겨 두었습니다. 그로부터 얼마 지난 후, 바로의 딸 공주가 목욕하려고 시녀들과 함께 하수(河水)로 왔다가 갈대숲의 바구니를 발견하고 시녀들에게 가져오라고 하였습니다. 그 속에는 아주 귀여운 사내아이가 들어 있었습니다. 공주가 구한 유모는 바로 그 아이의 친어머니 요게벳이었습니다.

드디어 아이가 성장하자 유모는 그 아이를 공주에게 돌려주었고, 공주는 그 아이를 모세라 불렀습니다(출 2:1). 모세는 공주의 보살핌 가운데 바로의 궁정에서 훌륭한 애굽식 교육을 받고 자랐습니다. 그러나 그의 혈관에는 히브리인의 피가 흐르고 있었고 그의 마음에는 자기는 히브리인이라는 의식이 강하게 자리 잡고 있었습니다. 그것은 친어머니 유모 요게벳의 가르침 때문이었을 것입니다. 성년이 된 어느 날 모세는 자기 나라 사람들이 잔인하게 학대받는 것을 보고 그만 격분하여 애굽의 한 감독을 살해하였습니다. 이 사건이 일어난 것이 모세의 나이 40이 되는 해였습니다.

바로가 이 사건을 알게 되었을 때, 그는 곧 궁전을 떠나 애굽과 가나안 사이에 있는 미디안 땅으로 도망칠 수밖에 없었습니다. 미디안에 도착한 모세는 어떤 우물가에 앉아 있었습니다. 그때 미디안의 제사장인 르우엘(=이드로)의 딸 일곱 명이 양떼를 몰고 와 물을 먹이려고 하고 있었습니다. 그런데 목자들이 와서 그들을 내쫓고 자기들의 양떼들에게 먼저 물을 먹이려고 하였습니다. 이것을 본 모세는 그들에게 다가가 르우엘의 딸들이 몰고 온 양떼에게 먼저 물을 먹이게 해주었습니다.

딸들이 다른 날보다 일찍 우물가에서 돌아왔으므로 르우엘이 그들에게 물었습니다. "오늘은 어찌하여 이같이 속히 돌아오느냐?"(출 2:18). 그 딸들은 우물가에 있던 어떤 애굽 사람이 우리에게 행패를 부리는 목자들을 제치고 우리 양들에게 먼저 물을 먹이게 해 주었기 때문이라고 아버지에게 말하였습니다. 아버지는 "그 사람이 어디 있느냐? 너희가 어찌하여 그 사람을 버려두고 왔느냐? 그를 청하여 음식으로 대접하라"(출 2:20)고 말씀하셨습니다. 딸들은 아버지가 시키는 대로 하였습니다. 모세는 르우엘의 집에서 음식을 먹고 머물러 살게 되었습니다. 얼마 후 모세는 르우엘의 딸 시보라(Zipporah)와 결혼하였고(출 2:21), 그 이후 40년 동안 거기서 장인의 양 무리를 치면서 광야 생활을 하였습니다.

이 기간 동안 모세는 목자로서 시내 반도의 광야에 대해 익숙하게 되었고, 황폐한 땅에서 겪는 그 고된 삶과 양들을 인도하는 일에 관해서 많은 것을 알게 되었습니다. 여기서 배운 기술은 모세로 하여금 후일 이스라엘 사람들을 애굽으로부터 이끌어내어 시내 반도의 광야를 지나 가나안으로 인도해 가는 데 큰 도움을 주었습니다.

어느 날 양떼를 이끌고 풀이 많은 땅을 찾아 호렙 산기슭에 이르렀는데 거기서 불이 붙은 가시덤불을 보았습니다. 그런데 불꽃은 일고 있는데도 그 떨기나무는 전혀 타지 않고 있었습니다. 모세는 이상히 여겨 가시덤불 가까이 다가가는데 어디선가 자기를 부르는 소리가 들렸습니다. "모세야 모세야 . . . . 이리로 가까이 오지 말라. 네가 선 곳은 거룩한 땅이니 네 발에서 신을 벗으라 . . . 이제 내가 너를 바로에게 보내어 너로 너에게 내 백성 이스라엘 자손을 애굽에서 인도하여 내게 하리라"(출 3:4-10). 이와 같이 모세는 불붙는 떨기나무 사이에서 극적인 민족 구출의 사명을 부여받았습니다. 그러나 모세는 그 소명 감당하는 것이 두려워 여러 차례 사양했습니다. 하나님께서는 사양하는 모세에게 "내가 너를 바로에게 보내어 너로 내 백성 이스라엘 자손을 애굽에서 인도하여 내게 하리라. ··· 반드시 너와 함께 있으리라. 네가 그 백성을 애굽에서 인도하여 낸 후에 너희가 이 산에서 하나님을 섬기리니 이것이 내가 너를 보낸 증거니라"(출 3:10-12)고 하셨습니다.

모세는 만일 내가 가서 하나님께서 나를 애굽으로 보내셨다고 했을 때, 그들이 나에게 묻기를 "그의 이름이 무엇이냐?"(출 3:13)고 물으면 그들에게 무엇이라고 하여야 할 것이냐고 물었습니다. 하나님이 모세에게 이르시기를 "스스로 있는 자가 나를 너희에게 보내셨다 하라"고 말씀하셨습니다. 하나님께서는 여러 가지 이적(출 4:1-9)을 통하여 능력으로 그가 모세와 함께 하신다는 증거를 보여 주셨는데도, 모세는 더욱 사양하면서, "주여 나는 본래 말을 잘 하지 못하는 자니이다. 주께서 주의 종에게 명령하신 후에도 역시 그러하니 나는 입이 뻣뻣하고 혀가 둔한 자니이다"(출 4:10)라고 말하였습니다. 그러자 하나님께서는 노를 발하시며(출 4:14) 말 잘하는 네 형 아론과 함께 "지팡이를 손에 잡고"(출 4:17) 가라고 하였습니다.

하나님의 이런 말씀을 듣고서야 용기를 얻어, 모세는 형 아론과 함께 바로 왕에게로 달려갔습니다. 그러나 마음이 굳은 왕은 모세의 요구를 거절하였습니다(출 5:1-2). 그 때문에 모세는 하나님의 능력을 입증하기 위하여 아래 도표에서 보는 바와 같은 열 가지 재앙을 내렸습니다. 물을 피로 만들기도 하고, 개구리 소동을 일으키기도 하고, 티끌을 이로 만들기도 하고, 파리 떼의 소동을 일으키기도 하고, 생축(牲畜)을 심한 악질로 죽이기도 하고, 재가 온 땅의 티끌이 되어 독종(毒腫)으로 나타나게 하기도 하고, 우박을 퍼붓기도 하고, 메뚜기 소동을 일으키기도 하고, 온 땅을 흑암으로 덮기도 하였지만, 끝내 왕은 고집을 부렸습니다. 하는 수 없이 하나님의 지시대로 마지막 재앙으로 초태생(初胎生)을 죽이는 재앙을 내렸습니다.

애굽에 내린 10가지 재앙

재 앙	의 미	관련성구
피	죽음 경고	출 7:17-18
개 구 리	우상의 허구성	출 8:2-3
이	악인의 고통	출 8:16
파 리	대적자 심판	출 8:21
악 질	우상 심판	출 9:3
독 종	재앙의 근원	출 9:9-10
우 박	심판 경고	출 9:18
메 뚜 기	심판으로 인한 소멸	출 10:4-5
흑 암	하나님이 빛을 주관	출 10:21
장자사망	하나님의 생사주관	출 12:29-30

그러나 하나님의 말씀대로 어린양의 피(벳전 1:19 참조)를 문설주에 칠한 이스라엘 사람들은 그 재앙에서 벗어날 수 있었습니다. 죽음의 천사는 약속대로 피의 표증이 있는 집 앞은 피하여 지나갔기 때문에, 이스라엘 사람들은 이 재앙에서 면제된 그날을 기념하여 유월절(Passover)을 지키게 되었습니다. 그날 밤 이스라엘 사람들은 모세와 아론을 선두로 하여 일제히 홍해 바다 건너편에 있는 광야를 향해 출발했습니다. 하나님께서는 모세의 일행이 길을 잃지 않도록 낮에는 구름 기둥으로, 밤에는 불기둥으로 인도해 주셨습니다(출 7:14-12:51).

애굽 왕 바로는 이스라엘 사람들이 애굽을 떠났다는 말을 듣자 마음이 변했습니다. 군대를 동원하여 그들의 뒤를 좇아 이스라엘 백성을 잡아오라고 명하였습니다. 모세의 일행이 홍해에까지 왔을 때 애굽의 대군이 전차를 앞세우고 뒤좇아 왔습니다. 앞에는 바다, 뒤에는 적의 대군이 좇아오니 앞으로 나갈 수도 없고 물러설 수도 없고 정말 진퇴양난(進退兩難)이었습니다. 하나님의 명령대로 모세는 손에 든 지팡이를 바다 위로 내밀었습니다(출 14:16). 그러자 바다는 둘로 갈라지고 길이 트였습니다. 이렇게 해서 모세의 일행은 한 사람의 희생자도 내지 않고 바다를 건너갈 수가 있었습니다. 그러나 애굽 군대가 뒤따라 바다를 건너려고 하자 갑자기 바닷물이 밀려와서 그들은 높은 파도에 휘말려 장군도 병사도 전차도 모두 바다 속에 가라앉고 말았습니다. 그때서야 이스라엘 사람들은 하나님의 전능한 힘을 비로소 알게 되었고 마음속으로 모세의 지시에 따르게 되었습니다. 그리고 그들은 소리 높여 주를 찬양하였습니다(출 15:1-2).

홍해를 건넌 다음 더위에 시달려 가며 수르 광야로 들어선 모세와 이스라엘 백성들은 사흘 동안 길을 걸었으나 먹을 물이 없었습니다. 마라에 이르러 보니 물은 있었지만 써서 마실 수가 없었습니다(출 15:22-23). 모세가 하나님께 기도하였더니 하나님께서 나무 한 그루를 보여주셨습니다. 그 나뭇가지를 꺾어 물속에 넣었더니 쓴 물이 단 물로 변했습니다. 모두 물을 마시고 다시 여행을 계속해서 엘림에 있는 오아시스를 지나 시내 산과 엘림 중간에 있는 신 광야에 이르렀습니다(출 16:1). 그런데 먹을 것이 거의 떨어져 이스라엘 사람들은 모세와 아론에게 불평을 하였습니다.

"우리가 애굽 땅에서 고기 가마 곁에 앉아 있던 때와 떡을 배불리 먹던 때에 여호와의 손에 죽었더라면 좋았을 것을 너희가 이 광야로 우리를 인도해 내어 이 온 회중이 주려 죽게 하는도다" (출 16:3).

이런 백성들을 보며 슬퍼하던 모세가 하나님께 간구했더니 저녁에는 고기를, 아침에는 떡을 내려 먹게 하겠다고 약속했습니다. 하나님의 약속 그대로 저녁때에 메추라기 떼가 천막으로 날아들어 왔습니다. 이스라엘 사람들은 오래 만에 그 메추라기 고기를 배불리 먹었습니다. 다음날 아침에는 천 막 주위에 이제껏 보지 못했던 이상한 것들이 가득 널려 있었습니다. 사람들은 "만나"라고 하는 이 빵을 모아들였습니다. 그리고 엿새째에는 여느 때의 곱절로 모았습니다(출 16:4-30). 그것은 그 다음날이 안식일이기 때문이었습니다.

그런데도 어떤 사람들은 이레째 되는 날에도 거두어들이려고 나갔습니다. 그러나 하나도 찾을 수가 없었습니다. 그때부터 사람들은 안식일에는 쉬면서 밖으로 나가지 않고 맛있는 벌꿀 과자와 같은 흰 만나를 먹었습니다.

이스라엘 백성들은 계속 걸어서 르비딤 근처에 천막을 쳤습니다. 그러나 그 곳에는 마실 물이 없었습니다. 백성들은 모세에게 또 다시 외쳤습니다.

"우리에게 물을 주어 마시게 하라" (출 17:2).

모세는 하나님이 가르쳐준 대로 호렙 산으로 가서 손에 잡은 지팡이로 반석(바위)을 쳤습니다. 그러자 크고 단단한 바윗돌에서 물이 흘러나왔습니다. 사람들은 마음껏 물을 마실 수 있었습니다. 이렇듯 하나님은 언제나 이스라엘 백성을 구해 주었습니다(출 17:1-7).

이스라엘 백성들이 르비딤에 있을 때 아말렉 사람들이 쳐들어왔습니다. 모세는 여호수아에게 명령하였습니다. "우리를 위하여 사람들을 택하여 나가서 아말렉과 싸우라 내일 내가 하나님의 지팡이를 손에 잡고 산꼭대기에 서리라" (출 17:9)

여호수아는 모세가 시키는 대로 장정들을 뽑아 그들과 함께 싸우러 나갔습니다. 한편 모세와 아론과 훌은 산꼭대기로 올라갔습니다. 모세가 손을 들면 여호수아가 이겼고, 손을 내리면 아말렉 사람들이 이겼습니다. 그러나 모세는 팔이 점점 무거워지므로 같은 높이로 계속 들고 있을 수가 없었습니다. 그러자 아론과 훌은 돌을 주어다 쌓아 그 위에 모세를 앉게 하고 모세의 양 옆으로 가서 그의 손을 쳐들고 있었습니다. 그렇게 하여 해가 질 무렵에는 아말렉 군사들을 모두 쳐부술 수가 있었습니다(출 17:8-16). 모세는 단(壇)을 쌓고 그 이름을 여호와 닛시(Johovah-Nissi)라 하였습니다(출 17:15).

애굽을 떠난 지 3개월 후에 그들은 시내 산기슭에 도착했습니다. 이곳은 모세가 타오르는 불꽃 속에서 하나님의 음성을 들었던 곳입니다. 모세는 일행을 산기슭에 머물게 하고 혼자서 하나님의 산으로 올라갔습니다. 산은 빽빽한 구름으로 뒤덮여 있었고 번개와 우레 소리가 땅을 흔들었습니다(출 19:16). 사흘이 되자 우레 소리는 더 크게 진동하고 시내 산

전체가 옹기집 연기 같은 연기로 휩싸였습니다(출 19:18). 하나님이 그 산위로 내려오신(강림) 것이었습니다. 모세는 땅에 엎드려서 하나님의 음성을 들었습니다. 하나님은 다음 도표에서 보는 것과 같은 열 가지 계명을 주셨습니다.

이와 같은 십계명과 각종 율례(출 21:-23:)를 받으며 모세가 40일 40야를 산 위에 머무는 동안, 산기슭에서 기다리고 있던 이스라엘 백성들은 더 이상 참지를 못하고 하나님 대신 다른 신을 만들기로 하였습니다. 그리하여 여자들이 몸에 지니고 있던 금 장식품들을 모두 모아서 금송아지 상을 만들었습니다. 그것은 예로부터 애굽 사람들이 풍작의 신으로 모시던 신이었습니다.

모세가 받은 십계명

순 서	내 용	관련성구
제일 계명	너는 나 외에는 다른 신들을 네게 있게 말지니라	출 20:3
제이 계명	너를 위하여 새긴 우상을 만들지 말지니라	출 20:4
제삼 계명	너는 너의 하나님 여호와의 이름을 망령되이 일컫지 말라	출 20:7
제사 계명	안식일을 기억하여 거룩히 지키라	출 20:8
제오 계명	네 부모를 공경하라	출 20:12
제육 계명	살인하지 말지니라	출 20:13
제칠 계명	간음하지 말지니라	출 20:14
제팔 계명	도적질하지 말지니라	출 20:15
제구 계명	네 이웃에 대하여 거짓 증거하지 말지니라	출 20:16
제십 계명	네 이웃의 집을 탐내지 말지니라	출 20:17

모세가 산에서 내려왔을 때 이스라엘 백성들은 그 상을 에워싸고 춤을 추고 있었습니다. 마치 애굽의 마을과 같은 소란을 피우고 있었습니다. 모세는 화가 나서 금송아지 상을 제단 위에서 내려 부숴버렸고 하나님으로부터 받은 돌판들을 산 아래로 던져 깨뜨려버렸습니다(출 32:19-20). 그리고 두 번 다시 이러한 일이 생기지 않도록 소란을 피운 무리를 엄하게 처벌하였습니다. 여호와 하나님을 믿지 않는 사람들을 함께 데리고 간다는 것은 위험한 일이었기에 모세는 무려 3천 명가량을 죽이고

말았습니다(출 32:28).

사건이 매듭지어지자 모세는 다시 한 차례 시내 산에 올라갔습니다. 그는 십계명이 적힌 두 개의 돌 판을 받아가지고 왔습니다. 이스라엘 백성들은 이 하나님의 가르침을 지키겠다고 맹세했습니다. 이로써 하나님과 이스라엘 백성 사이에는 새로운 언약이 맺어졌습니다. 그러나 해이해지기 쉬운 것이 인간의 마음입니다. 그래서 모세는 여럿이 함께 예배할 신전이 있어야겠다고 생각했습니다. 그러한 이유로 시내 산으로부터 가지고 온 두 개의 돌 판을 아카시아 나무로 만든 큰 상자에 넣고 그것을 "하나님의 법궤"(언약궤)라고 불렀으며 유형적인 하나님의 몸으로 삼았습니다. 그리고 그 위를 천막으로 덮고 소박한 장막 교회를 만들었습니다. 이것이 이름 높은 예루살렘 성전의 시초라 할 수 있습니다.

길을 떠나기에 앞서 언제나 모세는 이 언약궤를 선두에 세웠습니다. 그리고 이 상자 위에는 언제나 높은 구름기둥이 세워져 이스라엘 백성의 길을 안내해 주었습니다. 그러나 이스라엘 백성의 여행은 괴로운 것이었습니다. 무려 7천명이 되는 무리가 사막 속을 방황하며 간다는 것이 그리 쉬운 일이 아니기 때문이었습니다. 더구나 이스라엘 백성은 12지파로 나뉘어져 있었으므로 때로는 다툼도 일어났습니다. 그때마다 손에 잡은 지팡이로 기적을 행하여 어려운 문제들을 풀어 주었고, 또한 재덕이 겸전(兼全)한 돕는 자들을 세워서 처리하게도 하고 재판도 하게 하였습니다(출 18:13-20: 7).

온갖 역경을 뚫고 모세의 일행은 요단 강 근처에 이르렀습니다. 그러나 그 지방에는 예로부터 가나안 사람과 헷 사람과 아모리 사람들이 살고 있었습니다. 그러한 땅이 그렇게 쉽사리 이스라엘 백성의 손에 들어올 리가 없었습니다. 모세는 우선 형편을 알아보기 위해 12지파에서 한 사람씩 선발하여 요단 강 가까이에 있는 마을 가나안으로 들여보냈습니다. 열 두 사람의 정탐꾼들은 열심히 조사했습니다. 작은 시내까지 갔을 때 그들은 포도송이가 주렁주렁 달린 포도나무 가지 하나와 석류와 딸기를 따가지고 이스라엘 백성들이 있는 곳으로 와서 그 열매를 보였습니다. 이곳에서 모세는 정탐꾼을 가나안으로 파견했습니다. 이 중 열 명은 백성들을 두려워 떨게 하는 이야기를 가지고 돌아왔습니다(민 13:1-25).

이에 백성은 하나님의 능력을 잊어버리고 아우성쳤고 모세에게 대적했습니다. 더욱 이 스할의 아들 고라와 엘리압의 아들 다단과 아비람, 벨렛의 아들 온이 짜고 여러 사람들 가운데서 뽑힌 250명의 우두머리들과 한패가 되어 모세에게 대들었습니다(민 16:1-2). 그들은 모세와 아론에게 이렇게 대들었습니다. "너희가 분수에 지나도다. 회중이 다 각각 거룩하고 여호와께서도 그들 중에 계시거늘 너희가 어찌하여 여호와의 총회 위에 스스로 높이느냐"(민 16:3).

모세는 고라와 그 한패들에게 말했습니다.

"아침에 여호와께서 자기에게 속한 자가 누구인지, 거룩한 자가 누구인지 보이시고 그 사람을 자기에게 가까이 나아오게 하시되 곧 그가 택하신 자를 자기에게 가까이 나아오게 하시리니"(민 16:5).

이튿날 250명의 우두머리들은 모두 향을 지핀 향로를 들고 성막으로 모였습니다. 그러자 하나님은 사람들 앞에 나타나시어 모세와 아론에게 말씀하셨습니다. "너희는 이 회중에서 떠나라. 내가 순식간에 그들을 멸하려 하노라"(민 16:21).

모세와 아론은 땅에 엎드려 부르짖었습니다. "한 사람이 범죄 하였거늘 온 회중에게 진노하나이까"(민 16:22). 이렇게 간곡하게 빌자 하나님은 네 사람의 우두머리만 빼고는 모두 용서해주셨습니다.

이스라엘 백성들은 방황하던 나머지 신 광야로 들어가 가데스란 곳에 머물렀습니다(민 20:1). 모세는 가데스에서 에돔 왕에게 사자를 보내어 그 땅으로 통과하게 해달라고 간청했습니다(민 20:14-17). 그러나 에돔 왕은 그들을 지나가게 해주지 않았습니다. 그러자 이스라엘 백성들은 에돔 쪽으로 가지 않고 호르 산으로 갔습니다(민 20:22). 산 위에서 아론이 죽어 그의 아들 엘르아살이 아론의 제사장 옷을 입고 모세와 함께 산을 내려왔습니다. 아론이 죽었다는 소식을 듣고 백성들은 30일 동안을 울면서 지냈습니다(민 20:23-29).

에돔의 땅을 지나지 않고 호르 산에서 홍해를 지나 나아갈 때 백성들은 지쳐서 하나님을 원망하며 거역했습니다. 그러자 하나님은 무서운 뱀을 백성들이 있는 곳으로 보냈습니다. 백성들은 모세한테로 와서 하나님께 빌어주기를 부탁했습니다.

그때 모세는 여호와께서 지시한 대로 이렇게 말했습니다. "불 뱀을 만들어 장대 위에 매달아라. 물린 자마다 그것을 보면 살리라"(민 21:8). 이것은 하나님의 명령이었으므로 사람들이 장대 끝에 불 뱀을 매달아 놓자 뱀에 물린 사람은 그것을 보고 죽지 않았습니다.

이스라엘 백성들은 아모리 사람의 나라에 가까운 브엘로 갔습니다(민 21:16). 모세는 아모리 사람의 왕인 시혼에게 사자를 보내어 그 땅으로 지나가게 해달라고 간청을 했습니다. 그러나 시혼 왕은 자기 나라를 지나가지 못하게 할 뿐만 아니라 군대를 동원해서 이스라엘 백성들에게 전쟁을 걸어왔습니다. 매우 치열한 전쟁이었으나 이스라엘 백성들은 칼을 잘 써서 이길 수 있었고 아모리 사람의 성읍과 마을을 빼앗기도 하였습니다(민 21:21-32).

그러던 중 가까운 곳에 있는 바산이라는 나라의 왕인 옥이 군대를 이끌고 이스라엘 백성들과 싸우려고 왔습니다(민 21:33). 이스라엘군과 바산군이 싸웠으나 옥 왕의 부하로서 살아남은 사람은 하나도 없었습니다. 이리하여 이스라엘 백성들은 이 땅도 자기네 것으로 만들 수가 있었습니다.

세월이 흘러서 이스라엘 백성들은 여리고 근처의 요단 강가의 모압 평야에 살고 있었습니다. 모압 왕 발락은 이스라엘 백성들이 바산과 아모리 두 나라를 빼앗은 것을 알고 있었으므로 자기 나라도 빼앗지나 않을까 걱정했습니다. 그래서 그는 대단한 영력을 갖고 있었던 발람

(Balaam)에게 사자를 보내어 자기들을 위해 복을 빌어달라고 했습니다. 그러나 발람은 발락에게로 갔으나 하나님의 명령대로 세 번씩이나 이스라엘을 위해 축복했습니다. 그리고 나서 그는 자기 나라로 돌아왔습니다(민 24:14, 25).

어느 덧 모세 일행이 떠나온 지 40년이란 세월이 흘렀습니다. 모세도 이미 120세나 되어 죽음을 바라보게 되었습니다. 그래서 그는 친구들을 불러 모아놓고 "눈의 아들 여호수아에게 안수 하였습니다"(신 34:9). 여호수아에게 하나님의 신이 충만하니 이스라엘 자손들이 그의 말을 순종하였습니다.

그리고 모세는 여러 친구들과 헤어져서 홀로 사해 동쪽 기슭에 있는 느보 산으로 올라갔습니다. 느보 산꼭대기에 올라서니 아름다운 가나안의 평야가 멀리 눈앞에 펼쳐져 보였습니다. 40년이나 방황하는 동안 몇 번씩 꿈에 보이던 동경의 땅이었습니다. 모세는 그처럼 그리던 땅을 밟지 못한 채 느보 산꼭대기에서 눈을 감고 말았습니다(신 34:1). 신명기 3장 27절에서 말하고 있는 비스가(Pishah) 산은 느보 산의 정상을 가리킵니다.

"모세와 그의 지팡이" 설화의 주인공 모세는 이스라엘 역사 상 가장 위대한 민족의 지도자(사 63:12)로, 믿음의 용사(히 23-31)로, 위대한 기도의 사람(시 99:6)으로, 그리고 율법의 시여자(施輿子)로, 성막의 설계도를 받은 인물(출 20:1-17)로서 길이 기억됩니다. 모세는 이스라엘 민족을 이끌고 약속의 땅으로 들어가기 위해 기나긴 여행을 하는데, 그 동안 그는 자연 환경과 적대적인 종족 및 여행 집단의 반역과 불평불만 같은 장애물을 극복해 나가지 않으면 안 되었습니다. 이 일을 행함에 있어서 가장 중요한 구실을 한 것은 하나님의 "지팡이"이었다고 할 수 있습니다.

하나님은 모세에게 이스라엘 백성들을 애굽에서 해방하라는 명령을 내리실 때 "손에 지팡이"를 들고 가라고 하였고, "(그 지팡이로) 이적을 행하라"(출 4:17)고 하셨습니다. 모세는 이스라엘 백성에게 유월절에 식사를 할 때에는 허리에 띠를 띠고 발에 신을 신!고 지팡이를 손에 잡고 먹어야 한다고 명령했습니다(출 12:11). 이처럼 "지팡이"는 유랑 생활의 상징인 동시에 여호와 하나님의 능력과 보호와 인도의 상징이 되었습니다. 모세는 아내와 아이들과 함께 "하나님의 지팡이를 손에 잡고"(출 4:20) 애굽으로 돌아갔습니다. 모세와 아론은 하나님의 능력이 가득 찬 지팡이로 수많은 기적을 행하였습니다. 예를 들면 물을 피로 변하게 하고 우박을 내리고 번개를 치게 했습니다(출 7:17-21, 9:22-25). 이 지팡이의 의해서 홍해는 둘로 갈라지고 맛사와 므리바라는 곳에서는 바위에서 물이 솟아나게 되었습니다(출 14:16-31, 17:1-7). 이런 기적의 지팡이가 이스라엘의 자녀들이 가는 광야 여행의 행정(行程)을 따라서 가게 됩니다.

광야 생활 중 지팡이를 손에 잡고 숙곳에서 발행하여 광야 끝 에담 장막을 칠 때까지 여호와 하나님께서 낮에는 구름기둥으로 그들의 길을 인도하시고 밤에는 불기둥으로 비추사 주야로 진행하게 하셨습니다. 구름기둥과 불기둥은 백성 앞에서 결코 떠나지 아니하였습니다. 광야 40년 생활의 주님의 인도를 생각하면서 헨리 뉴먼(John Henry Newman, 1801-1890)은 "구름기둥"이라는 시를 썼습니다.

구름기둥

빛되신 주여, 에워싼 어둠 속에서 나를 인도하소서!
오 주여, 나를 인도하소서!
밤은 어둡고 고향 찾아가는 길 머오니

오 주여, 나를 인도하소서!
저 머나먼 길 내 알지 못하니, 한 걸음씩
내 발길 늘 지켜 줍소서!

이전엔 방탕하여 주의 인도를
받지 않고, 맘대로
내 갈길 고집하던 나였지만,

이제는 나를 인도하소서, 오 주여!
화려한 날을 사랑하고 두려우면서도 교만하여
내 뜻대로 행한 나였지만, 그 지난 날을 기억하지 마소서!

그토록 오랫동안 그 크신 힘으로 나를 축복했던
주여, 장래에도 정녕 나를 인도하소서,
황야와 늪, 바위와 급류를 지나, 밤이 사라질 때까지.

그 밝은 아침에 잠시 잊고 있었지만
그토록 오래 사랑했던
주의 얼굴을 기쁨으로 뵙게 하소서.

이 시를 쓴 뉴먼은 19세기 영국의 종교가요 예술가입니다. 런던 태생으로 옥스퍼드를 졸업한 후 1824년 23세의 젊은 나이에 영국 국교회의 목사가 되었습니다. 그는 당시의 영국 국교회의 무능력과 지도자들의 비리를 척결하는데 온 정열을 쏟았으며, 아울러 초대교회의 경건하고 단순했던 신앙을 갈망하여 속화된 교회에다 고대의 엄숙한 의식과 진지한 신앙을 이식하고자 전력을 기울였습니다. 그것이 케블과 더불어 일으킨 소위 영국 국교회 개혁운동인 옥스퍼드 운동인 것입니다. 그 일에 너무 무리한 나머지 몸이 상하게 되어 32세 때에 요양 차, 그리고 신앙문제의 해결 차, 이탈리아의 시실리 섬을 방문했습니다. 그렇지 않아도 병약하던 그는 거기서 그만 열병에 걸려 도무지 살아날 가망이 없게 되었습니다. 그러나 하나님의 은혜로 죽음의 고비를 넘기고 다시 팔레모로 떠났습니다. 여기서 그는 귀국하여 해야 할 일이 있었기 때문에 빨리 귀국하기를 원했지만, 그의 의도와는 달리 선편이 없어서 3주간을 더 머물게 되었습니다. 때마침 귤 운반선이 있어 그 배를 타고 귀국하던 중 파도에 흔들리는 선상에서 이 찬송시를 지었다고 합니다.

뉴먼은 1845년에는 로마 가톨릭으로 개종하여 추기경까지 되었습니다. 그의 작품으로는 소설 『손실과 이득』(*Loss and Gain*, 1848)과 시집 『게론티어스의 꿈』(*The Dream of Gerontius*, 1866) 등이 있습니다.

"모세와 그의 지팡이" 이야기는 여러 가지 에피소드를 내포하고 있는 길이가 매우 긴 설화 곧 서사시입니다. 우리는 이 서사시를 일컬어 소위 출애굽의 서사시(Epic of thd Exodus)라 합니다. 이 설화의 내용은 주로 출애굽기 1장-24장과 민수기 10장-14장, 16장-17장 및 신명기 32장-34장에서 찾을 수 있습니다.

성막건립과 제사장의 옷 이야기

다음 도표에서 보는 바와 같이 성막(Tabernacle)은 여러 가지 명칭으로 불리는 것을 알 수 있습니다. 히브리어로는 성막을 "오헬"(ohel)이라고 하는데, 동물의 가죽이나 짐승의 털로 된 유목민들의 천막(텐트)을 가리킵니다. 그러나 여기서는 유목민들이 거하는 처소로서의 천막을 가리키는 일반적인 의미로 사용되지 않고, 하나님의 이동식 처소, 곧 이스라엘 백성이 하나님께 제사 드리고 죄를 용서받는 거룩한 장소를 뜻하는 말로 사용되었습니다. 물론 하나님은 광대하시며 무소부재하신 분이시기 때문에 그에게는 거처가 필요치 않으십니다. 또한 그를 모실만한 거처도 존재하지 않습니다.

성막의 여러 명칭들

명 칭	관련성구
성막, 장막	출 26:1; 39:33
회막	출 38:21; 민 1:50
증거막	출 38:21; 민 1:50
여호와의 장막	왕상 2:20
법막	대하 24:6

그런데 그러한 하나님이 모세에게 성막을 짓도록 명령하신 까닭은 무엇이겠습니까? "내가 그들 중에 거할 성소를 그들이 나를 위하

여 짓되 무릇 내가 네게 보이는 모양대로 장막을 짓고 기구들도 그 모양을 따라 지을지니라"(출 15:8-9). 이 구절을 통하여 하나님은 "내가 그들 중에 거할 성소"를 지으라고 말씀하셨습니다. 즉 하나님 자신의 거할 처소로서의 성막을 건축하도록 명령하신 것이 아니라, 하나님이 이스라엘 중에 거할 수 있는 장소로서의 성막을 짓도록 계시하신 것입니다.

이미 앞에서도 말한 바와 같이, 하나님은 천지에 충만하신 분이시기 때문에 자기가 거할 특별한 장소가 필요하시지는 않으십니다. 그런데도 성막을 지으라고 하신 것은 눈에 보이는 가시적 성막을 통해서 이스라엘 중에 함께하시겠다는 자신의 의지를 나타내신 것이라 할 수 있습니다. 그러니까 성막을 세우신 목적은 죄로 말미암아 하나님과 멀어졌던 인간들이 자발적으로 하나님을 찾아 나가 그에게 예배드리고, 희생 제사를 드려 죄를 용서받도록 하기 위한 것입니다.

이런 목적 때문에 하나님께서는 모세에게 성막의 규모와 기구 등 하나하나를 자세하게 계시하셨던 것입니다. 이 성막에 관한 이야기는 출애굽기 25장으로부터 시작해서 31장까지에 걸쳐 나옵니다. 이 기록의 말씀 속에서 하나님께서는 시내 산에 올라가 40일 동안이나 준비기도하며 거기에 머물러 있던 모세에게 그의 손으로 십계를 새긴 두 장의 돌판과 함께 성막에 관한 세밀한 모형을 제시하면서 상세하게 설명해주셨습니다. 이때의 모세의 나이는 81세였습니다. 성막은 하늘에 있는 것의 "그림자"(히 8:5)며, 장차 올 것들의 모형이었습니다(히 9-10장). 성막과 후에 그 모형대로 지은 성전은 유대민족의 생활 중심지가 됨으로 매우 중요합니다.

하나님께서 모세에게 성막의 설계를 계시하고 그것을 지을 자료들을 모으라고 명령하셨을 때, 이에 감동된 자들(출 35:21)과 마음에 원하는 자들(출 35:29)이 성막건립을 위해 즉시 예물들을 가져왔는데, 그것은 성막을 짓고도 남을 만큼 차고 넘쳤습니다. 그 예물들은 그들이 소유했던 것들을 바쳤기 때문에 그 종류가 다양했는데, 그것은 대부분 그들의 장신구로 쓰였던 팔찌와 가락지와 명패와 목걸이 등과 같은 보석들로서(출 35:22), 대개는 애굽에서 가져왔던 것들이었습니다. 보석이 없는 사람들은 염소의 털이나 수양의 가죽을 가져왔지만, 어떤 여자들은 가느다란 청색실과 자색 실을 만들어 가져왔고, 또 어떤 여자들은 염소 털로 굵은 실을 만들어 가져오기도 하였습니다.

이렇게 금세 예물이 다 준비되자 하나님께서는 전문적인 기술을 가지고 성막 짓는 일을 잘 할 수 있도록 하기 위해 두 건축 장인(匠人)을 지명하였습니다. 이 두 장인은 유다의 6대 후손인 우리의 아들 브살엘과 단 지파에 속한 아하사막의 아들 오홀리압이었습니다. 브살엘은 금속과 돌과 나무를 정교하게 다루는 미술과 조각에 능한 사람인 동시에 고대의 약제사로서 관유며 향 같은 것을 만드는 기술을 가진 사람이었고, 오홀리압은 재단사로서 여러 가지 천을 다룰 줄 알며 대제사장의 호화로운 제복(祭服)과 그 장식품들을 잘 만들며 청색, 자색, 홍색실과 가는 베로 짜고 수놓는 일에 능한 사람이었습니다.

하나님께서는 이 일을 하도록 지명하여 부르신 그 장인들에게 그의 "영을 충만케 하여"(출 35:31) 지혜와 총명과 지식으로 여러 가지 일에 부족함이 없도록 자질을 갖추어 주었습니다. 그들은 연구하는 일 뿐 아니라 직접 일을 하도록 임명되었고(출 35:32), 또한 다른 일꾼들을 가르치는 일도 하게 하였습니다(출 35:34). 이 두 건축 장인 가운데서도 특히 유다 지파 훌의 손자요 우리의 아들인 브살렐은 다른 일들을 지휘할 수 있는 명령권을 갖게 한 동시에 그들을 지도하는 수고도 하게 하였습니다. 이 소문이 전해지면서 지체 없이 일꾼들이 그의 밑에 모여들었고, 그들은 곧 성막 세우는 일에 착수했습니다(출 36:1).

성막은 세 부분, 곧 성막 뜰과 성소와 지성소로 구성되어 있었고, 그 대지의 규모는 약 300평 정도였습니다. 광야에서 성막 안으로 들어오는 뜰 문이 동편에 하나 있었는데, 이 문을 보통 구원의 문이라 부릅니다(요 10:9). 그 규모는 너비가 20규빗(1규빗은 45cm 정도임), 높이가 5규빗으로 문턱이 없는 게 특징이었습니다. 뜰 문의 재료는 가늘게 꼰 흰색, 청색, 자색, 홍색의 4 가지 베실로 짠 것이었는데, 청색은 하나님의 자비, 자색은 왕권의 위엄과 영광, 홍색은 속죄, 흰색은 부활과 순결하신 예수 그리스도를 의미합니다. 하나님의 임재 가운데로 나아가기 위해서 이스라엘 백성들은 성막 울타리의 유일한 문인 뜰 문을 통과하여야만 했습니다. 이 문은 하나님을 만나기 위해 통과하여야 할 유일한 문이며 큰 문이었습니다. 하나님은 유일한 문이시지만 누구에게나 열린 큰 문이어서 소망이 되는 것입니다.

이 거룩한 뜰에는 수직으로 세운 기둥이 있고, 가는 베실로 짜서 만든 휘장을 그것에 쳤습니다. 그것의 받침은 놋이요 기둥들 꼭대기는 은으로 입힌 가름대로 연결되어 있었습니다. 그 가름대에는 또한 은 갈고리들이 있고 그 갈고리에 고리가 걸리도록 하였습니다. 그리고 기둥들의 꼭대기도 은으로 쌌습니다. 이 뜰은 세 면이 다 막혀서 출입문이 없고 다만 동쪽에만 휘장 한 가운데가 갈라져 있어서 그곳으로 드나들 수 있게 되어 있습니다. 이 휘장 사이는 두 겹 베실로 짜서 만든 청색, 자색, 홍색의 큰 막으로 가리게 하였습니다. 이 휘장은 걷었다 내렸다 할 수 있게 되었고 성막 뜰에 들어오고 나가는 문이 되게 하였습니다. 이것은 곧 사람들 가운데서 하나님 나라의 왕궁으로 존재하는 이 세상의 교회를 상징합니다.

이 둘러막은 뜰 안에 있는 유일한 시설은 번제단과 물두멍이입니다. 동쪽에 있는 문을 열고 들어가면 제일 먼저 만나는 것이 번제단입니다. 이 번제단 위에 제사장들은 제물을 올려놓고 하나님께 제사를 드렸습니다. 이 번제단은 높이가 3규빗, 길이와 너비가 각각 5규빗이었습니다. 번제단은 조각목에 놋으로 싸서 만들었고 그 모퉁이에는 4개의 뿔이 있었습니다. 그리고 5개의 보조기구를 놋으로 만들어 번제단 곁에 두도록 되어 있었는데, 그것이 곧 고기 담는 대야, 재 담는 통, 부삽, 고기갈고리, 불 옮기는 그릇이었습니다. 거기서 제사장이 서서 제사 지내는 일을 집

행하였습니다. 번제단에는 제물의 피와 그 제물을 드리는 제사장과 제단이 반드시 있어야 하는데, 그것은 다 그리스도의 속죄 사업을 예표한 것임을 알 수 있습니다. 바울이 "우리에게 한 제단이 있다"(히 13:10)고 말씀한 것과 같이, 제단은 그리스도의 십자가를 예표 합니다. 곧 예수 그리스도는 우리의 제사장이요, 우리의 제단이요 우리의 제물입니다.

제사를 드린 후에 제사장과 자녀들은 물두멍 앞으로 나아가게 됩니다. 놋으로 만든 물두멍에는 항상 물이 담겨 있습니다. 놋은 예수 그리스도의 피가 흐르는 십자가를 상징합니다. 이 물두멍에서 손을 씻고 몸을 정결케 한 후에야 비로소 성소 안으로 들어갈 수가 있습니다. 제사장이 제사를 드리다 보면 손과 발에 짐승의 피가 묻고 먼지가 묻어 더러워질 수가 있습니다. 이 더러움을 씻어주는 것이 물입니다. 물은 하나님의 말씀, 또는 성령의 상징인데, 하나님의 말씀은 곧 예수 그리스도시요 그리스도의 영은 곧 성령이십니다. 물두멍에 언제나 물이 가득 차 있듯이, 내 영혼의 물두멍에 성령이 충만하게 차면 정결한 영적인 삶을 살 수가 있습니다. 즉 하나님 앞에 나가는 자는 이런 정결한 영적인 삶이 필요하다는 것입니다.

해가 떠오르는 동쪽을 향해 이스라엘 12지파의 진중에 세운 성막은 길이가 28규빗, 너비와 높이가 각각 4규빗이었습니다. 그 성막은 기둥을 세우고 울타리를 쳐서 만들었습니다. 그 울타리 기둥은 남쪽으로 20개, 북쪽으로 20개가 있으며 서쪽과 동쪽으로는 각각 10개가 있습니다. 모두 60개의 기둥이 성막 담의 골격을 이루고 있는데, 기둥의 높이는 2.5m 정도입니다. 동쪽에 있는 문을 제외하고는 모두 휘장으로 둘러 싸여 있습니다.

휘장은 10장이고, 그 규격은 길이가 30규빗, 너비가 4규빗이며, 청색, 자주색, 주홍색의 가는 베실로 짠 것이었고, 거기에는 천사가 곱게 수놓아져 있으며, 청색의 고리와 금 걸쇠를 연결하여 하나로 만들었습니다. 금으로 입힌 성막 기둥은 10장으로 만든 휘장에 감싸져 있습니다.

울타리의 기둥 밑에는 놋 받침이 있는데, 그 놋은 십자가를 의미합니다. 이스라엘 백성이 하나님과 모세를 원망했을 때, 하나님은 불 뱀을 보내 그들을 멸하셨습니다. 모세는 광야에서 죽어가는 사람들을 위해 놋 뱀을 만들었고, 그것을 보는 사람마다 고침을 받았습니다. 그 후 놋은 십자가로 상징되며, 영적으로는 예수님을 가리킵니다. 모든 죄인들은 예수님을 믿는 그 신앙이 받침이 되지 않고서는 살 수가 없습니다.

그리고 가는 베실로 짠 휘장으로 둘러싼 기둥에는 은고리가 달려 있습니다. 금과 은은 변함이 없는 금속으로 믿음을 의미합니다. 20세 이상 된 이스라엘 남자는 은 반 세겔을 속전세로 하나님께 바치도록 되어 있었습니다. 이렇게 바쳐진 은은 성전건립에 사용되었습니다. 이 은을 가리켜 "속전"이라고 하는데, "속전"이란 당시에 종, 노예를 사거나 종이 자유인이 되기 위하여 지불하는 돈을 가리킵니다. 여기서 사용된 이 "속전"은 예수 그리스도께서 흘리신 피로써 이룩하신 구원을 의미합니다. 구원은 오직 예수 그리스도의 십자가 대속의 피를 믿음으로서만 얻을 수 있습니다. 그러므로 은은 영적으로 예수 그리스도의 십자가의 구원을 상징합니다.

그리고 기둥을 싼 가는 베실 휘장은 성결을 의미합니다. 가는 베실은 곧 세마포라고도 하는데, 그것은 예수님의 피 묻은 옷으로서, 영적으로는 예수 그리스도를 표상합니다. 죄로 인해 죽게 된 인간이 예수님의 피 묻은 베실 옷을 입게 될 때 예수님과 같이 생명의 부활로 살게 될 것입니다. 또한 울타리는 십자가로서만 믿음으로 성결하게 되는 것을 의미합니다.

이 성막에는 두 개의 방이 있는데, 동쪽에 있는 방은 성소이고, 서쪽에 있는 방은 지성소입니다. 성막 뜰에서 문을 열고 들어서면 성소가 되는데, 이 성서의 문을 보통 축복의 문이라고 합니다. 청색, 자색, 홍색, 가는 베실로 무늬를 수놓은 이 문은 5개의 성소 기둥에 걸쳐져 있습니다. 5개의 기둥은 조각목(사막 아카기아나무)으로 만들어 금으로 쌌으며,

거기에는 금으로 된 갈고리와 놋으로 된 받침이 있습니다. 이 기둥은 뜰 마당과 만나는 부분이기에 받침은 놋에 싸여져 있습니다. 이 문은 성막 뜰과 성소를 구분하는 문입니다.

이 문을 열고 들어가면 정금으로 찬란하게 빛나는 거룩한 성소로 들어가게 됩니다. 성소에는 양쪽에 20개씩, 그리고 지성소 뒤쪽에 6개, 모서리에 2개, 즉 48개의 널판이 있습니다. 성소의 벽을 이루는 널판은 바로 교회를 이루는 성도를 상징합니다. 널판은 조각목으로 만들어져 금에 싸여 있습니다. 널판 한 개의 길이는 10규빗, 너비와 높이는 각각 1.5규빗이며, 널판 하나에 은 받침을 2개씩 받치도록 되어 있습니다. 이 널판들은 5개의 금으로 싼 띠로 서로 연결되어 있습니다.

성소에서 금이 제일 많이 들어 있는 것이 바로 이 널판일 것입니다. 이 널판을 만든 조각목은 예수님의 인성을 뜻합니다. 즉 하나님이신 예수께서 사람의 모양으로 오신 초라한 모습을 보여줍니다. 조각목은 광야에서 흔히 발견되는 볼품없는 나무요 관심을 끌지 못하는 나무입니다. 하나님이신 예수님의 사람됨은 조각목 같이 초라하고 사람들에게는 볼품이 없었습니다. 또한 조각목은 우리들의 모습과도 흡사합니다. 조각목의 특징은 가시가 있고, 껍질이 벗겨지지 않고 단단하며, 곧게 자라지 않고 구불구불하다는 것입니다. 사실 우리들은 죄와 허물로 인하여 지옥으로 들어가야 할 조각목 같은 존재들이었습니다. 그럼에도 불구하고 하나님께서 우리들을 사랑하시고 하나님의 집에 번제단과 같은 교회를 이루게 하신 것은 하나님의 은혜입니다.

조각목을 싸고 있는 금은 예수님의 신성을 가르칩니다. 금은 변함이 없으며 빛이 납니다. 예수님은 변함이 없으신 하나님이시며 빛의 근원이십니다. 금으로 싼 조각목 널판을 통해 예수님의 인성과 신성을 보게 됩니다. 널판의 받침으로 사용된 이 은은 이미 앞에서 말한 대로 우리의 죄를 덮어주는 화목제물, 희생제물이 되어 주신 예수님의 피를 의미합니다.

성소는 4개의 양장(덮개)으로 덮어씌워져 있습니다. 그것은 사람의 모양으로 오신 예수 그리스도의 생애를 보여주고 있는 상징입니다. 이 4개의 덮개 중 첫 번째의 덮개는 청색, 자색, 홍색, 가는 베실로 만들어져 있습니다. 이 덮개는 한 폭의 길이가 28규빗이고 너비가 4규빗으로 된 열 폭을 만들어 서로 다섯 폭이 연결 되도록 하였는데, 거기에는 그룹천사가 수놓아져 있습니다. 색의 영적 의미는 뜰 문과 마찬가지로 청색은 생명 되시는 예수, 자색은 왕 되신 예수, 홍색은 피 흘리시고 고난당하신 예수, 흰색은 성결하시고 순결하신 예수 그리스도의 모습을 상징합니다. 그리고 그룹천사는 하나님의 보좌를 지키는 찬란한 천사를 말합니다. 덮개로 덮고 있는 성소와 지성소는 하나님께서 거하시는 거룩한 곳이기에 누구나 쉽게 접근하지 못하도록 그룹들을 새겨놓은 것입니다.

두 번째의 덮개는 염소 털로 뽑은 실로 만들어져 있습니다. 이 덮개는 각 폭의 길이가 30규빗, 너비가 4규빗으로 된 열한 폭을 만들어 다섯 폭과 여섯 폭을 서로 연결하였습니다. 염소는 레위기 16장에 보면 대 속죄일에 이스라엘 백성들의 죄를 짊어지고 아사셀을 위하여 광야로 내몰려 죽게 됩니다. 이 염소 털로 만든 덮개는 이 세상의 상징인 광야에서 죽임 당하신 예수 그리스도의 모습을 상징합니다.

세 번째의 덮개는 붉게 물들인 수양 가죽으로 만들어져 있습니다. "붉다"라는 것은 피흘려 죽으신 예수 그리스도의 모습입니다. 수양은 속죄의 제물로 쓰였는데, 이 덮개는 우리의 죄를 위하여 하나님의 어린 양이 되어 십자가에서 피 흘려 죽으신 예수 그리스도의 모습을 상징합니다.

네 번째의 덮개는 해달 가죽으로 만들어져 있습니다. 해달은 나일 강과 홍해 주변에서 사는 돌고래에 가까운 동물입니다. 이 해달 가죽은 이스라엘 백성들이 출애굽 할 때 광야에서 신발을 만들고 옷을 만들어 입기 위해 가지고 나온 것들입니다. 이 해달 가죽을 하나님의 집인 성막을 만들기 위하여 즐거운 마음으로 드렸습니다. 하나님께서는 이 해달 가죽을 받으시고 이스라엘 백성들이 광야 40년 동안 옷이 헤어 지지 않고 신발이 닳지 않도록 복을 주었습니다. 이 해달 가죽은 하나님의 집에 비가 들어오지 못하도록 하는 방수를 가능케 했습니다. 따라서 이 해달 가죽은 예수님의 볼품없는 인성의 모습을 보여주는 상징으로 사용된 것이라 할 수 있습니다.

번제단에 제사를 드린 후 두렵고 떨리는 마음으로 물두멍에서 손과 발을 깨끗이 씻고 들어간 거룩하고 찬란한 성소에는 진설병 제상(출 25:23-30)과 금 촛대(출 25:31-40), 그리고 분향단(출 30:1-10)이 설치되어 있습니다.

진설병이란 채려놓은 떡이라는 뜻인데, 열 두 덩어리의 누룩 없는 떡으로 되어 있으며, 열 두 지파가 각 지파에서 한 덩어리씩 드린 것으로 되어 있습니다. 이것은 언제나 거기에 채려놓아 두어야 합니다. 한 주일에 한 번씩 매 안식일 날 새 떡으로 갈아 드리는 것이며 묵은 떡은 성소에서 제사장들이 먹는데, 이 떡을 채려놓는 상은 조각목으로 만들어져 있으며, 그 위에 금이 입혀져 있습니다. 그 상의 크기는 길이가 2규빗, 너비는 1규빗, 높이는 1.5규빗이니까 겨우 떡 열 두 덩어리를 놓을 만한 작은 상입니다. 이것은 네 귀에 금 고리를 달아서 거기 작대기를 꽂아서 메고 다니도록 하였습니다. 거기에는 이 떡을 담아 나르는 접시들이 있고, 향과 포도주도 있는데, 그것들은 이 떡의 제물성(祭物性)을 드러내 주기위해 함께 드리는 것들입니다. 이 진설병 의식의 참다운 의미는 그의 보호하심과 한없는 은총을 날마다 기억하고 감사하며 생활하는 그 삶을 성별하여 드린다는 데 있습니다.

금 촛대는 오히려 등잔대라고 하는 편이 더 옳을 것 같습니다. 이 제구(祭具)는 가운데 수직선적인 줄거리가 서 있고 거기서 좌우편으로 각각 세 개의 위로 구부러진 가지가 붙은 것입니다. 세 개가 다 나란히 되도록 되어 있고 높이도 꼭대기에 가서는 다 가지런하게 되어 있습니다. 줄거리와 가지에 다 석류와 백합꽃 모양을 금으로 만들어 단장했습니다. 가지의 꼭대기에는 백합꽃 모양의 잔을 만들어 붙여서 거기에 기름을 부을 수 있도록 되어 있습니다. 등잔대 전체가 다 순금으로 만들어졌으며 그렇게 큰 것은 아니나 값은 상당한 것이라고 할 수 있습니다. 이 등잔에는 특별한 기름이 사용되었습니다(출 27:20; 레 24:2). 여기서 등잔대는 예수님을 상징하며, 기름은 성령을 표징 합니다.

분향단의 금으로 싼 조각목으로 만들어져 있는데, 길이가 1규빗, 너비가 1규빗, 네모가 반듯하게 하고 높이는 2규빗으로 되어 있으며, 네 모서리에는 위로 향한 뿔이 있습니다. 두 옆에는 금 고리가 있고, 거기에 작대기를 꽂도록 되어 있습니다. 이것은 옮길 때에 운반에 편하게 하기 위한 것이었습니다.

이 단은 지성소의 휘장 바깥, 곧 속죄소 바로 앞에 서로 대하여 놓도록 되어 있었습니다. 휘장에 가려져 있지만 이 분향단의 위치를 말할 때 법궤 앞에 있다고 하는 것은 바로 이 때문입니다. 이 분향단은 성소 안에 있는 다른 시설들, 즉 등잔대, 진설병, 제상들보다 훨씬 더 지성소에 친근한 관련을 맺고 있습니다. 이것은 예배와 찬송과 기도로 하나님과 교통하는 것을 상징한 것입니다.

분향은 진실로 하나님의 백성의 기도의 표징(계 5:8)이므로, 이 분향단은 중보 하는 곳이라 할 수 있습니다. 즉 그리스도 자신의 중보 기도가 땅 위에 있는 성도들의 기도와 합하여 하나님 앞에 상달되는 것이라고 많은 사람들이 설명하고 있습니다. 그러나 그것은 예수 그리스도의 속량의 피와 그의 끊임없는 중보의 기도를 힘입어 가능하게 되는 것입니다.

성소에서 휘장으로 된 문을 열고 들어가면 지성소입니다. 이 지성소는 대제사장만이 일 년에 단 한번 대 속죄일에 만 들어가도록 되어 있습니다. 성막의 서쪽에 있으며, 4.5m의 완전 입방체의 방입니다. 성소와 지성소를 구분하는 문은 황소 두 마리가 양쪽에서 잡아당겨도 찢어지지 않을 정도로 견고한 휘장으로 되어 있습니다. 이 휘장은 청색, 자색, 홍색, 가늘게 꼰 베실로 짠 견고한 천으로 이루어져 있는데, 보통 영광의 문이라 합니다. 이 견고한 휘장이 위에서부터 아래까지 가운데로 찢어진 것은 하나님께서 찢어놓은 것입니다. 만일 하나님께서 찢어놓지 않으셨다면 그 누구도 하나님의 영광 앞에 설 수가 없을 것입니다. 예수님께서 인간의 죄 때문에 십자가에서 피 흘려 죽으시므로 인간과 하나님 사이에 막혔던 휘장이 찢어져 구원의 길이 열리게 된 것입니다.

하나님께서 내가 너와 만나리라 약속했던 지성소로 들어가려면 반드시 이 영광의 문을 열고 들어가야만 합니다. 그래야만 거기에 임재 하는 하나님의 영광의 빛을 볼 수가 있습니다. 모든 믿는 성도들의 목적지는 바로 이 영광의 자리인 지성소라 할 수 있습니다. 이런 지성소의 삶은 하나님과 동행하는 영광스러운 삶입니다.

법궤의 여러 명칭

명칭	관련성구
증거궤	출 25:22
법궤	레 16:2
언약궤	신 31:9
여호와의 궤	수 4:5
하나님의 궤	삼상 3:3

하나님의 영광과 임재가 있는 이 지성소 안에는 법궤와 속죄소가 있습니다. 다음 도표에서 보는 바와 같이 법궤는 여러 가지 명칭으로 불리는 것을 알 수 있습니다.

법궤는 아주 조그마한 궤짝인데, 조각목으로 만들어졌고 그 위에는 금이 입혀져 있습니다. 궤의 길이는 2.5규빗, 너비와 높이는 각각 1.5규빗이고, 밑바닥 네 귀에는 한 귀에 금 고리 하나씩 달려 있고, 그 금 고리에는 금으로 입힌 막대기가 꾲혀 있는데, 그것은 필요한 때의 신속한 운반을 위한 것이었습니다. 이 법궤를 "언약궤"라고도 하는 까닭은 그 안에 들어 있는 계명이 이스라엘과 여호와 사이에 맺어진 모든 언약의 기초가 되기 때문입니다.

속죄소는 법궤의 위 뚜껑으로서, 은혜를 베푸는 자리 곧 시은좌(施恩座)라고도 하며, 전체가 금으로 만들어져 있는 금판입니다. 이 속죄소의 네 귀에는 같은 금덩어리로 부어 만든 그룹이 있습니다. 이 그룹은 날개를 펴고 머리를 수그리고 서로 마주 서 있습니다. 그 영물들이 속죄소를 날개로 덮고 있는데, 그것은 하나님의 영광이 거기에 머문다는 표적입니다. 언약궤는 하나님의 임재를 상징하는 물건으로서 그 안에는 십계명 돌 판을 비롯하여, 만나 항아리와 아론의 싹이 난 지팡이 등이 들어 있습니다.

위에서 이미 성소와 지성소에 대해서 설명하였습니다. 이런 성소에 제사장이 들어가 제사를 드리거나 대제사장이 대 속죄일에 백성들의 속죄를 위해 지성소에 들어갈 때 는 반드시 갖추어야 할 것이 있는데 그 중의 하나가 거룩한 옷을 입는(출 28:43) 것입니다. 아무 옷이나 입고 그 거룩한 곳에 들어가는 것은 하나님 앞에 죄를 범하는 것이 됩니다. 왜냐하면 하나님께서는 "나를 섬기는 제사장 직분을 행하는 자에게는 · · · 거룩한 옷을 지어 영화롭고 아름답게 하여야"(출 28:1-2) 한다고 모세에게 명령을 하면서, 그 옷의 모형을 제시해 주었습니다(출 28:4-43).

제사장의 직분 자체가 거룩한 것이므로 그 직분을 감당할 때에도 거룩한 옷을 입고 하지 않으면 안 되는 것입니다. 하나님께서 모세에게 모형으로 제시한 제사장의 옷은 가장 귀한 재료와 화려한 빛깔로 만든 아주 찬란하고 금방울까지 단 그런 아름다운 옷입니다. 특히 그들이 입고 제사를 드렸던 옷의 적색은 우리의 대제사장인 그리스도의 인격과 사업에 대한 예표인 것입니다. 출애굽기 12장, 29장, 39장 및 레위기 8장과 16장에서 제사장의 옷과 관련하여 자세한 이야기를 해주고 있습니다.

제사장들이 착용한 옷은 공교하게 짜진 띠가 달린 에봇과 우림과 둠밈이 들어 있는 흉패, 수놓아져 있는 긴 푸른색의 겉옷과 베로 짠 고의, 그리고 거룩한 관을 담은 세마포 두건 등으로 구성되어 있습니다. 대제사장이 성소에 들어갈 때에는 위에서 말한 의관을 모두 갖추어야 하지만, 지성소에 들어갈 때에는 세마포 긴 옷과 세마포 고의, 세마포 띠와 세마포 두건만 착용했을 뿐 에봇과 청색 겉옷은 입지 않았습니다(레 16:4; 겔 44:17-19). 아무튼 제사장들이 입었던 이 옷들에 대해서 이야기해 보겠습니다.

에봇(출 28:6-14)이란 것은 소매 없는 짧은 상의로서 단추로 옷을 채우게 되어 있으며 청색실, 자색실, 홍색실과 가늘게 꼰 베실로 짜서 만든 것으로서, 거기에는 공교하게 만들어진 띠가 달려 있습니다. 두 조각의 천으로 된 것인데, 하나는 앞에 하나는 뒤에 드리우도록 어깨에서 줄로 이어 놓은 것입니다. 이 줄의 견대에는 두 개의 큰 호마노 보석이 단단히 비끄러매어져 있습니다. 이 의복은 아주 비싸고 호화로운데, 금실과 청색, 자색, 홍색실과 가늘게 두 겹으로 꼰 베실로 짠 것입니다. 그러나 가장 중심이 되는 것은 제사장의 어깨 위에 있는 호마노 보석입니다. 그 보석에는 열 두 지파의 이름이 새겨져 있는데, 이것은 대제사장이 하나님 앞에서 모든 백성을 대신한다는 뜻을 나타낸 것입니다. 마치 그리스도께서 우리를 위하여 하나님 앞에 나타나심과도 같습니다.

제사장들은 가는 베실(세마포)로 만들어진 에봇을 입었지만(삼상 22:8), 대제사장이 입었던 에봇은 '금 에봇' 으로 불리는 그런 에봇을 입었습니다. 그것은 많은 금실을 섞어서 짰기 때문입니다.

대제사장의 장신구 중에서 가장 중요한 것이 판결 흉패입니다. 흉패(출 28:15-30)는 금실과 자색실 등으로 공교하게 짠 화려한 천 조각입니다. 흉패는 길이와 너비가 한 뼘씩 두 겹으로 반듯하게 하고 네 줄로 보석을 물리되 첫 줄은 홍보석 황옥 녹주옥으로 하고, 둘째 줄은 석류석 남보석 홍마노로 하며, 셋째 줄은 호박 백마노 자수정으로 하며, 넷째 줄은 녹보석 호마노 벽옥으로 다 금테에 물려 만들도록 되어 있습니다. 위에는 열 두 개의 보석을 금테에 물리되 한 줄에 네 개씩 세 줄이 되게 합니다. 보석 하나에 한 지파의 이름을 새겨서 보석 열둘에 열 두 지파의 이름이 새겨 지게 합니다. 이것은 이스라엘 열 두 지파가 하나님의 은총에 맡겨진다는 것을 상징하는 것입니다.

이 열 두 지파가 대제사장의 어깨에만 메어 있는 것이 아니라 그의 가슴, 즉 심장에도 새겨져 있게 한 것입니다. 대제사장이 열 두 지파의 이름을 지닌 것은 그들을 대표한다는 뜻입니다. 이 흉패 속에는 두 신비로운 물건이 들어 있습니다. 그것은 우림과 둠빔입니다. 그 뜻은 정확하지 않지만, 보통 "빛"과 "완전함"을 나타낸다고 합니다. 흉패 안에 우림과 둠밈을 둔다는 것은 백성의 대표인 대제사장이 민족이 부닥치는 매우 어렵고 의심스러운 종교와 관련된 무제들의 해결에 있어서 하나님의 뜻을 알아서 알려줄 능력이 있다는 것을 의미합니다.

금관(출 28:40-43)은 제사장의 의복 중에서 그의 머리를 꾸민 부분입니다. 이것은 흰 가는 베실을 몇 겹으로 한 일종의 두건입니다. 여기 붙인 유일한 장식은 순금판입니다. 이것은 청색 리본으로 비끄러매었습니다. 그 순금판에는 "여호와께 순결"이라는 문구가 새겨 있습니다. 이것은 모든 종교, 모든 예배의 면류관은 곧 거룩이라는 것을 의미합니다.

에봇 받침 겉옷은 에봇에 받쳐 입는 옷으로서 무릎까지 내려왔으며 소매는 없습니다. 머리가 들어갈 꼭대기 구멍은 입을 때 찢어지지 않도록 그 둘레에 튼튼한 것을 달았습니다. 이 겉옷 아랫자락에는 돌아가면서 금으로 만든 종과 다채로운 색깔로 된 석류 모형들이 달려 있습니다. 이 석류 모형들은 겉옷을 더 아름답게 만들었고, 이 금종의 소리는 바깥 뜰에 있는 백성들에게 대제사장이 분향하기 위하여 성소에 들어간다는 것을 알려주어 그들도 대제사장과 함께 그 자신들을 헌신할 수 있게 하였습니다. 이 금종소리는 세상에 복음을 알리는 소리를 상징한다고 합니다.

제사장의 의복은 거룩함, 영광, 그리고 아름다움과 동일시된다는 것을 의미합니다(출 28:2, 40). 특히 제사장이 제사장의 옷을 입는다고 하는 것은 그 자신을 신성화하는 것을 뜻한다고 말해도 좋을 것입니다. 이것은 그리스도의 구원하시는 은혜의 놀라우심을 예표로 나타낸 것입니다.

성막 건립이 완성되는 날 구름이 성소 위를 덮고 여호와의 영광이 성막에 가득 하였습니다. 이 구름은 임금님의 수레라 할 수 있습니다. 이것이 움직이면 성막도 움직이고 이스라엘 백성들도 움직였습니다. 구름이 덮인 것과 지성소에 여호와의 영광이 가득한 것은 성막 봉헌의 표징이었습니다(출 40:1-38).

대제사장은 위에서 설명한 그런 화려한 의복을 입고 일 년에 한 차례씩 약 6평 정도밖에 안 되는 작은 방인 지성소에 대속죄일에 들어가 백성들의 죄의 용서를 빕니다. 이런 성막은 착공한지 1년 만에 완성되었고, 따라서 성대하게 성막봉헌식을 올렸습니다. 이 성막준공과 그 봉헌예식은 이스라엘에서 하나님의 거룩하심과 긍휼과 속죄와 용서와 하나님과의 친교와 예배의 조건 등을 가르쳐 주는 거룩한 예식이었습니다. 성막은 운반이 가능하도록 설계됐습니다. 이스라엘 사람들이 가는 곳마다 성막도 옮겨 다녔습니다. 성막의 사역은 사람의 발길이 닿는 곳이면 어느 곳에서나 행진한다는 의미입니다. 성막을 운반하는 사람은 레위사람이었습니다. 그러니까 성막의 영화는 가는 베실(세마포)나, 청색, 자색, 홍색의 색깔이나 금이나 은에 있는 것이 아니라 오직 거기에 나타나는 여호와 하나님의 임재에 있다는 것을 알 수 있습니다.

〈잠깐 쉬며 묵상하는 코너〉

제 단

부서진 제단을, 주여, 당신의 종은 세우리이다.
심장으로 만들어진, 눈물로 굳혀진
심장의 부분들은 당신의 손이 빚으신 그대로
어떤 공장(工匠)의 연장도 그것을 건드리지 않았나이다
　　심장야말로
　　당신의 힘만이
　　벨 수 있는
　　그러한 돌,
　　그러기에 내 단단한
　　심장의 각 부분은
　　당신의 이름을 찬미하나이다.

그리하여 혹시 내가 침묵을 지킬지라도
이 돌들이 당신을 찬미하길 그치지 않도록.
오, 당신의 축복받은 희생이 내것이 되게 하소서,
그리고 이 제단을 당신의 것이 되게 신성케 하소서.

- 조지 허벗

아론과 그의 아들들

아므람과 요게벳 사이에 태어난 미리암, 아론, 모세는 오누이들로서 각기 이스라엘 백성들의 지도자 노릇을 하다가 모두 같은 해에 각각 가데스(민 20:1)와 호렙 산(민 20:28) 및 느보 산(신 32:50; 34:1, 5)에서, 약 130세, 123세, 120세의 나이로 세상을 떠났습니다.

여기서는 이들 중 아론(Aaron)과 그의 아들들에 관한 사건들만 이야기하려 합니다. 아론은 암미나답의 딸 나손의 누이 엘리세바를 아내로 맞이하였는데, 그들에게는 나답과 아비후와 엘르아살과 이다말이라는 네 아들들이 있었습니다(출 6:23).

이스라엘 사람들을 애굽의 노예생활에서 구해낼 때, 하나님에 의해서 아론은 언설이 어둔한 모세의 공식적인 대변인으로 지명 되었고(출 4:14-16), 또한 모세의 지시에 따라서 이스라엘인들을 구원해 낼 수 있다는 징표로서 기적을 행하기도 하였습니다. 그리고 아론은 모세의 조력자가 되어 이스라엘인들을 해방시켜 광야로 인도하는데 성공하였고, 광야에서는 동생 모세를 도와 백성들의 질서를 지키게 하는 일과 백성들을 재판하는 일도 하였습니다(민 15:33).

그러나 아론은 시내 산에 둘려 싸여 있는 광야에서 아주 심각한 죄를 범하였습니다. 모세가 시내 산에 올라가 십계명을 받기 위하여 기도하고 있는 동안, 그가 너무 지체하는 것을 참지 못하여 사람들은 금송아지를 만들어 숭배하기 시작하였는데, 대제사장으로서 아론은 우상을 만들어 섬기려 하는 백성들의 어리석음을 막지 못한 크나큰 죄를 지었던 것입니다.

출애굽 하여 2년이 될 때 광야에는 이미 위에서 말한 바와 같은 회막 곧 성막이 세워졌습니다. 거기서 이스라엘 사람들은 거룩한 제사를 드림으로써 하나님을 만날 수가 있었습니다. 레위기 1장 1절로부터 7장 38절 까지를 보면, 구약성도들이 하나님께 나아가 그를 만나기 위한 방법으로서 각종 제사의식과 정결예법을 세웠던 것을 알 수 있습니다. 하나님께 나아가기 위한 방법으로 세워진 제사제도로는 번제, 소제, 화목제, 속죄제, 속건제 등이 있었습니다.

이 다섯 종류의 제사 중 가장 기본적이며 중요한 제사는 번제(燔祭)인데, 이 번제는 다른 제사가 제물 중 일부를 제사장이나 제주(祭主)의 몫으로 인정하는 것과는 달리 제물의 전부를 하나님께 태워 바친다는 특징이 있습니다. 그런 점에서 번제는 드리는 자의 전적인 헌신을 의미합니다. 그러나 더욱 중요한 것은 이 제사는 단번에 이루어진 그리스도의 영원하고도 완전한 속죄 사역을 예표 한다는 사실입니다(벧전 3:18). 번제에 사용될 수 있는 제물로는 흠이 없는 수소(레 1:3-9), 수양이나 수 염소(레 1:10-13), 비둘기 새끼(레 1:14-17) 등입니다. 이는 제주의 경제적 형편을 고려하는 하나님의 세심한 사랑의 반영이라 할 수 있습니다. 이러한 번제는 신약 성도들에게 대속주 그리스도에 대한 감사와 자신을 하나님께 산제사로 드리려는 마음의 필요성을 배우게 합니다(롬 12:1).

두 번째 제사는 소제(素祭)입니다. 소제는 고운 가루와 같은 생 곡식(레 2:1-3), 구운 것과 삶은 것 등과 같은 조리한 곡식(레 2:4-10), 그리고 볶아서 찧은 곡식(레 2:14-16)을 제물로 사용한다는 점에서 피를 요구하는 다른 네 가지 제사들과는 전혀 다릅니다. 하지만 이 소제는 번제(레 9:17)나 화목제(레 7:11-13)와 함께 드릴 때만 그 효력이 있었으며, 실제로 번제 후에 드렸습니다(민 15:3-4). 그러므로 이 소제도 결국 피 있는 제사인 셈입니다. 특히 이 제사는 성막의 제사장에게 가져온 것 중의 일부분만을 불로 태워드리는 특징이 있었는데, 이는 성도들의 성별되고 순결하며 순종적인 신앙 자세를 의미하기도 합니다.

세 번째 제사는 화목제(和睦祭)입니다. 화목제는 하나님이 베푸신 구원의 은혜에 대한 감사와 그로 인한 기쁨의 제의적인 고백이었습니다. 그래서 이 제사는 제물 중 내장 등은 불로 태우되 먹기 좋은 부분은 그대로 남겨, 성도들이 즐거워하며 함께 나누어 먹을 수 있도록 하였습니다(신 12:6-7). 또한 제물로 드릴 짐승들을 암수 구별 없이 모두 사용 가능했다는 점도 화목제의 특징입니다. 결국 이러한 특징은 화목제의 목적이 하나님과 성도, 그리고 성도와 성도 사이의 화목을 도모하는데 있음을 극명하게 보여줍니다. 사실 그리스도로 말미암아 하나님과 화평케(엡 2:11-16)된 자는 그 고귀한 화평을 지키기 위하여 힘써야 하는데, 구약의 화목제는 바로 그 화평 유지의 중요한 통로였던 것입니다. 한편 제물로는 소(레 3:1-5), 양(레 3:6-11), 그리고 염소(레 3:12-17)가 사용될 수 있었는데, 이는 제주의 경제적 형편에 맞게 제물 선택이 가능했다는 사실과 그 제사에는 반드시 피가 필요했다는 사실을 시사해줍니다. 특히 이러한 사실은 하나님과 인간의 화목이 그리스도의 보혈을 통하여서만 가능함을 보여줍니다.

네 번째 제사는 속죄제(贖罪祭)입니다. 속죄제는 고범죄(故犯罪)를 제외한, 하나님께 대한 모든 죄의 대속을 목적으로 드렸습니다. 특히 앞의 화목제가 하나님과의 화평 유지에 주안점이 있었다면, 속죄제는 죄로 말미암아 하나님과의 화평이 깨어진 경우, 그 화평의 회복이 주된 목적이었습니다. 사실 죄는 하나님과 인간 사이를 필연적으로 갈라놓습니다(사 59:1-2). 그러므로 죄를 지은 인간은 하나님께 나아갈 수 없고 하나님의 의의 진노와 징계를 피할 수 없는 것입니다. 따라서 성도는 신속히 하나님과의 화목을 회복하여야 하며 속죄제는 이러한 때 필요했습니다. 고로, 이 제사의 필수적 요건은 그리스도의 대속의 죽으심을 예표 하는 피 뿌림입니다(벧전 1:2). 이러한 속죄제는 신약 성도들에게는 하나님과의 교제를 회복시켜 주는 회개와 다름없는데, 이렇듯 속죄를 이루는 회개는 그리스도의 대속의 피를 통해 영원한 유효성을 갖게 됩니다(요일 1:7-9).

마지막 제사는 속건제(贖愆祭)입니다. 속건제는 하나님과의 관계의 죄가 아니라, 사람(레 6:1-7) 혹은 대물관계(레 5:14-19)의 죄에 따른 배상의 성격을 갖고 있습니다. 사실 하나님의 성물을 범한 죄나 하나님의 형상으로서의 사람(창 1:27)에 대한 죄 모두는 결국 하나님께 먼저 속죄 제사를 드려야 하는데, 이에는 특히 속죄의 대가로서 손해를 배상할 뿐만 아니라 그 가치의 5분의 1을 벌금조로 더 물어야 합니다. 결국 이는 이웃과의 화해와 하나님과의 화해의 방법을 보여주는 동시에 인간의 죄값에 대한 충분한 배상물이 되셨던 그리스도를 상기시킵니다.

위에서는 다섯 종류의 제사에 관한 백성들의 의무를 다루었지만, 레위기 6장 8절로부터 7장 38절까지에서는 그 다섯 종류의 제사에 관한 제사장의 직무를 설명하고 있습니다. 따라서 이 부분은 제사의 원칙적 내용을 말한 앞부분과는 달리 주로 방법적인 면에서 제사의 절차를 이루고 있습니다. 그런데 이처럼 별도로 제사장의 직무를 언급하는 까닭은, 인간은 죄로 인하여 직접 하나님 앞에 나아갈 수 없으며 반드시 자신의 연약함을 중보해 줄 제사장이 필요했기 때문입니다. 하지만 구약의 제사장은 단번에 완전한 제사를 드림으로써 그 믿는 자에게 살길을 열어놓으신 그리스도의 그림자일 뿐입니다(히 10:19-20). 여기서 언급하는 요점은 상번제의 상시 배설(레 6:9), 재의 정결한 처리(레 6:10-11), 제단 불의 상시적 유지(레 6:12-13) 등입니다.

소제는 비록 희생제사는 아니더라도 성도에게는 제사장의 중보가 반드시 필요했습니다. 이것은 신약성도들의 경우 그 어떤 선행도 그리스도의 공로를 힘입지 않고는 하나님께 열납 될 수 없음을 교훈하는 것이기도 합니다. 한편 여기서는 평신도의 소제(레 6:14-18)와 제사장의 소제(레 6:19-23)에 있어서의 제사장의 역할을 말하고 있는데, 그 방법은 제주가 가져온 제물 즉 일부를 유향과 더불어 태우고(레 6:15), 그 나머지는 누룩을 넣지 않은 채 제사장이 먹는 것이었습니다(레 6:16-18).

속죄제에 관해서는 개인을 위한 것과 온 회중 및 제사장을 위한 것을 구분하여 지침을 제시하고 있습니다. 즉 온 회중 및 제사장을 위한 속죄제물은 그것을 지성소까지 가져갔으므로, 평신도 개인을 위한 제물보다 훨씬 더 거룩하다 할 수 있습니다. 따라서 그것은 제사장도 먹어서는 안 되었습니다(레 6:30). 특히 이 속죄제의 제물은 다른 것보다 더욱 거룩하였으므로 그것을 담았던 용기의 뒤처리도 훨씬 더 세심해야 했습니다(레 6:28). 이는 하나님께 속한 모든 것들은 거룩하게 유지되어야 함을 시사해주고 있습니다.

속건제의 경우 피를 뿌리는 방법(레 7:1-2), 제물을 태우는 방법(레 7:3-5), 제물을 먹는 방법(레 7:6-7) 등이 속죄제의 경우와 매우 흡사합니다. 이는 두 제사 모두 그 목적이 동일하게 하나님과의 화해이기 때문입니다.

화목제는 백성들에게도 제물이 돌려지는 유일한 제사입니다. 특히 제사장보다 더욱 많은 제물의 몫을 백성들에게 허용된다는 것이 특징이라 할 수 있습니다. 이같이 하는 이유는, 백성들로 하여금 그 제물을 먹으면서 하나님과의 화평 유지에 더욱 힘쓰도록 다짐케 하기 위함이라 할 수 있습니다. 곧 이 제사는 그리스도를 통해 이루어질 하나님과 인간 사이의 완전한 화해와 교제를 상징한다고 할 수 있습니다.

위에서 설명한 그런 다섯 가지 제사제도가 세워졌을 때 모세는 아론을 이스라엘의 첫 번째 대제사장으로 임명하였습니다(출 28:29; 레 8:9).

그 이후 제사장은 레위 지파에서 선택되었는데, 아론의 아들들 나답, 아비후, 엘르아살, 그리고 이다말이 아버지의 제사장직을 물려받았습니다(민 3:2-3).

이렇게 선택된 아론과 그의 아들들의 제사장직 위임식은 모세에 의해 성대하고 거룩하게 행하여졌습니다(레 8:1-13). 아론의 아들들 가운데 나답과 아비후는 새로 임명받은 직책을 매우 자랑스럽게 생각했으며, 즉시 그 직무 중에서 가장 고귀하고 영예스러운 역할을 실행해 보고자 하였습니다. 즉 이날의 직무는 특별한 것이었으므로 모세의 상세한 지시가 내려졌지만 그들은 그 지시를 받아들이지 않고 자기들의 향로를 가지고 회막에 들어가 분향하고자 했던 것입니다. 그들이 드린 "다른 불"(레 10:1)은 출애굽기 30장 9절에서 명백히 금지되어 있는 "다른 향"이나 마찬가지였습니다.

이와 같이 명령받지 아니하고 임의대로 분향함으로써 명백히 그들은 큰 실수 곧 신성모독죄를 저지른 것입니다. 즉 그들은 여호와 앞에서 새로이 붙여서 제물과 향을 태울 때 사용하지 않으면 안 되는 제단에서 나온 불을 취하는 대신에(계 8:5), 아마도 다음 도표에서 보는 바와 같이, 화목제물의 고기를 불사를 때 사용한 듯한 불을 취하여 향을 피우는데 사용한 것 같습니다. 따라서 이것은 거룩한 불이 아니기 때문에 "다른 불"이라고 칭하여 집니다.

화목제를 드리는 절차

절 차	관련성구
제물을 드림	레 3:1
경배자가 제물에게 안수	레 3:2
경배자가 제물을 죽임	레 3:2
제사장이 피를 단에 뿌림	레 3:2
제사장이 제물을 불사름	레 3:3-5
제물 중 제사장 몫을 드림	레 7:14
제물을 나누어 먹음	레 7:15-18

또한 분향은 언제나 한 번에 한 제사장만 행하여야 하는데, 그들은 분향하러 같이 나아가 조급하고 경솔하게 분향하였습니다. 즉 그들은 온 백성들이 여호와의 영광 앞에 엎드려 있을 때에 마땅히 취하여야 할 경외감도 전혀 갖추지 않은 채 향로를 성급하게 움켜잡았습니다. 또한 그

들이 분향하러 들어갈 때 술을 마셨을 것이라고 생각할 만한 이유가 있습니다. 왜냐하면 술을 금하도록 하는 율법이 이때에 주어졌기 때문입니다(레 10:8). 그들은 화목 제물과 번제를 즐겼으므로 머리가 어지러웠던 것입니다. 이런 사실들을 미루어 볼 때 그 분향이 주제넘게 행해진 것이라는 데에는 의심할 여지가 없습니다.

이런 죄로 인해서 그들은 무서운 형벌을 받았습니다. "불이 여호와 앞에서 나와 그들을 삼켜버렸습니다"(레 10:8). 다음 도표에서 보는 바와 같이, 중죄를 저지른 다른 사람들과 마찬가지로, 나답과 아비후도 무서운 불의 심판을 받았습니다. 이런 즉각적인 형벌을 그들에게 내리신 것은 그들의 죄가 그만큼 무거운 것이었기 때문이었습니다. 그것은 특히 모세와 모세를 통해 주어진 하나님의 율법을 범한 것으로 명백한 신성모독 행위였습니다.

여호와의 불로 심판을 받은 사람들

인 물 들	관련성구
소돔, 고모라 성의 백성들	창 19:24
나답과 아비후	레 10:2
모세를 대항한 고라의 일당들	민 16:36
아하시야 왕의 신하들	왕하 1:10
바벨론 사람들	사 47:14

모세는 그들을 쓰러진 곳에 내버려두는 것이 합당치 아니한 것이므로 정중하게 매장해 줄 것을 지시했습니다. 나답과 아비후의 이름은 그 백성들 가운데 매우 영예스러운 것이었습니다. 그들은 실로 하나님의 큰 은총을 입은 자들이며, 백성들의 희망으로 여겨져 오던 터라(출 24:1), 나답과 아비후를 매장하기 위하여 진 밖으로 옮겨졌을 때 백성들의 충격은 이루 말할 수가 없었습니다. 무엇보다 하나님의 공의가 우선한다는 것을 여기서도 배울 수 있습니다. 여기서 불은 하나님의 공의를 드러내는 표상입니다.

〈잠깐 쉬며 묵상하는 코너〉

나를 위해 기도할 친구 원하네

괴로운 인생여정 지날 때
나는 내가 사랑하는 자들의 기도가 필요하다제.
예수를 위한 날마다의 삶이
진실하며, 믿음직스럽게 되도록

내 시험받는 영혼이 잘 견디도록
나를 위하여 친구들의 기도를 권하네.
나를 위해 하나님께 중보기도를 하는
나의 사랑하는 자들의 기도가 필요하다네.

나는 내가 사랑하는 자들의 기도가 필요하다네.
시험받을 때마다 나를 도우시도록
그를 위하여 받는 시험을 잘 참는 영혼이 되도록
그가 나를 그의 권능으로 지키도록

나는 나를 위해 기도할 친구들을 원하네.
믿음의 날개 위로 나를 붙잡아 올리시도록
그리하여 나는 좁은 길을 걸으며
아버지의 여화로운 은혜로 지키심을 입도록.

-제임스 D. 보건

이스라엘의 거룩한 절기 이야기

레위기 23장으로부터 26장까지에는 이스라엘의 거룩한 절기에 관한 이야기가 나옵니다. 히브리 명절이라고 하는 절기를 거룩하다고 하는 것은 하나님께서 지정해 주셨기 때문입니다. 이 날 들 중의 한 날인 속죄일은 금식의 날이었으나 대부분의 날들은 기쁨과 즐거움의 날들로 지정되었으므로 축제라고도 합니다. 성경에는 "여호와의 절기" (레 23:2)로 나오는데, 학자들 중에는 이 날을 "여호와의 집회" 또는 "여호와의 제전"이라고 해석하기도 합니다. 이 절기들은 백성들뿐 아니라 성소에 출입하는 제사장들도 지켜야만 하는 영광스럽고 엄숙한 축제의 날이었습니다. 다음 도표에서 보는 바와 같이 이스라엘에는 7대 절기가 있습니다.

이스라엘의 7대 절기

절기명	의 미	관련성구
유월절	출애굽 기념	레 23:4-5
무교절	급한 출애굽 기념	레 23:10
초실절	첫 곡물 봉헌	레 23:10
오순절	밀의 첫 열매 봉헌	레 23:16
나팔절	새해 첫날을 드림	레 23:24
속죄일	모든 죄를 속죄함	레 23:27
초막절	광야생활 기념	레 23:33

맨 먼저 지켜야 할 거룩한 집회는 매주 일곱째 날을 쉬는 날로 지키는 것이었습니다 (레 23:2-3). "일곱째 날은 쉴 안식일이니 성회의 날이라 너희는 아무 일도 하지 말라 이는 너희가 거주하는 각처에서 지킬 여호와의 안식일이니라" (레 23:3). 다른 거룩한 절기들에 있어서는 종들이 하는 토지의 경작이나 모든 일과를 금하였으나 안식일과 속죄일에는 어떤 일도 할 수가 없습니다. 안식일은 속죄의 날에 있어서와 마찬가지로 어떤 일도 할 수 없었으나, 그것은 엄숙한 금식의 날로 지킬 것이 아니라 기쁨과 즐거움의 날로 지켜야 합니다.

이런 안식일 법을 범하면 민족적인 비극 아래 있게 되고, 그것을 지키면 하나님께서 약속하신 가나안의 안식을 누릴 수가 있습니다. 그리스도교는 제 칠일이 아니라 주의 첫 날을 안식일로 지킵니다. 그것은 그날에 죽은 가운데서 다시 살아나신 그리스도의 부활을 기념하기 위하여 그렇게 하는 것입니다.

두 번째 지켜야 할 여호와의 절기는 유월절과 무교절(레 23:4-14)입니다. 유월절은 이스라엘 백성들이 애굽에서 나올 때의 일을 기념하면서 지키는 절기입니다. 출애굽 마지막 날 밤 완악한 애굽 사람들은 각 집에서 맏아들이 죽음으로써 그 굳은 마음이 깨어졌지만, 그 죽음의 사자가 이스라엘의 집들은 넘어갔습니다. 그들은 맏아들의 생명의 대가로 양을 잡아 그 피를 문설주에 바르고 온 가족이 모여 앉아 먹고 즐기고 있었습니다. 그리하여 그 날 밤 그들은 빵의 누룩을 삭일 사이도 없이 부랴부랴 애굽을 피하여 나왔습니다. 이와 같이 심판을 면하고 종의 멍에에서 구원을 받은 것을 기념하여 해의 첫 달 14일을 유월절로 지켰습니다.

히브리인들에게 있어서 유월절은 해마다 지키는 독립기념일이었습니다. 그들은 그것을 거룩한 명절로 지켰습니다. 그 중심은 양을 잡는 것이었는데, 그들은 그것을 애굽에서 당한 학대를 상징하는 것으로 산나물과 같이 먹고 애굽을 떠날 때에 금하였던 것을 기억하기 위하여 누룩 없는 떡(무교병)과 같이 먹었습니다. 영적으로 유월절 어린양은 세상 죄를 지고 갈 앞으로 오실 하나님의 어린양 예수 그리스도의 피 흘리심의 구원을 예표합니다.

무교절은 유월절의 계속이었습니다. 그것은 유월절 다음 날로부터 시작하여 일주일 동안 계속되었습니다. 이 절기는 즐거움과 교제의 기간이었었습니다. 첫 날과 마지막 날은 거룩한 집회로서 지켰습니다. 이 기간 동안은 아무 일도 할 수가 없습니다. 그들은 매일 번제와 소제와 전제를 아름다운 향기로써 여호와께 드렸습니다. 그것은 성별과 교제의 상징이라 할 수 있습니다.

이 절기의 두 가지 특징은 누룩을 넣지 않는 것과 화목제를 드렸다는 것이었습니다. 누룩은 도덕적 부패의 상징이므로 누룩 없는 떡을 먹었다고 하는 것은 그들의 구원을 기념하는 날로 지키는 이 기간에는 이스라엘 사람들의 삶이 거룩하지 않으면 안 된다는 의미입니다. 그들은 그들 가운데서 모든 악을 제하여 버리고 거룩하고 존절하게 살지 않으면 안 되었습니다.

무교절의 둘째 특징은 "첫 이삭 한 단"(레 23:10)을 드린 것입니다. 이것은 명절 동안에 안식일 다음 날 아침에 드려야 했습니다. "너희는 곡물을 거둘 때에 너희 곡물의 첫 이삭 한 단을 제사장에게로 가져 갈 것이요 제사장은 너희를 위하여 그 단을 여호와 앞에 기쁘게 받으심이 되도록 흔들"(레 23:10-11) 것이라고 하였습니다.

이 제전은 그들의 밭을 곡식으로 풍성하게 하심으로써 그들에게 보여주신 하나님의 자비와 하나님께 대한 그들의 신뢰, 그리고 하나님을 향한 그들의 열망을 보여주는 감사제로 이해하여야 합니다. 왜냐하면 하나님께서는 그 곡식을 그들이 사용할 수 있도록 보존하여 주셨기 때문입니다. 이스라엘 사람들은 그들의 소산 중에서 하나님의 몫을 하나님께 먼저 드리기까지 그들의 새 곡식을 먹지 아니 했습니다(레 23:14). 우리는 이런 사실을 통하여 언제나 모든 것을 하나님과 함께 시작하여야만 한다는 것을 배우게 됩니다.

셋째 거룩한 절기는 칠칠절입니다(레 23:15-22). 이것은 유월절부터 7주가 지난 후인 50일째 날에 지켰습니다. 이날은 수강절 또는 오순절이라고도 합니다. 첫 곡식의 요제가 보리 추수의 시작을 대표한 것과 같이 오순절은 모든 추수의 완성을 표시하였습니다. 그러나 그것은 추수절 이상의 의미를 가지고 있습니다. 이 날에는 어떤 노동도 할 수 없고 밀가루 떡 두 덩이를 누룩을 넣어서 구워 여호와께 요제를 드렸습니다. 이 떡과 함께 어린 염소 한 마리로 드리는 속죄제와 7마리의 어린양과 2 마리의 수 양, 그리고 한 마리의 소를 태워 드리는 번제와 2마리의 어린 양으로 화목제를 드려 속죄, 헌신, 교제를 표현하였습니다.

이날 제례의식의 주요한 특징은 "밀가루 떡 두 덩이"를 드리는데 있었습니다. 이것은 완성한 곡식 추수의 첫 열매를 상징합니다. 이것을 드림으로써 백성들은 여호와께서 모든 추수를 허락하시고 따라서 모든 추수가 다 하나님의 것이며 그가 일용할 양식을 공급하신다는 것을 고백하는 것입니다.

오순절 제정 뒤에는 가난한 자들을 위하여 밭의 이삭을 남겨 두며, 밭 모퉁이에서 자라는 곡식을 남겨 두라는 율법을 반복하여 강조하였습니다(레 23:22). 가난한 자들에게 자선을 베풂으로써 수확의 기쁨을 그들과 함께 나누어야 한다는 것을 보여주고 있습니다.

네 번째 거룩한 절기는 나팔절입니다(레 23:23-32). 나팔절은 7월의 첫 날에 지키도록 제정되어 있었습니다. 이 절기의 특이한 것은 나팔을 불어 이 날을 기념한 것입니다. 그들은 월삭 때마다 나팔을 불었습니다(시 81:3). 그러나 7월의 월삭은 일상 제전보다 더 중요하게 거행되었습니다. 왜냐하면 해 뜰 때 나팔을 불기 시작하여 해 질 때까지 계속하였기 때문입니다. 이 날을 "기념할 날"(레 23:24)이라고 하였는데, 아마도 시내 산에서 율법을 받을 때 들려왔던 그 나팔 소리를 기념하는 것인 듯합니다. 영적으로는 영적 졸음을 떨쳐버리게 하고(영적 각성), 그 갈 길을 재점검해 보도록 하는 요청의 뜻이 있으며 복음의 전파를 상징하기도

한다고 합니다.

다섯째 거룩한 절기는 초막절입니다(레 23:33-44). 초막절은 3대 절기 중의 하나입니다. 초막은 나뭇가지로 만든 천막 또는 오두막을 가리킵니다. 이스라엘 백성들이 약속의 땅에서 살게 되었을 때에 그들은 매년 한 절기를 지켰습니다. 이 절기에 그들은 집을 떠나 이러한 장막에서 살았습니다. 이 초막절은 모든 거룩한 명절 가운데 가장 즐거운 축제로서 종교적 명절의 절정을 이루는 절기입니다. 그것은 제칠월(10월) 십오일부터 이십일까지 지켰습니다.

이 명절은 두 가지 이유에서 아주 중요한 의미를 갖습니다. 하나는 농작의 끝을 풍성하게 갖게 하신 하나님께 감사드리는 이유 때문에 중요하다고 할 수 있습니다. 이때는 곡식 뿐 만 아니라 포도나 실과나무의 열매도 곁들여서 함께 드렸습니다. 그러므로 이 절기를 추수절이라고 할 수도 있을 것입니다.

둘째 이유는 그들이 광야에서 방황하는 동안에 하나님께서 베푸신 그 자비를 기억하기 위한 것이었습니다. 이러한 과거를 회상하기 위하여 이스라엘 백성들은 이 절기 동안에 광야에서 방황할 때와 같이 초막에 거하였습니다. 그 때에 그들에게는 토지도 추수도 포도원도 감람나무도 없었습니다. 그러나 하나님께서는 그들의 생명을 보존하고 안전하게 길러 주셨습니다.

칠일 동안의 잔치가 지나면 둘째 거룩한 모임 즉 안식일을 갖게 됩니다. 이 날은 다만 초막절의 마지막일 뿐 아니라 명절과 절기의 전 연중행사의 끝이었습니다. 맨 마지막으로 지켜야 할 절기는 안식년과 희년이었습니다(레 25:1-55). 안식년과 희년은 다른 명절들과는 달리 거룩한 모임은 아니었습니다. 그러므로 농사에 관한 일을 제외하고는 모든 일이 다 허락되었습니다. 또한 추수와 관계가 있으나 그것은 열매나 곡식이나 소산에 관한 것이 아니라 특히 땅에 관한 것이었습니다. 안식년에 관해서는 다음과 같이 기록되어 있습니다.

"여호와께서 시내 산에서 모세에게 말씀하여 이르시되 이스라엘 자손에게 말하여 이르라 너희는 내가 나희에게 주는 땅에 들어간 후에 그 땅으로 여호와 앞에 안식하게 하라 너는 육 년 동안 그 밭에 파종하며 육 년 동안 그 포도원을 가꾸어 그 소출을 거둘 것이나 일곱째 해에는 그 땅이 쉬어 안식하게 할지니 여호와께 대한 안식이라 너는 그 밭에 파종하거나 포도원을 가꾸지 말며 네가 거둔 후에 자라난 것을 거두지 말고 가꾸지 아니한 포도나무가 맺은 열매를 거두지 말라. 이는 땅의 안식년임이니라"(레 25:1-5).

이 법은 장래에 관한 것으로 약속의 땅에 들어갈 때 비로소 효과를 발휘할 수 있었습니다. 그 해는 거룩한 해로서 여호와께 바치지 아니하면 아니 되었습니다. 안식일이 하나님을 우주의 창조자로 인정한 것과 같이 안식년은 하나님을 땅의 소유자로 인정하는 것입니다. 자연이 자란 것은 거두지도 말고 저축하지도 말고 밭에 남겨두어 모든 사람들과 가축들이 자유로 먹게 하라고 하였습니다(레 25:6-7). 이 땅과 모든 것이 하나님의 소유임을 인정하라는 것입니다.

희년(레 25:8-55)의 원리는 다음과 같이 기록되어 있습니다. "너는 일곱 안식년을 계수할지니 이는 칠년이 일곱 번인즉 안식년 일곱 번 동안 곧 사십구 년이라 일곱째 달 열흘날은 속죄일이니 너는 뿔 나팔 소리를 내되 전국에서 뿔 나팔을 크게 불지며 너희는 오십 년째 해를 거룩하게 하여 그 땅에 있는 모든 주민을 위하여 자유를 공포하라 이 해는 너희에게 희년이니 너희는 각각 자기의 소유지로 돌아가며 각각 자기의 가족에게로 돌아갈지며 그 오십 년째 해는 너희의 희년이니 너희는 파종하지 말며 스스로 난 것을 거두지 말며 가꾸지 아니 한 포도를 거두지 말라 이는 희년이니 너희에게 거룩함이니라 너희는 밭의 소출을 먹으리라"(레 25:8-12).

일곱 안식년을 계산하여 그 일곱째 안식년 후 제50년째의 해를 희년으로 지켰습니다(레 25:8). 전국 각지에서 뿔 나팔을 불어, 모든 사람들에게 통고하고 그 날의 기쁨과 환희를 선포하여야 합니다. 그 희년에는 특별히 땅을 온전히 휴식하게 하고(레 25:11-12), 개인의 빚을 탕감해 주며(신 15:2-3), 분배 받은 가나안 땅에 대한 소유권을 희년에 한하여 양도할 수가 있습니다. 자유인으로 태어난 모든 사람은 그 자유를 팔았거나 박탈당했다 하더라도 역시 희년에 도로 찾게 됩니다(레 25:10). 희년에는 토지를 사고 팔 때에도 압제를 당해서는 안 됩니다.

희년을 지키면 손해를 보는 것이 아니라 안전하게 되며(레 25:18-19), 부유해지며(레 25:19), 파종하거나 수확하지 아니해도 일용할 양식이 부족하지 아니 할 것이라고 강조합니다(레 25:21). 이러한 사실들은 모든 시대에 있는 모든 하나님의 백성이 의무를 다하여 하나님을 신뢰하고 그들의 염려를 그에게 맡겨버리도록 용기를 줍니다.

희년은 속죄의 날과 같이 시작되었는데, 그것은 하나님의 백성들에게 자유와 회복, 안식과 기쁨을 주고자함이었습니다. 참된 속죄는 그 내면 즉 썩어질 종의 멍에로부터 자유함을 얻는 것이고, 그에 따라서 자유와 기쁨이 넘치게 되는 것입니다.

〈잠깐 쉬며 묵상하는 코너〉

감사드리세

감사드리세.
향기로운 소망 피어나고
슬픔이 사라짐을
진리의 노래 울려 퍼지고
생명의 말씀 들림을
매일의 일용할 양식
넉넉하게 채워 주심을.

당신을 따라가는 충성된
인생의 머나먼 여정을.
수고스런 믿음의 싸움에서
승리하게 하심을.
믿음으로 계획하고
용기 있게 행동할 수 있음을.

감사드리세.
영원한 삶을 약속하신
진리 되신 주님께
문을 열어 주시는
은혜로운 자비를.
끝없이 비춰 주시는
주님의 생명 빛을.

감사드리세.
내 영혼아 감사드리세.
생명이 있는 모든 것이여.
주께 감사드리세.
삶과 죽음 무엇이든
당신의 뜻이오니.

-갤로타 페리

미리암과 그의 비방

모세와 아론과 미리암은 오누이들로서 명문의 가족에 속하는 사람들이었습니다. 그들은 하나님께서 지도자로 세우신 사람들이요 그 민족의 구원자로 정하신 사람들 이었습니다. 미가가 말한 바와 같이, "내가 너를 애굽 땅에서 인도해내어 종노릇하는 집에서 속량하였고 모세와 아론과 미리암을 네 앞에 보냈느니라"(미 6:4)라고 말했던 그런 사람들이었습니다. 그들은 인간 사회의 중요한 세 가지 요소를 대표합니다. 모세는 법과 정부를 대표하였고 아론은 종교를 대표하였으며 미리암은 예술을 대표하였습니다. 그러면서도 그들은 모두 다 종교적인 신앙과 관련되어 있습니다. 모세가 선언한 법률은 하나님께서 일러주신 것이었고, 아론이 백성들에게 가르쳐 주었던 예배의식도 하나님에게서 기원된 것이었습니다. 미리암은 여류 시인이요 음악가였는데 그의 예술은 하나님을 예배하는 일에 전적으로 바친바 되었습니다.

미리암의 생애는 세 가지 인상 깊은 장면으로 묘사되어 있습니다. 그 여자가 처음으로 나타난 장면은 나일 강변에 서서 작은 오빠 모세의 안

부를 생각하고 있는 애잔한 장면입니다. 모세는 애굽 왕이 이스라엘의 남자 어린애들을 모두 죽일 것을 명령했을 때 탄생했습니다. 그의 부모는 모세를 석 달 동안 숨기어 두었다가 기묘한 방법으로 모세를 내다 버렸는데 이것은 놀라운 신앙의 행동이라고 볼 수 있습니다. 그의 어머니는 애기 모세를 갈대풀로 만든 광주리에 넣어서 강변 애굽의 공주가 자주 목욕하러 오는 곳의 수풀 사이에다 놓아두었습니다. 바로의 딸이 와서 애기를 발견했을 때 기지가 많은 미리암이 나타나서 "내가 가서 당신을 위하여 히브리인 여인 중에서 유모를 불러다가 이 아이에게 젖을 먹이게 하리이까"(출 2:7)하고 청하였습니다. 미리암은 민활하고도 지혜있게 그 애기의 어머니(생모)를 공주에게로 데려 오면서도 그 애기와 어머니와의 관계는 알리지 않았으니 만일에 그들의 관계를 알렸다가는 그 계획 전체가 실패로 돌아갈 것이기 때문이었습니다. 그 애기는 공주가 양자로 삼았고 이리하여 미리암은 후일에 그 백성의 구원자가 된 아이의 생명을 구원하였으며 장차 세상을 구원하실 구세주도 이 백성에게서 나게 되었습니다.

둘째 장면은 미리암이 홍해 해변에 서 있는 장면입니다. 이스라엘 백성이 애굽을 피해서 나오기는 하였으나 바로와 그의 군대가 그들의 뒤를 쫓아왔습니다. 그러나 그렇게 기세등등하게 뒤쫓아 오던 애굽 사람들은 바닷물에 다 빠져 죽고 다음 날 아침 힘없이 쫓기던 이스라엘 사람들은 무사히 바다 건너편에 서 있었습니다. 이때에 미리암은 손에 소고를 들고 노래를 부르며 나왔습니다. 미리암은 여인들의 성가대에게, 거룩한 춤과 소고 소리에 맞추어서, "내가 여호와를 찬송하리니 그는 높고 영화로우심이요 말과 그 탄자를 바다에 던지셨음이로다"(출 15:1)라는 승리의 노래를 부를 것을 가르쳐 주었습니다. 미리암은 여러 천년을 두고 자기의 음악적 재주를 가지고 하나님을 찬양하며 약속하신 땅을 향하여 광야를 여행하는 백성들을 격려한 고상한 여인들의 훌륭한 대표자가 되었습니다.

셋째 장면은 미리암이 나일 강변이나 홍해 바닷가에 서 있는 것이 아니라, 부끄러워서 광야 모래 언덕 뒤에 숨어 있는 장면입니다. 미리암은 멸시 받는 문둥병자가 되어서 비참하게도 이스라엘 진 밖으로 쫓겨났습니다. 그 여자는 중대한 과오를 범한 결과로 벌을 받게 된 것입니다. 그 여자는 인간의 영혼을 넘어뜨리는 가장 잔인하고도 일반적인 명예욕의 희생물이 된 것입니다. 즉 그 여자는 모세의 그 큰 능력과 지위를 탐내어 모세에 대해서 나쁜 감정을 품고 맹목적이고도 반역적인 공격을 가하였던 것입니다. 이 반역적인 일에 아론까지도 끌어넣었고, 마음이 약하고 줏대가 없는 아론은, 먼저 번에도 백성들의 강요에 못 이기여 금송아지를 만들어 예배하게 하였거니와 이번에도 미리암이 하나님이 세우신 지도자 모세를 맹렬히 비난 할 때에 그녀의 편을 들었습니다. 미리암이 이처럼 분노를 폭발시키게 된 것은 모세가 구스 사람 즉 애굽 여자와 혼인을 했기 때문이었습니다. 이 혼인에는 법률이나 풍속에 저촉되는 점은 조금도 없었습니다. 미리암이 모세가 한 일을 반대한 이유는 꼭 한 가지가 있었는데 그것은 미리암의 질투 때문이었습니다.

물론 미리암의 생각이나 행동을 변호하는 사람들도 있습니다. 그들은 주장하기를, 미리암은 단순히 그 백성에 대한 사랑에서 그렇게 한 것이라고 합니다. 즉 다른 인종에 속하는 여인이 모세로 하여금 하나님께 불충성하도록 할까봐 두려워해서 그렇게 한 것이라는 것입니다. 그러나 잘못한 것은 모세가 아니라 미리암이었다는 것이 이야기 속에 분명히 드러나 있습니다. 미리암이 질투하게 된 원인을 짐작하기는 어렵지 않습니다. 여러 해 동안 미리암은 모세와 함께 지도자의 자리에 있었으며 권력을 같이 하였고 동지와 같은 입장에 있었습니다. 그 여자는 이스라엘 여인 중의 제일인자였습니다. 그러기 때문에 다른 사람이 미리암의 자리를 차지한다거나 어떠한 의미에서나 지도자의 입장에 선다거나 또는 모세가 그의 애정을 다른 사람들에게 준다는 일은 다 그녀로서는 견디기 어려운 일이었습니다. 그래서 미리암은 모세 앞에 나타나서 자기와 아론은 모세와 동등한 사람들이며 예언자의 소임을 하는 데 있어서까지도 동등하다는 것을 선언하였던 것입니다. "그들이 이르되 여호와께서 모세와만 말씀하셨느냐 우리와도 말씀하지 아니하셨느냐"(민 12:2)는 것이었습니다.

"여호와께서 이 말씀을 들으셨으셨더라." 물론 모세도 역시 이 말을 들었겠지만 그는 여기에 대하여 아무 말이 없었습니다. 그래서 이 사람 모세는 온유함이 지면의 모든 사람들보다 낫다고 하였습니다. 그도 속으로는 불쾌해 하고 노했을는지 모르지만, 그는 자기를 변호한다거나 자기의 우월성을 주장하려고 하지 않았습니다. 그러나 여호와께서는 이렇게 말씀하셨습니다. "여호와께서 갑자기 모세와 아론과 미리암에게 이르시되 너희 세 사람은 회막으로 나아오라 하시니 그 세 사람이 나아가매 여호와께서 구름 가운데로부터 강림하사 장막 문에 서시고 아론과 미리암을 부르시는지라 그 두 사람이 나아가매 이르시되 내 말을 들으라 너희 중에 선지자가 있으면 나 여호와가 환상으로 나를 그에게 알리기도 하고 꿈으로 그와 말하기도 하거니와 내 종 모세는 그렇지 아니하니 그는 내 온 집에 충성함이라. 그와는 내가 대면하여 명백히 말하고 은밀한 말로 하지 아니하며 그는 또 여호와의 형상을 보거늘 너희가 어찌하여 내 종 모세 비방하기를 두려워하지 아니하느냐"(민 12:4-8)라고 말하였습니다. 여호와께서는 하나님의 대변자와 예언자로서의 모세가 갖는 비교할 수 없는 지위를 말씀하셨습니다. 그리고 모세에게는 하나님께서 직접 그의 성품과 능력과 은혜를 계시해 주었으니까, 모세를 비방하는 것은 곧 하나님을 비방하는 것이었습니다. 그러므로 아론과 미리암의 비참한 과오는 하나님께 대한 불충성이요 하나님이 세우신 정부에 대한 반역이었습니다.

이런 미리암에게 내린 형벌은 준엄한 것이었습니다. 하나님이 진노하심으로 하나님의 임재의 상징물인 구름 장막이 떠나갔고 "미리암은 나병에 걸려 눈과 같이" 희게(민 12:10) 되었습니다. 이 사실을 확인한 백성들의 대제사장인 아론은 모세에게 청하기를 "슬프도다 내 주여 우리가 어리석은 일을 하여 죄를 지었으나 청하건대 그 벌을 우리에게 돌리지 마소서"(민 12:11)라고 자기의 잘못을 고백하고 그들의 죄로 인한 형벌이 임하지 않게 해 달라고 구하였습니다. 겸손한 모세는 그들의 잘못을 나무라지 않고 그들을 위해 하나님께 호소하는 기도를 다음과 같이 올렸습니다. "하나님이여 원하건대 그를 고쳐 주옵소서".

이런 기도에 대한 하나님의 대답 가운데는 엄숙한 교훈이 들어 있습니다. 하나님은 용서하고 고쳐주시고자 하나 그보다 앞서서 진실한 회개의 기간과 증거가 필요했습니다. 여호와께서 모세에게 이르시되 "그의 아버지가 그의 얼굴에 침을 뱉었을지라도 그가 이레 동안 부끄러워하지 않겠느냐 그런즉 그를 진영밖에 이레 동안 가두고 그 후에 들어오게 할지니라"(민 12:14)하였습니다. 미리암은 용서함을 받고 고침을 받았으나 이전과 같은 여인은 결코 아니었습니다. 이런 일이 있은 지 일 년이 못 되어 미리암은 죽었는데 상심한 결과로 죽었으리라고 짐작하는 사람들이 많습니다.

이 슬픈 이야기의 교훈은 질투의 파괴적이고도 비참한 본질을 가르쳐주는 동시에 모세에게 나타난 바와 같은 관대한 용서의 가능성을 보여주기도 합니다. 질투는 인간의 감정 중 가장 죽음같이 잔인한 것이라 할 수 있습니다. 질투는 사람을 죽이는 살인의 앞잡이가 되기도 합니다.

〈잠깐 쉬며 묵상하는 코너〉

묵상

조용하라
잠잠하라
홀로 있어라
네 하나님 앞에

네 마음을 비우라
아무 말도 하지 말고
아무것도 묻지 말라
조용하라
잠잠 하라
하나님께서
너를 보시도록

그것으로 충분하다
하나님께서는 이미 아시고
너를 이해하시며
너를 사랑 하신다
큰 사랑으로
너를 바라보기 원하신다
그 사랑을 간직하고서
조용히
잠잠히
있어라
너의 하나님께서
너를 사랑 하시도록.

-에드워나 게이틀리

제사장과 나병 정결의식

예배자가 하나님 앞에 나올 때 그는 제물 뿐 아니라 또한 제사장의 중보가 있어야 했습니다. 하나님과 사람 사이에 중보자가 필요한데 그 분은 그리스도 예수입니다(딤전 2:5). 그로 말미암아 모든 신자들은 어떤 장소와 시간을 막론하고 자유롭게 하나님께 가까이 나갈 수가 있습니다. 제사장들의 중보를 통하여 하나님 앞에 가까이 나가려는 사람은 무엇보다 의식적으로 깨끗하지 않으면 안 되며 도덕적으로 역시 정결하여야 합니다.

이스라엘의 대제사장 모세의 형 아론은 예수 그리스도의 예표입니다. 또한 아론의 자손 중에서 제사장이 되고 아론의 일을 보조한 것과 같이 그리스도의 추종자들은 일반 제사장직을 이루게 됩니다. 그들은 그들의 이웃들을 위하여 기도할 수 있고, 찬미의 제사를 드리고 그것을 기쁘게 받고 믿는 모든 사람에게 사죄를 약속할 수 있고 그들을 예배로 인도하며 하나님과의 교제를 가지게 할 수 있습니다.

이미 위에서 말한 바와 같은 여러 가지 정결 의식이 있지만 그 중에서도 가장 기본적인 것은 나병의 정결이라 할 수 있습니다. 나병은 인체의 여러 곳에 둥그런 반점으로 나타나며 빨리 번지는데, 얼마 안 가서는 관절을 침범하여 마디가 떨어져, 절단, 기형, 마침내는 죽음을 가져오는 무서운 병입니다. 지금은 사람들을 무척 괴롭히는 무서운 질병으로 알고 있지만, 옛날에는 질병이라기보다는 부정한 것으로 여겼습니다. 적어도 율법은 그것을 그렇게 보고 있습니다. 그러므로 나병은 의사에게 보이지 않고 제사장에게 보였던 것입니다. 또한 그리스도께서도 나병을 치유하신 것이 아니라 깨끗하게 하셨다고 하셨습니다.

우리는 어느 누구도 나병으로 죽었다는 기록을 보지 못했습니다. 다만 그들처럼 감염된 사람들 이외에는 어느 누구와도 교제하지 못하게 함으로써 그들을 생매장하였을 뿐입니다. 건강한 사람들과 떼어놓는 격리는 일종의 생매장으로서 죽음이나 다름없었습니다. 이 병은 애굽에서 처음 시작하여 수리아로 퍼졌다고 합니다.

나병이란 말은 본래 여러 가지 질병과 심지어는 집이나 옷에 있는 곰팡이까지에도 적용되었습니다. 그 진단은 제사장이 하였고, 나병에 관한 규정은 매우 엄격하여 회복에 있어서도 복잡한 의식이 따랐습니다. 피부에 무엇이 돋거나 털이 희어진 색점이나 난육(爛肉)이 발생하여 그 피부가 나병 같이 되면 환자는 그 몸을 제사장에게 보여야 했습니다(레 13:5-6). 제사장이 진단하여 의심되면 그는 칠일 동안 혹은 필요하면 십사일 동안 따로 떼어 놓아 두었습니다. 만일 피부의 환처가 색점이 희나 우묵하지 아니하고 그 털이 희지 아니하면 나병이 아닌 것으로 판단하여 그렇게 선포하였습니다(레 13:4). 그러나 만일 환처가 피부보다 우묵하여졌으면 다음 도표에서 보듯이 제사장은 그를 부정한 것으로 판단하고 그렇게 선포하게 하였습니다.

나병자에 대한 일반적 규례

규 례	관련성구
제사장이 판단, 선포	레 13:3, 8
격리생활	레 13:40
성전출입 금지	레 22:3-4
열조의 무덤에 장사못됨	대하 26:23
완치 후 정결의식 거행	레 14:1-32

나병으로 제사장에 의해 선포되면, 병균에 감염된 자는 옷을 찢고 머리를 뜯어 헤치고 회중에서 제거되어 진 밖으로 쫓겨났습니다. 말을 못하게 하기 위하여 윗입술을 덮어씌우기도 하였습니다. 그러나 누구든지 그에게 가까이 다가가면 지체 없이 그는 "부정하다! 부정하다!" 고 외쳐야 합니다.

나병자는 그와 같이 백성의 생활에서 완전히 끊어지기 때문에 스스로를 죽은 사람으로 여겼고 또 다른 사람들도 그와 같이 생각하였습니다. 이와 같이 엄격한 아니 몰인정한 제한들은 아마도 전염과 병의 만연을 막기 위한 위생적 이유에서였을 것입니다. 그러나 여기에도 종교적 개념이 개제되어 있는 것 같습니다. 나병자는 다만 육체적으로만이 아니라 의식적으로도 불결하다고 여겨졌습니다. 보기에 그렇게 흉한 사람은 도덕적으로만 결점이 있는 것이 아니라 거룩하신 하나님의 예배자들과 같이 하는 것도 불합당하게 여겼던 것입니다.

이러한 병을 육체적인 질병으로만 아니라 죄의 형태로 본 것은 조금도 이상하지 않습니다. 이 병은 모르는 사이에 침입하는데, 처음에는 알기 어렵고 그러면서도 속히 퍼지고 그리고 때때로 없어지는 듯 하다 가도 다시 전보다도 심하게 나타나곤 하였습니다. 그것은 온 몸에 퍼져 한 곳도 성한 데라고는 없이 되고 맙니다. 그것은 감각을 빼앗아 감염된 부분은 감각을 잃게 되고 염증이 생깁니다. 옛날에는 이 병이 전염된다고 생각하여 사회에서 완전히 고립시켰으나 지금에 있어서는 전염병이라고 생각하지 않습니다.

흔히 나병을 불치의 병이라고 생각하여 오나 성경에 기록된 것으로 보면 그것이 종신병이 되는 때도 있었고 다음 도표에서 보듯이 또 하나님의 신비한 능력으로 고침을 받는 때도 있었던 것이 분명합니다. 이것은 나병 환자의 정결과 집으로 돌아가는 것과 예배자들과의 교제가 회복하는 것에 대한 의식이 상세하게 확립된 것으로써 알 수 있습니다. 이 의식은 세 단계로 나뉘어 있습니다. 첫째 단계는 진 밖에서 행하는 법적

의식으로써 이것으로 그는 다시 그의 시민 상태가 허락됩니다. 둘째 단계는 개인적 행동으로서의 육체적 정결이고, 셋째 단계는 회막 문에서 행하는 종교적 의식으로서, 이로써 그는 다시 하나님을 예배하는 자로서의 완전한 자격을 가지게 됩니다.

고침 받은 나병자들

이 름	관련성구
미 리 암	민 12:13-15
나 아 만	왕하 5:1-14
예수께 온 한 나병자	마 8:3
예수를 만난 열 나병자	눅 17:17

환처가 나았다고 생각하는 사람은 진 가까이 소정한 장소에 가서 제사장을 만나야 합니다. 제사장이 그 나병 여부를 판단하지 아니하면 아니 됩니다. 산 새 두 마리와 우슬초와 홍색 실을 백향목에 묶어서 가져와야 합니다. 그 새 한 마리는 잡아 그 피를 샘이나 흐르는 물에서 물을 담은 병 속에 흘리게 합니다. 그 다음 살아있는 새와 우슬초를 병속에 잠그고 피와 물을 섞어 일곱 번 나병자에게 뿌리고 그를 깨끗하다고 선언합니다. 그리고 그 산 새를 놓아 주었습니다.

이 복잡한 의식이 각각 그 때 이스라엘 백성들에게 어떤 의미를 가졌는가는 분명치 않으며 또한 그것이 오늘 하나님의 백성들에게 무엇을 가르쳐 주려하는지는 확실하지 않습니다. 그러나 물과 피가 정결을 상징하며 물과 피에 적신 산새를 놓아주는 것이 부정의 완전한 제거를 가리킨 것은 의심할 여지가 없습니다. 또한 "놓아 주는 것"에서 나병자의 그 전 상태로부터의 완전한 해방을 볼 수가 있습니다. 의식에 의하면(레 14:52-53), 뿌리는 것과 놓아주는 것은 속죄를 의미한다고 할 수 있습니다. 즉 하나님의 계약의 백성의 자리로의 회복이 보증된 것을 의미합니다.

여기서 그 백향목 나무는 잘 썩지 않는 나무로서, 나병자가 기력과 건강을 회복하였음을 상징하고, 홍색 실은 다시 그의 혈색이 회복되었음을 상징합니다. 왜냐하면 나병은 환자를 눈처럼 희게 만들었기 때문입니다. 그리고 우슬초는 흔히 나병에 수반되는 불쾌한 썩는 냄새가 제거되었다는 것을 뜻합니다. 백향목은 가장 품위 있는 나무이고, 우슬초는 가장 보잘 것 없는 나무인데 여기서는 이 의식에 같이 사용되었습니다. 나병자에게는 일곱 번 뿌리도록 되어 있었는데, 이는 다윗이 "나의 죄악을 말갛게 씻기시며"라고 한 곳에서 암시하는 바와 같이 완전한 정결을 의미합니다(시 51:2). 나아만도 일곱 번 물에 들어갔다가 나오라는 지시를 받았습니다(왕하 5:10).

나병자가 깨끗하다는 선언을 받으면 그는 자기 몸과 의복을 깨끗이 하고, 모든 털을 밀어야 합니다(레 14:8). 나병과 같은 죄를 대제사장 되시는 예수 그리스도로부터 용서받았더라도 늘 자신을 깨끗하게 하여야 하고 모든 부정한 것으로부터 자신을 지켜야 합니다.

그러나 나병자가 집에 돌아가거나 예배자로서의 자기 자리에 돌아갈 수 있기 전에 자신을 위하여 할 일이 있습니다. 그는 자신을 깨끗이 하지 아니 하면 안 됩니다. 정결의 의식은 이차에 걸쳐서 행하여졌습니다. 옷을 빨고 목을 씻고 머리를 빗었습니다. 그리고 나서야 진에 들어갈 수가 있었습니다. 그러나 칠일 후에 그는 정결을 다시 되풀이 하지 아니하면 안 되었습니다. 그의 눈썹까지도 깎아야 했습니다. 그는 어떠한 나병의 흔적이나 오점도 그의 집이나 계약의 민족의 무리들 가운데 가지고 오지 않기 위하여 온갖 주의를 다 기울이지 아니하면 안 되었습니다. 이로 영적인 유추를 해 볼 때, 그리스도의 피로 뿌림을 받고 깨끗하게 된 사람도 다른 크리스천들과 교제를 나누기 위해서는 그의 인격과 생애를 깨끗하게 보존하고 세상에서 깨끗하게 지내야 한다는 것입니다.

제 팔일에 나병자는 의식의 가장 귀중한 부분을 수행하게 됩니다. 깨끗하게 된 나병자는 예배와 하나님과의 교제의 모든 자격을 찾게 됩니다. 그는 회막 문에서 세 가지 제사 즉 속건제를 위하여 어린 양을, 속죄제를 위하여 또 하나의 어린 양을, 번제를 위하여 어린 양을 드리게 됩니다. 그렇지 않으면 동물의 제물을 대신하여 각각 가루와 기름의 세 가지 소제를 드렸습니다.

이 제사들은 앞(레 1-7장)에서 본 바와 같은 의미가 있습니다. 따라서 여기서 보는 것과 같이 그것은 깨끗하게 된 나병자의 속죄의 의미를 갖습니다. 그것으로 말미암아 그는 하나님과의 새로운 교제에 들어갈 수가 있게 됩니다. 크리스천들이 이 의식을 통해서 하나님과의 새로운 교제를 나눌 수 있습니다.

〈잠깐 쉬며 묵상하는 코너〉

안 식

한때 나의 두 손은 항상 바빴었네.
최선을 다 하기 위해 힘들여 일했었네.
이제 내 가슴은 포근한 믿음 속에 있으며
내 영혼은 안식 속에 있었네.

한때 나의 머리는 항상 계획으로 가득 했었네.
그리고 내 가슴은 걱정으로 미어졌었네.
이제는 나를 이끄시도록 주님께 의지하자,
내 생명이 주님의 안식 속에 있다네.

한때 나의 삶은 수고로 가득 했었네.
이제는 기쁨으로 가득하다네.
그분의 멍에를 메었기에
주께서 나에게 안식을 주셨다네.

- A.B. 심프슨

고라와 그를 따르는 자들의 반역

이스라엘 백성들이 가나안 경계선에서 참패하여 격퇴를 당한 이후 그들은 약 37년 동안 광야를 방황하며 살아왔습니다. 이처럼 오랜 기간 동안에 일어난 일에 대해서 역사적으로 알려져 있는 것이 별반 없다는 것은 놀라운 일이라 아니 할 수 없습니다. 그러나 그들의 민족적 생활의 위기 하나가 기록되어 있는데, 바로 그것이 모세와 아론의 권력과 지도권에 대한 도전이요 반항이었습니다. 이 반역의 지도자는 레위 지파에 속하는 고라(Korah)였습니다. 그는 다음 도표에서 보는 바와 같이 이스할의 아들로서, 야곱의 장자인 르우벤 지파의 두령 격이었던 다단과 아비람과 당을 짓고 그들과 함께 반역의 주모자 역할을 하였습니다.

고라라는 이름을 가진 구약의 인물들

직 책	관련성구
오홀리바마가 낳은 에서의 셋째 아들	창 36:5, 14, 18
에서의 증손, 에돔의 족장	창 36:16
이스할의 아들, 모세에게 반역했던 주모자	민 16:1-49

아마 고라는 아론이 대제사장직에 발탁된 것과 엘리사반이 고핫 자손의 족장에 임

명된 것을(민 3:30) 몹시 싫어했던 모양입니다. 그리고 르우벤 자손들인 다단과 아비람 등도 유다 지파가 진에서 가장 명예로운 자리를 차지한 것에 대해 분개했던 것 같습니다. 그래서 그들은 회중에서 유명한 어떤 족장 250명을 규합하여(민 16:2) 모세와 아론에게 반기를 들었습니다. 그는 생각하기를, "회중이 다 각각 거룩하고 여호와께서도 그들 중에 계시므로"(민 16:3) 아론이나 그의 아들들만이 다른 레위인에게 허락되지 않는 지위를 얻을 수 없다는 것입니다. 아론과 그 아들들 "너희가 분수에 지나도다"(민 16:3)라는 것이 반역의 이유였습니다.

그리고 다단과 아비람의 반역은 모세에 대한 시기 때문이었던 것 같습니다. 고라일당들이 들고 일어난 문제는 제사장직이 아론과 그의 가족에게만 수여되었다는 점이었습니다. 이에 대해서 모세는 우선, 고라와 그와 함께 한 족장들을 향하여, 아론과 그의 후손들에게 임명된 대제사장 직분을 수행해 보라고 도전하였습니다. 그는 그들에게 내일 아침에 향로를 가지고 여호와 앞에 나와 그 향로에 불을 담고 그 위에 향을 두면 하나님께서 아론을 택하셨는지 아니면 그의 원수들을 택하셨는지 알게 하시리라고 하였습니다. 이렇게 조건을 내세움으로서 모세는 반역의 정체를 폭로시키며 시기와 질투의 본질이 무엇이라는 것을 드러나게 했습니다. 이것은 아론과 그의 가족들에 대한 반역이라기보다는 실상은 하나님께 대한 반역이라 할 수 있습니다.

고라 일당도 레위 자손으로서 여호와의 성막에서 봉사하는 직분을 맡고 있었습니다. 그럼에도 불구하고 그들은 "오히려 제사장의 직분"(민 16:10)을 탐하고 있었습니다. 이것은 하나님의 섭리에 대한 반역이라 할 수 있습니다. 하나님께서는 우리 각 사람이 수행할 구체적인 임무를 맡기셨으며 각각 다른 재주를 주셨습니다. 그러므로 다른 사람에게 맡겨진 자리를 탐하는 것은 그 직분을 맡겨주신 하나님께 대한 도전이라 할 수 있습니다.

우선 모세는 고라 자손들도 일정한 거룩하고도 존경할 만한 직분을 하나님께로부터 받았다는 사실을 상기시켰습니다. 그들은 "여호와의 성막에서 봉사하게 하시며 회중 앞에 서서 그들을 대신하여 섬기게"(민 16:9)하시기 위하여 구별하여 놨습니다. 그들은 이러한 직분을 감사하는 마음으로 받았어야 할 것이며 특별한 임무를 받은 아론과 그의 아들들에 대해서 시기하지 말았어야 할 것이었습니다. "너희가 오히려 제사장의 직분을 구하느냐 이를 위하여 너와 너의 무리가 다 모여서 여호와를 거스르는도다 아론이 어떠한 사람이기에 너희가 그를 원망하느냐"(민 16:10-11). 하나님의 섭리에 대한 반역, 그것이 바로 질투의 본질입니다.

그 다음으로 모세는 백성들을 영도하는 사령관인 엘리압의 아들들 다단과 아비람을 자기 앞에 출두하게 명령했습니다. 그러나 그들은 그의 명령을 무시하고 오만한 태도로 대답하기를 "우리는 올라가지 않겠노라 네가 우리를 젖과 꿀이 흐르는 땅에서 이끌어 내어 광야에서 죽이려 함이 어찌 작은 일이기에 오히려 스스로 우리 위에 왕이 되려 하느냐"(민 16:12-13)라고 하였습니다. 그들은 모세가 잔인하고 부정직하며 야욕이 강한 사람이라고 공격합니다. 그리고 모세가 그들을 "젖과 꿀이 흐르는 땅" 애굽에서 이끌어 내어 광야에서 죽이거나 적어도 그들의 왕이 되려 하며, 약속을 이행하지 않고, 젖과 꿀이 흐르는 땅으로 인도하여 들이지도 않으며, 밭도 포도원도 기업으로 그들에게 주지 않는다고, 터무니없는 말을 하였습니다. 그리고 모세가 그들을 눈이 멀게 하거나 종으로 삼으려고 한다고 하는 공격을 되풀이 하며 "우리는 올라가지 아니하겠노라"(민 16:14)고 하였습니다. 모세는 이에 대하여 심히 노하여 그들의 하는 말이 거짓이라는 것을 주장합니다.

전혀 그들이 주장하는 것과 같은 일을 하지 않은 모세는 그들을 향해 이튿날 아침에 제각기 향로를 가지고 나와 그 위에 향을 얹고 나오라고 하였습니다. 모세의 말대로 그들은 그 이튿날 아침에 향로를 들고 나타나서 그 위에 불을 담고 문 앞에 섰습니다. 이스라엘 사람들의 군중은 그들을 에워싸고 섰습니다. 이들은 지금 하나님께서 정해 놓으신 것을 어기고, 제정된 의식의 가장 거룩한 임무를 수행하려는 것이었습니다. 즉 이들은 제사장만이 할 수 있는, 여호와 앞에 분향하는 일을 하려는 것입니다. 이제 하나님께서 이 반역하는 백성을 멸망시킬 터이니 이 군중에게서 떨어져 있으라는 명령을 모세와 아론에게 주었습니다. 그러나 모세와 아론은 백성을 멸망시키지 않기를 간구하였습니다. 그래서 그 백성들은 멸망을 면하나 반역을 지도한 고라와 그 일당만이 멸망합니다. 땅이 갈라져 고라의 가족들을 삼켜버렸고 "여호와로부터 불이 나와서 분향하는 이백오십 명을 불살라"(민 16:35) 버렸습니다.

그 다음으로 모세는 무례한 다단과 아비람의 장막 앞으로 갔습니다. 그리고 회중에게 이 두 사람의 장막으로부터 멀리 떨어져 있을 것을 명하였습니다. 질서를 어지럽게 한 이 원수들에게는 무서운 심판이 내리리라는 것을 확언하며, 그는 선언하기를 "이 사람들의 죽음이 모든 사람과 같고 그들이 당하는 벌이 모든 사람이 당하는 벌과 같으면"(민 16:29) 모세는 하나님께서 임명하신 이스라엘의 지도자가 아니라는 결론을 내려도 좋다는 것이었습니다.

그와 반대로, 만일 여호와께서 새 일을 행하사, 땅으로 입을 열어 이 사람들과 그들의 모든 소속을 삼켜 산채로 음부에 빠지게 하시면 이 사람들이 과연 여호와를 멸시한 것인 줄을 알아야 하리라는 것이었습니다. 이 말을 마치는 동시에 그 밑의 땅이 입을 열어 그들과 고라에게 속한 모든 사람과 그 물건을 삼키매 그들과 그 모든 소속이 산 채로 음부에 빠지며 땅이 그 위에 합하니 그들이 총회 중에서 망하고 말았습니다. 그 주위에 있던 온 이스라엘 사람들은 도망하며 부르짖기를 "우리도 삼킬까 두렵다"(민 16:34)라고 소리 질렀습니다.

고라와 다단과 아비람 위에 내린 이 무섭고 비참한 형벌은 어느 시대에나 하나님의 백성들에게 경고가 되는 교훈을 말하고 있습니다. 첫째로 질투는 그것을 가진 사람들의 마음속에 비참과 고통과 낙심을 가져다준다는 것입니다.

〈잠깐 쉬며 묵상하는 코너〉

염려하지 마십시오

그대는 오직 최선을 다하고
모든 결과는 주님께 맡기십시오.
그대에게 생명과 열정과 일을,
노력의 기쁨과 사랑의 열심을,
그리고 당신의 영혼을 높이는
모든 것을 주시는 그분께.

삶의 진정한 수확은
하고자 하는 그것에 있고,
최선을 다하여 노력하는 데 있는 것.
우리가 결과의 주인일 수는 없는 것.
우리가 최고라고 생각하는 일들도
하늘이 땅보다 높음같이
우리의 생각과 다른 하나님 생각으로 보면
아마도 그리 대단치는 않을 것이오.

사물의 외모를 꿰뚫어
그 뿌리와 근원을,
모든 것을 통찰하시는 그분은
육신보다 영혼을 감찰하신답니다.
우리의 행위가 그럴듯해 보여도
주님은 우리의 동기를 측정하십니다.
시작과 끝이 그에게는 동일하시매
우리의 결과는 미약할지라도
최선을 다한 과정을 인정해 주십니다.
우리의 생각하는 것이 때로는
영혼이 바라는 희망과 같지는 않지만,
행동을 가져오는 씨앗입니다.

별 같은 희망을 품으십시오.
앉아서 따지기 전에 최선을 다하십시오!
그 결과는 전능하신 주님께 맡기십시오!
그분이 멀지 않아 공의로써
그대를 판단하실 것입니다.

- 존 옥센함

아론과 그의 싹 난 지팡이

모세는 81세에 성막의 모형을 받았고 82세 때에 그 성막을 하나님이 주신 모형대로 건립하였습니다. 그 이후 하나님의 명령에 따라 아론은 모세에 의해 대제사장으로 임명되었습니다. 그리고 하나님께서 세우신 그 율법에 따르면 제사의식은 오직 제사장만이 드릴 수가 있었습니다. 그런데 이런 율법을 지키지 아니하고 고라와 그를 따르던 250명의 무리들이 반역하다가 멸망한 일이 있는데, 그 무서운 형벌을 보고나서도 그 다음 날 "너희가 여호와의 백성을 죽였도다" (민 16:41)라고 항의하면서 백성들이 고라와 그를 따르던 반역자들이 죽은 책임을 모세와 아론에게 돌리며 들고 일어났습니다. 이것은 고라의 반역이나 진배없는 하나님을 업신여기는 행동이었습니다. 이때에 영광의 구름을 헤치고 여호와의 임재가 놀라운 모양으로 나타나며, 죽음의 형벌이 이 참람한 군중 위에 내리리라는 것이 선포되었습니다.

모세와 아론은 고라의 반역 때와 마찬가지로 또 다시 이 백성들이 멸망당할 까봐 두려워 간절히 하나님께 그들의 사면을 간구하였습니다.

모세의 명에 의하여 아론은 향로를 들었고, 제단으로부터 숯불을 집어 향로에 담고 그 위에 향을 피워 가지고 그들을 중재하기 위하여 군중에게로 달려갔습니다. "아론이 모세의 명령을 따라 향로를 가지고 회중에게로 달려간즉 백성 중에 염병이 시작되었는지라 이에 백성을 위하여 속죄하고 죽은 자와 산 자 사이에 섰을 때 염병이 그치니라"(민 16:47-48)). 분명히 이들 사이에는 무서운 전염병이 돌아 그 백성들은 생명의 위기에 놓여 있었습니다. 그 병이 지나가고 나서 그 후에 보니 14,000명이나 생명을 잃었습니다.

대제사장 아론이 "죽은 자와 산 자 사이에" 서서 속죄하니 그 속죄의 결과로 병이 그 이상 퍼지지 않게 되었습니다. 이 사실은 죽음의 위험 가운데 자기의 백성의 중보자로 서서 죽음의 위기를 벗어나게 하신 예수 그리스도의 예표라 할 수 있습니다.

아론의 제사장직은 하나님으로부터 임명받은 것이었습니다. 그것은 여러 면에서 증명이 되었습니다. 그 중의 하나가 바로 민수기 17장에 나와 있는 아론의 지팡이에만 싹이 나게 한 사건입니다. 하나님의 명령하신 대로 모세는 이스라엘 여러 지파들을 대표하는 족장마다 그 족장의 이름이 써진 지팡이 하나씩을 가져오게 하였습니다. 그리고 레위 지파를 대표하는 지팡이 위에는 아론의 이름을 쓰게 하였습니다. 지팡이 수가 열둘이라고 한 것을 보면 여기서는 에브라임과 므낫세는 요셉지파와 합쳐진 것 같습니다(신 27:12). 제사직을 맡은 레위지파는 병역의 의무가 없기 때문에 백성들의 수를 셀 때에는 포함되지 않습니다. 그러나 여기서 보면 제시직을 맡은 레위 지파는 특별히 중요시 되었고 그 지파를 대표하는 지팡이 위에는 대제사장 아론의 이름을 기록해 놓게 하였습니다.

이 열 두 지팡이는, 이 제사장직을 위하여 어느 지파를 택하셨는지 알게 할 것을 약속하신 여호와 앞 곧 지성소에 두었습니다. 이렇게 한 목적은 하나님의 제사장으로 택함을 받은 아론과 그의 아들들에 대해서 이후로는 시기하여 불평을 말하는 일이 절대로 없게 하기 위한 것이었습니다. "이튿날 모세가 증거의 장막에 들어가 본즉 레위 집을 위하여 낸 아론의 지팡이에 움이 돋고 순이 나고 꽃이 피어서 살구 열매가 열렸더라"(민 17:8).

"모세가 그 지팡이 전부를 여호와 앞에서 이스라엘 모든 자손에게로 가져오매 그들이 보고 각각 자기 지팡이를 집어들더라"(민 17:9)

모세는 지성소에 놓여있던 지팡이들을 모두 가지고 나와서 백성들 앞에 공개하였습니다. 다른 족장들의 지팡이는 전과 똑같았지만 오직 아론의 마른 지팡이에서만 살아 있는 가지가 뻗고 싹이 나고 꽃이 피었으며 살구가 열렸습니다. 이것은 기적이었습니다.

"여호와께서 또 모세에게 이르시되 아론의 지팡이는 증거궤 앞으로 도로 가져다가 거기 간직하여 반역한 자에 대한 표징이 되게 하여 그들로 내게 대한 원망을 그치고 죽지 않게 할지니라"(민 17:10).

그러므로 움이 돋은 지팡이는 아론의 제사장직이 하나님께서 임명하시고 증명하신 것을 두고두고 증거 하는 기념물이 되었습니다. 이와 같은 놀라운 증거와 승인은 아론의 직분에 거룩한 위엄과 영광을 주었으며, 아론의 직분은 그리스도의 구속사업의 상징과 모형이 됨으로써 새로운 영광을 가지게 되었습니다.

하나님께서 이러한 모든 일을 행하시는 목적은 죄를 제거하고 또한 예방하기 위한 것입니다. 하나님께서 우리에게서 죄를 제거하시는 목적은 우리로 죽지 않게 하시려는 그의 애정을 베푸시는 징표입니다.

이러한 기적을 본 이스라엘 백성들은 "보소서 우리는 죽게 되었나이다 망하게 되었나이다 다 망하게 되었나이다"(민 17:12)라고 부르짖었습니다. 이런 부르짖음은 그들의 회개행위라고 보아야 할 것입니다. 그것을 보시고 하나님께서는 다시 용서하시고 축복하셨습니다. 여기에도 죄와 회개, 그리고 용서라는 구조가 적용된 것을 볼 수 있습니다. 이 구조는 사사기의 구조와 같습니다.

〈잠깐 쉬며 묵상하는 코너〉

나의 증거

내가 행한 선으로나
내가 달린 경주로서가 아니라
오직 그분의 사랑하신 아들 때문에
나는 구속의 인침을 받았다네.

내가 주고받은 것이나
내가 버린 습관으로서가 아니라
오직 그의 사랑하신 자의 이름을 위해서
나는 구속의 인침을 받았다네.

내가 의롭게 서 있었거나
내가 그의 명령을 지키고 있기 때문이 아니라
오직 그의 손이 나를 덮으므로
나는 구속의 인침을 받았다네.

크고 작은 선물로나
내가 앞질러 방해한 잘못으로서가 아니라
그가 모든 것을 주셨기 때문에
나는 구속의 인침을 받았다네.

나는 속죄할 수 없으니 행위로도 아니라네.
범죄 하여 돌과 같이 된 심령을 위하여
오직 그만이 홀로, 그의 은혜로써
나는 구속의 인침을 받았다네.

- 데일 하클리프

불 뱀과 광야에 세운 놋 뱀

구약에 들어 있는 이야기 중에는 신령한 진리가 들어 있는 것들이 많이 있습니다. 불 뱀과 광야에 세운 놋(구리) 뱀 이야기도 아주 신령한 진리를 내포하고 있는 아주 짧은 이야기로서 민수기 21장 1-9절에 기록되어 있습니다.

가데스 북쪽에 있는 아말렉 사람과 가나안 사람의 동맹은 이스라엘 민족이 헤브론으로 직행하기에는 너무나 강하고 위험했습니다. 그래서 모세는 남쪽으로 방향을 돌려, 사해와 홍해를 연결하는 황폐한 계곡 아라바로 내려와 오랫동안 위험한 길로 우회하여 에돔과 모압 땅을 돌고, 아라비아의 국경 지대를 따라 북쪽으로 올라가 갈릴리 바다의 동쪽 바산에 이르고, 서남쪽으로 방향을 돌려 여리고 맞은편에 있는 모압 평원에 이르렀습니다. 다음 도표에서 보듯이 에돔 사람, 모압 사람, 암몬 사람은 혈통적으로 보면 이스라엘과 가까운 사이면서도, 그들이 가나안에 들어갈 때는 늘 적대적인 관계에 있으면서 그들의 길을 막았습니다. 그러나 이스라엘은 그들을 대항하여 싸우지 않고 우회하여 행진했습니다.

그들이 이렇게 우회하여 지나가고 있는 곳은 황무지요, 덥고, 모래밭이고, 바람이 세고, 가는 곳마다 뱀이 있고, 산으로 둘려 막힌 곳이었습니다. 거기에는 먹을 것도 없고 마실 물도 없었습니다. 그 중에도 가장 딱한 일은 비록 잠시 동안이나마 그들은 지금 가나안을 등지고 사십 년 동안이나 방황하던 광야를 향하여 남행을 하고 있다는 것이었습니다. 이스라엘 사람들은 모세가 이끌어 가는 "길로 말미암아 마음이 상하였습니다"(민 21:4). 우리의 천국 여정도 이와 같이 많은 우회(사 55:8-9)와 고난(요 14:27)이 따르는 여정이라 할 수 있습니다.

이스라엘이 우회한 족속

족 속	혈 통	관련성구
에 돔	에서의 후손	창 36:2,8
모 압	롯의 후손	창 19:37
암 몬	롯의 후손	창 19:38

이 도정 중 네겝에 살고 있던 가나안 사람 곧 아랏의 왕은 이스라엘이 아디림 길(이전에 정탐꾼들이 정탐하러 올 때 따라왔던 그 길)로 온다(민 21:1)는 소식을 듣고 그들의 군진을 급습했습니다. 처음에 그들은 성공하였고, 아랏 왕은 대열에서 낙오한 이스라엘인 몇 명을 잡아 포로로 삼았습니다. 이런 상황에 처하자 이스라엘 백성은 하나님께 겸손하게 이렇게 아뢰었습니다. "주께서 만일 이 백성을 내 손에 넘기시면 내가 그들의 성읍을 다 멸하리이다"(민 21:2). 여호와 하나님께서는 이렇게 아뢰는 그들의 목소리를 들으시고 가나안 사람을 그들의 손에 넘기셨습니다. 그래서 이스라엘은 그들과 그들의 성읍을 다 멸할 수가 있었습니다. 그래서 이 곳 이름을 "호르마"라 하였는데, "완전히 멸함"이라는 뜻입니다.

이스라엘 사람들은 홍해 길을 따라 에돔 땅을 지나 가까운 길로 가려 하다가 거절당함으로써 그들은 마음의 상처를 입었습니다. 그러자 백성들은 하나님과 모세를 향하여 다음과 같이 원망하기 시작하였습니다. "어찌하여 우리를 애굽에서 인도해 내어 이 광야에서 죽게 하는가 이곳에는 먹을 것도 없고 물도 없도다. 우리 마음이 이 하찮은 음식을 싫어하노라"(민 21:5). 여기서 말하는 "하찮은 음식"은 만나를 의미합니다. 그들은 매일 같이 먹는 만나에 대해서 하나님께 감사를 하는 것이 아니라 싫증을 느끼고 불만을 표시하게 되었습니다. 물론 만나는 어린 아이게는 적합하나 어른과 군인들에게는 맞지 않는 '박한 식물 '이라고 합니다. 그러나 그것은 하나님께서 이적으로 보내주신 귀한 선물이었습니다.

하나님의 백성들이라 할지라도 위에서 보는 것처럼, 앞길이 막히고, 먹을 것이 만족스럽지 못하며, 가는 곳마다 고난이 따르면 소망을 잃게 되고, 소망을 잃으면 성을 잘 내게 되고, 무분별하며 무슨 일에나 시비를 잘하고, 불평불만을 말하게 되는 경우가 많습니다. 이런 심리적인 상태는 매우 위험합니다.

그들은 하나님과 모세에게 원망하여 부르짖기 시작하였고 그 원망은 공격으로 돌변하였습니다. 그러나 이런 공격은 죄입니다. 왜냐하면 하나님의 능력으로 말미암아 그들은 속박으로부터 구원받았을 뿐 아니라 사십 년 동안을 광야에서 도우심을 받았기 때문입니다. 그들은 만나에 싫증이 났으나 그것은 날마다 기적으로 말미암아 보급되었고 그것 때문에 생명을 유지할 수가 있었습니다. 그런데 그것이 싫증난다고 해서 하나님을 원망하는 것은 죄가 아닐 수가 없습니다.

영적으로 말하자면 만나는 하나님의 말씀을 뜻합니다. 어떤 사람들이 그 말씀을 ' 박한 음식 '이라고 한다고 해서 믿는 사람들까지 그럴 수는 없는 것입니다. 믿는 사람들에게 그런 일은 그리 흔하지는 않지만, 만일 하나님의 귀한 선물을 값없이 받고도 불평과 불만을 일삼는다면 그것은 크나큰 죄라 아니 할 수가 없습니다.

이스라엘의 이런 불평불만에 대해 하나님께서는 공의로운 심판을 내리셨습니다((민 21:6). 하나님께서는 불 뱀을 그들에게 보내시어 물거나 쏘아 죽게 하였습니다. 이 뱀들은 그 색깔이나 사나움 때문에 혹은 물렸을 때의 혹독한 아픔 때문에 "불 뱀"이라고 불렀습니다. 그들이 오만하게 하나님과 모세를 대항하여 일어서서 하나님은 이와 같이 비천한 짐승을 사용하여 그들에게 재앙을 내리심으로써 그들을 낮추시고 누르셨습니다.

이스라엘 백성들은 이러한 심판을 받고서 회개하고 하나님께 탄원하였습니다(민 21:7). "우리가 여호와와 당신을 향하여 원망함으로 범죄하였사오니 여호와께 기도하여 이 뱀들을 우리에게서 떠나게 하소서"라고 하였을 때, 모세는 백성을 위하여 하나님께 기도했습니다.

하나님께서는 모세에게 "놋 뱀을 만들어 장대 위에 매어달아라. 물린 자마다 그것을 보면 살리라"(민 21:8)라고 하였습니다. 모세는 놋 뱀을 만들어 장대 위에 매달았습니다. 그것을 바라보는 자마다 살 수가 있었습니다. 독사에게 물린 사람이 놋 뱀을 바라보고 나은 것처럼 우리는 죄를 지었을 때 예수님을 바라보기만 하면 살 수가 있습니다(요 3:14). 그 후에 이스라엘 사람들은 느후사단이란 놋 뱀의 우상을 만들어 제사를 지냈습니다. 700년이 지난 후에 히스기야는 이것을 없애버렸습니다(왕하 18:4).

놋 뱀은 십자가에 달려 돌아가신 예수 그리스도의 모형 또는 상징입니다. 독사로 상징되는 사단의 유혹에 넘어가 죄를 짓게 되어 죽게 된 사람은 구리 뱀으로 예표 되는 예수를 믿지 않고서는 다시 살 수가 없습니다. "나를 앙망하라 그리하면 구원을 얻으리라"(사 45:22)는 말씀이 있듯이, 그리스도를 믿는 사람은 멸망하지 않고 구원을 얻게 되는 것입니다. 이는 놀라운 하나님의 은혜요 어떤 보석보다 더 귀한 선물입니다.

〈잠깐 쉬며 묵상하는 코너〉

구 원

이 손으로 행한 일이

범죄 한 내 영혼을 구원할 수 있는 것은 아니라네.
세상에 난 육신이 수고한다하여
나의 영혼을 온전케 할 수 있는 것도 아니라네.

내가 느끼거나 또는 하는 것이
나를 하나님과 화평하게 할 수 있는 것이 아니니
나의 모든 기도, 나의 탄식, 나의 눈물로도
내 무거운 짐을 가볍게 할 수 없다네.

오, 그리스도시여, 당신만이 홀로
이 죄의 무게를 가볍게 하실 수 있나이다.
오, 나의 어린 양이여, 오직 당신의 흘리신 피만이
내 안에 평안을 줄 수 있나이다.

–호레이서스 보나르

발람과 그의 나귀

발람과 그의 나귀에 관한 이야기는 민수기 22장으로부터 25장까지에 나옵니다. 발람(Balaam)은 브올의 아들로 이방의 점술가(수 13:22)였습니다. 그러나 발람의 고향은 확실치가 않습니다. 민수기 22장 5절에서는 "강변 브돌" 곧 유프라테스라 하였고 민수기 23장 7절에서는 "아람" 즉 다메섹 근경이라 하였으며 "동편산"이라고도 하였습니다. 발람이 미디안 왕과 관계가 있었던 것을 보면, 그는 미디안 사람이었는지도 모르고 또 에돔 사람 같기도 합니다. 그러나 대체적으로 발람의 집은 유프라테스 강변 골짜기에 있었던 것으로 추측합니다. 그는 먼 나라에까지 그 이름이 알려질 정도로 유명한 점술가였습니다. 그는 하나님을 두려워하는 예언자이면서도 황금을 숭상했던 이상한 사람이었습니다.

이스라엘 군대가 아모리 왕 시혼과 바산의 왕 옥을 무찌르고 모압의 경계선을 넘어 요단 강 근처 모압 평지에 진을 치고, 모세가 죽은 후에 여호수아의 지휘 아래 요단 강을 건널 때까지 그곳에 계속 머물고 있었습니다. 십볼의 아들 모압 왕 발락은 이러한 사실에 놀라 어찌할 바를 모르고 전전 긍긍하였습니다(민 22:2-4). 아브라함과 롯 사이에 이루어졌던 옛날의 우정에도 불구하고 모압 사람들은 할 수만 있으면 이스라엘을 멸망시키려고 하였습니다. 그런 야심 때문에 그들은 이스라엘 군대의 이동을 순수하게 볼 수가 없었습니다. 어느 때건 기회가 되면 그들은 자기들을 공격할 수도 있다는 의심을 품고 있었습니다. 이러한 의심과 두려움을 이웃인 미디안 장로들에게 수시로 전달하고 협의도 하였습니다.

모압인들은 전쟁으로는 이스라엘 사람들을 이길 수는 없으나 어떠한 마력(魔力)을 빌어서 이스라엘의 힘을 약화시키거나 그들로 하여금 돌아서게는 할 수 있으리라는 점을 늘 고료하고 있었습니다. 모압 왕 발락은 '복술의 예물' 을 손에 들려, 사자를 발람에게 보내어 "보라 한 민족이 애굽에서 나왔는데 그들이 지면에 덮여서 우리 맞은편에 거주하였고 우리보다 강하니 청하건대 와서 나를 위하여 이 백성을 저주하라 내가 혹 그들을 쳐서 이겨 이 땅에서 몰아내리라. 그대가 복을 비는 자는 복을 받고 저주하는 자는 저주 받을 줄을 내가 앎이니라" (민 22:5-6) 고 하였습니다. 모압 사람들은 마땅히 이스라엘에게 우호를 구하고 그들을 도와야 했었지만 그 조상 롯의 신앙을 버리고 우상 숭배에 빠져 아브라함의 하나님의 백성을 미워하였습니다.

발락의 사자들이 발람의 집에 도착했을 때에 점술가 발람은 그들이 가져온 황금예물을 보고 탐이 났으나 하나님의 백성을 저주해도 괜찮은지에 대해서는 분명히 알 수가 없었습니다. 그래서 그는 사자들에게 자기가 다음날 아침에 결정을 지을 터이니 그 때까지 기다리라고 하였습니다(민 22:8). 그는 당연하게 하나님의 인도하심을 간구하였습니다. 사람이 옳고 그른 길을 분간하려고 할 때에는, 하나님의 인도하심을 철저히 의지하여야 합니다. 발람에게 임한 하나님의 말씀은 "너는 그들과 함께 가지도 말고 그 백성을 저주하지도 말라. 그들은 복을 받은 자들이니라"(민 22:12)라는 것이었습니다. 그날 아침에, 발람은 발락의 사자들에게 이 말을 전했는데 내용을 약간 다르게 전하였습니다. 그는 말하기를, "너희는 너희의 땅으로 돌아가라. 여호와께서 내가 너희와 함께 가기를 허락하지 아니 하시느니라"(민 22:13)고 하였습니다. 즉 나는 너희들과 같이 가고 싶으나 내 마음대로 할 수가 없으며, 나는 이스라엘을 저주하고 싶으나 차마 할 수가 없다는 그런 냄새를 풍겼습니다.

발락이 두 마음을 품은 발람의 대답을 들었을 때, 그는 더 높은 귀족을 발람에게로 보내어 더 높은 지위와 명예를 약속하여 말하기를, "내가 그대를 높여 크게 존귀하게 하고 그대가 내게 말하는 것은 무엇이든지 시행하리라"(민 22:17)고 하였습니다. 이에 대해서 발람은 매우 과장해서 대답하기를, "발락이 그 집에 가득한 은금을 내게 줄지라도 내가 능히 여호와 내 하나님의 말씀을 어겨 덜하거나 더하지 못하겠노라. 그런즉 이제 너희도 이 밤에 여기서 유숙하라 여호와께서 내게 무슨 말씀을 더 하실는지 알아보리라"(민 22:18-19)고 하였습니다.

발람은 하나님의 명령을 거역하지는 않았지만, 발락에게로 가는 것을 금하지 않을 때는 가서 금은보화를 요구할 작정이었습니다. 그는 꿈속에 "일어나 함께 가라. 그러나 내가 네게 이르는 말만 준행 할지니라"(민 22:20)는 하나님의 명령을 듣고 그는 두 번째 사자를 따라 나섰습니다. 발람이 가서 하나님의 참 뜻을 전달하는 것을 막지는 않았으나, 그의 앞길에는 실망과 수치와 비참한 실패를 가져 오고야 말 보다 큰 시험이 기다리고 있을 뿐이었습니다.

그래서 발람은 길을 떠났으나 그의 마음은 근심과 불안으로 가득 차 있었습니다. 그가 가는 길은 허락되었으나 그가 가는 목적을 이루는 일은 금지 되어 있었습니다. 그 뿐 아니라 하나님께서는 발람에게 듣기 좋은 말로 경고를 하셨습니다. 하나님은 칼을 뽑아 든 천사를 보내어 잘못된 일을 하러 가는 이 예언자의 길을 막게 하셨습니다.

발람은 그것을 보지 못했지만, 그가 타고 가던 나귀가 보고 두려워하여 길에서 벗어나 밭으로 들어서자 발람은 채찍질을 했습니다. 그러나 하나님의 사자는 포도원 사이 좁은 길에 서서 그의 길을 가로막았습니다. 그의 나귀는 그 사자를 보고 또 놀라 포도원 사이 좁은 길 좌우에 있는 담에다 발람의 발을 갖다 대고 부비였습니다. 발람의 발에 상처가 나자 화가 난 발람은 나귀에게 다시 채찍질을 했습니다. 이에 하나님의 사자는 더 나아가 좌우 어느 쪽으로도 전혀 피할 수 없는 곳에 섰습니다. 나귀는 그것을 보고 급기야는 발람의 발밑에 엎드렸는데, 그것을 보지 못한 발람은 오히려 대노하여 가지고 있던 지팡이로 나귀를 세 번 내리쳤습니다(민 22:23-27).

이때 하나님께서는 나귀의 입을 열어 나타내셨습니다.

"내가 당신에게 무엇을 하였기에 나를 이 같이 세 번을 때립니까?" (민 22:28).

"네가 나를 거역하기 때문이니 내 손에 칼이 있었다면 곧 너를 죽였으리라."

"나는 오늘까지 일생동안 당신의 나귀가 아니었습니까. 내가 언제 당신에게 이같이 하는 버릇이 있었습니까?"

발람의 특징

특 징	관련성구
물질을 탐함	벧후 2:15
하나님을 거역함	민 22:12, 19, 20
나귀에게 책망받고도 돌이키지 않음	민 23:21-30
선민을 시험에 빠지게 함	민 25:1-13
어그러진 길로 행함	유 1:11

"없었느니라."

그때에 여호와께서 발람의 눈을 밝히시매 비로소 도표에서 보는 바와 같이 물질을 탐함으로써 어두워졌던 그의 눈은 밝아졌습니다. 마침내는 하나님의 사자가 손에 칼을 빼어들고 곁에 서 있는 것을 본 발람은 그 앞에 무릎을 꿇었습니다. 천사는 발람에게 이렇게 말했습니다.

"어찌하여 네 나귀를 이같이 세 번 때렸느냐. 보라 내 앞에서 네 길이 사악하므로 내가 너를 막으려고 나왔더니"(민 22:32).

발람은 무릎을 꿇어 사죄하고 하나님께서 원치 않으시면 돌아가겠노라고 하였습니다. 그러나 천사는 "가라. 내가 네게 이르는 말만 말 할지니라"(22:35)고 명하였습니다. 발람은 발락의 귀족들과 함께 갔습니다. 모압 변경의 아르논까지 왕이 그를 마중 나왔습니다. 그리고 발람이 늦게 온 데 대한 유감의 뜻을 표시하고 거듭 그는 큰 상을 약속하였습니다. 발람은 자기가 즐거운 마음으로 오기는 왔으나 하나님께서 자기 입에 주시는 말밖에는 할 수 없다고 대답하였습니다.

다음 날 발락은 위풍이 당당한 귀족들과 함께 발람을 "인도하여 바알의 산당에 오르매 발람이 거기서 이스라엘 백성의 진 끝까지"(민 22:41)를 보았습니다. 발람은 여기서 발락이 원하는 저주를 가져올 만한 인상 깊은 의식을 가질 것을 제안하였습니다. 그래서 종교적 예배와 비슷한 효과를 내도록 준비하게 합니다. "나를 위하여 여기 제단 일곱을 쌓고 거기 수송아지 일곱 마리와 숫양 일곱 마리를 준비 하소서 하매 발락이 발람의 말대로 준비"(민 23:1-2) 하였습니다. 굉장한 마술가나 점술가가 으레 비밀하게 무엇을 하는 것처럼 발람은 연기 나는 제단 옆에 발락을 두고 멀리 떨어져 언덕길로 올라갔습니다. "여호와께서 오셔서 혹시 나를 만나시리니 그가 내게 지시하는 것은 다 당신에게 알리리이다."

발람은 발락과 그의 사람들이 저주하기를 원하는 이스라엘 군대를 바라볼 수 있는 곳으로 여러 번 장소를 옮겨 제사 드리며 이스라엘 백성에 대한 저주의 신탁이 내려지기를 원했으나 그때마다 이스라엘을 향한 하나님의 은혜와 자비의 말씀만 들려왔습니다. 하나님의 명령대로 발람은 이스라엘 백성에게 축복을 빌었습니다. 발람은 어찌할 바를 몰랐습니다. 그러나 그는 신탁 받은 그대로 모압이 정복당할 것과 깃딤과 아말렉과 심지어는 앗수르와 에벨 같은 이웃나라들이 패할 것까지도 예언하였습니다. 이스라엘은 장차 그 모든 원수를 처서 무찌르고 가나안 복지에 들어갈 것을 발람은 보고 그대로 예언하였습니다.

이와 같이 네 번이나 인상 깊은 말을 한 다음에 "발람이 일어나 자기

곳으로 돌아"(민 24:25)왔습니다. 이런 장엄하고 구체적인 이야기 형식으로 하나님의 참 백성인 이스라엘이 모든 원수를 이길 것을 예언함으로써 그들은 새로운 용기를 받았을 것이고 가나안 정복의 힘을 얻을 수 있었을 것이 틀림없습니다.

〈잠깐 쉬며 묵상하는 코너〉

어느 때나 기도하라

아침 시간에 나아오라.
와서 무릎을 꿇고 기도하자.
기도는 종일 하나님과 함께 걷게 하는
순례자 그리스도인의 지팡이니.

정오에도, 만세 반석 되시는 주 안에서
쉬며 기도하자.
하루의 더운 열기 속에서
햇빛을 피 할 수 있는 곳은 시원하나니.

저녁때에도, 각자의 집에서
가정 예배를 드리며 기도하자.
하루를 마감하는 그때가
천국에서 하나님의 집을 발견할 때와 같으리니.

우리의 눈이 감기는 한 밤중에도
"나는 잠들지만 주여 내 심령은 깨어 있게 하소서.
당신과 함께 조심하며 기도하게 하소서"라고
말하는 것은 오, 얼마나 아름다운가.

- 아모스 R. 웰스

비느하스와 그의 경건한 열심

민수기 25장에는 이스라엘 백성들의 어리석고 패역한 행위와 아론의 손자 엘르아살의 아들 비느하스의 경건한 열심에 관한 이야기가 자세하게 기록되어 있습니다. 이 비느하스의 이야기는 거짓 선지자 발람의 간교한 악행과 암암리에 관련되어 있다고 생각합니다. 발람이 하나님께 불순종함으로써 발락의 황금을 얻지 못하고, 그로부터 소외 되어 불명예와 수치를 당하게 됨으로써, 그는 실망과 원통한 마음으로 미칠 것 같게 되었습니다. 그래서 그는 발락이 약속했던 보상금을 받기 위하여 마지막으로 필사적인 노력을 기울였습니다. 그는 실로 물질에 눈이 어두운 거짓 선지자였습니다. 지도자의 한탕주의나 물질만능주의는 나라와 겨레를 망하게 합니다. 발락의 필사적인 보상추구의 노력은 바로 자기가 축복한 이스라엘 백성을 멸망시킬 수 있는 기묘한 계교를 적군의 왕인 발락에

우상숭배에서 파생되는 죄

죄 목	관련성구
부도덕	민 25:1-9
점 술	레 20:1-6
박 해	왕상 19:1-3
교 만	왕하 18:31
간 음	왕하 23:7
인신제사	렘 7:31
신성모독	단 5:40

게 일러 주는 것으로 표현되었습니다. 즉 그는 이스라엘 백성들로 하여금 모압인들과 미디안인들이 섬겼던 우상을 숭배하고 그들의 부도덕한 음란한 행위에 가담하도록 교묘하게 유인하였습니다(민 25:1).

이 악한 계교는 이스라엘 백성들에게 적중 되어서, 그들 전부는 아니지만, 매우 많은 수가 모압과 미디안 사람들의 올가미에 걸려서 바알브올에게 부속되고 말았습니다. 그래서 이스라엘 백성들은 "그들의 신들에게 절하고"(민 25:2), 그 다음으로는 제한 없이 음란한 행동을 마음대로 하였습니다. 이 사건에서 다음 몇 가지 점을 살펴볼 필요가 있습니다.

모압과 미디안 여자들은 발람의 사주에 의해서 이스라엘 남자들을 꾀어서 자기들과 함께 음행케 함으로써 그들의 양심을 더럽혀 타락케 하고 말았습니다. 그들과 음행을 하고 나자 이스라엘 사람들은 그들에게 고분고분해졌고 이스라엘의 하나님을 멸시하게 되었으며, 그들의 우상에게 절하고 말게 되었습니다. 음행과 우상숭배가 결합된 것을 볼 때, 필시 그런 음행이 바알브올에 대한 예배와 종교 의식의 일부였던 것 같습니다. 그래서 이스라엘 사람들은 그런 일을 쉽사리 저지르고 말았던 것입니다.

이런 이스라엘 사람들의 죄에 대해서 하나님의 노여움은 말로다 표현할 길이 없었습니다. 이로써 하나님께서는 즉시 염병을 발생케 하였고, 이스라엘 사람 사천 명이 죽게 되었습니다. 모세는 우상숭배를 주도한 자들을 죽이라는 명령을 하나님으로부터 받았습니다. 이 범죄 한 지도자들을 처형하는 책임은 "이스라엘 재판관들"(민 25:5)에게로 돌아갔습니다.

지도자들이 범한 추악한 음행 사건들 중에서도 가장 악한 범죄는 이스라엘의 귀족 시므온의 조상 중 한 사람인 시므리와 미디안 족장 수르의 딸 고스바와의 음행 사건이었습니다. 시므리는 모세와 이스라엘의 모든 선한 백성들이 보는 앞에서 미디안 창녀를 이끌고 나타났습니다. 그것은 이스라엘의 공의를 모욕하고 그것에 반항하는 무례한 행위요,

또한 그것은 국가의 신앙을 모욕하고 경멸하는 행위였습니다.

비니하스는 시므리의 이런 뻔뻔스럽고 치욕스러운 행동을 보고서 거룩한 분노를 느껴 기도하던 자리에서 일어나 장막으로 죄인들을 좇아 들어가 둘 다 그의 칼로 찔러 죽였습니다(민 25:7-8). 그러자 염병은 이스라엘 자손에게서 곧 그치고 그들에게서 떠나갔습니다(민 25:8).

비니하스가 한 일은 어떻게 보면 너무 잔인한 행위요 무모한 것 같이 보이지만, 실은 그 행위의 정당성을 받아들이기란 그리 어렵지가 않습니다. 왜냐하면 비니하스는 대제사장 아론의 증손으로서 대제사장직을 상속받게 되어 있었으므로, 그는 바알브올에게 부속되었던 모든 자를 죽이라는 명령을 모세로부터 받았던 이스라엘의 재판관들 중의 한 사람이었을 것이 틀림없기 때문입니다. 비니하스가 한 일이 재판관으로서 마땅히 행해야 할 일을 수행한 것에 지나지 않았지만, 그는 죄를 대적하는 특별한 열심을 갖고 그 일을 했으며, 또한 다른 재판관들이 시므리의 족장이라는 신분을 두려워했을 때에 담대히 그 일을 행했기 때문에, 하나님은 특별히 그를 기쁘게 여기셨고 의롭게 여기셨던 것입니다.

비니하스의 행동은 하나님의 인정을 받았고, 아주 젊은 나이였음에도 불구하고 그를 친구로 애국자로 선포하였습니다. "비니하스가 내 질투하심으로 질투하여 이스라엘 자손 중에서 내 노를 돌이켜서 내 질투하심으로 그들을 소멸하지 않게 하셨도다"(민 25:11)라고 한 것과 같이 비니하스의 경건하고 의로운 열심이 그들을 속죄하였기 때문에, 그에게는 "영원한 제사장 직분의 언약"(민 25:13)이 주어졌던 것입니다.

이스라엘을 유혹하여 범죄 하게 한 자들에게는 보다 더 광범하게 복수하라는 명령이 내렸습니다. 곧 "미디안인들을 대적하여 그들을 치라"(민 25:17)는 명령이 모세에게 내려졌는데, 이것은 대단히 엄격한 것 같으나, 이스라엘 사람들은 지금 새로운 나라에 들어가서 우상을 숭배하는 사람들에게 둘러 싸여 살게 될 터이니까 이러한 위험에 대해서 그들에게 경고할 필요가 있었다는 것을 생각하면, 이해할 수 있는 일이라 할 수 있습니다. 발람의 예언이 가나안 복지로 들어가려고 하는 이스라엘 사람들에게 격려가 된 것 같이, 바알브올의 이 비참한 사건은 이스라엘 백성으로 하여금 이방 백성과 같이 우상을 숭배하는 것이 얼마나 위험한 일이라는 것을 절실히 느끼게 하였습니다.

결국 발람은 "불의의 삯을 사랑하다가" (벧후 2:15) 칼에 맞아 죽었고 그의 영혼을 돈주머니와 바꾸었습니다. 불의는 파멸당하고 의는 어려워도 이긴다는 교훈이 여기에 있습니다. 이 세상이 어두면 어두울수록 빛은 더 찬란해지고 그 온기는 더욱 온 누리에 따스하게 퍼지게 됩니다. 겨울이 가까우면 봄도 멀지 않다는 말이 있지 않습니까?

〈잠깐 쉬며 묵상하는 코너〉

그가 너를 지키신다

참새야, 그가 너를 지키신다.
너의 날개를 받쳐주시고
너의 보금자리를 밤으로부터 감싸시며
그가 너를 안전하게 지키신다.

백합아, 그가 너를 옷 입히신다.
언젠가 시들 몸인 너를
보좌에 앉은 군주보다
아름답게 옷 입혀 주신다.

들어보라, 어린 믿음의 그대여
참새와 백합도 지키시고 입히시거든
하물며 주님을 믿고 바라는
그애의 간결한 호소를 듣지 않으리?

- 로버트 길버트 웰쉬

국세(國勢)조사와 행진 준비

출애굽 이후 두 번에 걸쳐 국세조사가 있었습니다. 한 번은 출애굽기 1장으로부터 4장까지에 나오고 또 다른 한번은 26장 1절부터 51까지에 나옵니다. 두 번 다 하나님의 명령에 따라서 모세에 의해 이루어졌습니다. 이것은 하나님께서 약속한 땅 가나안 정복을 앞두고 그 군세와 조직 및 군사들의 정결 등을 갖추게 하고자 하는 목적이 있었습니다.

가나안 복지로 들어가 자리를 잡기 위하여 시내 반도를 감돌아 지나가고 있을 때의 이스라엘 백성들은 애굽에서 도망쳐 나온 노예로서의 군중으로만 볼 수는 없었습니다. 여러 달 동안 마음의 준비가 있은 뒤에 그들은 질서정연하게 애굽으로부터 나올 수가 있었으며, 거룩한 시내산 밑에서 지내는 일 년 동안에 그들은 더욱 조직을 강화하여 장차 광야를 건너 가나안 복지를 정복할 수 있을 준비를 갖추었던 것입니다.

첫 번째 인원계수는 "이스라엘 자손이 애굽 땅에서 나온 후 둘째 해 둘째 달 첫째 날에"(민 1:1) 이루어졌습니다. 여호와께서 명령하신 대로 모세와 아론은 각 지파에서 한 사람씩 열 두 명의 두령을 선택하여 이 일을 돕게 하였습니다. 그들의 이름은 다음과 같습니다. 르우벤 지파의 엘리술, 시므온 지파의 슬루미엘, 유다 지파의 나손, 잇사갈 지파의 느다넬, 스불론 지파의 엘리압, 에브라임 지파의 엘리사마, 므낫세 지파의 가말리엘, 벤냐민 지파의 아비단, 단 지파의 아히에셀, 아셀 지파의 바기엘, 갓 지파의 엘리아삽, 납달리 지파의 아히라 등 12명이었습니다(민 1:5-15). 이 열 두 명은 그 조상 지파의 족장으로서 이스라엘 천만인의 지휘관이었습니다. 이들의 지도에 따라서 각기 가족과 종족 및 계통을 따라서 이 십 세 이상을 등록케 하였습니다. 시내 산 지파별 국세조사의 결과는 다음과 같습니다.

시내산 국세조사의 결과

지 파 명	계수결과
르우벤	46,500
시므온	59,300
갓	45,650
유 다	74,600
잇사갈	54,400
스불론	57,400
에브라임	40,500
므낫세	32,200
베냐민	35,400
단	62,700
아 셀	41,500
납달리	53,400
총계	603,550

이 통계표에 따르면 20세 이상 싸움에 나갈 만한 사람만 계수한 총수는 603,550명이었습니다. 이 수에는 싸움을 할 수 없는 신체불구자들 즉 장님, 절름발이, 혹은 만성적인 질병을 앓고 있는 자들은 제외되었습니다. 그럼에도 불구하고 이 수는 몇 달 전에 그들을 계수했을 때(출 38:26) 산출된 것과 동일한 수였습니다. 물론 그때는 레위인들이 포함되어 있었습니다. 그런데 이제 레위 지파가 하나님을 섬기는 일을 위하여 구별되어 계수에서 제외되었는데도 그 사이에 20세에 달한 자가 늘어나서 몇 달 전과 동일한 수자가 되었던 것입니다. 그러므로 이 사실은 우리가 하나님을 높이고 섬기기 위하여 떼어낸 모든 것은 반드시 채워진다는 교훈을 우리에게 보여줍니다.

이보다 100년 전에 "유다야 너는 네 형제의 찬송이 될지라"(창 49:8)고 야곱이 예언한 유다 지파가 가장 수가 많았다고 하는 것은 재미있는 일입니다. 그리고 또 야곱이 두 손자를 축복할 때에 므낫세보다 에브라임을 먼저 축복하려는 것을 보고 그들의 아버지 요셉이 반대하여서, 야곱이 "그도(므낫세도) 한 족속이 되며 그도 크게 되려니와 그 아우가 그보다 큰 자가 되고 그의 자손이 여러 민족을 이루리라"(창 48:19-20)고 하였는데, 그 에브라임 지파가 므낫세 지피보다 수가 많았다고 하는 것은 더욱 재미있는 일입니다.

각 지파를 따로 따로 계수한 후에 열 두 지파의 계수함을 입은 자의 총수가 603,550이었으니까, 만일에 싸움할 수 있는 자 한 사람에 싸움할 수 없는 사람 세 명이나 네 명쯤 있었으리라고 생각한다면 당시 이스라엘 백성의 총수는 약 200만쯤이나 되었을 것입니다. 그렇게 많은 수효의 사람들이 양과 가축의 떼와 함께 사십 년 동안이나 시내 광야에서 살았다고 하는 것은 쉬운 일이 아니었을 것입니다. 그러나 그들이 언제나 한결같이 한 곳에 모여 산 것이 아니라 시내 반도 전체에 널리 퍼져서 살았으며 시내 반도도 어떤 부분은 땅이 비옥하여 경작에 적합하였으리라고 생각합니다. 아무튼 한 가지 중요한 것은 여러 가지 기적적인 방법으로 식량과 음료수가 그들에게 보급 되었다는 것입니다. 이 점이 매우 중요합니다.

이 군대 점호로부터 한 지파만은 제외되었는데 그것은 레위지파입니다. 이 지파 사람들은 종교적인 일을 수종드는 사람들로서 장막을 맡게 되었습니다. 이와 같이 레위인들은 싸움을 할 수 있는 자로는 계수되지 않았으나 그들은 따로 더욱 철저하게 등록되었으니 즉 그들은 이 십 세 이상이 아니라 "일개월 이상 된 남자"(민 3:15)는 다 등록되었습니다. 그들은 이스라엘의 열 두 지파 가운데서 다른 지파보다 더 뚜렷하게 드러나는 지위를 차지하였습니다.

이스라엘 백성들이 이렇게 계수한 후 진을 치거나 행진하는 경우에 갖는 차례는 균형되고 주의 깊게 작성되었는데 그 중심은 성막 또는 집회막이었습니다. 이것을 중심으로 하고 그 주위에 열 두 지파가 자리를 잡았습니다. 그러니까 성막은 하나님께서 그의 백성들 가운데 계신 것을 상징하는 표가 되었습니다.

성막의 출입구에서 가장 가까운 동편에는 모세와 아론과 그의 자손들의 장막이 있었고, 다른 삼 면으로 성막 인접한 곳에는 레위 사람들의 장막이 있었습니다. 그리고 조금 떨어져서 한 편에 한 그룹씩 네 그룹이 사면으로 놓여 있었는데, 세 지파씩 한 그룹이 되어 있었습니다. 이 세 지파가 모여서 된 한 그룹이 말하자면 한 사단 격이 되었는데, 사단마다 임명된 사령관과 그 자체의 군기 및 독특한 휘장이 있었습니다. 유다지파는 영예스러운 자리에 배치되었는데, 그것은 성막 동편에 있었으며 잇사갈과 스불론 두 지파와 함께 진을 쳤습니다. 남쪽에는 르우벤 지파가 시므온과 갓 지파가 한 사단을 이루어 진을 치고 있었습니다. 서쪽에는 에브라임 지파와 므낫세 지파 및 베냐민 지파가 한 그룹을 형성하여 진을 쳤고, 북쪽에는 단 지파와 아셀 및 납달리 지파가 한 그룹을 이루어 진을 치고 있었습니다.

각 지파를 이렇게 배치한 것은 조상 상호간의 관계에 따른 것이었습니다. 이스라엘 자손들은 야곱의 네 여인에게서 난 사람들입니다. 그러니까 같은 여인에게서 난 자손들은 가급적이면 같은 사단에 속하도록 배치를 한 것입니다. 동쪽 진은 레아의 아들들 즉 유다, 잇사갈, 스불론 지파로 구성되었습니다. 잇사갈과 스불론 지파는 유다보다 어린 동생들이었기 때문에 유다 지파 아래 있기를 꺼려하지 않았습니다. 유다의 형들인 르우벤과 시므온 지파는 동생 유다 지파의 진영의 위치에 불만을 품었을 것입니다. 그래서 야곱의 장자 르우벤 지파가 다음 편대의 우두머리가 되었습니다. 이렇게 해서 레아의 남은 두 아들, 르우벤과 시므온 및 그의 몸종 실바의 아들 갓 지파가 남쪽 진영을 이루게 되었습니다. 서쪽 진은 전부가 라헬의 아들들 요셉, 베냐민, 므낫세로 구성되었고, 북쪽 진은 빌하의 소생인 단과 납달리, 그리고 여종 실바의 아들인 아셀 지파가 함께 구성되었습니다.

이와 관련해서 또 한 가지 주의할 점은, 그들이 가나안을 정복한 한 후 열 두 지파에게 땅을 분배할 때에 이러한 가족 관계를 참작하였다는 것입니다. 잇사갈과 스불론은 인접한 지역을 차지하였으며, 르우벤과 갇은 요단강 동편에 같이 살게 되었으며, 벤냐민과 에브라임과 므낫세도 가까이 인접해 있었으며, 아셀은 납달리와 접경하였습니다.

군대가 움직일 때에 행군하는 순서도 이와 같은 구분으로 하였습니다. 선두에는 유다가 잇사갈과 스불론과 함께 섰으며, 그 다음에는 레위지파 사람들이 성막을 분해하여 한 부분씩 들고 따랐으며, 그 다음에는 르우벤의 사단이 따랐고, 그 뒤에는 성막 안의 여러 가지 기명을 든 레위지파 사람들이 따랐고, 마지막으로 에브라임과 단의 사단들이 따랐습니다.

레위지파 안에는 세 파가 있었는데 그들은 게르손과 고핫과 므라리였습니다. 그 중에서 가장 뛰어나는 집안이 고핫의 후손이었는데 모세와 아론도 여기에 속하였습니다. 이 형제 중 하나인 모세는 하나님께서 준비하시고 임명하셔서 이스라엘의 지도자와 구원자와 입법자가 되게 하셨습니다. 그가 맡은 임무란 역사상 유례가 없는 독특한 것이었습니다.

아론과 그의 자손들에게는 제사장의 성직이 맡겨졌습니다. 이 제사장직의 모든 귀중한 기능은 예배지침서인 레위기에 기록되어 있습니다. 이 직분은 어찌 거룩한 것이었는지 아론의 자손 이외의 이스라엘인이 이 직분의 기능을 행사하려고 하다가는 죽음을 당하고 말았습니다. 사실로 아론의 두 아들, 나답과 아비후는 의식에 관한 율법을 무시하다가 생명을 빼앗기고 말았습니다.

행군을 준비할 때에는 성막을 들되 광야를 여행하는 동안에 상하지 않도록 그 각 부분품을 잘 보호하지 않으면 안 되었습니다. 성막 안에는 제사장들만이 들어갈 수 있었기 때문에 아론과 그의 아들들이 법궤를 포장으로 덮고 그 다음에는 해달의 가죽 덮개로 싸고 또 그 다음에는 청색 보자기로 가리웠습니다. 그와 마찬가지로 진설병의 상을 덮는 데도 청색 보자기가 사용되었습니다. 또한 그 상 위에 놓이는 대접들과 진설병은 홍색 보자기와 해달의 가죽으로 덮었습니다. 그와 같은 방법으로 금등대와 그 밖의 모든 기명들도 덮은 후에 메는 들채 위에 두었습니다. 금단도 이와 같은 방법으로 덮었으며, 마지막으로 놋으로 만든 제단도 재를 버린 다음에는 자색 보자기와 해달의 가죽으로 덮고 나서, 금단이나 진설병의 상이나 꼭 마찬가지로 그 채를 꿰어 레위 사람들이 어깨에 메고 갈 수 있도록 하였습니다. 이 모든 것의 준비가 완료되기 전에는 레위 사람들도 가까이 와서는 안 되었습니다. 준비가 끝난 다음에는 그들이 와서 각각 그 집안과 개인이 맡은 대로 임무를 수행하였습니다.

1,2차 국세조사 비교 증감표

지파명	계수(결과)
르우벤	-2,770
시므온	-37,100
갓	-5,150
유다	+1,900
잇사갈	+9,900
스불론	+3,300
에브라임	-8,000
므낫세	+20,500
베냐민	+10,200
단	+1,700
아셀	+11,900
납달리	-8,000
총계	-1,820

이스라엘 백성이 막 광야를 떠나려고 할 때, 제이차 국세조사가 있었습니다(민 26:1-51). 그들의 총수는 60만이 좀 넘었는데 이것은 제일차와 거의 같은 수자입니다. 다음 도표에서 보듯이, 일곱 지파는 인구가 늘었고 다섯 지파는 줄었습니다. 그들은 같은 순서로 호명되었는데, 므낫세 지파만은 에브라임 지파보다 커져서 전보다 순서가 바뀌었습니다. 시므온 지파가 가장 많이 줄었는데, 아마도 시므온 지파는 가장 큰 죄를 범한 자 시므리가 염병으로 벌을 받을 때에, 그와 함께 범죄한 자들이 많아서 결국은 많은 인명의 손실을 당한 듯합니다.

그러나 이스라엘 군대의 제일차와 제이차 점호 사이에는 놀라운 차이가 있습니다. 여호수아와 갈렙 두 사람의 이름만이 싸움할 수 있는 자의 명단에 들어 있었다는 것입니다. 그러니까 60만 이상의 사람들이 광야에서 배교와 불순종으로 멸망을 받았습니다. 그러나 이 둘째 번 계수는 과거를 정리하는 성격의 것이 아니라 장래를 계획하는 성격의 것이었습니다.

이 국세조사에는 두 가지 이유가 있었습니다. 하나는 가나안 땅을 정복하는 날에는 그것을 각 지파가 나누어 가져야 되겠는데, 그것은 각 지파의 인구에 비례해서 하기 위한 것이었습니다. 또 다른 이유는 먼 장래를 내다보는 것이었습니다. 이스라엘 앞에는 위대한 장래가 약속되어 있는데, 이 백성들이 연합하여 아브라함의 후손들임을 자랑스럽게 여기도록 가르쳐 주기 위한 것이었습니다.

일이차에 걸친 국세조사를 통하여 우리가 배울 수 있는 것은 순종할 때는 하나님께서 끝까지 보호하고 인도하지만 불순종할 때는 버리신다는 사실입니다. 순종은 역사를 바꾼다는 말이 이 이야기를 통하여 입증됩니다.

〈잠깐 쉬며 묵상하는 코너〉

당신의 생명으로 내가 살기에

내가 하나님을 사랑합니다.
그러나 내게 있는 사랑으로써가 아닙니다.
내게는 드릴 아무것도 없기 때문입니다.
주님, 당신을 사랑합니다.
그러나 모든 사랑은 당신의 것입니다.
당신의 생명으로 내가 살기 때문입니다.
아무것도 아닌 것으로 내가 존재하며
당신 안에서 비워지고 죽어가며 그리고 심키워지기를
기뻐하나이다.

주여! 당신만이 당신의 자녀들이 원하는 모든 것입니다.
그 외에는 아무것도 없습니다.
당신으로부터 축복의 강물이 흐릅니다.
당신 안에 축복받은 자가 살며
생명의 샘, 완전한 은총, 우리의 근원, 우리의 세계 그리고,
우리의 거할 곳이 바로 당신 품입니다.

– 잔 마리 귀용

여호수아와 가나안 정복

여호수아와 가나안 정복이야기는 여호수아서 1장으로부터 12장까지에서 찾아볼 수 있습니다. 여호수아("하나님은 구원이시다"라는 뜻)는 이스라엘 광야에 있는 동안 군대를 이끌 지도자로 선택되었고, 열두 명의 가나안 정탐꾼 중에서 하나님의 도우심으로 이스라엘이 그 땅을 정복할 수 있다고 믿었던 두 사람(여호수아와 갈렙) 중의 하나였습니다. 하나님께서 그들의 그런 믿음을 보시고 보상하였으므로, 애굽에서 출생한 모든 이스라엘 사람들 중 그들만이 살아서 가나안을 정복하게 되었습니다.

모세가 죽은 뒤(수 1:1), 그의 시종(侍從) 눈의 아들 여호수아는 하나님의 명령을 받들어 이스라엘 사람들을 가나안으로 인도하게 됩니다. 가나안은 이스라엘 자손들에게 하나님께서 주시기로 약속한 땅(수 1:2)으로서, 남으로는 아라비아 사막과 경계하고, 북으로는 레바논 산맥에 이르며, 동서로는 유프라데스 강에서 지중해 연안에까지 이르는 지역을 일컫습니다(창 15:18). 원래 가나안은 이스라엘 사람들의 선조인 아브라함과 이삭이 살던 곳입니다. 그러나 심한 흉년이 들어 이스라엘 사람들이 애굽으로 내려가 몇백 년을 살다가 다시 들어가려고 했을 때의 가나안은 매우 달라져 있었습니다.

이스라엘 사람들은 가나안 사람들이 매우 높은 문화생활을 하는 것처럼 보였습니다. 그들은 성벽으로 둘러싸인 도시에서 살고 있었으며 천막이 아니라 집을 짓고 살고 있었습니다. 아름답게 만든 금, 은, 청동그릇, 장식품을 사용하면서 농사도 짓고 장사도 하고 있었으므로 자기들보다 훨씬 나은 생활을 하는 것 같았습니다.

특히 그중에서도 그 입구에 있는 여리고 성은 튼튼한 성벽으로 둘러싸여 있었고 그 수비가 대단히 엄중했습니다. 여호수아는 하나님의 도우심을 굳게 믿고 그 성을 쳐들어가기 전 두 사람을 뽑아 그곳을 정탐하고 오게 하였습니다. 두 사람은 여리고 성벽 주위를 여기저기 살펴보았습니다. 저녁이 되자 정탐꾼은 성벽 위에 있는 한 집으로 들어갔습니다. 그 집은 라합이라는 기생의 집(수 2:1)이었습니다. 수상한 사람이 라합의 집으로 들어가는 것을 보고 어떤 사람이 여리고 왕에게 일렀습니다. 여리고의 왕은 두 사람의 첩자가 스며들었다는 정보를 듣고 놀라서 라합의 집으로 부하를 보냈습니다.

"네 집에 들어간 그 사람들을 끌어내라. 그들은 이 온 땅을 정탐하러 왔느니라" (수 2:3). 여리고 왕의 부하들은 라합에게 소리쳤습니다.

그러나 라합은 정탐꾼들을 이미 숨겨 두었기 때문에 안심하고 그 부하들과 태연히 이야기를 할 수 있었습니다. "그 사람들이 내게 왔었으나 그들이 어디에서 왔는지 나는 알지 못하였고 그 사람들이 어두워 성문을 닫을 때쯤 되어 나갔으니 어디로 갔는지 알지 못합니다" (수 2:4-5).

라합이 살고 있는 집은 성벽에 붙어 있었습니다. 왕의 부하들이 성문쪽으로 사라지자, 라합은 두 사람을 창문에서 밧줄로 달아내려 주면서 그들에게 "산으로 가서 거기서 사흘 동안 숨어 있다가 뒤쫓는 자들이 돌아간 후에 길을 가라" (수 2:16)고 말하였습니다. 그들은 라합에게 "우리가 이 땅에 들어올 때에 우리를 달아 내린 창에 이 붉은 줄을 매고 네 부모와 형제와 네 아버지의 가족을 다 네 집에 모으라"(수 2:18)는 말을 남기고 떠나갔습니다. 라합은 두 사람을 멀리 떠나보낸 후 창에다 붉은 줄을 매달았습니다. 두 사람은 산에서 사흘 동안 숨어 있는 동안 왕의 부하들은 두 사람을 계속 찾았으나 찾을 수 없었으므로 하는 수 없이 포기하고 성으로 돌아갔습니다. 그러자 두 사람은 산에서 내려와 강을 건너 여호수아한테로 돌아왔습니다. 무엇을 알아보고 왔느냐고 묻는 여호수아에게 두 사람은 "이 땅 주민들이 다 너희 앞에서 간담이 녹나니"(수 2:9)라고 대답했습니다.

이 보고를 들은 이스라엘 백성들은 용기백배하여 여리고 성을 향하여 출발했습니다. 제사장들은 언약궤를 메고 앞섰습니다. 마침 추수 때였으므로 요단강은 둑에까지 물이 넘쳐흐르고 있었습니다. 그러나 언약궤를 멘 제사장들의 발이 물에 닿자마자 물은 흐름을 멈추고 둑과 같이 솟구쳐 올랐습니다. 언약궤를 멘 제사장들이 강 한복판 마른 땅에 서 있는 동안, 온 이스라엘 백성들은 마른 땅을 밟고 요단강을 건넜습니다.

이스라엘 백성들은 하나님의 지시대로 요단강에서 갖고 온 돌 열 두 개로 길갈에 기념비를 세우고 행진하여 거의 여리고 성 근처까지 나아갔습니다. 그때 여호수아가 하늘을 우러러 보니 그 곳에 칼을 뽑아 든 사람이 서 있었습니다. 그들은 하나님의 군대장관이었습니다. 여호수아는 엎드려 얼굴을 땅에 대고 절하며 "주여 종에게 무슨 말씀을 하려 하시나이까"(수 5:14)라고 물었습니다.

여호와 하나님의 군대장관은 여호수아에게 "네 발에서 신을 벗으라. 네가 선 곳은 거룩하니라"(수 5:15)고 하였습니다. 여호수아는 그대로 행하였습니다. 그런 그에게 군대 장관이 가르쳐 준 여리고 정복 방법은 사람의 상식으로서는 이해가 가지 않는 방법이었습니다. 하나님의 군대장관이 시키는 대로, 이튿날 아침 사람들은 그 성을 한 바퀴 돌며 나팔을 불었습니다. 사람들은 이 일을 엿새 동안 반복했습니다. 이레째가 되는 날 여리고 사람들은 나팔 소리와 큰 고함 소리를 들었습니다. 그러자 여리고 성벽은 형편 없이 부서져 허물어지고 말았습니다. 이스라엘 사람들은 그 성으로 쳐들어가 닥치는 대로 칼로 죽여 버렸습니다. 그러나 두 정탐꾼의 생명을 구해준 창녀 라합과 그 가족만은 약속대로 그 허물어진 성에서 구출하여 이스라엘 백성의 진지로 데리고 왔습니다. 여호수아는 성에 불을 질러 그 안에 있는 모든 것을 모조리 태워 버렸지만 라합의 목숨은 물론 세간까지 모두 찾아 주었습니다. 여리고 성의 사정을 정찰하러 갔던 두 사람을 숨겨준 공이 있었기 때문이었습니다. 실로 기생 라합은 믿음으로 구원을 얻었습니다.

미국의 시인 키서는 라합의 구원을 이루는 요소들 중의 가장 중요한 믿음에 대해서 이렇게 노래했습니다.

신 앙

신앙은 단순히 밤에
무릎을 꿇고 기도하는 것만은 아니다.
신앙은 단순히 어둠을 지나
빛으로 나가는 것만은 아니다.

신앙은 단순히 있을 수 있는
영광을 기다리는 것만은 아니다.
신앙은 단순히 죄로 가득찬
기쁨을 미워하는 것만은 아니다.

신앙은 과감한 노력이요
강렬한 모험이요
어떤 상황 아래서도
봉사할 수 있는 힘인 것이다.

키서(Samuel Ellsworth Kiser)는 펜실베이니아와 오하이오에서 교육을 받은 후 클리블랜드에서 신문기자 생활을 시작했습니다. 1900년으로부터 1914년까지 시카코 『레코드 헤롤드』(*Record Herald*)지의 편집 책임을 맡은 일이 있습니다. 그는 해학적인 필치로 유명하며 주로 패배에 직면하는 불굴의 용기를 묘사했습니다. 그의 작품으로는 『조오지』(*Georgie*), 『운전자 차알즈』(*Charles the Chauffeur*), 『한 사무직원의 연가』(*Love Sonnets of an Office Boy*) 등이 있습니다. 라합의 신앙은 키서가 노래한 바와 같이 과감한 노력이었고 강렬한 모험이었으며 가장 위급한 상황 아래서도 봉사할 수 있는 힘이었습니다.

그 후 여호수아의 명성은 온 땅에 널리 퍼졌지만, 그러나 전쟁이 쉽게 풀리지는 않았습니다. 여호수아는 하나님의 명령대로 건장한 장정 이삼천 명을 뽑아(수 7:3) 아이성을 공격케 했습니다. 그러나 어이없게도 대패했습니다. 그는 부하 장병 중에 누군가가 나쁜 짓을 하여 하나님께서 노하신 것이라고 생각하였습니다. 엄밀하게 조사해 보니 과연 그러했습니다. 여리고를 공격하기 전에, 하나님께서는 병사들에게 전리품을 멋대로 착복하지 말라고 엄격히 명령한 일이 있었습니다. 그럼에도 불구하고 아간이라는 병사가 수백 개의 금화와 은화, 그리고 아름다운 외투 한 벌을 몰래 훔쳐 숨겨두었던 것입니다. 그래서 여호와 하나님은 아골 골짜기로 아간을 끌고 가서 돌로 쳐 죽이고 금화와 은화 및 외투는 불태워버리게 하였습니다.

그 후 여호수는 다시 아이성을 공격했습니다. 이번에는 군대의 대부분은 골짜기에 숨겨두고 군사 삼만 명만 이끌고 성문을 향하여 진격했습니다. 첫 번 싸움에서 승리를 거두고 마음 놓고 있던 아이성의 군사는 이스라엘군을 얕보고 성문을 연 채 진군해 왔습니다. 여호수아는 도망치는 척하며 그의 대군이 숨어있는 골짜기까지 유인해 온 다음 기습을 가했습니다. 좁은 골짜기에서 앞뒤로 공격을 받은 아이성의 군대는 전멸했고, 아이성은 보기 좋게 이스라엘 군사에게 점령당하고 말았습니다.

이렇게 해서 이스라엘 군사는 큰 성 두 개를 손에 넣게 되었습니다. 이쯤 되니 가나안의 옛 성주들은 공포에 떨었고 이스라엘의 위세는 더욱 치솟았습니다. 아이에서 별로 멀지 않은 곳에 기브온이라는 마을이 있었습니다. 기브온 사람들은 사신(使臣)들에게 헤어진 전대와 헤어지고 찢어져서 기운 가죽 포도주 부대를 나귀에 싣고 그 발에는 낡아 기운 신을 신고 낡은 옷을 입고 마르고 곰팡이가 난 떡을 가지고 여호수아를 찾아가게 했습니다(수 9:3-5). 기브온이 가난하다는 것을 알면 여호수아가 쳐들어오지 않을 것으로 믿었기 때문입니다.

여호수아는 헌 옷을 걸치고 먼 곳에서 왔다고 하는 기브온의 사신들을 보고는 하나님의 지시도 받지 않은 채 그들과 우호관계를 맺고 그들의 목숨을 보장한다는 조약을 체결해 주었습니다. 실제로 사흘 뒤, 이스라엘 백성들이 기브온에 가보니 그렇게 먼 나라도 아니요 그렇게 가난한 나라도 아니었습니다. 속은 것이 틀림없지만, 이미 엄숙한 맹세를 했으므로 이스라엘 백성들은 그들의 목숨을 살려두는 대신 그 날로부터 나무를 패고 물을 길어 그들을 섬기게 했습니다.

남방 팔레스타인 왕들 중에서 가장 막강한 군력을 소유하고 있던 예루살렘의 왕 아도니세덱(수 10:1)은 여호수아가 기브온 사람들과 손을 잡은 것을 알고 대단히 두려워했습니다. 기브온은 부자이고 그 곳에 사는 사람들은 용감하기로 유명했기 때문입니다. 그래서 예루살렘 왕은 이웃 나라의 네 왕들과 의논해서 같이 힘을 모아 기브온을 쳐부수려고 했습니다. 기브온 사람들은 성 밖의 진지에 있는 여호수아에게 사자를 보내어 도움을 청하였습니다(수 10:6).

여호수아는 전군을 동원하여 밤새도록 진군해서 그들을 기습했습니다. 치열한 전투가 벌어졌으나 다섯 왕의 군사는 여호수아의 호된 공격을 받고 혼비백산 달아났습니다. 그는 그 남은 적들을 모두 무찌르고 여호수아는 진지로 돌아왔습니다. 그러나 하솔의 왕 야빈은 여호수아에 대한 말을 듣고 동서남북에 있는 가까운 나라들의 왕들과 손을 잡고 이스라엘 백성들과 싸우기 위해 모여들었습니다. 그 군대는 바닷가 모래

알처럼 많았으며 말과 전차도 엄청난 수였습니다(수 11:4). 그러나 하나님은 여호수아에게 말씀하시기를, "그들을 인하여 두려워 말라" 하셨습니다.

아주 큰 싸움이었으나 이스라엘 백성 이외에는 한 사람도 남지 않고 모두 죽었습니다. 그래서 여호수아는 모든 땅을 차지했고 그는 그 땅을 이스라엘의 열 두 부족에게 공평하게 나누어 주었습니다. 드디어 모든 전쟁은 끝났습니다. 여호수아는 세겜과 길갈 중간에 있는 길로에다 여호와 하나님의 성전을 세우고 이곳을 새 이스라엘 민족의 도시로 삼았습니다. 많은 나이를 먹은 여호수아는 하나님만을 섬기겠다는 백성들의 다짐을 받고 110세로 가아스 산 북쪽에서 잠들었습니다.

모세가 시작했던 약속의 땅을 찾아가는 탐구 여행은 여호수아가 그 땅을 정복함으로써 종결됩니다. 이런 의미에서 "여호수아와 가나안 정복" 이야기는 모세로부터 시작되는 설화의 한 부가물로 보기 쉽습니다. 그러나 엄격히 말하면 "여호수아와 가나안 정복" 이야기는 출애굽 설화의 필연적으로 이어지는 한 부분이 아니라, 그 자체로서 만족할 만한 종교적 가치를 가지고 있고 여호수아라는 인물을 중심으로 구성된 정복담(征服談)이라 할 수 있습니다.

"여호수아와 가나안 정복" 이야기는 표층 구조만을 보면 전쟁과 무차별한 학살을 다루는 세속적 영웅시 같이 보이지만, 심층구조를 보면 매우 심오한 종교 서사시(epic poetry)입니다. 가나안 정복은 단순히 지리적 공간을 탈취하기 위한 싸움이 아니라 영적 의미를 심화 확대시켜 주고 있는 하나님의 성전(holy war)인 것입니다. 그러므로 이교적 우상 숭배에 젖어있는 가나안으로부터 근원적 죄악을 깨끗이 쓸어버린 후 그곳을 하나님을 중심으로 하는 신민(信民)들의 주거지로 삼기 위해서는 어떤 잔악한 행위도 용납될 수밖에 없습니다.

완전한 가나안 정복이 일면 전투적인 여호수아로 말미암아 성취되었다고 하는 것은 이스라엘 백성이 처음부터 위험한 것으로 여겨서 적극적으로 배척하였던 혼합주의를 피하려는 민족적 자긍심과 의지를 표상한 것이라 할 수 있습니다. 다시 말하면 그것은 이 혼합주의, 다시 말하면 이방 종교에 동화되어 버리기 쉬운 경향을 가나안에 들어가기 전에 완전히 근절하여야 한다는 깊은 종교적 의미구조를 갖고 있다는 말입니다. 가나안 정복 후에도 혼합주의를 근절하는 작업은 계속될 수밖에 없고, 그때 비로소 여호와 하나님만이 주관하고 다스리는 성지(holy land)가 이룩된다는 신학적 의미도 또한 내포하고 있습니다. 이렇게 본다면 여호수아는 하나님의 도구로써 겉으로는 잔악해 보이지만 믿음이 강하고 죄를 죽도록 미워하는 매우 순종적인 전사(戰士)였다는 것을 알 수 있습니다.

갈렙과 그의 충성스러운 신앙

모세는 시내 산에서 가나안으로 곧장 들어가려고 계획했습니다. 그는 곧 들어가려고 시내 산의 북쪽 240km, 브엘세바의 남쪽 80km, 가나안의 남쪽 출입구인 가데스로 직행했습니다. 거기서 여호와 하나님께서는 모세에게 이런 명령을 내렸습니다. "사람을 보내어 내가 이스라엘 자손에게 주는 가나안 땅을 정탐하게 하되 그들의 조상의 가문 각 지파 중에서 지휘관 된 자 한 사람씩 보내라"(민 13:2). 그래서 모세는 열 두 지파에서 대표되는 수령들을 뽑아 가나안을 정탐하게 하였습니다.

이렇게 정탐을 보낸 일은 하나님의 섭리에 대한 신뢰와 신중을 기하는 것과는 결코 상반되지가 않습니다. 장차 정복하여야 할 땅에 대한 지식은 현명한 전략을 세우는 데 도움이 되었을 것이고, 신앙을 북돋우고 불신을 물리치는 데 힘이 되었을 것입니다. 사실상 정탐꾼들 중의 한 사람이었던 여호수아는 가나안을 정복함에 있어서 그 땅에 대한 자기의 지식을 이용하였습니다.

이들 정탐꾼을 보냄에 있어서 모세는 그들이 알아 와야 할 두 가지 중요한 사실을 강조하였습니다. 첫째는 그 땅의 가치요, 둘째는 그 땅에 사는 거주민의 힘이었습니다. "모세가 가나안 땅을 정탐하러 그들을 보내며 이르되 너희는 네겝 길로 행하여 산지로 올라가서 그 땅이 어떠한지 정탐하라 곧 그 땅 거민이 강한지 약한지 많은지 적은지와 그들이 사는 땅이 좋은지 나쁜지와 사는 성읍이 진영인지 산성인지와 토지가 비옥한지 메마른지 나무가 있는지 없는지를 탐지하라 담대하ㄴ라 또 그 땅의 실과를 가져오라 하니 그때는 포도가 처음 익을 즈음이었더라" (민 13:17-20).

이와 같은 정탐의 사명은 정확하고 충실하게 수행되었습니다. 그들은 사십 일 동안에, 남쪽 광야로부터 북쪽 하맛까지, 그리고 서쪽 산악 지대로부터 동쪽 요단강 골짜기와 대해 해변까지 전국을 답사하였습니다. 그들은 그 땅의 실과, 그 당시 처음 익은 포도 한 송이가 달린 가지를 베어 둘이 막대기에 꿰어 메고 또 석류와 무화과를 가지고 돌아와 모세에게 다음과 같이 보고하였습니다.

"당신이 우리를 보낸 땅에 간즉 과연 그 땅에 젖과 꿀이 흐르는데 이것은 그 땅의 과일이니이다. 그러나 그 땅 거주민은 강하고 성읍은 견고하고 심히 클 뿐 아니라 거기서 아낙 자손을 보았나이다" (민 13:27-28).

그들의 보고는 매우 좋은 보고이면서도 무서운 보고였습니다. "젖과 꿀" 이 흐르는 땅이라는 말은 참으로 희망과 기대를 주는 좋은 말이었지만, "성읍이 견고하고 클 뿐 아니라 거주민들은 강한 아낙 자손" 이라는 보고는 그들을 밤새도록 통곡을 하게 할 만큼 무섭고 떨리는 보고였습니다.

그러나 유다 지파를 대표하여 갔던 갈렙(Caleb)은 백성을 조용하게 하며 이렇게 말했습니다. "우리가 곧 올라가서 그 땅을 취하자 능히 이기리라" (민 13:30). 그러나 여호수아 한 사람만 찬성할 뿐 다른 사람은 갈렙의 말에 반대하며 "우리는 능히 올라가서 그 백성을 치지 못하리라 그들은 우리들보다 강하니라 하고···우리가 두루 다니며 정탐한 땅은 그 거주민을 삼키는 땅이요 거기서 본 백성은 신장이 장대한 자들이며 거기서 네피림 후손인 아낙 자손의 거인들을 보았나니 우리는 스스로 보기에도 메뚜기 같으니 그들이 보기에도 그와 같았을 것이니라"(민 13:31-33).

이러한 보고를 듣고 이스라엘의 진영 전부가 공포에 사로잡히게 되었습니다. "온 회중이 소리를 높여 부르짖으며 백성이 밤새도록 통곡하였더라. 이스라엘 자손이 다 모세와 아론을 원망하여 온 회중이 그들에게 이르되 우리가 애굽 땅에서 죽었거나 이 광야에서 죽었으면 좋았을 것을···"(민 14:1-2).

이와는 반대로 여호수아와 갈렙도 다른 열 사람과 마찬가지로 성을 높이 싼 도시와 거인들을 보았으나 이들의 말 가운데는 다른 열 사람이 잊어버린 말이 들어 있었습니다. 그것이 "여호와"라는 말이었습니다. "여호와께서 기뻐하시면 우리를 그 땅으로 인도하여 들이시고 그 땅을 우리에게 주시리라. 이는 과연 젖과 꿀이 흐르는 땅이니라. 다만 여호와를 거역하지는 말라 또 그 땅 백성을 두려워하지 말라. 그들은 우리의 먹이(밥)라. 그들의 보호자는 그들에게서 떠났고 여호와는 우리와 함께 하시느니라. 그들을 두려워하지 말라"(민 14:8-9). 다음 도표에서 보듯이 그는 여호와 하나님께 대한 경외와 그의 말씀에 대한 확신이 있었습니다. 그러므로 그들이 아무리 강하고 그 성이 아무리 견고하다고 해서 두려할 것이 없었습니다.

그러나 온 회중이 그들을 돌로 치려하였습니다. 이 충성스러운 지도자들은 이처럼 용감하게 증언했기 때문에 생명을 빼앗길 번하였으나 여호와께서 개입하셨습니다. 그의 떨리는 임재가 영광의 구름 가운데 나타났으며 군중은 놀라서 침묵과 공포 가운데 있었습니다(민 14:10).

그 때에 여호와께서는 자기가 이들의 일을 기뻐하시지 않는다는 것을 모세에게 선언하였습니다. "이 백성이 어느 때까지 나를 멸시하겠느냐 내가 그들 중에 많은 이적을 행하였으나 어느 때까지 나를 믿지 않겠느냐 내가 전염병으로 그들을 쳐서 멸하고 네게 그들보다 크고 강한 나라를 이루게 하리라"(민 14:11-12). 그러나 모세는 백성들을 위해 중보의 기도로 부르짖었습니다.

이런 고귀한 중보 기도에 대한 하나님의 응답은 이러하였습니다. "내가 네 말대로 사하노라. 그러나 진실로 내가 살아 있는 것과 여호와의 영광이 온 세계에 충만한 것을 두고 맹세하노라"(민 14:20-21). 이는 여호와 하나님의 공의와 자비를 이룰 수 있는 방법으로 응하겠다는 뜻입니다.

이런 응답에 따라서 이스라엘 백성들 중에 출애굽 할 때 당시에 이십세 이하이었던 자는 모두 용서함을 받게 되었습니다. 그들에게서 새 민족이 탄생할 것이고 하나님께서는 그들을 인도하시고 보호하시어 마침내는 약속하신 땅에까지 들어가게 하실 것입니다. 그 이외의 사람들은 사십 년 동안 광야를 방황하다가 반역죄로 인하여 죽을 것입니다. 그 중에서 여호수아와 갈렙 만은 가나안에 들어갈 것입니다.

애굽을 나올 때의 이미 나이가 들었던 어른들은 모세를 비롯해서 모든 사람들이 경솔한 행동과 불순종하는 죄로 인해 다 죽게 되지만 죽음을 무릅쓰고 하나님의 뜻을 따랐던 갈렙은 가나안에 들어가는 영광을 누리게 되는 것입니다.

또 한 번 갈렙의 충성스러운 신앙은 가나안 땅을 점령한 그 땅을 분배할 때 나타납니다. 이 이야기는 여호수아 14장에 기록되어 있습니다. 광야생활 45년간(수 14:10)을 하나님의 도우심으로 보낸 후 여호수아의 지도 아래 가나안을 마침내 점령합니다. 가나안 땅은 황폐하도록 버려두기 위하여 점령한 것은 아닙니다. 만일 가나안 땅을 주거지로 삼지 않는다면 헛되이 정복한 것이 되고 마는 것입니다. 하나님께서 모세에게 지시한 대로(민 24:53), 총사령관 여호수아, 대제사장 엘리아살, 그리고 아직 기업을 받지 못한 각 지파에서 한 사람씩 선출된 열 명의 족장들이 땅 분배를 수행하였습니다. 이 땅을 나누어 받을 지파는 모두 아홉 지파 반이었습니다. 레위 지파는 여기서 제외되었습니다. 그리고 그들이 택한 방법은 제비뽑기였습니다(수 14:2).

각 지파의 기업을 결정하기 위한 제비뽑기가 실시되기 직전에 갈렙은 여호수아 앞에 나아가 아직도 아낙 자손들이 거주하고 있는 헤브론 산지를 자기 지파에게 달라고 청하였습니다. 이 헤브론 산지를 택한 것은 그곳이 정복하기가 가장 힘든 곳이었기 때문입니다. 또한 그것은 그의 영혼이 육체와 마찬가지로 기력을 잃지 않았음을 보여주기 위함이었습니다(수 10:37). 헤브론은 이미 여호수아가 항복시켰습니다(수 10:37). 그러나 헤브론에 속한 헤브론 산지는 아직도 아낙 자손이 거주한 채 정복되지 않은 상태였습니다.

여호수아는 갈렙의 요청을 들어주었습니다(수 14:13). 여호수아는 갈렙을 축복하고, 그의 용기를 높이 사서 그의 요청을 칭찬하고 그가 요구한 바를 들어주었습니다. 여호수아는 헤브론이 갈렙과 그 후손의 기업이 된 이유를 다음과 같이 말합니다. "이는 그가 이스라엘의 하나님 여호와를 온전히 좇았음이라" (수 14:14).

갈렙 신앙의 특징

특 징	관련성구
성실함	수 14:7
온전히 순종함	수 14:8
말씀을 믿음	민 14:8
경외함	민 14:9
두려워하지 않음	민 14:9
불의를 분개함	민 14:6
영적으로 강건함	수 14:11

헤브론은 아르바의 성이었습니다. 아르바는 아낙 자손 중에서도 가장 큰 사람이었습니다(수 14:15). 그 성은 '가랏 아르바' 라고도 하는데(창 23:2), 거기서 사라가 죽었습니다. 아브라함과 이삭과 야곱은 그들이 가나안에 머무르는 동안에 대부분을 이 부근에서 살았고, 그 근처에는 그들이 묻힌 막벨라 굴이 있습니다. 갈렙은 이 땅을 점령하였을 때, 막벨라 굴 때문에 이곳으로 왔고 이 땅을 다른 어떤 곳보다도 기업으로 삼기를 원하였을 것입니다. 이 성은 제사장들에게 속한 성 중의 하나며(수 21:13), 도피성이기도 합니다(수 20:7). 갈렙이 그 산지를 소유하게 되었을 때 그는 성 주변의 땅으로 만

족하고 그 성 자체는 기꺼이 여호와의 수종자들인 제사장들에게 내주었습니다. 이 만큼 그는 여호와를 온전히 순종하고 경외하는 신앙의 사람이었습니다.

〈잠깐 쉬며 묵상하는 코너〉

그가 나를 택하셨도다

모든 은사를 주시는 분,
당신의 택하심이 가장 선합니다.
모든 것을 아시며, 영원한 사랑이신
당신 안에서 나는 안식합니다.

당신의 지혜로운 손에 이끌려
당신의 뜻 안에서 안전히 거하며
왜냐고 어떻게 해야 하느냐고
묻지 않고 가만히 기다리게 하소서.

보이지 않는 것을 믿음의 눈으로 바라보며
나를 위한 위대한 역사 위에
빛나는 영광을 바라봅니다.

– 그레이스 E. 트로이

4 사사 시대

- 옷니엘과 왼손잡이 에훗
- 여사사 드보라와 시스라와의 싸움
- 기드온과 그의 삼백 명의 병사
- 길리앗의 장사 입다와 그의 외동딸
- 투사 삼손과 들릴라
- 보아스와 효녀 룻의 사랑
- 사무엘과 그가 세운 기념비 에벤에셀

옷니엘과 왼손잡이 에훗

이스라엘 백성들은 길고도 어려운 여행과 매우 힘든 전쟁 끝에 약속된 땅에서 하나님을 섬기며 평화롭게 살게 되었습니다. 모세와 여호수아가 이스라엘 백성을 위해 행한 수고와 하나님께서 베푸신 수많은 기적들을 알고 있는 장로들이 살아 있는 동안은 별 문제가 없었습니다. 그러나 그들이 세상을 떠나 버린 뒤 이스라엘 백성들의 생활에는 변화가 일어나기 시작하였습니다. 가나안 사람의 생활풍습을 따르는 사람, 가나안 사람과 결혼하는 사람, 심지어는 가나안의 여러 잡신을 섬기는 사람까지도 생겨났습니다. 바알 신이나 아스다롯 신을 섬기기도 하였습니다.

이스라엘 백성이 이처럼 빗나간 생활을 하고 있을 때, 하나님은 그들을 깨우쳐 주시려고 일부러 주위에 있는 적들의 침략을 받게 하여 죽게 하기도 하고 때로는 적의 노예가 되게 하기도 하였습니다. 그러다가 백성이 잘못을 뉘우치고 하나님께 용서와 도움을 청하면 그들 사이에 힘

있는 지도자인 사사(Judge)를 보내어 구해 주어서 그들은 당분간 하나님을 섬기며 평화롭게 살았습니다. 그러나 다시 그들은 하나님을 저버리곤 하였습니다. 여호수아가 죽은 다음 백 칠십여 년 동안 이 같은 생활이 계속 되풀이 되었습니다. 이것을 도표로 나타내면 다음과 같습니다.

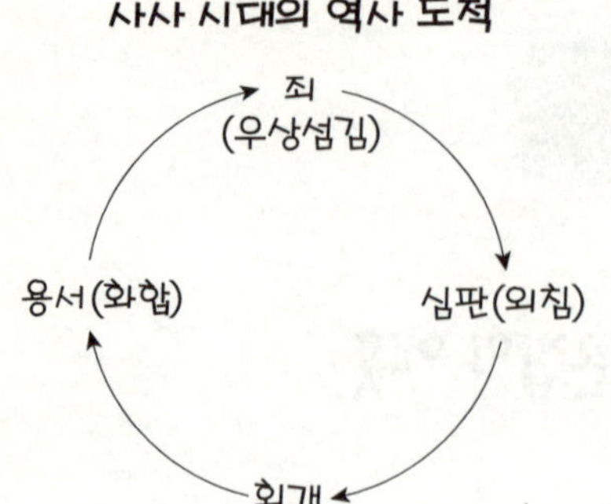

사사란 대개 자기 민족을 원수의 압박으로부터 영웅적으로 구원했다는 점과 왕국을 세우지 않고 죽기까지 집정관으로서 지배했다는 점, 즉 이 두 기능을 행사한 민족의 지도자들입니다. 그러한 이스라엘의 사사들로는 다음 도표에서 보듯이 옷니엘, 에훗, 삼갈, 드보라, 기드온, 돌라, 야일, 입다, 입산, 엘론, 압돈, 삼손을 들 수 있습니다. 사사기에는 이상 12명의 사사에 관한 기록으로서 어떤 사사에 대해서는 극히 간단하게 언급되어 있지만, 드보라, 기드온, 입다, 삼손과 같은 사사에 관해서는 세밀하게 기록되어 있습니다.

여기서는 세밀하게 기록된 사사들을 중심으로 살피면서 그 외의 사사들에 대해서도 가능한 한 자세하게 기술해보도록 하겠습니다.

이스라엘 최초의 사사가 된 기럇 세벨의 옷니엘(Othniel)은 동북쪽에서 침입한 메소보다미아(수리아) 왕 구산 리사다임을 물리치고 이스라엘의 위세를 떨친 사사였습니다. 여기서 말하는 메소보다미아는 연대상으로 보면 구 바벨론으로 추정됩니다. 사사 옷니엘은 여호와의 신에 감동되어(삿 3:10) 구산 리사다임을 물리치고 이스라엘 백성들에게 사십 년 동안 태평성대를 가져다주었습니다(삿 3:11).

옷니엘은 갈렙의 딸과 혼인했는데, 여호와께서 행하신 큰일을 보았던 옛 사람들 중의 하나였습니다. 옷니엘의 훌륭한 하나님 섬김은 행복한 결과를 가져다주었습니다. 그런데 옷니엘이 죽자 이스라엘 백성들은 마음이 해이해져서 동족끼리 싸움을 하고 하나님의 은혜를 잊고 가나안 사람들의 신들을 섬기기 시작하였습니다. 그러자 틈만 보아오던 모압 사람들은 암몬과 아말렉 사람들의 도움을 받아 이스라엘을 습격해 왔습니다(삿 3:13). 이스라엘 백성들은 대패하여 그토록 고생 끝에 손에 넣은 가나안 땅도 잃게 되고 말았습니다. 즉 모압의 나쁜 왕 에글론은 여리고 성이 있었던 곳 근처에 있던 이른바 '종려의 성읍'까지도 지배하게 되었는데(신 34:3), 그 기간은 무려 18년이나 되었습니다.

에글론 왕은 18년 동안 이스라엘을 지배하면서 이스라엘 자손들로 하여금 그들을 섬기게 하였습니다(삿 3:14). 즉 그들은 이스라엘 자손들에게 그 땅의 각양 소산이나 돈을 공물로 바치도록 강요하였습니다. 이런

이스라엘의 사사(判官)들

사사이름	소속지파	이방대적	압제기간(평화기간)	인물 묘사	관련성구
옷니엘	유다	메소보다미아	8(40)	여호와의 영이 임하여 힘을 얻고 강적을 물리쳤던 사사	삿 3:9-11
에 훗	베냐민	모 압	18	게라의 아들로서 왼손잡이로 지략이 뛰어났던 용사	삿 3:12-30
삼갈	납달리	블레셋		소모는 막대기로 블레셋 사람 600명을 죽여 이스라엘을 구원	삿 3:31
드보라	에브라임	가나안	20	종려나무 아래 거했던 여선지로서 애국심이 강했던 여사사	삿 4:4-5:31
기드온	므낫세	미디안	7(40)	여호와를 만나 기적을 직접 보고 300명 군사로 미디안 족 물리침	삿 6:1-8:35
아비멜렉	므낫세			골육을 빙자하여 세겜의 왕이 되어 부랑자들을 거느리고 다스림	삿 9:1-57
돌라	잇사갈		(23)	에브라임 산지에 살았던 사람으로서 사사가 되어 이스라엘을 구함	삿 10:1-2
야일	므낫세		(22)	길르앗 사람으로 아들이 30명이나 되고 성읍이 30개나 가졌던 용사	삿 10:3-5
입다	길르앗	암 몬	18(6)	기생의 아들로서 잡류를 거닐었던 큰 용사로 서약을 잘 지킴	삿 11:1-12:7
입산	스불론		(7)	아들 딸 각 30명을 두었던 사람으로 타국 사람들과 결혼시켜 세를 불려 사사가 됨	삿 12:8-10
엘론	스불론		(10)	스불론 사람으로서 10년 동안 사사 노릇을 했음	삿 12:11-12
압돈	에브라임		(8)	아들 40명과 손자 30명이 어린 나귀 칠십 필을 탔던 일종의 마병을 두었던 사사	삿 12:13-15
삼손	단	블레셋	40(20)	나실인으로서 힘이 센 장사였으나 도덕적인 약점으로 두 눈을 잃고 연자 맷돌을 돌렸던 사사	삿13:2-16:31
사무엘	레위	블레셋		훌륭한 종교지도자로서 사울과 다윗 왕을 세웠던 사사 겸 왕사(王師)	삼상7:15-28:3

곤경 속에서 이스라엘은 다시 하나님께 간구하였습니다. 하나님께서는 그들의 부르짖는 소리를 들으시고 에훗(Ehud)이라는 새로운 구원자를 세우셨습니다(삿 3:15).

에훗(삿 3:12-30)은 베냐민 지파 게라의 아들로 왼손잡이 용사였습니다. 마침 이스라엘 백성이 모압 왕 에글론에게 바치는 조공을 에훗이 갖고 가게 되었는데, 그는 한 자 남짓(한 규빗) 되는 좌우에 날선 칼을 만들어 우편 다리 옷 속에 차고 갔습니다(삿 3:15-16). 에훗은 비계덩이처럼 살찐 뚱보 왕 에글론 앞에 나아가 조공을 바친 후 은밀히 드릴 말이 있다고 아뢰었습니다(삿 3:19).

왕은 에훗의 말을 듣고, 부하들을 모두 밖으로 물러가게 했습니다. 왕은 여름 별장 다락방에 홀로 앉아 있었습니다. "내가 은밀한 일을 왕에게 아뢰려 하나이다" (삿 3:19). 이 말을 듣자마자 왕은 자리에서 일어섰습니다. 그때 에훗은 왼손으로 우편 다리에서 칼을 빼어 왕의 몸을 찔렀습니다. 살이 너무 찐 왕이었으므로 칼자루까지 뱃속으로 들어가 기름이 칼날에 엉기었습니다. 에훗은 다락방을 나오면서 문을 자물쇠로 잠갔습니다. 에훗이 사라지고 난 뒤 왕의 부하들이 돌아왔습니다. 그러나 자물쇠가 채워져 있는 것을 보고 변소에서 뒤를 보고 있거니 생각하여 기다리기로 했습니다. 그러나 아무리 기다려도 문이 열리지 않았습니다. 열쇠를 가져와 문을 열어 보니 왕은 죽어 있었습니다(삿 3:24-25).

에훗은 그 곳을 빠져나와 우상들이 서 있는 곳을 지나 스이라로 도망쳤습니다. 그 곳 에브라임에 이르러 에훗은 나팔을 불어 이스라엘 백성을 모아 모압 진영을 쳐서 이겼습니다. 그 후 80 년 동안 세상이 평온하였다고 합니다. 이와 같이 에훗은 영웅적으로 이스라엘 백성을 모압의 압제로부터 구출했던 것입니다(삿 3:30).

이스라엘 사람들은 그 후에도 몇 번인가 주위에 있는 나라와 싸웠는데, 제일 귀찮은 적은 해안 지방에 있는 블레셋 사람들이었습니다. "팔레스타인" 이라는 말은 불레셋(Philistine)에서 나왔습니다. 그들은 문화가 진보된 민족으로 전쟁에 사용하는 무기도 새로운 것을 가지고 있었습니다. 이스라엘 백성의 무기는 나무 방패와 돌촉이 박힌 화살이 고작이었는데, 블레셋 사람들은 구리 방패와 쇠로 만든 칼 외에 말이 끄는 전차까지 가지고 있었습니다. 한번은 블레셋 군대가 쳐들어왔을 때 삼갈(Shamgar)이라는 사사는 한 시골 농부로서 소를 몰 때 사용하는 막대기를 가지고 블레셋 사람 600명을 죽인 일도 있습니다(삿 3:31). 그렇게 하여 이스라엘을 구했던 것입니다.

에훗이나 삼갈은 겨우살이와 같은 존재입니다. 겨우살이는 나무에 붙어 있을 때에만 뿌리도 있고, 자랄 수도 번성할 수도 있는 식물입니다. 에훗은 왼손잡이 검객입니다. 검객으로서 왼손잡이라는 것은 사실 대단한 약점일 수밖에 없습니다. 또한 삼갈도 힘없는 시골 농부에 지나지 않았습니다. 그러나 겨우살이가 나무에 붙어 있으므로 자라고 번성할 수 있듯이, 그들은 하나님을 전적으로 의지하는 사람들이었으므로 하나님께서는 그들을 들어 쓰셨습니다.

헤릭이라는 시인은 에훗이나 삼갈처럼 약한 존재인 우리 인생을 겨우살이에 비교해서 다음과 같이 노래했습니다.

하나님께

주여, 나는 뿌리도 없고, 자랄 수도
번성할 수도 없는 겨우살이와 같습니다.
그러나 그것이 그 같은 나무에
붙어 있듯이, 나도 당신께 붙어 있나이다.
그러니 내가 당신의 둘레를 휘감고 있는 한
무엇을 두려워할 필요가 있으리까?
그러나 그 나무가 쓰러져 죽는다면
하늘은 굴러 떨어질 것이고 나도
그러할 것입니다.

이 시는 로벗 헤릭(Robert Herrick, 1591-1674)의 시입니다. 헤릭은 영국의 시인이면서 성직자입니다. 런던에서 출생한 그는 케임브리지를 졸업한 후, 생애의 대부분을 시골 목사로서 보냈습니다. 성직자 시인으로서 그는 감미로움과 우아함으로 유명합니다. 그는 영국 시인 가운데서 가장 솔직한 이교시인이라 할 수 있는데, 그의 대표작으로서는 『성시집. 47』(聖詩集. 47)과 『헤스페리디이즈』(*Hesperides*, 1648)가 있습니다. 위에서 인용한 "하나님께"라는 시는 인간의 약함과 하나님의 절대 주권을 노래한 매우 훌륭한 시입니다.

하나님께서는 자신이 원하시기만 하신다면 왼손잡이든 농부든 들어서 사사와 장군으로, 어부를 사도로 만들 수가 있습니다. 무기가 미약하고 막대기가 말랐다고 해서 문제될 것은 전혀 없습니다. 하나님께서 원하신다면 소 모는 막대기가 골리앗의 칼보다 더 큰 힘을 발휘할 수가 있습니다.

여사사 드보라와 시스라와의 싸움

에훗이 죽자, 이스라엘 백성들은 다시 하나님의 말씀을 거역하는 일을 했습니다. 그래서 다음 도표에서 보듯이 하나님은 그들을 하솔에서 통치하든 가나안의 왕 야빈에게 넘겨주었습니다. 그의 조상 야빈은 여호수아에게 참패당해 살해되었으며 그의 성읍은 불타버렸습니다(수 11:1, 10). 그러나 세월이 흐른 후 그 성읍, 하솔은 재건된 것 같습니다.

야빈의 군대 지휘관은 이방 하로셋에 거주하는 시스라라고 했는데, 쇠로 만든 전차(철병거)를 무려 900대나 가지고 있었습니다(삿 4:1-2). 시스라가 전차를 이끌고 마치 풀을 베듯이 이스라엘 군을 짓밟은 후

사사 시대의 일곱 번의 압제와 구원

압 제 자	구 원 자	관 련 성 구
메소보다미아	옷 니 엘	삿 3:7-11
모 압	에훗, 삼갈	삿 3:12-31
가 나 안	드 보 라	삿 4:1-5:31
미 디 안	기 드 온	삿 6:1-8:32
미 디 안	돌라, 야일	삿 8:33-10:5
블레셋과 암몬	입다, 입산, 엘론, 압돈	삿 10:6-12:15
블 레 셋	삼 손	삿 13:1-16:31

20년 동안 야빈은 잔악하게 이스라엘 백성을 지배하며 심한 압제를 가했습니다. 압제자 야빈은 이스라엘 여인들을 더럽히는가 하면 그들의 포도밭을 파손시키거나 없애 버렸습니다. 심지어 이스라엘 백성들을 죽이기까지 하였습니다. 야빈의 역사상 유례없는 이런 압제는 다음과 같은 시구에도 나타납니다.

> 아낫의 아들 삼갈의 날에,
> 또는 야엘의 날에는
> 대로(大路)가 비었고,
> 길의 행인들은 오솔길로 다녔도다.
> 이스라엘에는 마을 사람들(관원)이 그쳤으니
> 나 드보라가 일어나
> 이스라엘의 어머니가 되기까지 그쳤도다.(삿 5:6-7)

야빈의 군사들이 어찌나 못살게 굴었던지 위의 시에서 보듯이 큰 길로 다니는 사람들이 줄었고 마을 사람들은 평지를 버리고 산지로 피해 살았던 것입니다. 이처럼 야빈의 압제가 극심한 때에 랍비돗의 아내 여선지 드보라(Deborah)가 이스라엘의 사사가 되었습니다. '드보라' 라고 하는 이름의 뜻은 '꿀벌' 입니다. 드보라에 대한 기사는 많지 않지만 다음 기록을 보면 어느 정도 그녀의 면모를 알 수 있습니다. "그는 에브라임 산지 라마와 벧엘 사이 드보라의 종려나무 아래 거주하였고 이스라엘 자손은 그에게 나아가 재판을 받더라"(삿 4:5).

드보라는 팔레스타인의 한 지역인 에브라임 산지에 살고 있었던 여성으로 남편 랍비돗('등불' 이라는 뜻)의 사랑스러운 아내였고 완전한 가정 주부였습니다. 그러나 늘 종려나무 아래서 살았다는 기록으로 미루어 보건대 그녀는 기도의 용장이요 경건한 믿음의 여선지였다는 것을 알 수 있습니다. 또한 그녀의 명성은 지혜와 명석한 재판 그리고 게릴라 전투까지 수행하는 애국적인 대담성으로 널리 알려져 있었습니다.

미국의 여류소설가 스토우처럼 드보라는 종려나무 밑에서 재판도 했지만 늘 거기서 하나님과 만났습니다. 종려나무는 하나님이 임재하시는 성소(sanctuary)의 상징으로 사용되었습니다. 스토우 부인도 드보라와 마찬가지로 하나님의 신비로운 그늘 아래서 그분과 늘 함께 하기를 원하는 마음을 다음처럼 노래했습니다.

언제까지나 당신과 함께

언제까지나 늘 당신과 함께 있으렵니다. 자주 빛 아침이
터오며, 새들이 잠을 깨고, 어둠의 그늘이 사라질 때면,
내가 당신과 함께 있으면, 아침보다도 곱고
햇빛보다도 아름답게, 상쾌한 의식은 싹트기 시작합니다.

홀로 당신과 단 둘이만 있으렵니다. 그 신비로운 그늘,
새로 태어난 자연의 침묵 속에서,
홀로 당신과 단 둘이만 있으렵니다. 그 숨 가쁜 사랑,
평온한 이슬과 아침의 신선함 속에서.

파도 한 점 없는 바다 위로 터오는 여명 속에
샛별의 모습이 드리워 있듯이,
이 고요함 속에서 당신은 나의 가슴의
물결 속에 비치는 당신의 모습만을 보리이다.

노고에 억눌려 영혼이 잠으로 기울 때면,
감기는 두 눈을 쳐들어 당신을 바라보며 기도하렵니다.
어둠 위에 드리우는 당신의 날개 밑에서 쉬는 것도 즐겁지만,
잠을 깨어 당신을 거기서 만나게 되면 더욱 기쁩니다.

이 시를 쓴 스토우(Harriet Elizabeth Stowe, 1811-1896) 부인은 유명한 비이쳐(Beecher) 목사의 딸로 『톰 아저씨의 오두막집』(*Uncle Tom's*

Cabin, 1852)을 썼습니다. 이 소설은 노예의 비참한 생활상을 그린 것으로 남북전쟁의 기운을 촉진시키는 역할을 했습니다. 그밖에 칼뱅주의의 결함을 지적한 『목사의 구애』(*The Minister's Wooing*, 1859) 등 종교, 역사, 사회를 풍자한 소설을 썼습니다. 많은 시를 쓰지는 않았지만, 위에서 든 "언제까지나 당신과 함께"라는 시는 하나님과 단 둘이만 함께 있고 싶은 마음을 사랑하는 남편과의 관계처럼 묘사했습니다.

종려나무 밑에서 늘 하나님을 만났던 드보라도 이스라엘 백성이 당한 큰 위기를 보고 분연히 일어났습니다. 그녀는 우선 하나님의 지시대로 사람을 보내어 바락이라고 하는 사나이를 불렀습니다. "이스라엘 하나님 여호와께서 이같이 명령하지 아니하셨느냐 너는 납달리 자손과 스불론 자손 만 명을 거느리고 다볼 산으로 가라. 내가 야빈의 군대 장관 시스라와 그 병거들과 그 무리를 기손 강으로 이끌어 네게 이르게 하고 그를 네 손에 넘겨주리라"(삿 4:6-7).

바락은 이스라엘 사람들 가운데 유명한 용사였지만, 시스라와 맞서 싸울 용기를 내지 못하고 이렇게 말하였습니다. "당신이 나와 함께 가면 내가 가려니와 만일 당신이 나와 함께 가지 아니하면 나도 가지 아니하겠노라"(삿 4:8). 드보라는 바락과 함께 일만 명의 군사를 이끌고 다볼 산기슭에 있는 게데스로 떠났습니다.

게데스 근처 사아난님 상수리나무 곁에 겐 사람 헤벨이 천막을 치고 살고 있었습니다. 그는 이스라엘과 동족이면서도 야빈에게 돈을 받고 정보를 파는 매수된 스파이였습니다(삿 4:11-12). 그는 이스라엘 군대가 게데스에 집결한 것을 보고 그 상황을 야빈에게 알려 주었습니다. 이 첩보를 받은 시스라는 전차 900대와 전군을 이끌고 기손 강으로 출동했습니다. 이에 비하면 이스라엘의 보병은 그 반수도 채 안 되었습니다. 드보라와 바락의 유일한 소망은 기습전이었지만 그것마저 야빈과 시스라에 매수된 스파이 헤벨의 밀고로 탐지되었던 것입니다. 이런 여러 점을 고려해 볼 때 이스라엘이 싸워 이길 승산은 전혀 없었습니다.

그러나 별들이 하늘에서 싸우고 땅이 진동하고 비가 쏟아져 삽시간에 기손 강이 범람하고 평원이 홍수의 바다가 되어 시스라의 군대는 그만 놀라 달아났습니다(삿 5:4-5). 바락은 시스라의 군사를 추격하여 모두 죽여 버렸습니다(삿 4:16). 시스라는 전차를 버리고 도보로 달아났습니다. 게데스로 달아난 시스라는 야빈 왕의 친구인 스파이 헤벨의 천막에 숨어들었습니다. 헤벨의 아내 야엘이 시스라를 나와 맞으며 "나의 주여 들어오소서. 내게로 들어오시고 두려워하지 마소서"(삿 4:18)라고 말하였습니다. 시스라가 천막에 들어오자 야엘은 이불로 그를 덮어 주었습니다.

그러자 시스라는 "내게 물을 조금 마시게 하라. 내가 목이 마르다"(삿 4:19)라고 야엘에게 요청하였습니다. 야엘은 물 대신 젖 부대를 열어 우유를 마시게 했습니다. 그리고 다시 이불로 덮어주니 시스라는 이렇게 청하는 것이었습니다. "장막 문에 섰다가 만일 사람이 와서 네게 묻기를 여기 어떤 사람이 있느냐 하거든 너는 없다 하라"(삿 4:20).

시스라가 잠이 들자 야엘은 장막 말뚝과 방망이를 들고 와서 시스라의 관자놀이에 힘껏 박아 그를 죽여 버렸습니다. 마침 바락이 뒤좇아 왔습니다. 야엘은 바락을 장막 안으로 들어오게 하여 죽은 시스라를 보여 주었습니다(삿 4:22).

이렇게 해서 이스라엘 백성들은 애국적인 여성 드보라의 도움으로 야빈의 압제로부터 벗어나 40년 동안 평화를 누리게 되었습니다. 그러나 평화 시대가 오면 반드시 백성들은 해이해져서 하나님의 은혜를 잊고 죄를 범했고, 나라는 위기에 빠졌습니다. 그럴 때마다 훌륭한 예언자와 사사가 나와서 국민을 채찍질하며 나라를 건져 주었습니다. 이처럼 사사 시대는 죄, 위기, 평화, 타락 그리고 전쟁의 반복이었습니다. 드보라의 이야기는 역사적 설화로서 사건의 연속성을 중시하고 있습니다.

기드온과 그의 삼백 명의 병사

사사기 6장-8장을 보면 사사 기드온(Gideon)에 관한 자세한 기록이 나옵니다. 므낫세 지파 출신의 기드온은 이스라엘의 유명한 사사 중의 한 사람이었습니다. 그의 아버지는 요아스였는데, 그는 가정에서 바알에 대한 예배를 계속하고 있었습니다(삿 6:25). 대부분의 이스라엘 사람들은 기들온의 아버지 요아스처럼 하나님 앞에서 우상을 섬기는 범죄를 행하고 있었습니다. 그러므로 하나님께서는 그들을 깨우쳐 회개시키기 위하여 그 주변에 살고 있던 미디안족을 가나안 땅으로 불러들였습니다.

주전 1100년경 미디안족은 가나안 땅을 침범하여 7년간이나 이스라엘 백성을 괴롭혔습니다. 그들은 이 무렵 사막에서 유목 생활을 하고 있던 베드윈(Bedouin) 사람들로, 약탈과 파괴를 일삼고 있었습니다. 그들은 한 곳에 정착하지 않고 떠돌아다니면서 무엇이나 물질적 가치가 될 만한 것이면 강탈해 달아나곤 하였습니다. 성경은 이 반갑지 않은 잔혹한 침입자들을 그림을 보듯이 묘사해 주고 있습니다.

"이스라엘 자손이 미디안으로 말미암아 산에서 웅덩이와 굴과 산성을 자기들을 위하여 만들었으며 이스라엘이 파종한 때면 미디안과 아말렉과 동방 사람들이 치러 올라와서 진을 치고 가사에 이르도록 토지소산을 멸하여 이스라엘 가운데에 먹을 것을 남겨 두지 아니하며 양이나 소나 나귀도 남기지 아니하니 이는 그들이 그들의 짐승과 장막을 가지고 올라와 메뚜기 떼같이 많이 들어오니 그 사람과 낙타가 무수함이라 그들이 그 땅에 들어와 멸하려 하니 이스라엘이 미디안으로 말미암아 궁핍함이 심한지라 이에 이스라엘 자손이 여호와께 부르짖었더라" (삿 6:2-6)

어느 날, 기드온은 숨어서 밀 타작을 하고 있었습니다. 평상시 같으면 산꼭대기에서 손으로 떨지 않고 짐승으로 하여금 밟아 떨게 하고는 쭉정이는 바람에 나려 보냈겠지만, 이처럼 위험한 때는 그럴 수가 없었던 것입니다. 산꼭대기에서 짐승으로 하여금 밀 이삭을 밟아 덜게 하다가는 근처의 미디안 사람에게 노출될 것이기 때문입니다. 마침 기드온이 숨어서 일을 하고 있을 때 하나님의 천사가 나타나 "큰 용사여 여호와께서 너와 함께 계시도다" (삿 6:12)라고 말씀 하셨습니다. 기드온은 이 말씀을 듣고 이렇게 물었습니다.

"나의 주여 여호와께서 우리와 함께 계시면 어찌하여 이 모든 일이 우리에게 일어났나이까 또 우리 조상들이 일찍이 우리에게 이르기를 여호와께서 우리를 애굽에서 올라오게 하신 것이 아니냐 한 그 모든 이적이 어디 있나이까?" (삿 6:13).

"너는 가서 이 너의 힘으로 이스라엘을 미디안의 손에서 구원하라"

"주여 내가 무엇으로 이스라엘을 구원하리이까 · · · 나는 내 아버지 집에서 가장 작은 자니이다" (삿 6:15)

"내가 반드시 너와 함께 하리니 네가 미디안 사람 치기를 한 사람을 치듯 하리라" 고 천사는 말했습니다.

그날 밤 기드온은 열 사람의 장정과 함께 거짓 신인 바알의 제단을 부쉬 버리고 그곳에 여호와 하나님의 제단을 만들었습니다. 그 이튿날 아침, 마을 사람들은 기드온이 해놓은 것을 보고 그의 아버지 집으로 몰려가서 "네 아들을 끌어내라. 그는 당연히 죽어야 하리라"(삿 6:30)고 말했습니다.

그러나 기드온의 아버지는 말했습니다. "너희가 바알을 위하여 다투느냐. 너희가 바알을 구원하겠느냐. 그를 위하여 다투는 자는 아침까지 죽음을 당하리라"(삿 6:31). 이때부터 기드온을 여룹바알이라 하였는데 그것은 기드온이 바알의 단을 훼파하였은즉 바알이 그와 더불어 쟁론하리라는 뜻입니다.

그러자 모두들 조용히 물러갔습니다. 마침 미디안 사람들이 이스르엘 골짜기에 진을 치고 있었는데, 그때 하나님의 영이 기드온을 사로잡았습니다. 그러자 그는 나팔을 불어 사람들을 불러내었습니다. 그리고는 하나님께 빌었습니다. "주께서 이미 말씀하심같이 내 손으로 이스라엘을 구원하려하시려거든 보소서 내가 양털 한 뭉치를 타작마당에 두리니 만일 이슬이 양털에만 있고 주변 땅은 마르면 주께서 이미 말씀하심같이 내 손으로 이스라엘을 구원하실 줄을 내가 알겠나이다"(삿 6:36-37).

다음날 아침 기드온이 일어나 보니 양털은 젖어 있고 땅은 말라 있었습니다. 그래도 기드온은 용기가 나지 않았습니다. 그는 또다시 하나님께 청했습니다. "주여 내게 노하지 마옵소서. 내가 이번만 말하리이다 구하옵나니 내게 이번만 양털로 시험하게 하소서. 양털만 마르고 그 주변 땅에는 다 이슬이 있게 하옵소서"(삿 6:39). 이번에도 그대로 되었습니다.

기드온은 이런 기적을 통하여 여호와 하나님께서 자기 자신과 같이 하신다는 확신을 갖게 되었습니다. 회의와 불안한 마음을 갖고서는 어떤 큰일도 할 수가 없습니다. 그래서 새뮤얼 존슨은 하나님께 힘을 달라고 다음처럼 비는 기도를 드리었습니다.

힘을 달라고 비는 기도

아버지시여, 신비로운 당신 앞에 무릎 꿇고,
우리의 영들은 기꺼이 당신의 뜨거운 사랑을 느끼렵니다.
우리는 모두 힘이 없사오니 하늘로부터
그 어떤 확신과 힘과 평정을 감명 깊게 보여 주소서.

주여, 우리는 줄곧 회의와 슬픔으로 헤매었지만,
당신은 한 걸음씩 한 걸음씩 앞으로 전진 하게 하셨습니다.
우리는 언제나 미지의 내일을 믿사오니
그 일이 끝날 때까지 우리를 떠받쳐 주소서.

맑고 거룩한 평화가 마음 속 깊은 곳에
머물고 있지만, 고통이 그 뜻을 이루는 듯 하거나
우리가 절망할 때면, 고뇌보다 더 강한
평화를 천천히 불러 일으켜 우리도 평온하게 하소서.

이젠, 아버지시여, 사랑하는 당신 앞에 무릎 꿇고,
우리들의 영은 당신의 뜨거운 사랑을 느끼렵니다.
이젠 우리들을 굳세게 하시고, 하늘로부터
확신과 힘과 평정을 감명 깊게 보여 주소서.

이 시를 쓴 존슨(Samuel Johnson, 1709-1784)은 18세기 영국의 문학가이며 저술가입니다. 그는 시와 소설 등의 창작 활동으로 18세기 문단의 중진이 되었습니다. 풍자시 "런던"(London), "인간 욕망의 허무함"(The Vanity of Human wishes)을 완성했습니다. 그 후 『라셀라스』(*Rasselas*) 등의 소설과 『영국 시인전』(*Lives of English Poets*)을 집필했습니다. 그는 문필을 가지고 45년이라는 긴 세월을 보냈지만, 그의 위대성은 오히려 그의 인간됨에 있었다고 할 수 있습니다. 존슨은 인간의 욕망을 의지하지 아니하고 하늘로부터 오는 확신과 힘과 평정을 간구했습니다.

기드온도 "너는 가서 이 너의 힘으로 이스라엘을 미디안의 손에서 구원하라" 고 여호와 하나님의 천사가 그에게 명하였을 때, 자기는 아비 집에서 가장 작은 존재라고 회의했습니다. 다시 말해서 기드온은 자기가 이스라엘의 구원자라는 사실을 믿을 수가 없었습니다. 그래서 그는 하나님이 자기와 함께 하신다는 표적을 요구했고 그 표적을 보았습니다. 이에 확신을 얻은 기드온은 다음 도표에서 보듯이 삼만 이천 명의 군사를 모아 하롯 샘 근처에 진을 치게 되었습니다.

기드온의 32,000의 추종자 분석

추종자	특 징	관련성구
22,000	두려워하는 자	삿 7:3
9,700	부주의한 자	삿 7:5-6
300	치밀하고 용감한 자	삿 7:5-6

미디안 사람들이 그 북쪽에서 언덕을 따라 골짜기 안에 모여 있었기 때문이었습니다. 그러나 하나님은 기드온에게 말씀하셨습니다. "너를 따르는 백성이 너무 많은즉 ··· 누구든지 두려워서 떠는 자는 길르앗 산을 떠나 돌아가라 하라"(삿 7:2-3).

기드온의 말을 듣고 삼만 이천 명이나 되는 병사 중에서 이만이천 명이 집으로 돌아갔습니다. 기드온은 불안해졌습니다. 그러나 하나님이 보시기에 남은 병사들도 너무 많았습니다. 하나님은 기드온에게 병사들을 이끌고 물가로 가서 물을 마시게 하라고 하였습니다. 기드온은 하나님의 명령대로 일만 명의 병사들을 물가로 데리고 가서 물을 마시라고 했습니다. 일만 명 중 구천칠백 명은 개처럼 물을 핥아 마셨고 나머지 삼백 명만이 무릎을 꿇고 손으로 물을 마셨습니다. 기드온은 삼백 명의 정병만 남기고 나머지는 모두 집으로 돌려보냈습니다.

기드온은 남아 있는 삼백 명의 병사를 백 명씩 세 부대로 나누어 싸우기로 하고 전략을 세웠습니다. 그는 한 사람 한 사람에게 나팔, 빈 항아리, 횃불을 나누어 주면서 이렇게 말했습니다. "너희는 나만 보고 나의 하는 대로 하되 내가 그 진영 근처에 이르러서 내가 하는 대로 너희도 그리하여 나와 나를 따르는 자가 다 나팔을 불거든 너희도 모든 진영 주위에서 또한 나팔을 불며 이르기를 여호와를 위하라. 기드온을 위하라 하라. · · · 여호와와 기드온의 칼이다" (삿 7:17-18, 20).

사람들이 나팔을 불며 "여호와의 칼이여, 기드온의 칼이여"라고 외치자 적은 놀라서 달아났습니다. 그 백성들은 기드온이 왕이 되기를 원했지만, 기드온은 왕위를 거절하고 고향으로 돌아와 살면서 그 곳을 여호와 하나님의 예배 중심지로 만들었습니다. 그러나 그는 노략해 온 금으로 에봇을 만들어 후일 화를 입었습니다. 기드온이 살아 있는 동안은 평화로웠으나 그 후로 이스라엘 백성들은 하나님 앞에 또다시 범죄 하였습니다.

기드온의 이야기는 성경적인 영웅주의의 개념을 잘 설명해 주는 좋은 예화라 할 수 있습니다. 기드온은 이스라엘 민족이 아닌 다른 민족의 압제자와 싸워 자기의 민족을 구해낸 영웅입니다. 그의 영웅주의에는 두 가지 요소가 있는데, 그 하나는 하나님과의 대면(對面)이고 다른 하나는 남자다운 견인불발의 정신입니다. 이 두 요소는 "큰 용사여 여호와께서 너와 함께 계시도다" (삿 6:12)라고 한 천사의 진술에 의해 요약될 수가 있습니다. 동일한 뜻의 강조는 하나님께서 기드온을 불러 "너는 가서 이 너의 힘으로 이스라엘을 미디안의 손에서 구원하라. 내가 너를 보내신 것이 아니냐?" (삿 6:14)라는 말씀을 하시며 그를 이스라엘의 지도자로 임명하셨을 때 나타났습니다. 기드온 자신의 불굴의 힘과 하나님의 동사적(同事的) 역사, 이것이 그의 영웅주의를 구성하는 요소였습니다. 그러니까 성경적 영웅은 그 자신의 요지부동하는 힘도 있어야 하지만 하나님이 같이 해 주시는 특별한 사랑을 받지 않고서는 존재할 수 없습니다.

이런 요소들을 살펴보면 기드온은 대체적으로 이상적 영웅이라 할 수 있습니다. 그의 최초의 영웅적 행위는 그가 섬기던 우상과 싸우는 것으로 나타났고, 다음으로는 침략해 온 미디안 군과 전투를 벌여 승리로 이끈 사건으로 나타났습니다. 미디안 군대와 싸울 때, "여호와 기드온의 칼이다" (삿 7:20)라고 외친 이스라엘 군의 함성은 하나님과 인간이 합세하여 이상적 영웅주의의 개념을 단적으로 표현해 준 것이라 할 수 있습니다.

대부분의 성경적 설화가 그렇듯이 기드온의 이야기에도 가벼운 비극적 사건을 내포하고 있습니다. 그것은 미디안 군을 정복한 후 전리품 가운데서 금 고리를 모아 에봇(ephod)를 만든 것입니다. 그 후의 역사에 있어서 에봇은 우상 숭배의 대상이 되었고, 그래서 그것은 기드온과 그의 집안에 올가미가 되었던 것입니다(삿 8:27). 이런 비극적 사건에도 불구하고 기드온의 이야기는 전통적인 영웅 설화와 흡사합니다.

일반적으로 아킬레스와 같은 전통적 영웅은 자신의 독자성을 의존하며 육체적 힘과 용기를 무엇보다 중시합니다. 그는 자신의 명예를 얻기 위해 싸우고 그 명예는 전투에서 세운 용감한 훈공(勳功)을 통하여 얻게 됩니다. 또한 그는 과장된 연설을 하여 모든 주의를 그 자신의 능력에 집중시키려고 합니다. 기드온은 이와 흡사한 영웅상을 보이고 있기는 하지만 그 특성은 정반대로 나타나는 것을 볼 수 있습니다.

전통적 영웅은 왕족이거나 신의 후예로 되어 있지만, 기드온은 그의 부족 중에서도 가장 약하고 그의 가문 중에서도 가장 낮은 자로 자기를 묘사하고 있습니다. 다만 그에게는 그를 영웅적으로 만드는 하나님의 지속적인 힘이 있을 뿐입니다. 그가 이스라엘을 구했다면 그것은 기드온 자신의 능력과 힘 때문이 아니라 하나님이 그와 함께 했기 때문입니다. 그래서 기드온은 자신의 영웅적 행위와 용기에 의존하는 것이 아니라, 하나님의 도우심을 믿는 것입니다. 그가 왕위권을 거절한 것도 결국은 참된 구원자는 하나님이시므로 그가 통치해 주실 것으로 믿었기 때문입니다. 흔히 전통적인 서사시에서는 영웅에게 영광과 명예를 돌리지만 기드온은 그 영광을 하나님께 돌리고 있습니다. 이런 의미에서 기드온은 반영웅(anti-hero)이라 할 수 있습니다. 그러나 그는 하나님을 신뢰하는 영적인 영웅이었고, 이 이야기 속에는 이런 영웅주의의 개념이 깔려 있습니다.

길르앗의 장사 입다와 그의 외동딸

돌라(Tola)와 야일(Jair), 이 두 사사가 다스리던 동안은 평온하고 태평하였습니다. 그러므로 그들은 별로 두각을 나타내지도 못하였습니다. 그렇기 때문에 사사기에도 그들에 관한 기록은 조금밖에 남아 있지 않습니다. 그렇지만 그들은 하나님의 부르심을 받은 사사들로서 아비멜렉처럼 왕의 위엄을 요구하거나 자기들의 영예를 구하지 않고 소명만 충실하게 감당한 사사들이었습니다.

이스라엘 백성들은 적의 공격을 받아 어려움을 당할 때마다 하나님께 구해달라고 부르짖었지만, 평화로울 때면 번번이 하나님을 저버리고 우상을 섬기며 살았습니다. 돌라와 야일이 죽자 이스라엘 사람들은 예외 없이 하나님 앞에서 범죄 하며 우상을 섬겼습니다. 그래서 하나님께서는 요단 강 건너편에 있는 암몬 족을 가나안 땅으로 끌어들였습니다. 그 암몬 사람들은 이스라엘을 침입하여 십팔 년 동안(삿 10:8) 억압하며 괴롭혔습니다. 고통을 견디다 못해 이스라엘 사람들은 하나님께로 마음을 돌리고(회개) 도움(구원)을 요청하였습니다. "우리가 우리 하나님을 버리고 바알들을 섬김으로 주께 범죄 하였나이다"(삿 10:10).

하나님께서는 노하시어 이스라엘 백성들에게 이렇게 말씀하셨습니다. "너희가 · · · 가서 너희가 택한 신들에게 부르짖어 너희 환난 때에 그들이 너희를 구원하게 하라"(삿 10:13). 이스라엘 사람들은 하나님께 매어달려 이렇게 애원했습니다. "우리가 범죄 하였사오니 주께서 보시기에 좋은 대로 우리에게 행하시려니와 오직 주께 구하옵나니 오늘날 우리를 건져 내옵소서"(삿 10:15).

하나님은 이스라엘 백성을 불쌍히 여기시어 그들을 도와주기로 하셨습니다. 그런데 이스라엘 백성이 암몬 사람의 손에서 벗어나려면 군대와 지휘관이 필요했습니다. 암몬 사람들이 길르앗으로 몰려와 진을 치고 이스라엘 사람들을 위협하였습니다. 그때 하나님은 그들을 도울 수 있는 힘세고 용감한 입다(삿 10:-12:)를 사사로 뽑아 세우셨습니다.

입다(Jephthah)는 이름을 알 수 없는 기생이 길르앗(Gilead)에게 낳아준 사람으로 굉장한 장사였습니다. 그는 본처의 아들들에게 쫓겨 돕(Top) 땅으로 가서 건달패들(雜類)을 모아 그들의 두목이 되었습니다(삿 11:3). 그러나 암몬이 이스라엘을 쳐들어 왔을 때 길르앗의 원로(장로)들은 그에게 나가 입다에게 간청했습니다. "우리가 암몬 자손과 싸우려 하니 당신은 와서 우리의 장관이 되라"(삿 11:6).

그러나 입다는 냉정하게 거절했습니다. "너희가 전에 나를 미워하여 내 아버지 집에서 쫓아내지 아니하였느냐. 이제 너희가 환난을 당하였다고 어찌하여 내게 왔느냐"(삿 11:7). 길르앗 사람들은 암몬 군을 무찌르면 입다를 자기들의 우두머리로 섬기겠다고 약속했습니다(삿 11:8). 어쩔 수 없이 입다는 그들의 부탁을 들어 주기로 하였습니다.

입다는 전쟁보다는 평화스러운 해결책을 모색하기 위하여 사람을 보내어 암몬 왕에게 왜 이스라엘을 괴롭히는지를 물었습니다. 암몬 왕이 대답하였습니다. "이스라엘이 애굽에 올라올 때에 아르논에서부터 얍복과 요단까지 내 땅을 점령한 때문이니 이제 그것을 평화롭게 돌려 달라"(삿 11:13). 그러나 이스라엘 사람들은 암몬 사람들의 땅을 빼앗은 적이 없었습니다. 입다는 다시 사람을 보내어 "이스라엘이 모압 땅과 암몬 자손의 땅을 점령하지 아니하였느니라"(삿 11:15)고 말했습니다. 그러나 암몬 왕은 입다의 말을 받아들이지 않았습니다.

입다는 어쩔 수 없이 싸움 준비를 할 수밖에 없었습니다. 그러나 암몬 군대와 싸워 이긴다고 하는 것은 그리 쉬운 일이 아니었습니다. 그래서 입다는 하나님께 도움을 요청하며 다음과 같이 서원했습니다. "주께서 과연 암몬 자손을 내 손에 넘겨주시면 내가 암몬 자손에게서 평안히 돌아올 때에 누구든지 내 집 문에서 나와서 나를 영접하는 그는 여호와께 돌릴 것이니 내가 그를 번제로 드리겠나이다"(삿 11:30-31).

그리고 나서 입다는 암몬 진지로 쳐들어갔습니다. 하나님께서 그들을 그의 손에 붙여 주셨으므로 입다는 암몬 군을 쳐부수고 승리를 거두었습니다. 입다가 미스바에 있는 그의 집으로 돌아왔을 때, 그의 외동딸이 소고를 잡고 춤을 추며 그를 맞이했습니다. 입다는 자기 딸이 나오는 것을 보고 옷을 찢으며 외쳤습니다. "어찌 할꼬 내 딸이여 너는 나를 참담(慘憺)케 하는 자 중의 하나로다. 내가 여호와를 향하여 입을 열었으니 능히 돌이키지 못 하리로다"(삿 11:35).

그러자 딸은 입다에게 이렇게 말했습니다. "나의 아버지여 아버지께서 여호와를 향하여 입을 여셨으니 아버지 입에서 낸 말씀대로 내게 행하소서. 이는 여호와께서 아버지를 위하여 아버지의 대적 암몬 자손에게 원수를 갚으셨음이니이다. · · · 두 달만 버려 두소서 내가 내 여자 친구들과 산에 가서 나의 처녀로 죽음을 인하여 애곡하겠나이다"(삿 11:36-37).

두 달이 지나자 입다는 그의 딸을 번제물로 드렸습니다. 그 때부터 길르앗 여인들은 매년 4일씩 입다의 딸의 죽음을 애곡하게 되었습니다. 그로부터 얼마 지나 이번에는 에브라임 장로들이 몰려와, "네가 암몬 자손과 싸우러 건너갈 때에 어찌하여 우리를 불러 너와 함께 가게 하지 아니하였느냐"(삿 12:1)하고 시비를 걸었습니다.

입다는 그들에게 이렇게 대답했습니다. "나와 내 백성이 암몬 자손과 크게 싸울 때에 내가 너희를 부르되 너희가 나를 그들 손에서 구원하지 아니한 고로 · · · 너희가 어찌하여 오늘 내게 올라와서 나로 더불어 싸우고자 하느냐"(삿 12:2-3).

결국 길르앗과 에브라임 사이에는 싸움이 벌어졌습니다. 입다는 길르앗 전군을 이끌고 나가 요단 강 나루터에서 에브라임 사람 사만 이천 명을 죽이고 승리를 거두었습니다(삿 12:6). 그 후 입다는 육년 간 다스리다 죽어 길르앗에 묻혔고, 그에게는 후계할 아들이 없으므로 그의 족속은 그만 사방으로 흩어져 버리고 말았습니다.

이 간단하고 슬픈 "길르앗의 장사 입다와 그의 외동딸"에 관한 이야기에는 입다 그 자신 뿐 아니라 딸에 관한 비화(悲話)가 들어 있습니다. 입다는 천한 기생의 아들로서 형제들로부터 쫓겨났지만 후일 그들의 지도자가 됩니다. 그것은 운명의 아니러니라 아니 할 수 없습니다.

또한 입다는 그를 멸시했던 사람들의 지도자가 된다는 것이 두려워서 하나님을 즐겁게 해 드릴 수 있는 방법으로 사람을 번제물로 드릴 생각을 했습니다. 결국 이런 앞뒤를 가리지 않은 조급한 약속은 외동딸을 번제물로 바쳐야만 하는 비극적인 결과를 가져왔습니다. 여기서도 우리는 야릇한 운명의 아이러니를 느끼지 않을 수 없습니다. 더욱 입다와 희생제물이 될 그의 딸 사이에 오고 간 매우 간단한 대화 속에서 우리는 절통한 비애와 아이러니를 맛보게 됩니다. 이런 표층구조(表層構造)로만 보면 입다의 이야기는 히브리적이라기보다는 변덕스러운 운명의 장난에 희롱당하는 인물들을 다루고 있는 그리스 비극에 가깝다고 아니 할 수 없습니다.

사사기를 보면 많은 약한 자들이 여호와 하나님께 선택되어 쓰임 받은 경우가 다음 도표에서 보는 바와 같이 많습니다. 입다도 그런 사람들 중의 하나입니다. 그는 천한 기생의 아들이지만 여호와 하나님 이외의 다른 신들을 인정하지 아니 하므로 하나님께서 그를 선택하여 크게 쓰셨습니다. 하나님을 향하여 경솔하게 입을 벌린 잘못이 있음에도 불구하고 그는 하나님의 소명(召命)을 받들어 이스라엘을 암몬 자손의 손에서 구한 신앙의 영웅이었습니다.

사사기에 나오는 약하지만 쓰임받은 자들

쓰 임 받 은 자	관련성구
왼손잡이 사사 에훗	삿 3:15-30
소몰이군 사사 삼갈	삿 3:31
헤벨의 아내 야엘	삿 4:17-22
여선지 사사 드보라	삿 5:4
농군 기드온	삿 6:11, 15
기드온의 300 무명용사	삿 7:6-23
맷돌 윗짝을 던진 무명의 한 여인	삿 9:53
기생의 아들 입다	삿 11:1-33
블레셋에 잡힌 삼손	삿 16:28-30

미국의 흑인 시인 던바아의 "찬미"라는 시에서 보는 것처럼 입다는 천민이지만 하나님께서 그 힘센 팔로 어떤 상해(傷害)도 접근하지 못하도록 막아주신 선택된 사람이었습니다.

찬 미

폭풍이 일고
검은 구름이 낮게 깔려
내 주변이 을씨년스러울 때면!

오 주여, 나는 당신께 두 눈을 쳐들며,
나의 괴로운 영혼은 당신께로 날아가
그 시간에 위로를 구합니다.

당신은 그 힘센 팔로
어떤 상해도 나에게 접근하지 못하도록 막아 주시고
어떤 일도 일어나지 않게 해주십니다. 당신은 그 목소리로
나의 놀라움을 달래 주시니, 생명의 대 전투가

치열해진다 해도, 대적이 나를 두렵게 할 수 없나이다.
당신의 가슴에 안겨
나는 슬픔과 고통을 잊고
편히 안식을 누립니다.
더 이상 죄악 된 근심에 짓눌리지 않고
당신 앞에서 영원히 축복을 받으며,
오 나의 구원의 하나님이시여!

이 시를 쓴 던바아(Paul Laurence Dunbar, 1872-1906)는 19세기 미국의 흑인 시인입니다. 그는 흑인 방언으로 흑인의 생활을 노래한 서정시인으로 알려져 있습니다. 그의 대표적인 작품으로는 『낮은 생활의 노래』(*Lyrics of Lowly Life*, 1896), 『노변의 노래』(*Lyrics of Hearthside*, 1899), 『사랑과 웃음의 노래『(*Lyrics of Love and Laughter*, 1903), 『신들의 놀이』(*The Sport of Gods*, 1903) 등과 네 편의 소설이 있습니다.

던바아는 미국에서 흑인 노예 해방 전쟁이 일어난 19세기를 "폭풍이 일고 검은 구름이 낮게 깔려 내 주변이 을씨년스러운 때"라고 사나운 일기에 비유했습니다. 이러한 처지에서 당하는 흑인의 심령에는 오직 슬픔과 고통만 가득했을 것입니다. 그러나 괴로울 때면 늘 하나님께 두 눈을 쳐들어 위로를 구하고 그의 가슴에 안겨 편히 안식을 누리게 해달라고 기도하였습니다.

입다도 이 흑인 설화자처럼 천한 기생의 아들로 태어나 이복형제들의 천대를 받고 그들의 집에서 쫓겨난 매우 불우한 존재였습니다. 그러나 그는 하나님 이외의 다른 신을 섬기지 않았습니다. 그래서 자기 동족이 어려울 때 하나님은 그를 불러 그의 나라를 구하라고 명령을 내렸습니다. 그는 그 명령을 받들어 강대한 적국 암몬 자손들의 압제의 손으로부터 구해냈습니다.

투사 삼손과 들릴라

여호수아가 죽은 뒤 유다, 시몬, 므낫세와 같은 사람들이 이어가며 나라를 다스렸지만, 삼손(Samson)의 시대는 이스라엘 역사 중에서 찾아보기 드물 정도로 매우 어둡고 무법적(無法的)인 그런 시기였습니다. 그 당시의 이스라엘 사람들 모두가 하나님 목전(目前)에서 악을 행하고(삿 13:1) 그가 싫어하는 일을 수 없이 하였기 때문에 하나님은 대단히 진노하셨습니다. 그래서 하나님께서는 그레데에서 남부 팔레스타인 지대로 이주해 온 블레셋 족속을 통해 이스라엘을 징계하시고자 하였습니다(삿 13:1). 블레셋은 그 당시로서는 체계적인 조직력과 철제(鐵製) 무기를 비롯한 우수한 물질문화를 소유한 사람들이었습니다.

이스라엘 사람들은 이런 블레셋인들의 오랜 압제를 받게 되면서, 그들은 해방을 위한 투쟁은커녕 그런 의욕조차도 갖지를 못하게 되었고 심지어 그들을 구원하고자 하는 삼손의 노력까지도 부질없는 일로 여겨 원망하고 지탄하기 일수였습니다. 삼손은 소라(Zorah) 땅에 살고 있던 단 지파 가족 중 하나인 마노아(Manoah)라고 하는 사람의 아들로서, 12

명의 사사 중에서 마지막 사사였습니다.

"투사 삼손과 들릴라" 에 관한 이야기는 사사기 13장으로부터 시작해서 16장까지에 계속됩니다. 이 이야기는 가장 복잡한 비극적 설화 중의 하나입니다. 대체적으로 고전 비극의 주인공은 다른 사람과는 다른 큰 인물들입니다. 삼손도 다른 사람과는 달리 날 때부터 그 출생이 천사에 의해서 예고되었고 태아 적부터 나실인(Nazirite)으로 성별되었던 것입니다(삿 13:4). 나실인에게 규정된 금기 사항 즉 "너는 삼가 포도주와 독주를 마시지 말며 어떤 부정한 것도 먹지 말지니라 · · · 그의 머리 위에 삭도를 대지 말라" (삿 13:4-5)는 명령으로 미루어 보건대, 그 명령은 삼손이 그 사회 속에서 구별 받은 인물이 될 것이라는 것을 예시해 준다고 할 수 있습니다. 이 나실인은 하나님 앞에서 온전한 제사로 자신을 드려 헌신 봉사한 예수 그리스도를 예표 한 것입니다(히 7:26).

삼손은 보통 사람과는 다른 정신적인 탁월성을 갖고 있었는데, 그것은 "그 아이가 자라매 여호와께서 그에게 복을 주시더니 · · · 여호와의 영이 그를 움직이기 시작하셨더라" (삿 13:24-25)라는 말씀 속에 잘 나타나 있습니다. 삼손은 정신적으로만 큰 것이 아니라 실로 육체적으로도 괴력을 지닌 영웅이었습니다. 그는 맨주먹으로 그를 공격하는 어린 사자를 죽인 일이 있고(삿 14:5-6), 여우 삼백 마리를 붙들어 함께 그 꼬리와 꼬리를 매고 홰(torches)를 취해 그 두 꼬리 사이에 달고 그 홰에 불을 켜 곡식밭으로 몰아 넣어 곡식단과 아직 베지 아니한 곡식과 감람원을 사르게 하기도 하였습니다(삿 15:4-5). 한번은 원수가 그에게 묶었던 밧줄을 불탄 삼처럼 끊은 일도 있고(삿 15:14), 나귀의 새 턱뼈를 취해서 그것으로 일천 명을 죽인 일도 있습니다(삿 15:15). 마침내 삼손은 가사(Gaza)에서 원수의 덫에 걸린 것을 알고 밤중까지 누웠다가 밤중에 일어나 성 문짝들과 두 문설주와 빗장을 빼어 그것을 모두 어깨에 메고 헤브론 산꼭대기로 간 일도 있습니다(삿 16: 1-3).

삼손은 투사요 하나님의 선택받은 나실인이었지만 어리석고 도덕적으로 매우 약한 인물이었습니다. 바로 그것이 그의 비극적 오류 또는 약점이었던 것입니다. 그의 치명적 약점은 여자와의 관계와 결부되어 있으며, 그와 관련된 여자들은 모두가 음란한 여성들이었습니다. 음란한 여인들은 사람을 꾀어서 죄짓게 하는 악의 근원으로서, 성결 된 삶을 살아야 하는 삼손으로서는 마땅히 피했어야만 했습니다. 그러나 그는 그런 여인의 꾀임에 넘어가 마침내 비참한 최후를 마치게 됩니다.

삼손의 생애에 있어서 첫 번째 위기적 상황은 딤나(Timnath)에 있는 블레셋 여인과 결혼하는 순간이었습니다(삿 14:1-4). 한번은 딤나라는 곳에 갔다가 블레셋 여인을 보고는 그만 그 아름다움에 매혹되어 그녀와 결혼하기로 마음먹었습니다. 이방인과 결혼해서는 안된다고 하는 법이 있고, 이스라엘의 구원자가 될 것이라고 하는 소명이 있었는데도 불구하고, 또한 부모들의 반대에도 불구하고, 그는 블레셋 여인을 아내로 삼기 위해 딤나로 내려갔습니다. 그는 블레셋 여인의 집에 이르러 칠일 동안 잔치를 베풀었습니다. 그때 그는 결혼 잔치에 참석한 삼십 명의 블레셋 친구들에게 "먹는 자에게서 먹는 것이 나오고, 강한 자에게서 단것이 나왔느니라"(삿 14:14)고 하는 수수께끼를 내놓았습니다. 그러나 사흘이 지나도록 아무도 그 수수께끼를 풀지 못했습니다. 그것을 본 블레셋 여인은 삼손에게 울며 매어달려 정녕 나를 사랑한다면 비밀을 알려달라고 졸랐습니다. 그래서 삼손은 그 마음이 약해져 그만 그 비밀을 알려 주었고, 블레셋 손님들은 칠 일째 되던 날에 그 아내가 일러 주는 대로 수수께끼에 대한 대답을 내놓을 수 있었습니다.

하나님의 명령을 어기면서 이방 여인과 결혼한 것이나 아내의 눈물에 마음이 약해져 수수께끼의 비밀을 알려준 것은 결국 그를 파멸로 몰고 갈 비극적 약점이 되는 것입니다. 왜냐하면 그것은 하나님의 명령을 어긴 것이요 또한 자신의 소명의식을 잃고 경솔히 행동한 것이기 때문입니다. 물론 영웅적 설화의 관점에서 보면, 그 사건은 긍정적으로 받아들일 수도 있습니다. 그 일은 하나님이 꾸민 일, 다시 말하면 이방 여인과의 결혼을 이용해서 이스라엘을 구원하고자 하시는 하나님의 의도로 이루어진 것으로 받아들일 수도 있다는 말입니다(삿 14:4). 그러나 목적이 수단을 정당화할 수는 없습니다. 블레셋을 격퇴하고자 한 목적은 하나님께로부터 나온 계획이었으나 굳이 이방 여인과 불순한 혼인을 하면서까지 그 일을 도모할 필요는 없었습니다. 결국 삼손은 자신이 사용했던 불순한 방법으로 말미암아 비참한 최후를 맞게 되었던 것입니다(삿 16:21, 30).

사실상 삼손은 아내의 눈물에 속아 수수께끼의 답을 알려준 후 곧 속은 것을 알고는 아스글론(Ashkelon)으로 내려가 삼십 명을 쳐 죽였습니다. 또한 얼마 후 삼손이 장인 집을 찾아 가서 아내를 보고자 했으나 이미 그 아내는 블레셋 친구와 결혼을 하고 없었습니다. 그는 화가 나서 앞에서도 말한 것처럼 곡식 가리뿐 아니라 베지 않은 곡식과 포도덩굴 그리고 올리브나무를 불태워 버렸습니다. 이것은 상스러운 개인적 복수의 행위로써 힘을 악용한 것이라 할 수 있습니다. 그러나 블레셋과 이스라엘 사이의 국제적 전쟁이라고 하는 맥락에서 본다면 민족적 영웅으로서 군사적 구출을 보여준 예라고 할 수도 있을 것입니다.

삼손의 육신적 약점은 가사에 있는 창녀와 통정한 사건 속에 또 다시 나타나지만(삿 16:1), 성문을 두 문설주와 빗장 째 뽑아 어깨에 메고는 그것을 헤브론 맞은편 산꼭대기에 갔다가 던져버린 그의 영웅적 행위에 의해 균형을 이루게 됩니다. “투사 삼손과 들릴라”에 관한 이야기를 단순히 비극으로 볼 때에는 이 모든 사건들이 비극적 약점이 되지만, 영웅담으로 볼 때에는 초자연적인 힘으로 이스라엘을 블레셋 적군의 손에서 구출해 낸 영웅적 행위가 될 수도 있습니다. 그러나 이 이야기는 영웅담이라기보다는 비극적 성격이 더 강한 설화라 할 수 있습니다.

삼손의 이야기에 있어서 중심이 되는 사건은 소렉(Sorek) 골짜기에 살고 있던 들릴라(Delilah)라는 여성과의 사랑이라 할 수 있습니다. 들릴라는 네 차례에 걸쳐 그의 힘이 어디서 나오는가를 알려달라고 졸라댄 끝에 그 힘이 머리에서 나온다는 것을 알게 되었습니다. 마침내 들릴라는 잠이 든 삼손의 머리를 깎아버렸습니다. 이는 "그의 머리 위에 삭도를 대지 말라"(삿 13:5)하는 하나님의 명령에 어긋나는 것으로 결국 불순종이 됩니다. 따라서 하나님은 그를 떠나시게 됩니다(삿 16:20). 홀몸으로 일천 명의 군사들을 물리친(삿 15:16) 삼손이었지만, 사랑을 빙자한 한 아리따운 여인의 끈질긴 유혹(삿 16:15)에 넘어지게 되자 하나님은 그를 떠나시게 되는 것입니다.

아래 도표에서도 보다시피 유혹의 힘은 번뇌로 나타나며 분별력을 상실케 하여 결국 범죄로 떨어지게 만들어서 하나님으로부터 분리되게 한다는 것을 알 수 있습니다.

유혹의 힘

유혹이 미치는 결과	관 련 성 구
번 뇌	삿 16:16; 사 57:20-21
분별력의 상실	삿 16:17-19; 사 44:18-19
하나님과의 분리	삿 16-20-22; 신 13:5, 9

삼손이 소렉 여인 들릴라로 말미암아 개인적 윤리적 차원의 범과(犯過)를 넘어 하나님의 사명을 망각하는 심각한 죄악을 저지르고 그 결과 무할례자들인 블레셋인들로부터(삿 15:18) 지독한 수치와 고통을 당하게 되는 데, 여기서 들릴라는 성도들을 죄악의 길로 유도하는 온갖 죄악된 육신의 정욕들을 상징하는 것으로 생각할 수 있습니다(요일 2:16).

결국 그는 블레셋의 포로가 되어 두 눈알을 뽑힌 후에 연자매를 돌리게 됩니다. 비극의 주인공은 다곤 신전의 기둥 사이에서 블레셋 사람들의 놀림감이 되지만, 마침내는 신전의 기둥을 무너뜨려 많은 블레셋 고급관리들을 죽이고 자신도 같이 장렬한 죽음을 맞습니다. 민족적 영웅이라고 하는 관점에서 볼 때 "죽인 자가 살았을 때에 죽인 자보다 더욱 많았더라"(삿 16:30)고 하는 표현에서 보듯이 그의 죽음은 일종의 승리가 될 수 있습니다.

그러나 이 이야기를 비극으로 볼 때 그는 초자연적인 힘을 자신을 위해 썼으며 여자의 유혹에 쉽게 넘어가는 약점 때문에 결국은 파멸하는 비극적인 인물인 것이 틀림없습니다. 아무리 힘센 무적의 장사라 하더라도 정신적으로 타락하고 자제력을 잃어 도덕적 약점을 극복하지 못하면 참다운 영웅이 될 수 없고 따라서 비극적 최후를 면할길이 없게 됩니다.

삼손이 하나님의 율례를 무시하고 음란한 행실에 빠졌을 때 그에게 임한 환난은 실로 엄청났습니다(삿 16: 21). 즉 그때에 하나님께서는 블레셋인들을 삼손을 심판하는 도구로 사용하였던 것입니다. 그러나 삼손이 하나님 앞에 다시금 철저히 회개하는 마음으로 부르짖었을 때에 하나님의 권능이 함께 하였고 그로 말미암아 삼손은 자신에게 맡겨진 영광스러운 사명을 수행하며 최후를 장식할 수가 있었습니다(삿 16:28-30). 삼손이 마지막으로 하나님께 부르짖어 가로되 "주 여호와여 구하옵나니 나를 생각하옵소서. 하나님이여 구하옵나니 이번만 나로 강하게 하사 나의 두 눈을 뺀 블레셋 사람에게 원수를 단번에 갚게 하옵소서" (삿 16:28)라는 최후의 기도를 드립니다.

이 최후의 기도 후 그는 힘을 얻어 다곤 신당의 기둥을 뽑아 블레셋 사람들과 함께 죽습니다. 이런 신앙의 행위는 삼손으로 하여금 그의 생명을 내놓게 하였지만, 그것으로 인해서 그는 믿음의 영웅들이 차지하였던 그 반열(班列)에 앉게 됩니다(히 11:32).

시력을 빼앗긴 채 노예가 된 삼손은 자기 자신의 비참한 처지를 애달파하며 이렇게 그의 심정을 토로하는 독백이 밀턴이 말년에 쓴 『투사 삼손』에 나옵니다.

> 오 시력의 상실, 너를 나는 불평하노라!
> 적중에서 눈이 멀다니, 오 사슬보다도
> 감옥이나 구걸이나 노쇠보다도 더 못하구나!
> 하나님이 최초로 만드신 빛이 내겐 꺼지고,
> 내 슬픔을 좀 덜어 주었을
> 온갖 여러 기쁨의 대상물을 무효로 되었도다.

이젠 최하의 인간이나 벌레보다
더 못해졌으니, 가장 천한 것들도 나보다는 낫도다.
그들은 기어가나 볼 수는 있지만, 나는 빛 속에서 캄캄히
나날의 기만과 멸시, 욕설과 학대에
노출되어 있구나. (67-76행)

삼손은 그 누구와도 비교될 수 없는 초인적인 힘을 소유한 나실인이었습니다. 나실인이란 하나님의 선택된 사람을 가리킵니다. 그는 그 당시의 강대국 블레셋으로부터 이스라엘 민족을 구할 구원자의 소명을 받은 인물이었습니다. 그러나 그는 한 여인의 눈물과 애원에 못 이겨 나약하게도 그이 힘의 비밀을 누설함으로써 그의 힘은 무력하게 되고 맙니다. 특히 그는 실명으로 인해 하나님의 최초의 창조물인 빛이 자신에게서 완전히 꺼져버렸음을 슬퍼하면서 태양과 낮에 대한 희망마저 사라져버렸음을 한탄합니다. 삼손이 잃은 시력의 상실은 단순히 육안을 잃은 것을 뜻하는 것이 아니라 생명의 본질인 빛과 미래의 희망의 상실을 의미하는 것입니다. 그러므로 빛의 상실은 생명의 상실과도 동일시되는 것입니다. 이 "투사 삼손과 들릴라"에 관한 이야기는 "죽음"으로 끝나는 이야기라는 점에서 비극이라 할 수 있습니다.

보아스와 효녀 룻의 사랑

룻기는 구약의 역사서(歷史書) 중의 하나로서 총 4장으로 이루어진 구속사(救贖史)에 편입되는 보아스와 룻의 사랑 이야기라 할 수 있습니다. 이 이야기는 사사 시대(1:1)를 배경으로 하고 있습니다. 사사 시대란 여호수아의 사후부터 왕정시대가 시작될 때까지에 해당하는 약 3세기 반가량의 기간을 의미합니다. 이 시대에는 미디안을 비롯한 이방민족의 침입이 잦았고 안으로는 우환이 밀어닥쳐 말할 수 없는 고통을 겪었던 시기입니다. 또한 우상숭배와 종교적 혼합주의 및 사회적 불의가 말로 다 표현할 수 없을 정도로 성행하고 있었던 시대였습니다.

바로 이때 베들레헴에 엘리멜렉(뜻 : "하나님은 왕이시다")이라는 사람과 그의 아내 나오미(Naomi— 뜻 : "나의 기쁨")가 살고 있었습니다. 그들에게는 말론(뜻 : "병약")과 기룐(뜻 : "소모")이라는 두 아들이 있었습니다. 엘리멜렉 일가는 유복(有福)하게 살았었으나 베들레헴 일대가 흉년으로 시달리게 되었을 때 재산을 모두 잃게 되었습니다. 그리하여 그들은 고향을 떠나 모압(Moab) 땅으로 이사를 갔습니다. 모압 땅에서 그들은 열심히 일하며 행복하게 살았습니다. 그러나 얼마 지나지 않아 돌연 엘리멜렉이 죽었습니다. 그 뒤 두 아들은 모압 여자를 아내로 맞이하였는데, 그 하나는 오르바(뜻 : "목")요, 다른 하나는 룻(Ruth— 뜻 : "우정")이었습니다. 오르바와 룻은 남편과 함께 10년 가량 열심히 살았으나 불행하게도 그녀들의 남편도 죽고 말았습니다.

그 무렵 유다 땅에는 다시 풍년이 들었습니다. 그 소식을 전해들은 나오미는 말도 잘 통하지 않는 이방 땅에서 사느니보다 고향으로 가서 사는 편이 낫겠다고 생각했습니다. 나오미는 고향으로 돌아갈 결심을 하고 어느 날 두 며느리를 불러 앉히고 이젠 "너희는 각각 어미의 집(친정)으로 돌아가라"(룻 1:8) 말하였습니다. 그러자 기룐의 아내 오르바는 정든 고향을 떠나기 싫어 모압에 남을 생각으로 떠나갔고 말론의 아내 룻은 시머어니를 어디든지 따라가겠다고 나섰습니다.

> 어머니께서 가시는 곳에 나도 가고
> 어머니께서 머무시는 곳에 나도 머물겠나이다.
> 어머니의 백성이 나의 백성이 되고
> 어머니의 하나님이 나의 하나님이 되시리니
> 어머니께서 죽으시는 곳에서 나도 죽어 거기 묻힐 것이라.
> 만일 내가 죽는 일 외에 어머니와 떠나면
> 여호와께서 내게 벌을 내리시고
> 더 내리시기를 원하나이다.(룻 1:16-17)

위에 이용한 룻의 고백에서 보듯이 구약 시대에도 이방인들이 이스라엘 백성이 될 수 있는 길은 열려져 있었음을 알 수 있습니다. 이스라엘은 여호와를 믿는 신앙 공동체였기 때문에 이방 남자는 할례를 통해서, 이방 여자는 신앙 고백을 통해서 이스라엘 백성 가운데 편입할 수 있었습니다. 이스라엘 사회는 폐쇄적이 아니라 오히려 개방적인 성격을 띠고 있었습니다. 하나님께서 이스라엘의 이방화(異邦化)는 금했으나 이방의 이스라엘화는 환영하였습니다. 룻은 그모스를 섬기는 비록 이방 여인이었지만 여호와에 대한 신앙 고백을 통해서 이스라엘 백성의 일원이 되었습니다.

룻은 시어미니 나오미를 모시고 베들레헴을 향하여 길을 떠났습니다. 그들은 긴 여행 끝에 보리 추수기(3, 4월경)에 베들레헴으로 돌아왔습니다. 따라서 대부분의 남자들은 밭으로 나가고 베들레헴 성읍에는 부녀자들만 남아 있었을 것입니다. 그러나 룻은 생계를 이어가기 위해 밭에 나가 추수하는 일꾼들 틈에 섞여서 매일 이삭을 주었는데, 공교롭게도 그 밭은 엘리멜렉의 친척벌이 되는 보아스(Boaz)의 것이었습니다. 어느 날 보아스는 밭에서 일하는 룻을 보고 한 머슴에게 물었습니다. "이는 누구의 소녀냐? 이에 사환이 대답하기를 "이는 나오미와 함께 모압 지방에서 돌아온 모압 소녀입니다"(룻 2:6)라 하였습니다. 보아스는 룻을 몹시 측은하고 귀엽게 여겨 룻에게 말하였습니다. "이삭을 주우려 다른 밭으로 가지 말며 여기서 떠나지 말고 나의 소녀들과 함께 있으라 . . . 내가 소년들에 명하여 너를 건드리지 말라 하였느니라??(룻 2:8-9). 식사때가 되자 보아스는 룻을 불러 함께 식사를 하자고 권했습니다. 보아스가 주는 밀청대를 배불리 먹고 남은 음식을 가지고 룻은 마을로 돌아왔습니다. 그날따라 룻이 주운 이삭은 보통 때 주은 1주일 분 보다도 많았습니다. 그것은 보아스가 머슴들에게 명하여 보릿단에서 이삭을 떼 내어 흘려주도록 했기 때문이었습니다.

추수하는 젊은이들이 곡식을 거두어 수레에 높이 싸놓고 그 뒤로 룻이 다른 여인들과 더불어 따라가며 떨어진 이삭을 줍는 장면은 19세시 영국의 낭만주의 시인인 존 키츠(John Keats)의 "나이팅게일에 부치는 노래"(Ode to a Nightingale)라는 유명한 시를 낳게 했습니다. 이 시의 7연만을 인용하겠습니다.

너는 죽게 태어나지 않았도다, 불멸의 새여!
어떤 굶주린 새도 너를 짓밟지 못하리라.

덧없이 흘러가는 이 밤에 내가 듣는 이 목소리는
그 옛날 황제와 어릿광대가 들었었고,
아마도 향수에 젖어, 눈물지으며 남의 땅
밀밭 사이에 서 있을 때 룻의 슬픈 가슴속으로
흘러들어갔던 바로 그 노래이리라.
이것이 쓸쓸한 선경의 위험한 바다
물거품을 향해 열려 있는 마술의 창문을
자주 요술 걸었던 바로 그런 노래이리라.

룻은 보아스가 베푼 호의에 대해 사실 그대로 시어머니 나오미에게 말했습니다. 나오미는 보아스가 룻에게 호감을 가지고 있음을 대단히 기뻐했습니다. 그래서 나오미는 보아스가 시키는 대로 하라고 룻에게 일러 주었습니다. 룻은 보아스의 따뜻한 배려 밑에서 추수가 끝날 때까지 보아스 집안의 아낙네들과 어울려 다니며 이삭을 주워 시어니를 모시며 살았습니다. 보리 추수가 끝날 무렵 나오미는 룻에게 말했습니다. "내가 너를 위하여 안식할 곳을 구하여 너로 복되게 하여야 하지 않겠느냐 · · · 보아스는 우리의 친척이 아니냐. 그가 오늘 밤에 타작마당에서 보리를 까불리라. 그런즉 너는 목욕하고 기름(향수)을 바르고 의복을 입고 타작마당에 내려가서 그 사람이 먹고 마시기를 다하기까지는 그에게 보이지 말고 그가 누울 때에 너는 그 눕는 곳을 알았다가 들어가서 그 발치 이불을 들고 거기 누우라. 그가 네 할 일을 네게 알게 하리라"(룻 3:1-3).

룻은 어머니가 이른 대로 타작마당에 숨어 있었습니다. 보아스는 실컷 먹고 마시고 나서 보리가리 옆에서 잠이 들었습니다. 룻은 살며시 나와 보아스의 발치에 누웠습니다. 한밤중에 보아스는 한기를 느껴 잠에서 깨어 보니 웬 여자가 발치에 누워 있었습니다. "네가 누구냐" "나는 당신의 여종 룻이오니 당신의 옷자락을 펴 당신의 여종을 덮으소서. 이는 당신이 기업을 무를 자가 됨이니이다"(룻 3:9). 보아스는 두려워하는 룻에게 "두려워하지 말라 내가 네 말대로 네게 다 행하리라"(룻 3:11) 하였습니다.

룻이 보아스의 발치에서 하루 밤을 보내고 아침에 일어나자 보아스는 룻에게 말했습니다. "네 겉옷을 가져다가 그것을 펴서 잡으라"(룻 3:15). 룻이 겉옷을 가져다가 펴서 잡자 보아스는 보리 여섯 됫박을 퍼 담아 주었습니다. 룻은 그것을 가지고 나오미한 테로 돌아갔습니다. 나오미는 룻의 모든 이야기를 듣고 말했습니다. "이 사건이 어떻게 될지 알기까지 앉아 있으라. 그 사람이 오늘 이 일을 성취하기 전에는 쉬지 아니하리라"(룻 3:18).

나오미와 룻은 사람들에게 엘리멜렉이 유산으로 남겨 준 밭을 팔겠다고 말했습니다. 모세의 법에는 대를 이어갈 자손이 없는 미망인의 땅을 살 권리는 미망인의 친척에게 있었으며, 그 땅을 사는 친척은 그 미망인과 결혼을 해야 하는 규정이 있었습니다. 친척 중에서도 가장 가까운 인척 순위에 따라 우선권이 주어지며, 그가 이 권리를 포기할 때에는 다음으로 가까운 친척이 그 권리를 갖게 되어 있었습니다. 엘리멜렉과 가장 가까운 친척이 자기 재산만 손해볼 것이라고 생각해서 그 권리를 포기하는 표시로 신발 한 짝을 벗어 보아스에게 주었습니다. 보아스는 그 신 발을 받아들고 장로들에게 가서 증거를 보이고 그들 앞에서 나오미의 밭을 사고 룻과 결혼을 하였습니다. 보아스와 룻은 물론 나오미도 오랫 동안 매우 행복하게 살았습니다. 룻은 보아스의 아내가 되어 아들을 낳아 그 이름을 오벳이라 했습니다. 이 오벳의 아들이 이새이고 이새의 아들이 다윗인데, 그의 혈통을 통하여 예수 그리스도가 탄생하게 되는 것입니다.

"보아스와 룻의 사랑 이야기"는 단순한 남녀의 사랑 이야기가 아니라 구속사에 편입되는 거룩한 사랑의 이야기입니다. "떡집"(house of Bread) 이라는 뜻을 갖고 있는 베들레헴은 예루살렘에서 남방으로 약 8킬로미터 떨어진 곳에 있는 고원지대로서, 영적으로는 하나님의 나라 또는 교회의 모형이 됩니다. 그런데 예루살렘의 사람들과 사사들은 우상숭배와 성적 음란 및 여호와의 명령에 순종치 않는 죄를 지었습니다

(삿 2:16-17). 출애굽하여 가나안을 점령하고 살면서 여호와 제사를 멸시하고 바알(태양신, 남근의 상징)과 아사다롯(여신, 음부의 상징)을 풍년을 들게 하는 농사의 신으로 섬긴 것입니다(민 22:41, 삿 2:13, 왕상 16:31-32). 이런 죄로 인하여 하나님은 이스라엘을 징계하셨는데, 그 내용이 곧 흉년이었습니다. 그 결과 엘리멜렉의 가족은 모압으로 이주하게 됩니다. 이것은 신자의 영적인 타락을 의미하고 완전한 세속화를 뜻합니다.

모압은 요단 건너편 사해 동편에 있는 풍요한 땅입니다. 창세기 19장 36-38절에 따르면 롯의 큰 딸이 아버지 롯에게서 낳은 아들 모압이 세운 나라입니다. 이 모압은 우상(그모스)숭배가 극심했고(민 25:29), 선민을 무척 괴롭혔으며(민 22:1-25, 대상 19:1-6), 매우 교만하고(사 16:6-7), 하나님과 관계가 전혀 없는(신 23:3) 멸망의 땅(렘 48:42, 겔 25:8-11)이었습니다. 이런 기록들로 미루어 볼 때 모압은 영적으로 이 세상과 이 세상 것들을 표상합니다. 엘리멜렉이 베들레헴에서 모압으로 이주했다고 하는 것은 일시적인 괴로움을 구실로 삼아서 축복의 땅을 버리고 이 세상으로 내려간 것을 뜻합니다. 모압으로 내려간 결과 결국 죽음과 낭패와 실망을 당하게 되었던 것입니다(사 51:12).

베들레헴이 다시 풍년들었다는 소식을 듣자마자 나오미를 따라 베들레헴으로 온 룻은 효심을 다하여 시어머니를 잘 모셨습니다. 그 일로 인하여 보리밭에 나가 이삭줍는 일을 마다하지 않았고 열심히 시어머니를 섬기다가 유력한 인물(룻 2: 1-) 보아스를 만나게 됩니다. 영적으로는 보아스는 주님의 모형이 됩니다. 그는 재산도 많고 용맹하고 존경할만한 위인었다는 점에서 유력한 인물이었던 것입니다(룻 2:1). 또한 그는 예의 바른 사람(2:14)이었습니다.

보아스가 영적으로 우리의 구속자인 그리스도의 모형이라면 룻은 그리스도의 신부인 교회요 선택받은 하나님의 백성의 모형인 것입니다. 불쌍한 사람을 안식할 곳으로 인도하는 전도자의 역할을 한 나오미의 중개로 보아스와 룻은 보리밭에서 만나 서로 사랑하게 되고 마침내 결혼을 합니다. 보아스는 아주 유력한 사람이므로 복잡한 회의와 절차를 밟지 않고도 룻을 소유할 수가 있었을 것입니다. 그러나 그는 합법적인 절차를 밟았습니다. 그것은 양심에 꺼리 끼는 일을 하지 않겠다고 하는 확고한 결의의 표시이고 하나님의 말씀을 준수하는데 모범을 보인 것입니다. 이런 합법적인 절차를 밟아 보아스와 룻은 한 몸이 되었습니다.

룻이 보아스의 품에 안기던 날 밤, 하나님은 룻의 태 속에 한 생명을 심었습니다. 태어난 아들은 나오미가 맡아 길렀습니다. 엘리멜렉의 대를 이어야 하기 때문에 법적으로는 나오미의 아들이었던 것이었습니다. 이름은 오벳이라고 지었습니다. 세월이 흘러 오벳은 성인이 되었습니다. 그의 맏아들은 이새이며 또 이새는 저 유명한 다윗 왕을 낳습니다. 다윗 왕에서 헤아려 28대손 예수 그리스도가 태어나는 것입니다. "여호와께서 이 소년 여자를 네게 후사로 주사 네 집으로 다말이 유다에게 낳아 준 베레스의 집과 같게 하시기를 원하노라"(4:12)고 기록된 대로, 룻은 베레스의 후손인 보아스를 통하여 예수 그리스도의 조상이 되는 것입니다.

성경적인 사랑의 이야기는 흔히 말하는 낭만적인 사랑의 차원을 넘어서 가정적인 여주인공을 성모(聖母)로 만드는데 최종적인 목적을 둡니다. 그것은 몇 대에 걸쳐 열거되는 다윗의 계보 등을 보아 알 수 있습니다.

다음 도표에서도 보듯이 룻은 홀시어머니를 헌신적으로 모시며 지극한 효성을 보인 여성이었으며 종교적 신심도 깊은 여성이었습니다. 그녀가 모압 사람들이 섬기던 신을 버리고 시어머니의 종교를 따른 것만 보아도 알 수 있습니다. 그리고 룻의 남편이 된 보아스는 많은 이스라엘 사람들과는 달리 모세의 율법을 지켰던 의로운 이스라엘 사람이었습니다. 즉 보아스는 레위기 19장 9-10절에서 명한 "이삭 남겨두기"와 레위기 25장 23-24절에서 명한 "기업 무르기"의 율법을 그대로 지킨 사람이었습니다. 효심이 두텁고 여호와 종교심이 강했던 룻과 주의 계명을 잘 지켰던 유력한 인물 보아스가 결혼하여 예수 그리스도의 조상이 됩니다. 이렇게 보아스와 룻의 사랑은 단순히 가정적인 차원에 머물지 않고 구속사에 편입되는 중요한 사건이라 할 수 있습니다.

현숙한 여인의 특징

특 징	관련성구
하나님을 경외함	룻 1:17
육체의 정욕을 피함	룻 3:10
부모를 공경함	룻 3:5
이웃의' 칭찬받음	룻 3:10
남편에게 선을 행함	잠 31:12
가사를 충분히 돌봄	잠 31:13-19
구제에 힘씀	잠 31:20
지혜를 갖춤	잠 31:26
남편의 칭찬과 자식의 공경 받음	잠 31:28-29
사치하지 않음	딤전 2:9-10

성경의 설화들이 우리에게 귀중한 것은 그것들이 세상에 대한 하나님의 관여하심(God's involvement in the world) 즉 그의 섭리를 생생하게 증거 해 줄 뿐 아니라 그 원리들과 소명(召命 calling)을 뚜렷하게 실례로써 보여 주기 때문입니다. 룻기의 중요성은 이스라엘이라는 작고 좁은 틀이 광대한 만민 제국의 틀 속으로 흡수되어 인류만민을 구원할 구세주가 나타난다는 약속을 구체적으로 그리고 역사적으로 표현해 준 데 있습니다. 즉 온 인류의 구세주는 이스라엘의 틀 밖인 모압 여인을 어머니로 하여 이방의 피를 타고 태어나게 됨을 강조하고 있는 것입니다.

룻 이야기의 플롯은 비극으로 시작해서 주인공이 모든 난관을 극복하고 행복한 결말로 끝내는 아주 전형적인 훌륭한 이야기의 구성을 갖고 있습니다. 주인공이 처음에는 사회로부터 소외되지만 나중에는 모든 주위 사람들의 칭찬까지 받게 됩니다. 비록 단편적이기는 하지만 룻의 이야기는 그 진행과정이 클라이맥스를 향해 점진적으로 흥미를 이끌어 나가고 있습니다. 룻기의 제1장은 이야기 배경이고, 제2장은 룻과 보아스의 초기 로맨스이며, 제3장은 타작마당에서 밤에 서로 만나는 클라이맥스이고, 제4장은 룻과 보아스가 결혼하는 행복한 결말(happy ending)이라 할 수 있습니다. 실로 문학 작품 가운데서도 이처럼 아름다운 감동을 주는 작품은 그리 많지 않습니다.

사무엘과 그가 세운 기념비 에벤에셀

모세 다음가는 이스라엘의 지도자요, 마지막 사사(삼상 7:15)였으며 모세 후의 첫 선지자였던(대하 35:18) 사무엘의 이야기는 구약 성서 사무엘서에 기록되어 있습니다. 에브라임 산악 지대에 살고 있던 엘가나라는 사람에게는 한나와 브닌나라는 두 아내가 있었습니다. 그의 남편인 엘가나는 한나를 무척 사랑했습니다. 브닌나는 아이가 있었지만 한나는 아이가 없었기 때문에 늘 한탄하며 슬픔에 잠겨 있었습니다.

어느 날 한나는 실로에 있는 엘리의 예배소로 가서 제사를 드리며 자식을 낳게 해달라고 여호와 하나님께 기도했습니다. 그리고 자식을 낳으면 평생 하나님을 섬기는 자로 바치겠다고 서원했습니다. 엘리는 기도를 드리고 있는 한나를 보았으나 조용히 입술만 움직이고 있었으므로 술취한 줄로만 알았습니다. "네가 언제까지 취하여 있겠느냐. 포도주를 끊으라" (삼상 1:14). 그러자 한나는 이렇게 대답했습니다. "나의 주여 그렇지 아니하나이다. 나는 마음이 슬픈 여자라. 포도주나 독주를 마신 것이 아니요 여호와 앞에 나의 심정을 통한 것 뿐(이니이다)" (삼상 1:15).

"평안히 가라. 이스라엘의 하나님이 너의 기도하여 구한 것을 허락하시기를 원하노라" (삼상 1:17). 엘리가 이렇게 말하자 한나의 얼굴이 밝아졌습니다. 마침내 한나는 일년만에 사내 아이를 낳아 그 이름을 사무엘이라 했습니다. 사무엘이 젖을 떼었을 때부터 한나는 엘리의 예배소로 데리고 가서 그를 돕게 했습니다.

사무엘이 섬기던 실로의 제사장 엘리에게는 홉니와 비느하스라는 두 아들이 있었는데, 그들은 제사의 제물을 훔쳐 먹기도 하고 제사 들이러 오는 여자들을 유인하여 잠자리를 같이 하기도 했습니다. 아들들이 온갖 못된 짓을 일삼고 있다는 소문을 듣고 늙은 제사장 엘리는 한탄하며 아들들을 꾸짖었습니다. "너희가 어찌하여 이런 일을 하느냐. 내가 너희의 악행을 이 모든 백성에게서 듣노라 · · · 사람이 사람에게 범죄 하면 하나님이 판결하시려니와 사람이 여호와께 범죄 하면 누가 위하여 간구하겠느냐" (삼상 2:23, 25).

그런데도 엘리의 아들들은 아버지의 말을 들으려 하지 않았습니다. 한편 어린 사무엘은 사람들의 귀여움을 받으며 무럭무럭 자랐습니다. 엘리는 늙어서 눈이 보이지 않게 되었습니다. 그러자 사무엘이 엘리의 눈의 구실을 하게 되었습니다. 어느 날 밤 엘리가 잠자고 있을 때 사무엘도 누워 있었는데 하나님의 음성이 들려 왔습니다. 사무엘은 일어나 엘리에게로 가서 "당신이 나를 부르셨기로 내가 여기 있나이다" (삼상 3:5) 라고 하였습니다.

"나는 부르지 아니하였으니 다시 누우라" (삼상 3:5). 엘리의 말을 듣고 돌아와 누웠을 때 하나님은 세 번째로 사무엘을 부르셨습니다. 사무엘이 일어나 엘리한테로 가니 엘리는 하나님께서 사무엘을 부르신 것을 알고 이렇게 말했습니다. "가서 누웠다가 그가 너를 부르시거든 네가 말하기를 여호와여 말씀하옵소서. 주의 종이 듣겠나이다 하라" (삼상 3:9).

사무엘이 돌아 와 자리에 누웠을 때 하나님은 네 번째로 그를 불렀습니다. 사무엘은 벌떡 일어나 "말씀하옵소서. 주의 종이 듣겠나이다"(삼상 3:10)라고 대답했습니다. 그러자 하나님은 사무엘에게 말씀하셨습니다. "내가 그 집을 영원토록 심판하겠다고 그에게 말한 것은 그가 아는 죄악 때문이니 이는 그가 자기의 아들들이 저주를 자청하되 금하지 아니하였음이니라"(삼상 3:13).

그런 뒤 하나님은 살아졌으나 사무엘은 잠이 오지 않아 그냥 누워 있었습니다. 날이 밝자 엘리는 사무엘을 불러 물었습니다. "네게 무엇을 말씀하셨느냐. 청하노니 내게 숨기지 말라. 네게 말씀하신 모든 것을 하나라도 숨기면 하나님이 네게 벌을 내리시고 또 내리시기를 원하노라"(삼상 3:17). 그래서 사무엘은 조금도 숨기지 아니하고 세세하게 말하였습니다.

이때부터 이스라엘 사람들은 옆의 도표에서 보듯이 사무엘을 하나님으로부터 선택받은 선지자로 믿게 되었습니다. 그 무렵 블레셋 군이 이스라엘을 쳐들어왔습니다. 이스라엘 군도 그들을 맞아 싸우려고 출동했습니다. 그러나 첫 싸움에서 이스라엘 백성은 4천명이나 죽었습니다. 그러자 사람들은 엘리의 예배소로 사자를 보내어 언약궤를 가져오게 했습니다. 그러나 이것은 하나님의 율법에 어긋나는 일이었습니다. 사자가 예배소에 닿았을 때 엘리의 두 아들이 언약궤를 지키고 있었으나 사자는 그 궤를 예배소에서 들고 나왔습니다.

사무엘의 세 직분

직 분	관련성구
제사장	삼상 2:35
선지자	삼상 3:20
왕	삼상 7:15-17

언약궤가 진지에 도착하자 이스라엘 사람들은 좋아서 함성을 울렸습니다. 블레셋 사람들은 이스라엘 백성들이 언약궤를 가지고 온 것을 알고 겁이 났습니다. 그러나 블레셋 군은 물러서지 않고 이스라엘 백성을 덮쳤습니다. 싸움이 치열했기 때문에 3만명이나 되는 이스라엘 백성들이 죽었습니다(삼상 4:10). 블레셋 군은 언약궤를 빼앗고 엘리의 두 아들

을 죽였습니다.

성문 곁 의자에 앉아 있던 엘리는 언약궤를 빼앗겼다는 말을 듣고 뒤로 넘어져 목이 부러져 죽었습니다. 또한 비느하스의 아내는 언약궤를 빼앗긴 데다 시아버지와 남편마저 죽었다는 소식을 듣고 충격을 받아 웅크린 채 어린 아이를 낳다가 그만 죽고 알았습니다. 이처럼 언약궤를 빼앗기고 시아버지와 남편마저 죽었다고 해서 그 어린 아이의 이름을 이가봇(Ichabod)이라 했습니다. 즉 하나님의 "영광이 이스라엘에서 떠났다"는 뜻입니다(삼상 4:21). 하나님의 영광이 떠난 이스라엘은 말할 것도 없거니와 언약궤를 빼앗은 블레셋도 그로 인해 벌을 받았습니다.

블레셋 사람들은 그 궤를 아스돗으로 옮겨 다곤의 신전에다 두었습니다. 이튿날 아침 일찍 다곤의 신전으로 가보니 다곤은 언약궤 앞바닥에 쓰러져 있었습니다. 블레셋 사람들은 자기들의 신상을 본래대로 갖다 놓았습니다. 이튿날 아침 사람들이 다시 갔을 때 다곤은 또 땅바닥에 굴러 떨어져 있었습니다. 그런데 이번에는 몸통만 성한 채로 남아 있고 부러진 목과 동강난 두 손은 문지방 근처에 뒹굴고 있었습니다. 그리고 아스돗에는 온통 종기가 돌았습니다(삼상 5:1-6).

그래서 겁이 난 블레셋 사람들은 그것을 갓으로, 또 갓에서 에크론으로 옮겼습니다. 하나님께서 그 손으로 호되게 치시니 그 궤가 옮겨지는 곳마다 떼죽음이 일어났고 죽음을 면한 자는 종기에 걸려 있었습니다. 언약궤는 7개월 동안이나 블레셋 사람들한테 있었으며, 그 동안 재앙은 계속되었습니다. 하는 수 없이 사람들은 제사장들과 복술가들을 불러놓고 물었습니다. "우리가 여호와의 궤를 어떻게 할꼬"(삼상 6:2). 그러자 제사장들은 속건(贖愆) 제물과 함께 이스라엘로 돌려보내자고 제의했습니다. 속건 제물로는 황금으로 종기 모양(금독종)을 다섯 개, 금쥐 형상 다섯 마리를 만들어 보내기로 하였습니다.

블레셋 사람들은 제사장들의 지시에 따라 새 수레를 만들어 멍에를 메어 본 적이 없는 어미 소 두 마리를 끌어다가 그 수레를 끌게 하고, 그 위에 하나님의 궤와 면죄 제물을 싣고 벧세메스의 국경까지 끌고 갔습니다. 그 때 골짜기에서 밀을 거둬들이고 있던 벧세메스 사람들은 하나님의 궤가 들어오는 것을 보고 크게 기뻐했습니다. 그러나 벧세메스 사람들은 궤 안을 들여다보았기 때문에 벌을 받아 5만70명이나 죽었고 심한 고통을 당하였습니다(삼상 6:10-19).

그로부터 20년이 지난 후 이스라엘 사람들은 모두 하나님께로 마음을 돌렸습니다. 사무엘은 온 이스라엘 가문에게 말하였습니다. "너희가 진심으로 여호와께 돌아오려거든 이방 신들과 아스다롯을 너희 중에서 제거하고 너희 마음을 여호와께로 향하여 그만 을 섬기라. 너희를 블레셋 사람의 손에서 건져 내시리라"(삼상 7:3).

사람들은 모두 미스바에 모여 하루를 금식(禁食)하며 하나님께 죄를 고백했습니다. 블레셋 사람들은 이스라엘 사람들이 미스바에 모여 있다는 소문을 듣고 습격해 왔습니다. 그러나 블레셋 사람들이 가까이 가자 하나님은 천둥을 크게 울려 혼비백산하게 만들었고, 이스라엘 백성들은 벧갈 아래까지 추격하여 블레셋 군을 무찔렀습니다. 그것을 기념하기 위해 그는 돌을 하나 가져다가 미스바와 센 사이에 기념비를 세우고 그것을 에벤에셀(Ebenezer)이라 하였는데, "여호와께서 여기까지 우리를 도우셨다"(삼상 7:12)라는 뜻입니다.

블레셋 사람들에게 빼앗겼던 성읍들을 되찾았고, 사무엘은 사사가 되어 이스라엘을 다스렸습니다. 그는 사람들의 어려운 일을 처리해 주기 위해 다음 도표에서 보듯이 여러 곳을 순회하였으나 항상 자기가 사는 라마로 돌아왔습니다.

사무엘은 나이가 많아지자 두 아들, 요엘과 아비야를 사사로 임명하여 이스라엘을 다스리게 했습니다(삼상 8:1-2). 그러나 두 아들은 경건한 아버지와는 달리 잇속만 차려 뇌물을 받고 법대로 다스리지 않았습니다. 그래서 나라의 안전과 기강이 흔들리기 시작했고, 따라서 이스라엘 사람들은 왕권을 요구하게 되었습니다. 그 당시에 왕은 위력 있고 위대한 인물로 생각되었습니다. 만일 이스라엘이 여러 민족 중에서 뛰어난 위치를 차지하려면 왕이 있어야만 한다고 백성들은 생각했습니다. 그러나 사무엘이 볼 때 왕을 요구하는 것은 자기의 지배는 물론 하나님의 지배를 거부하는 것이라고 생각되었습니다. 사무엘은 군주 정치가 되면 필연코 압제를 당하게 될 것이라고 백성에게 힘을 다하여 경고하였으나, 백성들은 끝까지 군주 정치를 강력하게 요구했습니다. 그래서 사무엘은 하나님의 지시대로 왕을 세우기로 하였습니다(삼상 8:7-9).

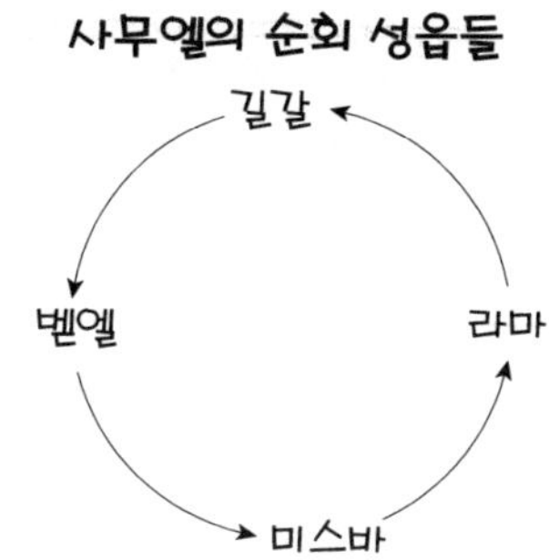

그 때 베냐민 지파에 기스라는 사람이 있었습니다. 사무엘은 하나님의 지시대로 기스의 아들 사울을 왕으로 뽑아 세웠습니다. 이로써 이스라엘의 신정(神政)은 끝나고 군주정치의 막이 올랐습니다. 그 후의 사무엘의 행적은 알 수 없지만, 그가 죽었을 때, 온 국민이 슬퍼하며 애도한 것을 보면(삼상 28:3) 그에 대한 국민의 신임은 계속되었다는 것을 알 수 있습니다. 그는 결국 기름 부음을 받은 다윗이 이스라엘의 왕이 되는 것을 보지 못하고 죽었습니다.

사무엘은 사사 시대가 끝나고 왕국이 건립되는 전환기에 살았던 인물로 이 시대는 블레셋 군이 일어나 이스라엘을 부단히 침범하여 괴롭히던 때였지만, 여호수아, 바락, 기드온 같은 군사적, 종교적 지도자들이 없어서 매우 위급한 상황에 놓여 있던 때였습니다. 이런 위급한 전환기에 사무엘이 나타났습니다. 히브리서에 열거되어 있는 믿음의 영웅들 중의 하나로 추존되고 있는 사무엘은 이스라엘 역사에서도 잊을 수 없는 인물로 길이 남습니다.

사무엘의 이야기를 다 읽고 나서 떠오르는 시는 윌리엄 워즈워스의 "런던, 1802년" 이었습니다.

런던, 1802

밀턴이여! 그대 지금도 살아 있었으면,
영국이 그대를 필요로 하고 있으니.
이 나라는 지금 썩은 물괴인 늪, 교회도, 군대도,
학문도, 가정도, 웅장한 저택의 귀족 사회도
영국의 유서 깊은 유산, 그 내면적 행복을
잃었다. 우리는 모두 이기주의자,
아, 우리를 일으켜 우리에게로 다시 돌아가게 하라.
그리고 우리에게 예절과 덕행과 자유와 힘을 달라.
그대의 영혼은 별처럼 멀리 떨어져 있었고
그대의 목소리는 바다처럼 우렁찼었다.
구름 한 점 없는 하늘처럼 맑고 장엄하고 자유롭게
그대는 상쾌한 믿음 갖고 인생의 평범한 길을
걸어갔다. 그러면서도 그대 마음은
가장 비속한 의무도 늘 떠맡으셨다.

이 시를 쓴 워즈워스(William Worthwords, 1770-1850)는 영국의 19세기 낭만파 시인 중의 하나입니다. 그는 영국 북부 지방, 이른 바 호수지방에서 법률가의 둘째 아들로 태어났습니다. 그는 케임브리지 대학을 졸업한 후 유럽 대륙을 여행하면서 프랑스 혁명을 직접 보고 공화주의에 공명했으나, 혁명의 추이에 심한 환멸을 느꼈습니다. 더구나 이 무렵 실연도 겹쳐 정신적 위기에 부닥쳤지만 누이 도로시와 친구 콜리지의 우애로 인해 구출될 수 있었습니다. 특히 콜리지의 우정은 함께 합동 시집 『서정 민요집』(*Lyricall Ballads*, 1798)의 출판으로 결실되었고, 그것은 영국 낭만주의의 발단을 일으켰습니다. 자연적 장시 『서시』(*The Prelude*)를 통해 그의 정신적 성숙과정을 살펴 볼 수 있습니다.

워즈워스가 지금도 영국이 필요로 하고 있었으니 살아 있기를 바라는 밀턴은 사무엘처럼 맑고 장엄하고 자유롭게 그대는 상쾌한 믿음 갖고 인생의 평범한 길을 걸어갔던 예언자라고 해도 과언이 아닙니다. 사무엘의 시대는 밀턴의 시대와 마찬가지로 온통 사회가 썩은 물과 같고 괴인 늪과 같이 부패했었습니다. 사무엘은 이스라엘 민족의 지도자로서 그에게 하나님께서 맡기신 모든 의무를 성실하게 감당한 사람이었습니다.

사무엘의 이야기는 전 이스라엘의 설화 중에서도 가장 빛나는 것 중의 하나라 할 수 있습니다. 특히 그림을 보는 듯 한 생생한 묘사, 활발한 기술 방법과 인물 묘사, 생명감이 넘치는 대화법, 비교적 정확한 역사성 따위는 가히 일품이라 할 만합니다.

브닌나와 한나의 사이에 벌어지는 갈등, 브닌나는 아이를 낳았는데, 아이가 없어서 늘 한숨과 눈물로 지새는 한나의 절통한 아픔, 아이를 얻고 기뻐하며 부르는 한나의 노래, 엘리의 두 아들 홉니와 비느하스의 용서받을 수 없는 못된 짓, 이런 리얼한 상황 묘사를 통하여 우리는 현대 단편 소설을 대하는 듯 한 느낌을 갖게 됩니다.

또한 사무엘이 부름을 받는 장면에서는 극적인 효과도 맛볼 수 있고, 엘리의 두 아들의 죽음, 엘리가 뒤로 넘어져 목이 부러져 죽는 것 또는 비느하스의 아내가 웅크린 채 아이를 낳다가 죽은 사실 등을 대할 때는 전율적인 비극감을 느끼게 됩니다.

언약궤를 빼앗긴 일, 다곤 신상이 부서진 사건, 종기와 쥐가 들끓는 모습, 면죄 제물 따위는 몸을 오싹하게 만들면서도 매우 흥미로운 감각과 신비로운 호기심을 불러일으키고 있습니다. 일일이 다 분석하지 않더라도 사무엘의 이야기는 재미있게 읽을 수 있는 짧은 단편 같은 설화입니다.

5 통일 왕국 시대

- 아비멜렉과 그의 헛된 야망
- 사울과 그의 아들 요나단
- 다윗과 선지자 나단
- 솔로몬과 스바 여왕

아비멜렉과 그의 헛된 야망

이스라엘 민족사는 사사시대를 지나 주전 1020년경부터 왕권시대로 접어들게 됩니다. 왕권시대는 약 430여 년 동안 지속되다가 주전 587년에 남왕국 유다가 멸망함으로 끝나게 됩니다. 이 동안에 41명의 왕들이 등장하여 다스리게 되는데, 통일왕국 시대의 왕은 3명이었고, 남북 왕국 분열시대의 왕은 각기 19명씩 모두 38명이었습니다. 물론 유다왕은 기록상으로만 보면 20명이지만 아달랴는 다윗의 후손이 아니므로 역사에서 보통 제외시킵니다. 또한 여기서 말하려고 하는 아비멜렉도 이 41명 중에는 포함되지 않습니다. 그럼에도 불구하고 여기서 다루고자 하는 것은 이스라엘 왕조시대를 이해하는 데는 매우 중요한 인물이기 때문입니다.

아비멜렉은 일명 여룹바알이라고도 하는 사사 기도온의 아들입니다. 기드온에게는 70명의 아들이 있었습니다. 이스라엘 사람들은 그들을 미디안에게서 해방시켜 준 기드온이 그들의 왕이 되어주기를 바랐습니다. 그러나 기드온은 이렇게 대답하였습니다. "내가 너희를 다스리지 아니하겠고 나의 아들도 너희를 다스리지 아니할 것이요 여호와께서 너희를 다스리시리라" (삿 8:23).

기드온은 "여호와 하나님이 이스라엘의 유일한 왕" 이라는 신정사상(神政思想)에 굳게 서서, 스스로 왕이 될 수 있는 좋은 기회를 저버렸던 것입니다. 그러나 기드온이 죽은 다음 이스라엘 공동체에는 그를 이을 지도자가 나타나지 않아 한 동안 과도기가 계속되면서 어수선하였습니다. 그리고 이때는 지도자가 되고 싶다고 해서 아무나 지도자가 될 수도 없었습니다. 하나님께서 세워 주시지 않으면 세워주실 때까지 기다려야만 했습니다.

그런데 이때 용감하게도 자기가 지도자가 되겠다고 마음먹고 나선 사람이 있었는데 그가 바로 아비멜렉이었습니다. 그의 어머니는 가나안 여인이었으므로 그는 반 가나안 인종이었고 그의 외갓집은 세겜이었습니다. 그는 세겜에서 왕이 되기를 원했기 때문에 제일먼저 세겜에 살고 있는 외삼촌을 찾아가 이렇게 말했습니다.

"너희는 세겜의 모든 사람들의 귀에 말하라. 여룹바알의 아들 칠십 명이 다 너희를 다스림과 한 사람이 너희를 다스림이 어느 것이 너희에게 나으냐 또 나는 너희와 골육임을 기억하라" (삿 9:2).

이 말을 통하여 아비멜렉은 기드온이 낳은 칠십 인의 아들들이 그들의 아버지가 가졌었던 권력을 그들의 손아귀에 넣기 위하여 저마다 음모를 꾸미고 있다는 사실을 시사한 후, "너희가 왕을 하나만 갖는 것이 그 이상보다 낫지 않겠느냐" 고 은근히 자기를 왕으로 추대해 줄 것을 요청하였습니다. 즉 그는 세겜 사람들의 골육지친이라는 것을 내세워 왕위에 오르려고 도모하였습니다. 그런데 "여룹바알의 아들 칠십 명이 다스릴 것이다" 라는 것은 사실이 아니었으므로 그 말은 거짓말이요 일종의 음모였습니다. 그러나 그의 음모는 놀라울 정도로 잘 받아드려졌습니다.

세겜 사람들은 그들의 성읍이 왕도가 되고 이스라엘의 수도가 된다는 생각에 너무나 기뻐서 그들의 마음이 그에게로 기울어져 그를 "그들의 형제”(삿 9:3)로 받아들였습니다. 아비멜렉의 말은 지역감정과 인종감정에 호소한 일종의 거짓 선전이요 음모였지만, 세겜 사람들은 그를 지원하기로 결심하였습니다. 아비멜렉은 세겜 사람들에게 은 칠십 개를 지원해 줄 것을 요구하였습니다. 세겜 사람들은 그 돈을 바알브릿 묘, 즉 공금 금고에서 꺼내다 주었습니다. 이 금고는 그들이 그들의 우상을 존중하여 그것의 보호를 받게끔 신당에 보관해왔습니다. 우상을 금하고 처벌해야 할 이스라엘이 그렇게 하기는커녕 오히려 우상에게서 돈을 타서 사는 자들이 되었고, 그들을 보호해 줄 것 같지도 않은 우상의 지배를 받는 자들이 되었으니 참으로 기막힌 일이라 아니 할 수 없습니다.

아비멜렉은 부정한 정치자금으로 “방탕하고 경박한 사람들”(삿 9:4)을 사서 그의 병사로 삼았습니다. 한 마디로 말해서 그가 사드린 병사는 정치깡패였습니다. 그 지방의 불량배와 무뢰한, 미래에 대한 희망도 없는 경솔한 사람과 난봉꾼들이었습니다. 이런 자들을 규합하여 그는 자기의 형제들에게 아주 잔인한 패륜행위를 행하였습니다. 그는 도망간 한 사람만을 제외한 칠십 명이나 되는 사람들을 공공연하게 그리고 잔인하게 한 반석 위에서 모두 살해하였습니다. 이와 같이 야망의 힘은 인간을 짐승으로 만드는 것을 볼 수 있습니다.

이런 식으로 아비멜렉을 왕으로 선출할 길이 닦여지자 세겜 사람들은 그를 왕으로 선출하였습니다(삿 9:6). 세겜 사람들은 하나님께 한 번도 물어보지도 않고 오히려 아비멜렉으로 하여금 형제들을 죽이도록 거들고 부추겼으며(삿 9:24), 그 후에는 그를 왕으로 삼았습니다.

온 가족이 몰살당하는 가운데 하나님의 특별하신 섭리로 살아남은 기드온의 막내아들 요담만은 세겜 사람들에게 우화를 통하여 신실한 책망과 파멸적인 결과를 경고하였습니다. 즉 정통성이 없는 불의한 집권자와 그를 도운 세겜 사람들은 마지막에 가서는 서로 다투다가 둘 다 모두 멸망하고 말 것을 요담은 예언자적인 자세로 선포하였던 것입니다(삿 9:16-21). 아비멜렉은 어떤 소동도 없이 그럭저럭 3년 동안 이스라엘을 지배했습니다(삿 9:22). 그러나 세겜과 밀로(삿 9:6), 그리고 아루마(삿 9:41)와 테베스(삿 9:50) 등 극히 일부 지역을 제외하고서는 그를 왕으로 받아들인 흔적은 없습니다. 이로 보건대 아비멜렉은 세겜을 거점으로 해서 그의 왕권을 이스라엘 전역에 확대하려고 노력했던 것 같으나 그의 이러한 노력은 성공하지 못하였습니다. 그는 이런 노력의 일환으로 자기의 거주지를 세겜에서 남동으로 10km 떨어진 아루마, 즉 에브라임의 중심지로 옮겼는데, 이 정책 때문에 그는 처음에 받았던 세겜 사람들의 성원과 지지마저도 잃고 말았습니다. 그 사실을 성경에서는 이렇게 기록하고 있습니다.

"하나님이 아비멜렉과 세겜 사람들 사이에 악한 영을 보내시매 세겜 사람들이 아비멜렉을 배반하였으니"(삿 (;23). 그래서 그들은 점점 서로 시기하고 불만스러워졌습니다. 이 일은 하나님께로부터 비롯된 것이었습니다. 하나님께서는 이간질하는 자인 마귀로 하여금 그들 사이에 불화의 씨앗을 뿌리도록 허용하셨습니다.

"아비멜렉이 누구며 세겜은 누구기에 우리가 아비멜렉을 섬기리오. 그가 여룹바알의 아들이 아니냐. 그의 신복은 스불이 아니냐. 차라리 세겜의 아버지 하몰의 후손을 섬길 것이라. 우리가 어찌 아비멜렉을 섬기리오. 이 백성이 내 수하에 있었더라면 내가 아비멜렉을 제거하였으리라 하고 아비멜렉에게 이르되 네 군대를 증원해서 나오라 하니라"(삿 9:28-29).

지난 번 왕으로 추대할 때에는 아비멜렉이 세겜 여인의 아들임을 강조했는데, 이 기알의 말에서는 아비멜렉이 이스라엘 사람 기드온의 아들임을 강조하고 있습니다. 이것은 마치 박쥐가 새도 되고 짐승도 되려다가 양쪽 모두에게서 배척받은 것과도 같습니다. 더욱이 기알은 여기서 하몰을 들추어냄으로써 이스라엘에 대한 과거의 악감정을 폭발시키고 있습니다. 하몰의 후손인 세겜 사람이 이스라엘의 후손인 아비멜렉의 지배를 받고 있을 수는 없지 않느냐는 논리입니다. 인종감정, 지역감정을 이용해서 왕권을 탈취한 아비멜렉이 역으로 인종감정, 지역감정의 희생제물이 되는 장면입니다.

이렇게 하여 기알을 지휘관으로 세운 세겜 사람들과 아비멜렉 사이에 싸움이 벌어졌습니다. 그러나 아비멜렉의 군대는 그래도 훈련된 조직적인 군대였던 데 반해서 기알 지휘 아래의 세겜 사람들은 갑자기 모여든 오합지졸이었기 때문에 싸움은 아비멜렉의 승리로 끝나고 말았습니다.

아비멜렉은 세겜 사람들을 모두 죽였는데 약 1,000명 가량이었습니다(삿 9:49). 아비멜렉은 세겜 성과 마찬가지로 그에게 항거하여 일어선 데베스 성을 정벌하러 나섰습니다. 그리고 거의 데베스 성을 다 점령하였습니다. 그런데 데베스 성에서 살아남은 사람들은 망대로 도망쳐 망대 꼭대기로 올라갔습니다. 아비멜렉은 세겜 망대와 마찬가지로 데베스 망대도 불사르려고 했습니다. 그는 망대 아래 문 앞으로 다가가서 망대를 불사를 준비를 하고 있었습니다. 그때 망대꼭대기에 있던 한 여인이 맷돌 위짝을 내려 던져 아비멜렉의 두개골을 부수었습니다. 아비멜렉은 자기의 무기를 든 청년을 불러 "칼을 빼어 나를 죽이라. 사람들이 나를 가리켜 이르기를 여자가 그를 죽였다 할까 하노라"(삿 9:54)하자, 그 청년이 칼을 빼어 그를 죽였습니다.

이렇게 하여 아비멜렉은 삼 년 동안 불의한 권력을 휘두르다가 비참한 최후를 마쳤습니다. 성경에서는 아비멜렉과 세겜 사람들의 파멸과 그 비참한 최후를 다음과 같이 결론짓고 있습니다.

"아비멜렉이 그의 형제 칠십 명을 죽여 자기 아버지에게 행한 악행을 하나님이 이같이 갚으셨고 또 세겜 사람들의 모든 악행을 하나님이 그들의 머리에 갚으셨으니 여룹바알의 아들 요담의 저주가 그들에게 응하니라"(삿 9:56-57).

악한 연합의 결과

결　　과	관련성구
파멸당함	삿 9:56-57
괴로움을 당함	민 33:55
유혹을 받음	왕상 11:2
주의 진노를 당함	대하 19:2
죄를 지음	잠 1:10-19
벌을 면치 못함	잠 11:21
아버지를 욕되게 함	잠 28:7
선한 행실을 더럽힘	고전 15:33

다음 도표에서 보는 바와 같이, 결국

은 악의 세력은 꺾이고 맙니다.

불의한 권력은 마침내 파멸한다는 것을 보여주는 좋은 예입니다. 부당한 무리수와 비열한 방법도 결국은 서로 결탁하지만 망한다는 것을 보여줍니다.

〈잠깐 쉬며 묵상하는 코너〉

어둠이 없는 곳

그곳에는 어둠이 없어라!
성도들은 주님을 기쁨으로 뵙도다!
주를 뵈옵는 성도의 시야를 가리는 구름도 없도다!
가장 축복받은 그곳에 넘치는 축복,
그 성스러운 환희를 방해하는
시끄러움도 없도다!

그곳에는 집이 없도다!
침략하는 사악한 왕들도 없도다!
부질없는 전쟁은 지났고 영원히 멈추었어라.
그 문 안에서는 아무런 유혹의 목소리도 들려오지 아니하도다.
그 어떤 적들도 그 완전한 평화를
깨려고 숨어 있지 아니하도다.

그곳에는 슬픔이 없도다!
비탄도 눈물도 없도다!
눈물은 씻기었으며 모두 밝은 얼굴들이어라.
행복과 성스러움 속에서
음악과 노래가
그 향기로운 안식처의
곳곳을 가득 채우도다.

- J. 댄슨 스미스

사울과 그의 아들 요나단

사울과 그의 아들 요나단에 관한 이야기는 사무엘상 8장-11장, 13장 8절-15절 그리고 15장-16장, 18장-24장, 28장-31장에 나오는데, 이 성경 구절들을 자세히 살펴보면 사울은 비극적인 인물로서 전통적인 비극적 본(패턴 pattern)을 따르고 있음을 알 수 있습니다. 사울의 이야기는 일종의 비극입니다.

사울은 다음 도표에 나타나는 대로 3차에 걸친 과정을 통하여 이스라엘의 초대 왕이 됩니다.

사울의 왕위 즉위 과정

과 정	내 용	관 련 성 구
1차	기름부음 받음	삼상 10:1
2차	공식적으로 선출됨	삼상 10:17-24
3차	길갈에서 왕위에 오름, 화목제 드림	삼상 11:14-15

이스라엘의 초대 왕으로서 격동기에 나라를 다스리게 됩니다. 매우 오랜 동안 이스라엘은 단일한 지도자 없이 부족 국가 형태로서 이어져

왔습니다. 위기 때마다 여러 명의 지도자들이 일어났지만 통일된 통치 기구는 없었습니다. 사무엘은 사울의 선임 이스라엘의 지도자였지만 그는 왕이 아니라 종교 지도자였을 뿐입니다. 호전적이고 잔인한 불레셋인들의 위협을 받으면서 이스라엘 백성들은 적군과 대항해 싸우는 데 있어서 그들을 이끌어갈 지도자 즉 왕을 세워주도록 사무엘에게 압력을 가하였습니다(삼상 8:19-20). 그는 하나님의 지시대로(삼상 8:22) 사울에게 기름을 부어 이스라엘의 초대 왕으로 세웠습니다.

사울은 한 나라의 왕으로서 사회적 탁월성과 모든 사람을 대표할만한 신분을 갖고 있었습니다. "이스라엘 자손 중에 그보다 더 준수한 자가 없고 키는 모든 백성보다 어깨 위만큼 더 컸더라(삼상 9:2)는 말씀대로, 우선 그는 용모가 수려하고 준수한 인물이었습니다. 게다가 그는 에브라임과 유다의 경계선에 위치한 베냐민 지파에 속한 기브아의 사람으로 부자인 동시에 지방 유지였던 기스의 아들이었습니다. 그래서 그는 이스라엘의 남북 지역의 모든 사람들의 마음에 들었습니다. 더욱 그는 초기에 전쟁의 승리를 통해서 보여준 바와 같이 능력 있는 군사 지도자였습니다.

또한 그의 정신적 자질도 다른 사람들보다 월등하게 뛰어났습니다. 사무엘에 의해 그는 기름부음을 받았고(삼상 10:1), 그 후 여호와 하나님의 신이 크게 임하니 변하여 새사람이 되었습니다(삼상 10:6). 또 다른 곳에서는 "하나님이 새 마음을 주셨고"(삼상 10:9), "하나님의 영에 크게 감동되었다"(삼상 11:6)고 기록되어 있습니다. 사무엘이 이스라엘 온 지파를 불러 모으고 제비를 뽑아 왕을 세우려 할 때 사울은 자기에게 쏠리는 관심을 피하기 위하여 짐작들 틈에 숨은 일이 있는데(삼상 10:20-22), 그것은 한 인간으로서 겸손을 보여준 것입니다. 사울은 이와 같이 외모가 준수하고 체구가 장대하였을 뿐 아니라 뛰어난 정신적인 자질과 덕성을 갖춘 인물이었습니다.

그러나 사울은 나이 사십에 왕이 된지 얼마 안 되어 사악한 행동을 하기 시작합니다. 제사를 드리는 일은 제사장만이 드리는 고유한 직능인데도, 사울은 정한 날 안에 사무엘이 오지 않자 그 고유한 직능을 무시하고 편법을 좇아 번제(burnt offering)를 드린 일이 있습니다. 사울은 왕이기는 하지만 제사장직을 겸한 것은 아니므로 번제를 드릴 수 없는 일입니다(삼상 13:8-9). 사무엘은 사울의 이 부당한 처사를 보고 이렇게 질책하였습니다. "왕이 망령되이 행하였도다. 왕이 왕의 하나님 여호와께서 왕에게 내리신 명령을 지키지 아니 하였도다. (그리하였더면) 여호와께서 이스라엘 위에 왕의 나라를 영영히 세우셨을 것이어늘 지금은 왕의 나라가 길지 못할 것이라. 여호와께서 왕에게 명령하신 바를 왕이 지키지 아니하였으므로 여호와께서 그 마음에 맞는 사람을 구하여 여호와께서 그를 그의 백성의 지도자로 삼으셨느니라"(삼 13:13-14).

이것은 사울이 저지른 불법적인 제사 행위를 신에 대한 불순종과 본질상 동일시한 것입니다. 비극적인 이야기의 전체적 의도와 관련지어 볼 때 이 사건은 비극을 구성하는 배경의 일부분이 됩니다. 이 사건은 사울의 성격적 결함을 최초로 나타내 보인 것이지만, 결국 그의 파멸을 예시해 주는 조짐이 되기도 합니다. 이미 여기서 사울은 편법과 신에 대한 순종 사이에서 갈등을 겪게 되고 정신적인 가치보다는 편의하게 보이는 것을 행하는 그릇된 선택을 하게 된 것입니다.

또한 사울의 비극적인 선택에 관한 이야기는 사무엘상 15장에도 나옵니다. 한번은 이스라엘과 아말렉 사이에 큰 싸움이 벌어졌는데, 사무엘은 하나님의 대언자로서 사울에게 다음과 같은 명령을 했습니다. "지금 가서 아말렉을 쳐서 그들의 모든 소유를 남기지 말고 진멸하되 남녀와 소아와 젖 먹는 아이와 우양과 낙타와 나귀를 죽이라 하셨나이다"(삼상 15:3). 그래서 사울은 총동원령을 내리고 보병 이십 일 만을 모아 아말렉을 쳐서 무찔렀습니다. 그러나 하나님의 명령대로 하지 않고, 사울은 쓸모없고 하찮은 것들만 없애버린 후 양과 소중에서도 좋은 놈, 탐스럽고 기름진 짐승들은 아까워서 살려 두었습니다. 이것은 하나님의 명령에 불순종하고 물질적인 가치를 선택한 것이라 할 수 있습니다. 그리고 자기의 전승비(삼상 15:12)를 세운 것은 사울의 교만한 행위를 드러낸 것이었으면서도, 그는 사무엘을 만나자 "내가 여호와의 명령을 행하였나이다" (삼상 15:13)라고 거짓말까지 하였습니다. 또한 사무엘이 "여호와께서 오늘 이스라엘 나라를 왕에게서 떼어 왕보다 나은 왕의 이웃에게 주셨나이다" (삼상 15:28)라고 책망하자, 사울은 "그것은 무리가 아말렉 사람에게서 끌어 온 것인데 백성이 당신의 하나님 여호와께 제사하려 하여 양과 소들 중에서 가장 좋은 것을 남김이요 그 외의 것은 우리가 진멸하였나이다" 라고 변명도 하였습니다(삼상 15:15).

사무엘은 사울의 행동과 변명에서 보인 비극적인 규범을 다음과 같이 간단한 말로 요약해 주고 있습니다. "여호와께서 번제와 다른 제사를 그의 목소리 청종하는 것을 좋아하심 같이 좋아하시겠나이까. 순종이 제사보다 낫고 듣는 것이 숫양의 기름보다 나으니 이는 거역하는 것은 점치는 죄와 같고 완고한 것은 사신 우상에게 절하는 죄와 같음이라. 왕이 여호와의 말씀을 버렸으므로 여호와께서도 왕을 버려 왕이 되지 못하게 하셨나이다" (삼상 15:22-23).

결국 사울은 불순종으로 인해 왕의 자리에서 파멸로 떨어지게 되는 것입니다. 그의 행복이 그랬듯이 그의 몰락도 영적인 차원에서 해석되어야 합니다. 비극적인 오류의 결과 "여호와의 영이 사울에게서 떠나고 여호와께서 부리시는 악령이 그를 번뇌케 하신지라" (삼상 16:14). 동일한 주제는 사무엘이 엔돌에서 사울에게 말할 때 다시 나타납니다. "여호와께서 너를 떠나 네 대적이 되셨거늘 네가 어찌하여 내게 묻느냐 · · · 네가 여호와의 목소리를 순종하지 아니하고 그의 진노를 아말렉에게 쏟지 아니하였으므로 여호와께서 오늘 이 일을 네게 행하셨도다" (삼상 28:16, 18).

사울의 파멸은 일차적으로는 그의 성격의 분열로 나타났고 그런 정신분열 현상은 주로 다윗에 대한 질투로 폭발했습니다. 말년의 사울은 나라를 다스리는 일보다는 다윗을 죽이는 데 혈안이 되어 있었습니다. 다윗은 두 번이나 사울을 죽일 기회가 있었지만 그를 죽이지 않는데, 그것은 사울의 비극적 몰락과 대조를 이룹니다. 사울은 편법의 윤리에 굴종하지만 다윗은 그런 편법적인 일을 거절합니다.

사울은 블레셋과의 싸움에서 다급해지자 엔돌에서 신접한 여인(삼상 28:7)을 찾아갔는데, 그것은 정신적인 의미의 타락과 몰락을 단적으로 드러내 준 것입니다. 그리고 그 무당을 찾아갈 때 남이 알아보지 못하게 옷을 갈아입은 것(위장)(삼상 28:8)은 일찍이 그가 가졌던 정체성(identity)을 잃어버린 외적인 증거가 됩니다. 마침내 블레셋의 막강한 군대에 쫓겨 달아나다가 요나단을 포함한 세 아들은 그들에게 죽임을 당하고(삼상 31:2), 부상당한 사울은 자신의 칼을 뽑아 그것으로 자살을 하고 맙니다(삼상 31:4). 이것은 정신적인 타락에 수반되는 육체적인 몰락인 것입니다.

사울은 구약에 나오는 가장 비극적인 인물들 중의 한 사람입니다. 그는 많은 기대 속에 왕이 되어 통치를 시작했지만 이처럼 수치스럽게 그의 일생을 끝맺습니다. 이스라엘의 초대 왕으로서 미래 정치의 모든 지도자들을 위한 표본을 세울 기회가 참으로 많았습니다. 그러나 그는 많은 비극적인 약점을 갖고 있었습니다. 그의 비극적인 약점은 그 반항적인 불순종의 성격과 그 많은 시간과 에너지를 다윗을 죽이려는 일에다 쏟은 것이었습니다. 그 결과 그는 한 나라의 왕이었지만 여러 부족들을 하나로 통일하지 못하고 결국은 수치스럽게 자살로써 생을 마감하고 말았습니다.

요나단이라는 이름은 구약 성경에 십사 명이 나오지만 여기 말하는 요나단은 사울의 맏아들이며 다윗의 절친한 친구였던 요나단입니다. 요나단이 기브아(Geba)에서 블레셋 부대를 공격했을 때, 이스라엘 민족을 점령하고 그들에게 굴욕을 안겨주었던 블레셋 군대에 의해 즉시 보복당하고 말았습니다. 그러나 요나단과 그의 병기를 든 소년은 용기를 잃지 않고 믹마스(Michmash)에서 불레셋 부대를 공격해서 성공하였습니다. 이 전투 행위는 이스라엘 사람들로 하여금 그들의 압제자들을 정복할 수 있는 큰 힘이 되었습니다(삼삼 14:1-23).

요나단은 용감하였고 다윗과도 뗄 수 없는 남다른 우정을 나눈 친구였지만, 결국은 그의 아버지 사울과 그의 두 형제가 불레셋 군에 의해 길보아 산에 살해될 때 그의 비극적인 최후도 찾아왔습니다(삼상 31:1-2: 대상 10:1-6). 다윗이 이 소식을 들었을 때 그는 일명 "활의 노래"라고 하는 애가(哀歌)를 지어 그들의 죽음을 애도했습니다(삼하 1:19-27).

사울은 지파동맹시대가 끝나고 왕조시대가 시작되어 아직 그 틀을 확고히 잡지 못한 시대에 이스라엘의 초대 왕으로서 살다 간 인물입니다. 그는 약삭빠르지도 비위를 잘 맞출 줄도 모르는 사람이었습니다. 그래서 사무엘의 호감을 사지 못했던 것 같습니다. 그러나 그는 순진하고 소박하며 겸손한 꾸밀 줄 모르고 허세부릴 줄 모르는 사람이었습니다. 그래서 그는 백성들에게 권위 있게 보이지 못했는지도 모릅니다. 그는 결국 정치적으로 밀리고 하나님의 버림을 받으면서 비극적인 삶을 살다가 죽은 왕이었습니다.

다윗과 선지자 나단

다윗은 베들레헴에 사는 농부인 이새(Jesse)의 여덟 아들 중 막내 아들이었으며 목자였습니다(삼상 17:12-15). 또한 다음 도표에서 보듯이 다윗은 하나님의 마음에 합의한 신앙의 인격자였습니다.

사실상 이새의 막내 아들 다윗은 신분도 낮고 이름도 없는 인물이었으므로 그가 왕으로 선택될 것이라고는 아무도 예상할 수 없었습니다. 그러나 외모를 보지 아니하고 중심을 보시는(삼상 16:7) 하나님에 의해 다윗은 이스라엘의 제2대 왕으로 선택되었습니다. 이렇게 다윗이 선택되자 그의 형제들은 그를 시기하고 미워했습니다.

다윗의 신앙 인격

내 용	관련성구
순 종	삼상 17:17-22
용 감	삼상 17:34-35
믿 음	삼상 17:37
자 비	삼상 26:6-12
지 혜	삼상 21:12-15
신 실	삼상 20:1-42
정 직	삼상 29:6
의	삼하 8:15
온 유	삼하 16:11
경 건	삼하 7:18
회 개	삼하 12:13

다윗은 볼이 붉고 눈이 반짝이는 잘생긴 젊은이로 수금을 잘 탈 뿐 아니라 씩씩하고 날랜 용사로서 말도 잘하고 풍채도 좋은 데다 하나님께서 함께 해주시는 사

람으로 묘사되어 있습니다(삼상 16:12, 18). 수금 타는 솜씨가 출중하여, 그것으로 사울의 악신(광기)을 진정할 수 있었고(삼상 19:9) 사울의 궁정에도 드나들 수가 있게 되었습니다.

영국 19세기 빅토리아 시대의 대표적 시인이라 할 수 있는 로벗 브라우닝(Robert Browning)은 그의 종교시 『사울』(Saul)에서 악령에 사로잡힌 사울과 수금 타는 다윗의 모습을 묘사하고 있습니다. 『사울』은 우수가 가득 깃든 천막 속에 양심의 가책과 악령에 쫓겨 기둥을 감아 올라가는 뱀처럼 온 몸을 뒤틀고 있는 사울 왕 앞에 부름을 입은 목동 다윗이 수금을 들고 노래를 연주하는 장면으로부터 시작됩니다. 다윗이 연주한 제1곡은 일종의 목양송이었는데, 그 고운 수금의 선율과 노래로도 사울의 마음을 감동시킬 수는 없었습니다. 그리하여 다윗은 곡을 바꾸어 인생의 노래, 수확의 노래, 축혼의 노래, 진군의 노래, 축제의 노래 등을 연주하였지만, 어두운 그늘에 덮인 사울의 마음은 움직일 줄을 몰랐습니다. 다시 다윗은 선율을 가다듬어 사울에 대한 하나님의 선택과 그의 전공 및 명성을 노래하였습니다. 사울은 이 노래에 다소 감동되는 듯했지만, 여전히 어둠 속을 헤매고 있었습니다. 이리하여 다윗은 깊은 사랑의 심정으로 육체의 삶을 초월해서 영적인 생활로 나갈 때 비로소 그의 영혼이 소생할 수 있음을 노래했습니다.

그대, 나의 왕이여
나는 입을 열었다–당신은 지금 사람도 짐승도 모두 함께 갖고 있는
다만 죽어 없어질 생활에서 나오는 단순한 위로만을 즐기고 있습니다.
우리의 육체에서는 이생의 가지가 자라고,
우리의 영혼에서는 그 가지가 열매를 맺습니다.
· · · · · ·
육을 그 적합한 운명에게 맡기고, 영을 그대의 것으로 삼으십시오!

마침내 다윗은 정상적인 의식을 회복한 사울에게

그리스도의 성육신 진리와 사랑을 노래하면서 이 시의 끝을 맺고 있습니다.

> 아, 사울, 당신을 맞아 주는
> 얼굴은 나의 얼굴과 같습니다. 나와 흡사한 사람을
> 당신은 사랑하고 영원히 그로부터 사랑을 받을 것입니다. 이 손과 흡사 한 손이
> 신생의 문을 당신에게 열어 주실 것입니다. 보십시오, 그리스도가 서 있는 모습을.

다윗의 사랑은 깊은 감동의 여운을 남기는 비극의 카타르시스와도 같은 것입니다.

이런 사울 왕이 이스라엘을 다스리던 때에는 이스라엘과 블레셋 사이에 싸움이 끊이지 않았습니다. 블레셋이 다시 이스라엘을 공격하기 시작하였습니다. 그들은 많은 군대를 몰고 와서 소고에 있는 산에 진을 쳤습니다(삼상 17:1). 사울과 그의 아들 요나단은 이스라엘 군대를 모아 적군 맞은편에 진을 쳤습니다. 이 두 진영 사이에는 엘라 골짜기가 있었습니다. 이스라엘 사람들은 그곳에서 전투가 벌어질 것이라고 예상하고 있었습니다. 이 전투에는 다윗의 형들도 끼여 있었습니다.

후일, 군무(軍務)에 나간 형들에게 줄 음식을 들고 다윗은 전장 터에 갔다가(삼상 17:17-18) 블레셋의 거인 골리앗(Goliath)과 맞서 매끄러운 물매 돌 다섯 개와 막대기로(삼상 17:40) 그를 죽였습니다. 실로 골리앗은 블레셋 제1의 용사로 용맹을 날리던(삼상 17:33) 인물로서 그의 키는 여섯 규빗(2m 93cm)이고, 머리에는 놋 투구를 쓰고 있었고 청동으로 만든 투구와 57 킬로그램짜리(오천 세겔) 갑옷을 입었으며 그것으로 다리와 어깨에도 감싸고 있었습니다(삼상 17:4-7). 그가 가진 창의 날도 대단히 큰 것이어서 그 무게가 자그만치 7 킬로그램(육백 세겔)이나 되었습니다. 이런 거인 무장 골리앗을 소년 다윗이 죽인 것입니다. 블레셋 병사들은 골리앗이 죽는 것을 보고 뒤로 돌아서서 앞을 다투어 도망하기 시작하였습니다. 이것을 본 이스라엘의 병사들은 기쁨과 승리의 함성을

지르며 뒤를 쫓아가 그들을 무찌르고 큰 승리를 거두었습니다. 여기에 나오는 골리앗은 무력과 권력과 온갖 힘으로 무장하고 도전하여 오는 세력에 대한 상징이라 할 수 있습니다. 그러므로 소년 다윗이 골리앗을 죽인 것은 하나님의 자녀들이 갖는 영적 능력의 승리를 뜻합니다. 이런 영적 능력은 신분이나 연령 및 가진 소유를 초월합니다.

전쟁이 끝나고 돌아올 때 여인들이 이스라엘 모든 성에서 나와 노래하고 춤추며 소고를 가지고 왕 사울을 환영하면서 "사울이 죽인 자는 천천이요 다윗은 만만이로다"(삼상 18:6-7)라고 창화(唱和)하였습니다. 그때부터 사울은 다윗을 매우 시기하여 여러 차례 그를 죽이려 하였습니다. 사울의 아들 요나단은 그와 절친한 친구였기 때문에 이 사실을 다윗에게 알려 그로 하여금 도망가도록 했습니다(삼상 19:1-2). 그래서 다윗은 방랑자가 되는 것입니다. 비록 다윗은 두 번이나 사울의 목숨을 건져주었지만, 사울은 무자비하게(삼상 19:15) 그를 추적하였습니다.

사울과 요나단이 블레셋과의 전투에서 죽자(삼하 1:4), 다윗은 유다 헤브론에서 왕(삼하 2:4)으로 등극하였습니다. 그때 나이가 서른 살이었습니다. 그러나 온 이스라엘 열두 부족의 왕이 된 것은 칠 년 후인 서른일곱 살 때였습니다. 다윗은 사십 삼 년 동안 온 이스라엘을 다스렸습니다(삼하 5:4-5).

이스라엘의 왕이 된 다윗은 온 나라의 중심이 될 만한 큰 도시가 필요했습니다. 사울 왕은 기브아에 왕좌를 두고 다스렸으나 다윗은 예루살렘에 왕좌를 두는 것이 좋겠다고 생각하였습니다. 예루살렘은 시온 산 위에 높이 쌓은 성벽으로 둘러싸여 있어서 적의 침략을 막아 내기에는 아주 안성맞춤이었습니다. 지리적, 군사적 측면에서 볼 때 이스라엘의 수도로서 가장 적합한 곳이었습니다. 예루살렘은 매우 오래된 도시로서 아브라함 시대에 이미 세워졌고 여부스 사람들이 살고 있었습니다.

다윗이 예루살렘을 치기 시작하자 여부스 사람들이 놀려댔습니다. "네가 결코 이리로 들어오지 못하리라. 맹인과 다리 저는 자라도 너를 물리치리라"(삼하 5:6). 그러나 다윗의 용맹스러움에 힘을 얻어 이스라엘 병사들은 성벽을 기어 올라가 예루살렘 즉 시온의 성을 점령하였습니다. 다윗은 예루살렘을 수도로 정하고 왕궁을 지어 놓고 살면서 "다윗의 성"(삼하 5:9)이라 불렀습니다.

다윗은 예루살렘을 정치, 군사의 중심지로 만든 다음 종교의 중심지로 만들어야겠다는 생각을 하였습니다. 예루살렘을 하나님의 도성으로 만들려고 했던 것입니다. 그러려면 하나님의 언약궤를 예루살렘으로 옮겨 와야 했습니다. 다윗은 이스라엘 백성의 대표와 십만여 명의 군사를 이끌고 아비나답의 집으로 갔습니다. 많은 사람들과 백성의 대표들이 여러 악기에 맞춰 노래하고 춤을 추는 동안 언약궤는 예루살렘으로 옮겨졌습니다(삼하 6:1-5).

다윗은 새로 친 장막 한가운데에 언약궤를 모셔놓고 번제와 화목제를 지낸 다음 예루살렘의 모든 사람을 위해 기도하고 잔치를 베풀었습니다(삼하 6:16-19). 그런데 다윗의 아내 미갈은 왕이 여호와 앞에서 뛰놀며 춤추는 것을 보고 마음속으로 업신여기며 비아냥거렸습니다.

그 동안 많은 세월이 흘렀습니다. 하나님께서는 용감한 다윗을 통하여 늘 사방에서 쳐들어오는 적을 막아 주셨기 때문에 이스라엘 백성은 평안하게 살 수 있었고, 여러 부족들은 하나로 뭉쳐서 쳐들어오는 많은 적들을 물리쳤습니다. 다윗은 이제 전쟁터에서 싸우지 않아도 될 만큼 이스라엘은 강해졌습니다. 그러나 암몬 사람들과의 싸움은 계속되었습니다.

이스라엘 군의 지휘관인 요압이 병사들을 이끌고 싸움을 하고 있었습니다. 어느 날 저녁 무렵에 궁전 옥상을 거닐다가 다윗은 목욕을 하고 있는 한 아름다운 여인을 보게 되었습니다. 그 여인은 우리아라는 군인의 아내였습니다. 다윗은 그 여인 밧세바를 궁전으로 데려다가 정을 통한 뒤 돌려 보냈는데 얼마 안가 그녀에게는 태기가 있었습니다. 그 사실을 안 다윗은 전선의 우리아를 불러들여 밧세바와 동침케 해서 그 비밀을 감추려 했습니다. 그러나 우리아는 들판에서 야영을 하고 있는 군사들을 생각할 때 도저히 자기만이 집으로 돌아가 아내와 더불어 편히 쉴 수가 없었기 때문에 그는 집으로 돌아가지 않고 대궐 문간에서 근위병들과 함께 지냈습니다. 이 사실을 안 다윗은 군대장이던 요압에게 편지를 띄워 다음 전쟁 때는 우리아를 가장 격렬한 전쟁터로 보내라고 했습니다. 요압은 다윗이 시킨 대로 우리아를 격전지로 보냈고, 우리아는 급기야 강적과 싸우다 전사했습니다(삼하 11:2-21).

밧세바는 남편이 죽었다는 소식을 듣고 몹시 슬퍼했습니다. 남편을 잃은 슬픔이 가실 때쯤 다윗은 사람을 시켜 밧세바를 궁전으로 데리고 와 아내를 삼았습니다. 그들 사이에서 낳은 아들 솔로몬은 다윗의 후계자가 되었습니다. 다윗이 한 짓에 몹시 화가 난 하나님은 선지자 나단을 보내어 다음과 같은 우화로써 다윗을 크게 꾸짖었습니다. "한 성읍에 두 사람이 있는데 한 사람은 부하고 한 사람은 가난하니 그 부한 사람은 양과 소가 심히 많으나 가난한 사람은 아무것도 없고 자기가 사서 기르는 작은 암양 새끼 한 마리뿐이라. 그는 이 암양 새끼는 그와 그의 자식과 함께 자라며 그가 먹는 것을 먹으며 그의 잔으로 마시며 그의 품에 누우므로 그에게는 딸처럼 되었거늘 어떤 행인이 그 부자에게 오매 부자가 자기에게 온 행인을 위하여 자기의 양과 소를 아껴 잡지 아니하고 가난한 사람의 양 새끼를 빼앗아다가 자기에게 온 사람을 위하여 잡았나이다"(삼하 12:1-4).

이 말을 들은 다윗은 몹시 화를 내며 하나님의 이름으로 "이 일을 행한 그 사람은 마땅히 죽을 자라"고 하였으며, 양을 네 배로 갚아야 한다고 거침없이 말하였습니다(삼하 12:5-6). 다윗은 그것이 자신을 가리키는 이야기인 줄 몰랐기 때문에 이 같은 거침없는 선언을 했던 것입니다. 이것이 바로 나단이 바라는 바였습니다. 만일 이 비유가 다윗의 행동을 가리키는 것인 줄 다윗이 눈치 챘다면 이렇게 선언하지는 않았을 것입니다.

그러나 그 다음 순간 선지자 나단은 벌떡 일어나 무서운 소리로 "왕이시여! 당신이야말로 염치없는 사나이요. 당신은 우리아의 아내를 왕비로 맞아들이기 위하여 그 우리아를 죽이지 않았소. 하나님은 반드시 당신과 당신의 가족을 처벌할 것이요"(삼하 12:7-14 참조)라고 말하였습니다. 나단의 말을 듣고 다윗은 그 이야기가 바로 자신의 이야기임을 알아차립니다.

나단은 다윗으로 하여금 다윗 자신이 많은 양과 소(많은 궁정의 후궁들)를 소유한 부자인데도 불구하고 자기의 딸이나 아들처럼 아끼는 암양 새끼 한 마리(밧세바)를 가지고 있는 가난한 사람(우리아)의 소유를 빼앗아 가로챈 죄인이라는 것을 시인하도록 하기 위해서 이런 비유담의 형태를 취했던 것입니다. 더욱이 처음에는 다윗에 관한 이야기라는 것을 드러내지 않음으로써, 다윗이 전혀 의심하지 않고 자기의 감정을 드러낼 수 있도록 한 것이다. 결국 나단의 우화는 다윗의 양심에 호소하여 자기 죄를 고백할 수 있도록 자연스럽게 유도하는 효과를 거두었습니다. 다윗은 마침내 "내가 여호와께 죄를 범하였노라"(삼하 12:13)라고 철저한 고백을 하게 됩니다.

다윗은 위대한 왕이자 위대한 장군이었으며 또한 위대한 시인이었습니다. 그는 하나님을 찬양하는 아름다운 시를 많이 남겼습니다. 그러나 다른 사람들과 마찬가지로 죄에 굴복했었습니다. 이미 말한 바와 같이 그의 군대가 전쟁을 하려고 나가고 없을 때 그는 집에 머물다 그만 우리아의 아내 밧세바(Bathsheba)를 범하였을 뿐만 아니라 그녀의 남편을 최전방으로 보내어 전사케 했습니다. 그러나 그는 나단 선지의 책망을 듣고 뼈저린 회개를 하고 하나님의 용서를 빌었습니다. 그의 간절한 사죄의 기도는 시편 51편에 실려 있습니다. 그래서 성경은 그를 하나님의 마음에 합한 사람이라고 묘사하고 있습니다(삼상 16:12-13; 왕상 2장; 대상 11장-29장).

하나님으로부터 용서를 받기는 했지만, 그 죄의 결과는 그를 계속 괴롭게 하였습니다. 다윗과 밧세바 사이에 태어난 첫 아이가 죽은 것(삼하 12:18)도 그 탓이었다고 생각합니다. 아버지로서 그가 세운 모범은 그 아들들에게 나쁜 영향을 주었습니다. 다윗의 많은 아들 중 한 아들 암논(Amnon)은 그의 이복누이 다말(Tamar)을 겁탈하여 욕보였고, 다윗이 총애하던 아들 압살롬(삼하 3:3)이 비록 패배하여 죽기는 하였지만 그의 보위를 찬탈하려 하였으며, 다윗이 늙었을 때는, 또 다른 아들 아도니아(삼하 3:2)가 모반을 꾀하기도 하였습니다. 다윗의 깊은 야망 중의 하나는 예루살렘 성전을 짓는 것이었는데, 그것도 허락되지 않았습니다. 결국 다윗은 성전을 짓는데 필요한 물자를 모으기만 하였을 뿐, 그 성전을 지은 것은 그의 후계자이자 아들인 솔로몬이었던 것입니다(삼하 22:1-19).

다윗은 모든 면에서 볼 때 성경중에서도 가장 복잡한 인물 가운데 하나라 할 수 있습니다. 그의 일생을 통하여 볼 때, 그는 목자, 용사, 신하, 왕, 친구, 남편, 아버지, 종교 지도자 따위의 복잡한 역할을 떠맡고 있습니다. 또한 그는 개인적 특성에 있어서도 복잡한 성격을 갖는 인물입니다. 다시 말해서 그는 행동적 인물인 동시에 사색적 인물로서의 특성을 갖고 있습니다. 행동적 인물로서의 특성은 그의 일생을 그린 이야기 속에 나타나고 사색적인 인물로서의 특성은 그의 시와 노래 속에 투영되어 있습니다.

그의 시나 노래를 보면 매우 강렬한 감정과 풍부한 상상력을 가진 인물로 나타나지만, 때로는 자제력을 발휘하여 두 번씩이나 그의 적 사울을 살해할 수 있는 기회를 그대로 넘기기도 합니다. 그런가 하면 어떤 때는 상상도 할 수 없는 격정에 휩싸여 밧세바와 간통을 하기도 하고 애매한 우리아를 최전선에 내보내어 살해하기도 합니다. 그러나 어떤 경우에 있어서도 정신적 차원이 무시된 때는 없었습니다. 죄를 지었을 때는 하나님께 죄를 지은 것으로 인식하여 통회하였고 승리하였을 때는 반대로 그에게 승리를 주신 하나님께 찬미를 돌렸던 것입니다. 이 점이 다윗의 위대한 신앙적 탁월성이었습니다.

다윗의 삶과 통치에 있어서 가장 밀접한 관계를 갖고 있는 인물이 선지자 나단(Nathan)입니다. 나단이라는 이름을 가진 사람이 여럿 있지만, 여기서 말하는 나단은 다윗 왕의 통치 기간 중에 살았던 선지자를 가리킵니다. 다윗은 하나님을 위해 성전을 건축하고 싶다는 자신의 소신을 나단에게 말했을 때, 이에 대해서 나단은 하나님의 지시에 따라 "성전을 건축할 자는 네가 아니라 네 아들이니라" 고 말한 일이 있습니다(대상 17:1-15). 또 다윗이 밧세바를 그녀의 남편으로부터 취하고 남편을 모살했을 때, 나단은 아주 슬기로운 방법 즉 우화를 사용해서 다윗의 죄를 질책하였고(삼하 12:1-15), 솔로몬의 이름도 여디디야(Jedidiah)로 부르게 하였으며(삼하 12:25), 악기(제금과 비파와 수금)를 가지고 레위인으로 하여금 성전을 섬기게 하는 일을 다윗이 꾸미도록 조언을 하기도 하였습니다. 다윗이 늙어서는 나단과 사독을 시켜 솔로몬에게 기름 붓게 하였던 것입니다(삼하 7장-12장; 왕상 1장; 대상 17장). 이처럼 나단은 하나님의 공적인 심부름꾼으로서 실로 하나님의 계시에 따라 다윗의 영적 길라잡이(guide)가 되었었습니다. 나단이 없었더라면 다윗과 솔로몬의 역사도 없었을런지 모릅니다. 그 만큼 그는 하나님의 사자로서 또한 대언자로서 충실한 임무를 다한 선한 선지자였습니다. 대개 성공한 사람들 뒤에는 훌륭한 보조자들이 있기 마련인데, 다윗의 배후에도 역시 나단이라는 선지자가 있었던 것입니다.

다윗에 관한 기록은 삼상 19장-31장, 삼하 1장-24장, 왕상 1장-2장, 대상 10장-24장에서 찾을 수 있습니다. "다윗과 나단 선지" 에 관한 이야기는 성서의 이야기들 중에서도 가장 길고 많은 에피소드와 관련을 갖습니다. 양적으로 볼 때 다윗 이야기는 구약 성서 중 다른 영웅적 이야기들보다는 비중이 크지만, 치밀한 통일성과 전체적 구성이 엉성하고 단편적이어서 역사적 연대기와 거의 비슷하기 때문에 문학성은 적습니다.

"다윗과 나단 선지" 에 관한 이야기 중에서도 다윗과 골리앗에 관한 삽화(에피소드)는 특히 어린 아이들이 좋아하는 에피소드로, 훌륭한 이야기가 갖추어야 할 여러 요소를 갖고 있습니다.

그 첫째 요소는 선명한 선악의 갈등입니다. 이 갈등은 이교적 거인인 골리앗과 하나님을 섬기는 소년 다윗과의 전투에 집중됩니다. 다윗이 골리앗에게 "너는 칼과 창과 단창으로 내게 오거니와 나는 만군의 여호와의 이름 곧 네가 모욕하는 이스라엘 군대의 하나님의 이름으로 네게 나아가노라"(삼상 17:45)라고 했을 때 그 투쟁의 성격은 더욱 뚜렷해집니다. 골리앗은 하나님의 적으로 악을 대표하는 인물이요, 다윗은 하나님의 사랑으로 선을 대표하는 소년 영웅입니다. 이 상반되는 두 가지의 갈등이 전투라는 단순한 사건으로 나타나지만, 그 결과는 하나님이 어떤 분이신가를 천하에 알리는 것으로 끝나게 됩니다(삼상 17:46).

두 번째 요소로는 정확한 묘사를 들 수 있습니다. 그것은 골리앗이 이스라엘 군에게 욕설을 퍼붓는 장면이나 다윗이 다섯 개의 반들반들한 돌을 집어 들고 골리앗과 싸우는 장면을 예로 들어 설명할 수 있습니다.

마지막으로는 단단한 구조감각을 들 수 있습니다. 이 이야기에 있어서 설화자는 이야기 자체를 지나칠 정도로 상세하게 기술하지 않고 전체 구조를 통하여 설화적 효과를 나타내고 있습니다. 배경 설명부터 시작해서 상승적 행동, 클라이맥스, 종결 등으로 이어지는 구조 속에서 우리는 성서 이야기만이 갖는 독특한 특징을 발견하게 됩니다.

또 한 가지 첨가할 것은 이야기의 책략으로서 아이러니를 채택했다는 것입니다. 다윗의 부정직과 고민은 우리아의 경건과 대조되며, 다윗이 우리아의 죽음을 꾀하는 편지를 우리아가 아무 의심도 없이 요압에게 전하는 것은 더할 수 없는 아이러니라 아니 할 수 없습니다. 그리고 우리아가 이스라엘 사람이 아니고 헷(Hittite) 족속이며, 용병인데도 경건했다는 것은 다윗의 책략에 비해 아이러니칼한 것이라 할 수 있습니다.

솔로몬과 스바 여왕

솔로몬과 스바 여왕에 관한 이야기는 열왕기상 2장-11장에 나옵니다. 솔로몬은 다윗 왕과 밧세바 사이에서 태어난 아들로서 약관 20세에 왕위에 오른 인물입니다. 제사장 사독으로부터 기름부음을 받고(왕상 1:38) 왕이 된 솔로몬이 맨 처음 한 것은 그의 부친 다윗의 유언에 따라 국적(國賊) 4인 즉 아도니아, 아비아담, 요압, 시므이를 처벌한 것이었습니다(왕상 2:13-46). 그것은 이스라엘 왕국을 황금기로 이끌어가는 데 튼튼한 기반이 되었습니다. 그는 선왕 다윗과는 달리 태평성대(太平盛大)를 누리며 40년간(970-930 B.C) 왕노릇 하였습니다. 그 동안 그는 그의 왕국을 굳건히 지키기 위하여 군대를 강하게 육성하였고 그 군대가 주둔할 수 있는 많은 요새를 축성하였으며 평화를 유지하기 위하여 많은 강한 나라들과 동맹을 맺었던 것입니다. 특히 강대국 애굽과 동맹을 맺고 그것을 유지하기 위해 바로의 딸과 정략결혼까지도 하였으며, 무역 거래를 통하여 나라를 더욱 융성하고 부강하게 만들었던 것입니다.

그 당시의 국제적 상황은 팔레스타인(Palestine)에서 강력한 지도자가 나타나기를 기대하고 있었습니다. 이 시대의 무역 중심지는 애굽과 시리아였습니다. 솔로몬은 그의 나라를 무역제국으로 키우기 위하여 그 발전에 도움을 줄 수 있는 많은 도시를 세웠고, 해상 도시인 두로(Tyre)와 시돈(Sidon)과 무역 협정을 맺기도 하였습니다(왕상 5:12). 이스라엘의 어떤 교역은 대상(隊商)을 통하여 육로로 이루어지기도 하였지만, 대부분은 지중해를 넘어서 해상으로 이루어졌습니다. 고고학자들에 따르면 솔로몬의 무역선은 멀리 서쪽 스페인까지 은(silver)을 운반하기 위하여 진출했던 것이 틀림없습니다. 이렇게 해서 솔로몬은 왕이 된지 얼마 안 되서 상업제국의 통치자가 되는 것입니다.

그는 부강한 나라의 왕이면서도 매우 지혜로운 사람으로도 유명합니다. 그가 왕이 되어 한 일들 중에서 가장 중요한 것은 무엇보다 기브온으로 가서 일천 번제를 드린 일이었습니다(왕상 3:4-15). 속죄나 헌신의 목적으로 드려졌던(레 1:4, 9) 번제에 관한 기사는 성경 여러 곳에서 발견할 수 있습니다(창 8:20, 22:2-13; 출 32:6; 삿 20:26; 삼상 7:9-10; 삼하 6:17-18 등). 그 중에서도 솔로몬의 일천 번제는 그 규모면에서 가히 전무후무(前無后無) 하였다고 할 수 있습니다. 이는 그의 강렬한 헌신과 순종에의 열의를 표현한 좋은 표본이었습니다.

일천 번제를 드리던 중 솔로몬은 꿈속에 하나님을 만났는데, 그때 하나님께서는 "내가 네게 무엇을 줄꼬"(왕상 3:5)라고 물으셨습니다. 솔로몬 왕은 부와 장수와 정복 따위와 같은 세상적인 가치를 제쳐놓고 이스라엘 백성들을 바로 재판할 수 있는 "지혜로운 마음"과 "선악을 분별할 수 있는" 능력(왕상 3:9)을 달라고 기도하였습니다. 하나님께서는 이를 가납(嘉納)해서 그에게 지혜 뿐 아니라 그가 구하지 아니한 부와 영광까지도 주었습니다. 더욱 하나님께서는 그에게 다음과 같은 언약도 하셨습니다. "네가 만일 네 아버지 다윗이 행함 같이 내 길로 행하며 법도(法度)와 명령을 지키면 내가 또 네 날을 길게 하리라"(왕상 3:14). 즉 이 언약을 잘 지키면 장수까지도 주시겠다는 것입니다.

여기서 보는 바와 같이 솔로몬의 지혜는 선천적으로 타고난 것이 아니라 기도의 응답으로 하나님으로부터 받은 후천적이고 신적인 것이었습니다. 이 지혜는 제일 먼저 그가 기도한대로 바른 재판에 응용됩니다. 그 재판은 한 아이를 놓고 저마다 자기 아이라고 주장하는 창기(娼妓) 두 여인 가운데서 진짜 어머니를 찾아 그 아이를 돌려주는 이야기 속에 나타납니다. 솔로몬은 그 진위(眞僞)를 가리기 위해 그 산 아이를 둘로 나누어 반쪽은 이 여자에게 또 반쪽은 저 여자에게 주라고 하였습니다. 그러자 그 아이의 진짜 어머니는 제 자식이 토막 날 것을 생각하니 가슴이 메어지는 듯 하여 그 아이를 가짜 어머니에게 주라고 하였습니다. 그러나 가짜 어머니는 둘로 나누어 반쪽씩 달라고 하였습니다. 솔로몬은 처음 여자가 진짜 어머니임을 알 수 있었습니다. 이처럼 그는 그 아이를 진짜 어머니에게 찾아 주었습니다. 실로 그의 지혜는 초인간적이어서 누구도 따를 수가 없었습니다(왕상 3:16-28).

솔로몬의 지혜가 나타나는 증거들

가지수	증 거 들	관련성구
1	지혜를 먼저 구함	왕상 3:9
2	재판의 깊은 판별력	왕상 3:16-28
3	솔로몬의 행정 능력	왕상 4:1-19
4	현인들을 능가한 지혜	왕상 4:29-31
5	노래와 잠언의 지음	왕상 4:32
6	박식함	왕상 4:33-34
7	성전 건축	왕상 5:1-6
8	성전 봉헌식의 기도	왕상 8:22-53

위의 도표에서도 보듯이 솔로몬의 지혜는 재판하는 데에만 나타난 것이 아니라 그의 행정면에도 나타났습니다. 그것은 내각과 12 행정 구역을 관할하며 조세를 감독하는 열 두 관장(세금 징수관)을 두어 효율적인 행정을 편 사실에서 발견할 수 있습니다(왕상 4:1-19). 또한 그는 이 지혜를 응용하여 나라를 잘 다스리므로 외교(왕상 4:21, 24), 경제(왕상 4:20, 22, 23, 25), 국방(왕상 4:26) 등에 놀라운 발전과 번영을 가져왔습니다. 더욱 그는 예술(왕상 4:32), 학문(왕상 4:33) 분야에서도 놀라운 업적을 남길 만큼 지혜로웠습니다. 특히 그는 잠언 삼천을 말하였고 일천 다섯 수의 노래를 남겼는데,

그것의 일부가 잠언서와 아가서에 실려 있습니다. 그리고 말년에는 전도서를 썼습니다.

또한 솔로몬은 하나님을 위한 웅장한 성전을 건축한 건축가로도 유명합니다. 솔로몬의 성전은 전통적인 성막과 마찬가지로 동편을 향하도록 지었으며, 현관, 성소, 지성소 등 3중 구조로 이루어져 있었습니다(왕상 6:17-36). 다만 성막에는 없는 낭실(廊室)과 교창(交窓)이 있었습니다(왕상 6:2-4). 이 성전을 건축하는 데 있어서 이방 두로(Tyre)의 왕인 히람(Hiram)에게 큰 도움을 받았습니다. 두로는 에이커(Acre)만 북쪽에 있는 항구 도시로서 베니게의 수도였습니다. 당시 페니키아는 도시 국가의 형태를 취하고 있었으므로 수도인 두로가 국가 이름처럼 대용되기도 하였습니다. 두로의 왕인 히람의 도움을 받지 않을 수 없었던 것은 성전 건축의 중요한 자재인 백향목과 대부분의 성전 기구들을 주조하는 데 사용되었던 놋에 대한 일류 기술자가 두로에 있었기 때문입니다(왕상 5:6-11).

온 이스라엘에서 동원된 삼만 명의 역군(役軍)들과 두로에서 온 기술자들(왕상 5:18)이 7년 동안에 걸쳐서 완성한 것이 성전입니다. 성전이 완성되자 솔로몬은 정성껏 헌당 계획을 세웠습니다. 그는 이스라엘 장로와 12지파의 두목들을 소집하여 그 의식에 참석케 하였습니다. 그는 정중하게 언약궤(言約櫃 The Ark of the Covenant)를 다윗 성 곧 시온 성으로부터 성전의 가장 거룩한 곳으로 옮겼습니다. 솔로몬 왕은 여호와의 단 앞에서 온 회중을 위하여 축복하고 성전 건축의 역사를 말한 후 무릎을 꿇고 손을 펴서 하늘을 향하여 긴 기도를 올렸습니다(왕상 8:54). 그는 통치자로서 정치적인 탁월성도 가졌었지만(왕상 4:1-28), 무엇보다 감동적인 것은 하나님의 성전을 봉헌하면서 드린 그의 기도(왕상 8:22-53)였습니다.

열왕기상 10장을 보면 솔로몬의 성전 건축의 사실과 해상 무역을 통해 이룩된 솔로몬 제국의 부강함과 솔로몬의 탁월한 지혜의 명성은 먼 이방 나라까지 널리 알려졌던 것 같습니다. 그것은 당시의 지혜자로 그리고 부강한 나라의 왕으로 알려진 스바(Sheba)의 여왕이 솔로몬을 찾아온 것만 보아서도 알 수 있습니다. 여왕은 어려운 문제로 시험하기 위하여 1,600킬로미터 이상의 먼 거리를 낙타를 타고 찾아왔다고 합니다(왕상 10:1-13). 올 때에 많은 금과 보석도 약대에 싣고 왔습니다. 여기서 언급되는 스바는 남서 아라비아에 있던 나라로 지금의 예맨을 가리킵니다. 지중해 국가들과 향신료, 금 보석 무역을 통해 부국이 된 나라가 스바입니다. 이 스바의 여왕은 물론 솔로몬의 지혜도 시험해 보고 싶었겠지만, 그 이외에도 날로 팽창 일로에 있는 신흥국인 솔로몬 제국과 무역협정도 맺고 정치적 경제적 친선을 도모하고 싶었던 것입니다. 그래서 그녀는 불원천리(不遠千里)하고 찾아왔던 것입니다. 그러나 다른 무엇보다도 스바의 여왕은 솔로몬의 지혜를 직접 확인하고 그 가르침을 받고자하는 열망에 사로잡혔음이 분명합니다(왕상 10:4,6,8).

솔로몬의 지혜와 그가 세워 놓은 성전을 직접 보고 넋을 잃을 정도로 감탄한 스바 여왕은 이렇게 찬사를 돌렸습니다. "내가 그 말들을 믿지 아니하였더니 이제 와서 친히 본즉 내게 말한 것은 절반도 못되니 당신의 지혜와 복이 내가 들은 소문보다 더하도다. 복 되도다 당신의 사람들이여 복 되도다 당신의 이 신하들이여 항상 당신 앞에 서서 당신의 지혜를 들음이로다"(왕상 10:7-8). 스바의 여왕이 회심하여 여호와 신앙으로 개종했다는 확실한 언급은 없지만, 위에서 든 그녀의 찬사와 마태복음 12장 42절에서 예수님이 하신 "심판 때에 남방 여왕이 일어나 이 세대사람을 정죄하리니" 말씀을 참조해 보면 그녀는 이방 여인으로 하나님 백성의 반열에 끼게 된 자들 중의 하나였다고 짐작할 수가 있습니다. 초기의 솔로몬은 스바의 여왕에게 감동을 줄만큼 그 인격이 매우 고결하고 신앙심도 두터운 경건한 왕이었습니다.

영국의 시인이며 소설가인 월터 드 라 메에어(John Walter, De la Mare, 1873-1956)는 프랑스 프로테스탄트 명가(名家)의 자손으로 영국의 켄트 주에서 태어났습니다. 석유회사의 사원 노릇을 하며 월터 라말(Walter Ramal)이라는 가명으로 발표한 시집 『어린 아이들의 노래들』(*Songs of Children*, 1902), 『청취자들』(*The Listener*, 1912), 『공작 파이』(*Peacock Pie*, 1913) 등을 발표하면서 문단 일선으로 진출하게 됩니다. 시집 『잡동사니』(*Motley*, 1918), 『베일』(*The Veil*, 1921), 『느낌』(*The Feeling*, 1933), 『추억』(*Memory*, 1938) 등은 서정시인으로서 비길 데 없는 모습을 보여주는 것들입니다. 그 외에도 많은 아동물을 썼습니다. 그는 "지나간 모든 것"(All That's Past)이라는 시에서 자연의 노래 (겨울을 거쳐 솟은 시냇물의 한 방울 한 방울)를 다음처럼 솔로몬의 지혜에다 비유하고 있습니다.

> 푸른 하늘 밑에서
> 눈이 춥게 잠들어 있는 곳에
> 솟은 시냇물
> 오고 가는
> 역사를 노래하는 시냇물
> 그 한 방울 한 방울은 솔로몬처럼 지혜롭다.

그러나 초년과는 달리 말년의 솔로몬은 큰 실수와 여호와 하나님 앞에 크게 범죄 하였습니다. 그는 무려 칠백 명이나 되는 후궁과 삼백 명이나 되는 빈장(수청 드는 여자)을 두고(왕상 11:3) 즐겼으며, 이방의 많은 여인들과 결혼까지 하였습니다(왕상 11:1). 이것은 모세의 율법을 어긴 것이요 또한 이방의 여인들과 결혼하지 말라는(왕상 11:2) 하나님의 명령을 고의적으로 어긴 것이 됩니다. 이보다 더 무거운 범죄는 순수한 여호와 하나님 숭배를 버리고 이방의 왕비들이 섬기는 우상을 섬기며 그 앞에서 제사하고 분향한 것입니다(왕상 11:1-13). 이러한 솔로몬의 실수와 범죄는 나이가 들어(왕상 11:4) 갑작스럽게 생긴 변화라기보다는 젊어서부터 삶에 스며든 그의 관습에서 비롯되었다고 볼 수 있습니다.

하나님께서 "네가 내 언약과 내가 네게 명령한 법도를 지키지 아니하였으니 내가 반드시 이 나라를 네게서 빼앗아 네 신하에게 주리라"(왕상 11:11)고 선언한 그 대로 그의 나라는 두 쪽이 되고 맙니다(왕상 11:13-25). 솔로몬의 죽은 후 북방 열 지파는 그의 아들 르호보암을 반역하고, 반역의 지도자인 여로보암을 왕으로 삼았습니다(삼하 12:24, 왕상 1-11장, 대상 22:5, 31:1, 대상 28장, 대하 9장). 또한 하나님께서 "나의 계명과 법도를 지키지 아니하고 가서 다른 신을 섬겨 그것을 경배하면 · · · 내가 거룩하게 구별한 이 성전이라도 네 앞에서 던져 버리리니 · · · "(왕상 9:6-7)라고 경고하신 대로, 솔로몬의 웅장한 성전도 세워진지 400년이 되던 해인 주전 586년 느부갓네살에 의해 훼파(毁破)되는 것입니다.

솔로몬은 지혜로운 왕으로서 그의 나라를 부강하게 만들고 많은 업적도 세웠으며 하나님의 성전도 세웠지만, 결국은 하나님의 언약과 다윗의 법도를 준수하지 않음으로써 비극적인 인생을 마치게 됩니다. 우리는 이 이야기를 통하여 일의 시작이 물론 중요하지만 그 끝은 더욱 중요하다는 사실(전 7:8)을 배울 수 있습니다.

분열 왕국 시대 6

- 르호보암과 왕국의 분열
- 아달랴의 왕위찬탈과 여호야다의 궁중혁명
- 아하스와 성전을 더럽힌 죄
- 아하스와 사회부정을 꾸짖는 미가
- 히스기야와 통곡의 기도
- 히스기야와 이사야의 메시아 왕국 예언
- 요시야와 그 이후의 유다 멸망
- 요시야와 용감한 눈물의 예언자 예레미야
- 여로보암1세와 북왕국 창건
- 바아사와 폭력의 악순환
- 오므리와 그의 새로운 왕조 창시
- 아합이 숭배한 바알 선지자들과 엘리야와의 대결
- 엘리사와 나아만 장군의 나병
- 예후와 군사 쿠데타로 이룬 새로운 왕조
- 여로보암 2세와 정의의 예언자 아모스
- 호세아와 그의 사랑을 저버린 고멜
- 요나와 큰 물고기
- 스가랴와 예후왕조의 종막, 그 이후

르호보암과 왕국의 분열

통일 왕국은 사울이 40년(행 13:21), 다윗이 40년(삼하 5:4), 솔로몬이 40년(왕상 11:42) 총 120년 동안 존속되다가 솔로몬이 죽자 분열되고 말았습니다. 즉 북쪽 10지파는 북왕국을 세우고 이스라엘(Israel)이라 불렀고, 남쪽 유다 지파와 베냐민 지파는 남왕국을 세우고 유다(Judah)라 불렀습니다. 북왕국은 약 200년 동안 존속되다가 주전 722년에 앗수르에게 멸망당했고, 남왕국은 약 300년 동안 존속되다가 주전 600년경에 바벨론에게 멸망당했습니다. 북왕국은 19명의 왕이 나라를 다스렸는데 대부분 악한 왕들이었고, 남왕국도 19명의 왕이 나라를 다스렸는데 그 중에는 나쁜 왕도 상당수 있었지만, 또한 상당수는 선한 왕들이었습니다. 물론 유다왕은 아래 도표에서 보는 바와 같이 기록상으로는 20명이지만, 다윗의 자손이 아닌 아달랴는 왕의 서열에서 제외시킴으로 보통은 19명으로 계수합니다.

남왕국 유다의 왕들

대수	왕 명	통치연대	통치기간	관 련 성 구
1	르호보암	922-915	17년	왕상 12-14장; 대하 10-12장
2	아비얌(야)	915-913	3년	왕상 15:1-8; 대하 13:1-14:1
3	아사	913-873	41년	왕상 15:9-24; 대하 15:16-16:6
4	여호사밧	873-849	25년	왕상 22장; 대하 17-20장
5	여호람	849-842	8년	왕하 8:16-24; 대하 21:2-20
6	아하시야	842-837	1년	왕하 8:25-9-29; 대하 22:1-9
7	아달랴	837-800	6년	왕하 11:1-20; 대하 22:10-23:21
8	요아스	800-783	40년	왕하 12장; 대하 24장
9	아마샤	783-742	29년	왕하 14:1-22; 대하 25:1-28
10	웃시야	783-742	42년	왕하 15:1-7; 대하 26:1-23
11	요담	750-735	16년	왕하 15:32-38; 대하 27:1-9
12	아하스	735-715	16년	왕하 16장; 대하 28장
13	히스기야	715-687	29년	왕하 18:1-21; 대하 29-32장; 사 36-39장
14	므낫세	687-642	45년	왕하 21:1-18; 대하 33:1-20
15	아몬	642-640	2년	왕하 21:19-26; 대하 33:21-25
16	요시야	640-609	31년	왕하 22:1-23:30; 대하 34:35장
17	여호아하스	609	3개월	왕하 23:31-34; 대하 36:1-4
18	여호야김	609-598	11년	왕하 23:34-24:7; 대하 36:5-8
19	여호야긴	598	3개월	왕하 24:6-17, 대하 36:9-10
20	시드기야	598-587	11년	왕하 24:18-20; 대하 36:11-12; 렘52:1-3

위에서 보는 바와 같이, 르호보암(Rehoboam, 주전 922-915)은 그의 아버지 솔로몬의 뒤를 이어 이스라엘의 왕이 되었습니다. 솔로몬은 천 명이나 되는 아내들과 첩들을 두었습니다. 그러나 우리는 그의 이름을 이은 단 하나의 자식만을 볼 수 있는데 그가 바로 르호보암입니다. 그는 가문을 바로 세우지 못한 사악하고 어리석은 사람이었습니다. 르호보암은 세상에서 가장 지혜로운 사람의 아들이었으나 그의 부친의 지혜를 이어받지 못했습니다. 지혜나 은혜는 결코 유전되는 것이 아닙니다.

이스라엘 사람들이 전부 세겜에 모였으나 그들의 참된 의도는 그를 왕으로 세우려는데 있는 것은 아니었습니다. 세겜은 아비멜렉이 스스로 왕이 된 곳(삿 9장)인 반면에 여호수아가 이스라엘 전 지파를 모아 대회를 열었던 유명한 곳이기도 합니다(수 24:1). 르호보암이 왕위에 올랐을 때 유다 지역의 사람들은 아무런 반대 없이 이 사실을 그대로 받아들였으나 북쪽 지역사람들은 이 사실을 조건 없이 그대로 받아들일 수가 없었습니다. 그래서 세겜에 집결하여 북쪽 열 지파는 그의 아버지 솔로몬과는 달리 강제 노동을 비롯하여 중과세 등 무거운 짐을 가볍게 해 줄 것을 요구조건으로 르호보암에게 내세웠습니다(왕상 12장). 이 조건을 들어주면 르호보암을 왕으로 인정하고 그를 섬기겠지만, 만약에 그들의 요구조건을 들어주지 않으면 왕으로 인정하지 않겠다는 것이었습니다. 그런데 르호보암은 어리석게도 젊은이들의 말만 듣고 그 요구조건을 거부하고 말았습니다. 이에 북쪽 이스라엘 사람들은 강력하게 반발하고 나섰으며 애굽에서 망명생활을 마치고 돌아온 여로보암을 왕으로 세우고 유다와는 영원히 등을 돌리고 말았습니다. 그때가 바로 주전 922년이었습니다.

실로 이 분단은 비극적이었지만, 하나님의 섭리와 허락 아래서 이루어진 것이었습니다. 아히야라는 예언자는 솔로몬의 죄 때문에 이스라엘이 남북으로 분단될 것을 예언하였고(왕상 11:29-39), 완전히 분단된 이후에는 하나님의 뜻이 성취되었음을 확인한 바 있습니다(왕상 12:15). 분단이 하나님의 뜻에 따라서 이루어졌음을 하나님은 스마야라는 예언자의 입을 통하여서도 다시 한 번 분명히 밝힌 바가 있습니다(왕상 12:24; 대하 11:4).

아무튼 이렇게 왕국이 분열되면서 북쪽 이스라엘의 초대왕은 여로보암이 되었고, 남쪽 유다의 초대왕은 르호보암이 되었습니다. 르호보암에 대한 기록은 왕상 12장으로부터 14장까지와 역대기하 10장으로부터 12장까지에 들어 있습니다. 이처럼 분단되어 떨어져 나간 북쪽 이스라엘을 다시 병합해 보려고 르호보암은 강제노동의 감독관이었던 아도람을 보냈으나 그에게 좋지 못한 감정들을 가지고 있던 이스라엘 사람들이 그를 돌로 쳐 죽였습니다(왕상 12:18). 그래서 르호보암은 18만 명이나 되는 군사를 동원하여 싸움을 벌이기도 하였으나(왕상 12:21-24), 한 번 등을 돌리고 떠나간 북쪽 이스라엘을 다시 돌이킬 수는 없었습니다.

르호보암은 41세로 왕이 되어 "여호와께서 자기 이름을 두시려고 이스라엘 모든 지파 가운데서 택하신 성읍 예루살렘"(왕상 14:21)에서 17년을 통치하였습니다(왕상 14:21). 그의 모친은 나아마로서 암몬 사람이었습니다. 이 사실은 두 번이나 언급되어 있는데(왕상 14:21, 31), 아마도 그녀는 다윗에게 베풀었던 그 친절과 후대(삼하 17:27-29)에 대해 다윗이 자기 아들을 그의 가정과 혼인시켜 보답하고자 했던 암몬사람 소비의 딸이 아닌가 합니다. 르호보암은 여로보암과 계속해서 전쟁을 벌였던 것 같은데(왕상 14:30), 그것이 그를 늘 불안하게 했을 것입니다.

르호보암은 마할랏과 마아가 등 18명의 아내와 60명의 첩을 거느리고 아들 28명과 딸 60명을 낳았지만, 그 중에서도 그는 마아가의 아들 아비얌(Abijam, 주전 915-913)를 사랑하여 그에게 왕위를 넘겨주었습니다. 그러나 그는 이 많은 아들들에게 유다와 베냐민 전 지역과 요새 도시들을 나누어 맡기고 양식을 충분히 주어 편히 살게 해주었습니다. 이러한 모습은 그의 아들과 딸들에 대한 배려와 그가 젊은 고문들의 자문대로 백성들을 억압하고 착취하여 얻은 재화가 많았다는 것을 보여주는 것입니다.

아비얌에 대한 기록은 열왕기상 15장 1-8절까지와 역대기하 13장 1-21절에 걸쳐서 나옵니다. 역대기하에서는 "여호와는 내 아버지다"라는 의미의 아비야(Abijah)로 불리고 있습니다. 그러니까 아비얌과 아비야는 동일한 인물입니다. 구약에 아비야라는 인물들이 많이 있지만, 여기서 언급하는 아비야는 아비얌과 동일시 되는 유다의 제2대 왕 곧 르호보암의 아들을 일컫습니다. 그는 아버지 르호보암의 뒤를 이어 왕위에 올라 3년간 통치합니다. 아비얌의 어머니는 아비살롬의 딸 마아가(왕상 15:2)인데, 여기서 언급된 아비살롬은 다윗의 아들 압살롬이 아닌가 합니다.

열왕기상 15장 7절에서는 르호보암과 여로보암 사이의 대결과 마찬가지로 아비얌과 여로보암 사이에도 전쟁이 계속되었다고 간단하게 기록되어 있지만, 역대기하 13장 19절에서는 아비야가 북왕국의 왕 여로보암 2세와의 전쟁에서 승리하여 50 만여의 이스라엘 군대를 죽인 한편, 베델이나 에브론 등을 빼앗고 큰 승리를 거둔 것으로 기록되어 있습니다.

아비야라는 이름을 가진 구약의 인물들

사 건	관련성구
여로보암의 아들	왕상 14:1-18
헤스론의 아내	대상 2:24
벤야민의 후손, 베겔의 아들	대상 7:8
아론의 여덟 번째 아들	대상 24:10
르호보암의 아들, 유다 제2대왕	대하 11:20, 22
스룹바벨과 함께 바벨론으로부터 예루살렘으로 돌아온 제사장	느 12:1-4, 12-17

아비얌은 자기 부친이 여로보암과 벌인 전쟁을 계속 수행하였습니다. 르호보암과 여로보암 사이에는 항상 전쟁이 있었으나 그것은 전면전이 아니었으며 종종 있었던 충돌로서 특별히 국경지대에서는 그러했습니다. 마찬가지로 아비얌과 여로보암 사이에서도 전쟁이 늘 있었습니다(왕상 15:7). 그러나 여로보암이 대군을 이끌고 그를 공격하자 아비얌은 방어하는데만 그치지 않고 여로보암을 철저히 패배시켰습니다. 그로 인해서 여로보암은 그의 나머지 통치기간 동안 조용히 지낼 수밖에 없게 되고 말았습니다(대하 13:20).

아비얌이 비록 여로보암을 대적할 목적으로 성전과 제사장직을 내세우며 그것을 자랑했다 할지라도(대하 13:10-12), 그는 다윗과는 같지 않았으며 하나님의 규례에 대해 진심으로 사랑하는 마음이 없었습니다(대하 13:8-9). 그는 열심을 가진 듯이 보였으나 사실상은 신실성이 부족했습니다. 그는 처음엔 잘 시작했으나 결국은 타락하여 그 부친의 행한 모든 죄를 다 행하였습니다.

이스라엘을 칠 때 이 전쟁에 임하여 외치는 아비얌의 연설(대하 13:5-12)을 보면 그 이유가 잘 나타나 있습니다. 첫째는 여로보암과 북쪽 이스라엘 지파들이 하나님이 다윗과 맺은 계약을 어기고 이스라엘 왕국을 건설한 것 자체가 불법이라는 것이고, 둘째는 금송아지를 세우고 아론의 후손이 아닌 사람들을 불법으로 제사장을 세운 것이 불법이라는 것입니다. 불법을 응징하는 도구로써 하나님께서 유다 백성을 하나님께서는 동원하였다는 것입니다.

아비얌이 저지른 죄 중에서 특히 주목할 만한 것은 백성들을 억압하고 착취했다는 것이고(왕상 12:1-15), 그 다음으로는 산당을 짓고, 우상을 섬기고, 가나안의 풍습을 좇는 죄를 지었다는 것입니다(왕상 14:22-24). 아비얌은 죽고 그의 아들 아사(Asa, 주전 913-873)가 왕위를 계승하였습니다. 아사에 대한 기록은 열왕기상 15장 9절-24절과 역대기하 14장으로부터 16장 사이에서 찾을 수가 있습니다.

아사는 유다 왕이 되어 예루살렘에서 41년간을 통치하였습니다(왕상 15:9-10). 아사는 다른 악한 왕들과는 달리 선하게 통치하였는데, 그 특성 중의 하나는 "여호와 보시기에 정직하게 행하였다" (왕상 15:11)는 것입니다. 그는 다윗과 같은 선지자도 시인도 아니었으나 다윗과 같이 늘 하나님을 가까이 하였습니다. 특히 그는 구체적으로 "남색하는 자들을 그 땅에서 쫓아내고 그 조상들이 지은 모든 우상을 없애고 · · · 그 우상을 찍어 기드론 시냇가에서 불 살았으나 다만 신당은 없애지 아니하니라. 그러나 아사의 마음이 일평생 여호와 앞에 온전" (왕상 15:12-14)하였습니다.

아사가 죽고 여호사밧(Jehoshaphat, 주전 873-49)이 왕이 되었는데, 대체적으로 선하고 위대한 왕이었습니다. 여호사밧은 그의 아버지 아사가 계획한 종교개혁을 지속적으로 추진하였으며(대하 17:3-6), 종교교육의 일환으로 율법 교사를 전국에 파송하여 하나님의 말씀을 가르치게 하였습니다(대하 17:7-9). 그는 바알을 거부하였으며, 자기 영토 안에서 이방종교의 풍조를 억누르려고 노력한 성실한 여호와 신봉자였습니다. 다만 아합과 동맹을 맺어 전쟁에 가담했던 것은 그에게 위험한 일이었으며 또한 그의 아들 아하시야와 협정을 맺어 상업적으로 연합한 것이나 정치를 한 것은 옳지 못한 일이었습니다.

북왕국 이스라엘에는 9개의 왕조가 있었으나 남왕국에는 오직 1개의 왕조 즉 다윗 왕조만이 있을 뿐이었습니다. 예외로 북쪽 왕조의 아달랴가 결혼하여 6년 동안 다윗 왕조를 끊어 놓은 일은 있습니다. 앞서도 이미 말한 대로 왕은 모두 20명이었는데, 평균 통치 기간은 16년이었습니다. 유다 왕들에 대한 기록을 보노라면 선한 왕들과 악한 왕들이 수적으로 비슷하다는 것을 알 수 있습니다. 그러나 우리에게 위로가 되는 사실은 선한 왕들의 통치는 일반적으로 길었으며 악한 왕들의 통치는 짧았다는 것입니다.

〈잠깐 쉬며 묵상하는 코너〉

당신의 것

우리를
불쌍히 여기소서.
우리의 노력을
불쌍히 여기소서.
-- 우리로 하여금
사랑과 믿음으로 가득 채우사
정의를 존중하고, 겸허한 마음으로
당신 앞에 나아가
나를 이기고 충성을 지키며 용기로써
당신의 뒤를 따라갈 수 있도록 하시고
우리로 하여금 고요함 속에
당신과 만날 수 있도록 하소서.
당신의 모습을 볼 수 있도록
깨끗한 마음을
주시옵소서.

당신의 목소리를 들을 수 있도록
가난한 마음을 주시옵소서.
당신 안에 살 수 있도록
믿는 마음을 주시옵소서.

주여
나는 당신을 알지 못하오나
아무튼 당신의 것입니다.

주여,
당신의 마음을 헤아릴 수 없으나
주께서는 나를 위하여
당신의 몸을 바치셨습니다.
주여 - -

- 함마슐드

아달랴의 왕위찬탈과 여호야다의 궁중혁명

열왕기하 11장 1절로부터 20절까지와 역대기하 22장 10절로부터 23장 21절가지에 걸쳐서 아달랴의 왕권찬탈과 여호야다의 궁중혁명에 관한 이야기가 나옵니다. 아달랴는 아합과 이세벨의 딸이며, 살해된 아하시야의 어머니며 유다의 제5대왕인 여호람의 아내이기도 합니다.

여호람(Jehoram, 849-842)은 요람으로 표기되기도 합니다(왕하 11:2; 대상 3:11). 여호사밧의 왕위를 계승한 여호람은 아합과 이세벨의 딸 아달랴와 결혼했는데, 이 결혼은 외교적인 정략적 결혼이었습니다. 다시 말하면 이 결혼은 그의 아버지 여호사밧으로부터 시작된 북이스라엘 오므리 왕조와의 외교적 동맹관계를 지속시키고 강화하기 위한 결혼이었다는 말입니다. 여호람은 그의 아버지 여호사밧의 의도대로 오므리 왕조와의 동맹관계를 지속시켰습니다.

여호람은 왕위에 올라 확고하게 자리를 굳힌 다음 그의 여섯 명의 동생들을 모두 죽였습니다(대하 21:2). 그 이유는 확실하게 기록되어 있지 않아서 잘 모르겠지만 앞뒤 정황으로 미루어 보건대 그의 아버지 여호사밧이 동생들에게 물려준 금은보화와 요새화된 성읍들을 혼자 독차지하기 위한 것이거나 동생들을 따르는 사람들의 반대를 물리치고 그의 자리를 지키기 위한 것이었던 것 같습니다. 그리고 그 일을 뒤에서 사주한 것은 왕후인 아달랴였습니다.

우상 신당을 세운 왕들

왕 명	관련성구
솔로몬	왕상 11:7-11
여로보암	왕상 12:26-31
므낫세	왕하 21:1-3
여호람	대하 21:9-11
아하스	대하 28:24-25

위의 도표에서 보는 바와 같이 우상의 신당을 세우고 우상을 섬겼던 왕 여호람의 뒤를 이어 왕위에 오른 아하시야(Ahaziah, 842)는 아버지 여호람을 본받아 여호와를 거역하고 바알과 우상을 섬기는 북왕국의 왕 아합의 전통을 이어받았습니다.

아하시야가 "아합의 집 길로 행하였으니 이는 그의 어머니가 꾀어 악을 행하게 하였음이라"(대하 22:3-4)는 말씀대로, 아합의 후손들처럼 바알과 아세라를 비롯한 여러 우상을 섬겼던 것입니다. 바알의 제사장들은 색정적이면서도 관능적인 몸짓으로 우상을 찬양하였습니다. 아하시야는 그 어머니 아달랴를 포함한 여러 친척들의 권고를 받아들여 악의 길로 행하게 되었는데, 먼저는 모친이 꾀어 악을 행하다가 부친 여호람이 죽은 후에는 "패망하게 하는 아합의 집의 가르침을 따라 여호와 보시기에 아합의 집 같이 악을 행"(대하 22:4)하였던 것입니다.

아하시야가 왕위에 오르고 나서 선한 길로 행하던 방백들이나 재판관, 제사장 및 레위 사람의 권고를 들었더라면 훨씬 훌륭한 행적을 남길 수도 있었을 것입니다. 이들은 모두 선한 왕 여호사밧의 시대로부터 하나님에 대한 지식을 가르쳤던 자들로서 아하시야를 제대로 인도할 수 있는 인물들이었습니다. 그러나 아하시야는 패망케 하는 아합의 집 후손들의 유혹에 넘어가 악의 길로 행하고 말았던 것입니다.

아하시야의 행적 가운데 빼놓을 수 없는 것이 북왕국 이스라엘과의 동맹관계입니다. 그는 그의 아버지 여호람과 할아버지 여호사밧의 정책을 이어받아 북왕국과 우호관계를 지속하였습니다. 이스라엘의 여호람 왕이 시리아 왕 하사엘과 싸우다가 부상을 입고 이스르엘에서 치료를 받고 있을 때 아하시야는 병문안을 하기 위해 이스르엘로 갔었습니다(왕하 8:28-29). 이 대 혁명을 일으켜 여호람을 죽인 예후장군이 도망가는 아하시야를 쫓아가 므깃도에서 죽였다고 합니다(왕하 9:27). 한편 역대기하 22장 9절에서는 예후가 사마리아에서 숨어 있는 아하시야를 찾아내어 죽였다고 기록되어 있습니다. 아무튼 아하시야는 예후에게 살해되고 말았습니다. 그의 어머니 아달랴는 실로 사악하기 짝이 없는 여인으로서 다윗의 집안을 폐한 후 그 위에 자신의 보좌를 세우려고 기회만 노리고 있었습니다.

아하시야가 죽자 유다에는 왕이 될 만한 장성한 사람이 한 사람도 남지 않았습니다. 왜냐하면 아하시야의 형들은 아라비아 사람들에게 모두 죽고 막내인 아하시야만 남았었는데(대하 21:17; 22:1), 이제 그마저 죽고 말았기 때문입니다. 이렇게 해서 아하시야의 어머니 아달랴가 왕권을 찬탈하는 길이 열리게 되었습니다.

아달랴(Athaliah, 842-837)는 아하시야가 예후에게 살해되자 왕권을 차지할 수 있는 절호의 기회라고 생각하고 권력찬탈에 위협이 될 만한 인물들을 제거하기로 마음먹습니다. 그의 정적은 말할 것도 없이 왕위 계승권을 가진 왕자들이었습니다. 그래서 아달랴는 자기의 손자인 왕자들을 비롯하여 대부분의 왕족들을 죽이고 권력을 찬탈하였습니다(왕하 11:1-2; 대하 22:10-11). 그녀는 "유다 집의 왕국의 씨를 모두 진멸"(대하 22:10)하려고 이렇게 날뛰었습니다.

그것은 첫째는 그녀의 야심 때문이었습니다. 그녀는 정권잡기를 평소에 갈망했으며 다른 방법으로는 도저히 그 야망을 이를 수가 없기 때문에 왕족들을 다 죽이고 왕위를 찬탈했던 것입니다. 둘째 이유는 하나님께 대한 분노와 복수심 때문이었습니다. 아합의 집이 철저히 파멸되자 대신 그녀는 왕위를 찬탈함으로써 다윗의 집을 파멸시키고자 하였던 것입니다.

그러나 모든 일이 뜻대로만 되는 것은 아닙니다. 왕족의 씨를 말리려는 아달랴의 의도와는 달리 아하시야의 아들 요아스가 대제사장 여호야다의 아내이자 아하시야의 누이인 여호세바 또는 여호사브앗(대하 22:11)에 의해서 구출되었습니다. 그는 성전에서 6년 동안 숨겨져 양육되었습니다(왕하 11:2; 대하 22:11).

아달랴는 6년 동안 유다의 왕으로 통치하였는데(왕하 11:3), 그 동안 예루살렘의 행정이 엉망이었으리라는 것은 능히 짐작하고도 남습니다(왕하 11:3). 이렇게 어둡고 지루하던 밤이 지나가고 새 날이 밝을 때에는 더욱더 반갑고 기쁜 법입니다. 다윗의 집안의 왕위를 이어가도록 궁정혁명을 도모한 자는 여호야다였습니다. 그는 아마도 대제사장이었을 것으로 추측할 수 있습니다. 그는 그의 출신과 지위로 보아 권세 있는 자였습니다. 그는 혼인을 통해 왕족과 인척관계가 되었던 것으로 사료됩니다. 그는 탁월한 재능과 자질을 가진 사람으로서, 나라를 위해 봉사하기에 적합한 인물이었습니다. 그리고 그가 할 수 있는 최상의 봉사는 나라를 아달랴의 압정에서 구해내는 것이었습니다.

여호야다는 지혜로운 사람답게 매우 신중하게 혁명을 지도하여 갔습니다. 그는 백부장들과 장관들, 즉 공직자, 성직자, 군인들과 함께 이 문제를 협의했습니다. 다시 말하면 그는 그들을 그가 있는 곳, 즉 여호와의 전으로 오게 하여 의논하고 비밀을 지킬 것을 맹세케 한 후에 왕자를 보여주었습니다(왕하 11:4). 그는 왕자를 본 후 더욱 용기를 얻은 제사장들과 레위 사람들에게 위치를 정해주었고 성전의 창고에서 꺼낸 다윗왕의 창과 방패로 무장을 시키고 두 가지 지시를 하였습니다. 첫째, 어린 왕을 보호하라는 것, 둘째 이 일로 이해 몰려드는 군중이 성전을 훼손하지 못하도록 하라는 것이었습니다(왕하 11:6).

호위병들이 배치된 후 어린 왕자를 앞으로 인도하여 지체 없이 면류관을 씌우고 율법에 따라 나라를 다스리도록 율법 책을 주었으며(신

17:18-19), 하나님이 임하셨다는 표시로 그는 왕에게 기름을 부었고, 왕을 인정하여 그의 통치에 복종한다는 표시로 거기 모여 있는 무리들로 하여금 박수를 치며 "만세"를 부르게 하였습니다.

위엄이 넘치는 대관식이 끝난 후 무리들은 아달랴를 찾아 그녀가 행한 살인과 왕위찬탈, 그리고 나라의 평화를 해친 죄목으로 옷을 찢으며 "반역이다! 반역이다!"라고 외치는 아달랴를 처형하였습니다. 여호야다는 하나님과 무리들 사이에 언약을 맺게 함으로써 그들 가운데 신앙심을 심어 주었고 또 확고하게 해두려고 노력을 하였습니다. 이런 신뢰와 왕에 대한 충성을 기초로 하여 요아스의 통치는 시작되었습니다.

무리들은 하나님과 맺은 언약에 따라 즉시 우상숭배를 폐해버렸습니다. 사람들은 앞장서서 바알의 전, 바알의 단, 그리고 모든 우상들을 부수는데 힘을 합쳤습니다. 바알을 숭배하던 모든 사람들이 바알을 떠났지만, 단 바알의 제사장 맛단만이 바알의 단을 떠나지 않았습니다. 끝내 그는 바알의 단을 버리지 아니하므로 그 자리에서 죽임을 당하였습니다. 그들은 바알의 전을 부순 후에 여호와의 전을 수리하는 관리들을 임명하였습니다. 이들은 하나님께 드리는 제사가 제 시간에 합당한 사람들에 의해 규례대로 행하여지는지를 살피는 임무를 띠고 있었습니다.

요아스는 어린 나이에 왕위에 올라 사십 년 간을 치리하였습니다. 그는 여호야다가 살아서 지도하는 동안에는 정직하게 행하였습니다(왕하 12:2). 그러나 그는 산당을 제하지 아니 하였습니다(왕하 12:3). 그가 성전 수리를 위해 보인 열심은 높이 평가할 만합니다. 심지어 여호야다를 불러 하나님의 전을 수리하는 데 드는 자금을 마련하기 위하여 백성들로부터 세를 거두어 드리는 일을 태만히 한다고 꾸짖기도 했습니다(대하 24:6). 그러다가 예상했던 액수가 쉽게 모아지지 않는 것을 보고 새로운 방법을 실시하기에 이르렀습니다. 그 방법이란 궤의 뚜껑에 구멍을 내고 돈을 넣게 하는 것이었습니다. 이 방법은 그때까지 한 번도 사용되지 않은 새로운 것이었으므로 사람들의 호기심을 불러일으킬 수가 있었습니다. 그렇게 함으로 해서 소기의 목적을 달성할 수가 있었습니다. 호기심에 가득 찬 백성들은 궤가 찰 때까지 돈을 던져 넣으면서 기뻐하였습니다(대하 24:10).

아무튼 여호와의 전을 수리할 뜻을 품었다고 하는 것만큼은 훌륭한 일이라 아니 할 수가 없습니다. 그러나 여호야다가 죽자 요아스는 "조상들의 하나님 여호와의 전을 버리고 아세라 목상과 우상"(대하 24:18)을 섬겼고 "여호와의 명령을 거역하여 스스로 형통치 못하게"(대하 24:20) 하였습니다.

악행을 범한 요아스에게 하나님의 심판은 임하였습니다. 그 첫째는 아람 군대가 와서 예루살렘을 정복하고 유다의 백성들을 모두 멸절시킨 것입니다(대하 24:23-24). 이때 아람 군대는 그다지 크지 않은 규모였음에도 불구하고 유다와 예루살렘을 온통 쑥밭으로 만들어 놓고 물건을 많이 노략질하여 다메섹으로 보냈습니다. 둘째 평소에 믿고 의지했던 신복들이 그를 모반한 것입니다. 그들은 제사장 여호야다의 아들들의 피로 인하여 침상에서 요아스를 쳐 죽였습니다. 더욱 요아스가 통치를 잘못하여 왕으로서 합당한 행적을 보이지 못했다는 이유로 그를 왕실의 묘실에 장사 하지도 않았다고 합니다. 악은 반드시 심판을 동반합니다.

아달랴는 다윗 후손이 아니기 때문에 유다 왕의 서열에는 끼지 못합니다. 아달랴는 이세벨과 함께 이스라엘 역사에서 인륜을 짓밟은 잔혹한 여인으로 기억될 뿐입니다. 권력이 무엇이기에 이토록 잔혹할 수가 있단 말입니까? 소름이 끼칠 뿐입니다.

〈잠깐 쉬며 묵상하는 코너〉

너 자신의 마음 안에

그리스도가 베들레헴에 태어남이

천 수백 년을 헤아리건만
그리스도가 너 자신의 마음에 나지 않으면
네 영혼은 아직 버림받은 상태
십자가만이 네게 구원을 주리니.
골고다 언덕의 십자가가 네 마음에 세워지지 않는다면
네 영혼은 영원히 잃어버린 것.

- 안겔루스 실레시우스

아하스와 성전을 더럽힌 죄

남왕국의 제8대 왕은 앞서 잠깐 언급한 바 있는 요아스입니다. 이 요아스의 뒤를 이은 왕이 아마샤(Amaziah, 800-783)였는데, 그는 왕이 되자 우선 에돔과 싸움을 벌렸습니다. 그 싸움에서 승리한 아마샤의 마음은 매우 교만해졌습니다. 그래서 이번에는 이스라엘에 대한 공격을 시도합니다. 그러나 아마샤는 요아스라고 불리는 여호아스에게 패합니다. 그 후로도 아마샤는 15년을 더 왕 노릇 했지만 예루살렘에서 반란이 일어나 살해되고 맙니다.

그의 아들 일명 아사랴(Azariah, 왕하 15:1-7)라고도 하는 웃시야(Uziah, 783-742)가 뒤를 이어 왕이 되었습니다. 그는 하나님 보시기에 좋은 일을 많이 했으나 유다 백성들이 이방 신을 섬기는 것은 금하지 않았고 자신도 다른 나라 왕처럼 성전에서 제사장만이 드릴 수 있는 제사를 드리려다 그만 나병에 걸려 죽는 날까지 외롭게 별궁에서 지내게 됩니다. 그의 아들 요담(Jotham, 750-735)이 그의 뒤를 이어 왕이 되었으나 그도 후년에는 우상숭배에 빠졌고 사회는 부정한 쪽으로 기울기 시작했습니다.

그 무렵 미가라는 예언자가 나타나 예언을 하기 시작했고, 그 예언은 아하스(Ahaz, 735-715), 히스기야(Hezekiah, 715-687) 시대까지 이어집니다. 미가가 주로 활동한 시대의 왕이었던 아하스는 웃시야의 손자이자 요담의 아들로서 그 뒤를 이어 유다 왕의 자리에 올랐습니다. 그는 20세의 젊은 나이에 왕위에 올랐는데, 그는 다윗과는 달리 이스라엘 왕들의 전철을 밟아 바알과 우상을 섬기고 힌놈의 골짜기에서 자식을 불살라 제물로 바치는 배교행위를 하였습니다(왕하 16:2-4; 대하 28:1-4).

그는 즉위초로부터 어려움을 겪었습니다. 즉 북왕국의 왕 베가는 시리아 왕 르신과 동맹을 맺고 아하스를 쳐들어온 것입니다(왕하 16:5). 그들은 예루살렘을 정복하고, 거기에 왕을 세우려고 생각하였습니다(사 7:6). 이 계획은 실패했지만, 아람 왕은 홍해에 위치한 주요 항구 도시인 엘닷을 회복하였습니다. 이 도시는 아마샤가 아람에게서 빼앗은 것이었습니다(왕하 24:22).

아람군의 침범으로부터 벗어나기 위하여 아하스가 할 수 있는 길은 결국 앗수르 왕에게 도움을 요청하고 그의 군대를 끌어드리는 길 밖에 없었습니다. 앗수르 왕은 그의 말을 듣고, 그를 도우려 다메섹에 내려와서 아람 왕에게 강력한 견제 공격을 가하였습니다(왕하 16:9). 그리고 아람 사람들을 포로로 잡아서 기르로 끌고 감으로 해서 아하스를 공격하려는 계획을 포기하지 않을 수 없게 만들었습니다. 그러나 결국 그렇게 함으로써 아하스는 아람 왕의 신복이 되었고 왕궁의 곳간에서 은과 금을 꺼내 앗수르 왕에게 보낼 수 밖에 없었습니다(왕하 16:7-8).

아하스 자신은 산당에서 희생제를 드렸지만(왕하 16:4), 하나님의 제단 대신 그 자리에 우상의 제단을 옮겨놓았고, 감히 하나님의 놋단을 없애버렸습니다(왕하 16:15). 이렇게 아하스는 성전을 제멋대로 우상의 제단으로 마구 바꾸었습니다. 이 일에 제사장 우리야가 동조하였습니다. 또한 물두멍의 받침을 떼어내고(왕하 7:28-29), 놋바다를 놋소에 내려다가 돌판 위에다 두었습니다(왕하 16:17). 그리고 그는 안식일에 제사장들이 편의하게 사용하도록 만들어 놓은 낭실을 옮겼습니다.

형통함의 축복을 받은 구약의 5인

이 름	관련성구
요 셉	창 39:2
여호수아	수 1:7-8
히스기야	왕하 18:7
솔 로 몬	대상 29:23
다 니 엘	단 6:28

아하스는 이렇게 배교의 길을 가다가 36세의 중년에 생을 마쳤고, 훨씬 훌륭한 아들 히스기야에게 왕국이 넘겨졌습니다(왕하 16:20). 히스기야는 아버지가 성전에 대적했던 만큼 성전의 친구가 되었습니다. 그는 아래 도표에서 보는 바와 같이 형통함의 축복을 받았습니다.

미가가 출현한 때는 아하스가 통치하던 때입니다. 이때는 앗수르(앗시리아)가 수리아(시리아)와 팔레스타인을 다스리던 유다의 전성기였습니다. 미가가 예언을 시작했을 무렵, 유다는 번영과 국위를 떨치고 있었습니다. 상업적 세력을 넓히기 위해서 유다는 아라비아를 침투했고 군사적으로는 북쪽 앗수르의 군대와 맞서 도전하였습니다. 앗수르에 도전하던 웃시야가 죽자 요담이 왕위를 물려받아 그 현상을 그대로 유지했습니다. 그러나 주전 735년에 예루살렘의 친 앗수르 당파가 아하스를 왕위에 앉혔습니다. 수년 사이에 이 어린 왕은 앗수르와 동맹을 맺게 되는데, 그것은 실은 앗수르의 속국이 되는 것이나 다름없었습니다. 이 동맹이 유지되던 20년 동안 수리아와 이스라엘 왕국은 앗수르의 진격 아래서 와해되고 맙니다.

미가는 이렇게 요동하던 열띤 시게에 예언자의 소명을 받았습니다. 예언자 미가의 활동은 다음 장에서 좀더 자세하게 다루겠습니다.

〈잠깐 쉬며 묵상하는 코너〉

병상에서 하나님께

나의 수금과 비올이 버드나무 위에

걸려 있다 한들 어떠랴?
나의 침상이 무덤이 되고
나의 집에 어둠이 짙어진다 한들 어떠랴?
나의 건강한 날이 사라지고
내가 죽은 자들 가운데 끼여 누워 있다 한들 어떠랴?
그러나 나는 당신의 위대한 힘에 의해
다시 싹이 돋아나리라는 희망을 갖고 있다,
비록 지금은 시든 꽃이기는 하지만.

- 로벗 헤릭

노래(기쁨)와 건강이 다 사라져 온 집 안에 어둠만 짙고 죽은 자들 가운데 누워 있는 것처럼 아무런 희망이 없다할지라도 시인 자신은 목사로서 하나님만을 의지하는 신앙을 갖고 있었으므로 미래의 다시 싹이 나서 꽃이 필 희망을 갖고 있다는 것입니다.

아하스와 사회 부정을 꾸짖는 미가

미가는 이사야와 같은 시대 예언자였지만, 두 사람이 서로 만났거나 서로 사귄 일이 없었던 것 같습니다. 이사야는 귀족 출신으로 예루살렘을 중심으로 활동했지만 미가는 가난한 평민출신으로 농촌에 관심을 두고 예언 활동을 했습니다. 미가가 주로 활동한 시대는 남 유다 왕국의 12대 왕 아하스가 다스리고 있었습니다. 아하스는 한 마디로 말해서 여호와의 성전을 더럽히고 우상을 섬긴 악한 왕이었습니다. 이 아하스에 대해서는 이미 앞장에서 간단하게 언급하였습니다.

미가의 고향은 블레셋의 유명한 도시 갓에서 건너다보이는 이스라엘 땅 모레셋이란 작은 마을입니다(미 1:1). 모레셋은 유다 산지에서 해변 평야로 뻗은 낮은 산맥 가운데 해발 1,000피트 가량 되는 지점에 있습니다. 한때 이곳은 농산물이 많이 나고 건실하고 부지런한 자작농들이 사는 한적한 곳이었습니다. 그러나 이곳은 블레셋과 접경을 같이 하고 있었기 때문에 늘 싸움이 끊이지 않았습니다. 이러한 환경 속에서 자라난 미가는 언제나 농촌 문제에 대해 관심을 갖고 있었습니다.

농민에게 있어서 농토는 단순한 부의 근원일 뿐만 아니라, 그 곳에서 자연과 사귀며 정의와 인내와 동정과 희망을 얻어 영적인 큰 힘을 나타낼 수 있는 생명줄이었습니다. 그러므로 농토를 빼앗긴다는 것은 팔다리를 짤린 것과 같고 가슴이 찢겨진 것과 같은 것이었습니다. 그런데도 애굽과 앗수르 군대가 밀려오고 밀려가는 동안 농민들은 빈궁에 빠졌고, 농토는 약탈당하여 황폐했고 살아갈 양식을 얻기 위해서는 땅을 저당 잡혀야만 했습니다. 때로는 땅을 저당 잡히고도 모자랄 때에는 자기들의 노동력을 저당 잡힐 수밖에 없었습니다. 그러나 되풀이 되는 전쟁 때문에 빚을 갚을 수 없어서 그들은 자신의 농토에서 쫓겨날 수밖에 없었습니다.

미가는 이러한 농민들의 처지를 뼈저리게 체험하면서 그런 비운을 자아내는 무리들에 대해 분노를 터뜨렸던 것입니다. 그는 그 분노를 이렇게 표현했습니다. "그들이 침상에서 죄를 꾀하며 악을 꾸미고 날이 밝으면 그 손에 힘이 있으므로 그것을 행하는 자는 화있을진저 밭들을 탐하여 빼앗고 집들을 탐하여 차지하니 그들이 남자와 그의 집과 사람과 그의 산업을 강탈하도다" (미 2:1-2).

미가는 가난한 사람을 억압하고 착취하는 이스라엘의 지도자들과 권력층들과 도시의 부유한 사람들의 죄를 비난하며 공격했습니다. 그들은 가난한 사람을 불쌍히 여기는 동정심도 없었고, 부를 늘리기 위해서는 사람을 팔고 사는 일까지 서슴지 않았습니다. 그들은 사람을 사람으로 취급하지 않고 물건으로 취급하였으며 재산을 늘려나가는 데 필요한 수단으로 보았습니다. "그들의 살을 먹으며 그 가죽을 벗기며 그 뼈를 꺾어 다지기를 냄비와 솥 가운데 담을 고기처럼 하는도다" (미 3:3).

미가는 더욱 온갖 부를 다 누리면서도 농민들을 착취하는 예루살렘 사람들을 책망하며 반드시 큰 멸망이 닥쳐오리라고 예언했습니다. "근래에 내 백성이 원수 같이 일어나서 전쟁을 피하여 평안히 지나가는 자들의 의복에서 겉옷을 벗기며 내 백성의 부녀들을 그들의 즐거운 집에서 쫓아내고 그들의 어린 자녀에게서 나의 영광을 영영히 빼앗는도다. 이것은 너희가 쉴 곳이 아니니 일어나 떠날지어다. 이는 그것이 이미 더러워졌음이라. 그런즉 반드시 멸하리니 그 멸망이 크리라"(미 2:8-10).

이와 같은 이스라엘 백성이 지은 죄에 대한 엄중한 비판과 예루살렘에 하나님의 징벌이 내릴 것이라는 예언은 아모스나 이사야의 그것과 동일합니다. 또한 그런 비판의 기초가 되는 윤리적 종교관도 같다고 볼 수 있습니다.

"내가 또 이르노니 야곱의 우두머리들과 이스라엘 족속의 통치자들아 들으라 정의를 아는 것이 너희의 본분이 아니냐. 너희가 선을 미워하고 악을 기뻐하여 내 백성의 가죽을 벗기고 그 뼈에서 살을 뜯어 그들의 살을 먹으며 그 가죽을 벗기며 그 뼈를 꺾어 다지기를 냄비와 솥 가운데에 담을 고기처럼 하는도다. 그 때에 그들이 여호와께 부르짖을지라도 응답지 아니하시고 그들의 행위의 악했던 만큼 그들 앞에 얼굴을 가리시리라"(미 3:1-4).

민중의 대언자로서 미가는 겨레를 그릇된 길로 이끄는 직업적 예언자들을 맹렬히 공격하고 신랄하게 비판하였습니다. "내 백성을 유혹하는 선지자들은 이에 물 것이 있으면 평강을 외치나 그 입에 무엇을 채워 주지 아니하는 자에게는 전쟁을 준비하는도다. 이런 선지자에 대하여 여호와께서 이르시되 그러므로 너희가 밤을 만나리니 이상을 보지 못할 것이요 어둠을 만나리니 점치지 못하리라 하셨나니 이 선지자 위에는 해가 져서 낮이 캄캄할 것이라. 선견자가 부끄러워하며 술객이 수치를 당하여 다 입술을 가릴 것은 하나님이 응답하지 아니하심이거니와"(미 3:5-8).

또한 미가는 돈에 팔려 재판을 하고 삯을 받고 판결을 내리는 제사장을 비판하고 있습니다. "그들의 우두머리는 뇌물을 위하여 재판하며 그들의 제사장은 삯을 위하여 교훈하며 그 들의 선지자는 돈을 위하여 점을 치면서도 여호와를 의뢰하여 이르기를 여호와께서 우리 중에 계시지 아니하냐 재앙이 우리에게 임하지 아니하리라 하는도다"(미 3:11).

미가는 그릇된 제의(祭儀) 개념을 비판하면서(미 6:6-7) 참 종교의 길을 보여 주었습니다. "사람아 주께서 선한 것이 무엇임을 네게 보이셨나니 여호와께서 네게 구하시는 것은 오직 정의를 행하며 인자를 사랑하며 겸손하게 네 하나님과 함께 행하는 것이 아니냐"(미 6:8). 사무엘은 희생 제물보다 순종을(삼상 15:22), 아모스는 정의를, 호세아는 사랑을, 이사야는 거룩함(성결)을 종교의 근본으로 보았지만 미가는 이들이 보고 말한 것을 한 곳에 집약해 놓았습니다.

미가의 메시지에는 경고와 격려, 심판과 희망이 함께 담겨져 있습니다. 미가서 4장 3-4절을 보면 "그가 많은 민족들 사이의 일을 심판하시며 먼 곳 강한 이방 사람을 판결하시리니 무리가 그 칼을 쳐서 보습을 만들고 창을 쳐서 낫을 만들 것이며 이 나라와 저 나라가 다시는 칼을 들고 서로 치지 아니하며 다시는 전쟁을 연습하지 아니하고 각 사람이 자기 포도나무 아래와 자기 무화과나무 아래에 앉을 것이라 그들을 두렵게 할 자가 없으리니 이는 만군의 여호와의 입이 이같이 말씀하셨음이니라"는 기록이 있습니다.

예수 그리스도가 참된 통치자로서 이 땅에 오셔서 세울 나라는 세상 권세자들의 그것과는 달리 평화가 실현되며(사 9:11) 더 이상 불의와 무력의 힘이 아니라 사랑과 화해와 용서가 진정한 힘이 될 수 있다는 것을 예시해 준 것입니다(욥 4:10). "칼을 쳐서 보습을 만들고 창을 쳐서 낫을 만들며, 각 사람이 자기 포도나무와 자기 무화과나무 아래에 앉을 것이라"는 미가의 말은 미래에 도래할 평화로운 메시아 왕국을 예시한 것이라고 할 수 있습니다.

그것이 5장 2절로 이어지면서 좀 더 구체적으로 희망의 선포로 나타납니다. "베들레헴 에브라다야 너는 유다 족속 중에 작을지라도 이스라엘을 다스릴 자가 네게서 내게로 나올 것이라. 그의 근본은 상고(上古)에, 영원에 있느니라"(미 5:2). 비록 심판의 예언으로 인하여 절망에 사로잡히긴 했으나 이스라엘 백성들 가운데는 이전부터 선지자들이 선포해 오던 메시야 왕국의 도래에 대한 예언(욥 3:18-21; 암 9:11-15)이 성취되기를 간절히 기대하는 신실한 자들이 있었습니다. 미가는 이처럼 절망 중에 소망을 가진 신실한 자들에게 메시아 왕국의 도래를 그 탄생에서부터 사역까지 매우 선명하게 묘사하므로 크게 위로를 베풀고 있습니다.

베들레헴은 유다 지경에 내에 있는 작고 아름다운 마을이며, 유대 산지의 동쪽 사면에 위치해 있었던 까닭에 큰 도시로 성장할 수가 없었습니다. 그러나 비천한 자를 높이셨던(눅 1:52) 하나님은 비천한 이곳을 택하서서 다음 도표에서 보듯이 영화롭게 변화시키고자 하셨습니다.

베들레헴의 영적 의미

영적의미	관련성구
생명의 떡	요 6:41-58
풍성한 은혜	사 66:11
존귀케 하심	갈 3:26-27

의미심장하게도 베들레헴은 떡집이라는 의미를, 에브라다는 열매가 풍성하다는 뜻을 가지고 있습니다. 이런 지명과 걸맞게 전 인류에게 생명의 양식을 풍성하게 제공하실 예수께서(요6:48) 이곳에서 출생하게 되리라는 것입니다. 참된 예언자는 저주만 예고하고 심판만 선언하는 것이 아니라 반드시 희망을 제시해서 절망 중에 있는 사람들에게 위로와 소망을 갖도록 해주는 것입니다. 미가는 권력층과 부유층들의 부패와 영적인 타락으로 인하여 멸망할 것을 예고하는 동시에 그리스도를 통한 구원도 또한 선포하였습니다.

영국의 17세기 궁정파 시인 중의 한 사람인 로벗 헤릭(Robert Herrick)은 "병상에서 하나님께" 라는 시에서 절망 중에 있는 이스라엘 사람들에게 희망을 던져주듯이 "당신의 위대한 힘에 의해서 시든 꽃이기는 하지만 다시 싹이 돋아나리라는 희망을 갖는다" 고 노래했습니다.

나의 수금과 비올이 버드나무 위에
걸려 있다 한들 어떠랴?

나의 침상이 무덤이 되고
나의 집에 어둠이 짙어진다 한들 어떠랴?
나의 건강한 날이 사라지고
내가 죽은 자들 가운데 끼여 누워 있다 한들 어떠랴?
그러나 나는 당신의 위대한 힘에 의해
다시 싹이 돋아나리라는 희망을 갖고 있다,
비록 지금은 시든 꽃이기는 하지만.

노래(기쁨)와 건강이 다 사라져 온 집 안에 어둠만 짙고 죽은 자들 가운데 누워 있는 것처럼 아무런 희망이 없다할지라도 시인 자신은 목사로서 하나님만을 의지하는 신앙을 갖고 있었으므로 미래의 다시 싹이 나서 꽃이 필 희망을 갖고 있다는 것입니다.

미가는 이런 그의 메시지를 극화하기 위하여 전원생활에서 얻은 많은 이미지들을 사용하고 있습니다. 그런 예를 몇 개만 들어 보겠습니다. "야곱아 내가 반드시 너희 무리를 다 모으며 내가 반드시 이스라엘의 남은 자를 모으고 그들을 한 처소에 두기를 보스라 양떼 같이 하며 초장의 양떼 같이 하리니"(미 2:12). 이스라엘의 필연적인 멸망을 선포하던 미가는 갑자기 "남은 자"들의 회복에 관해 언급하면서 하나님께서는 그들을 "보스라 양떼, 초장의 양떼" 같이 해주실 것이라고 하였습니다. "보스라"는 "벽으로 둘러막다"라는 뜻을 지닌 에돔의 한 성읍을 가리키는 지명이기도 하지만, 여기서는 그 지명의 뜻이 상징적으로 사용되었다고 볼 수 있습니다. 즉 이 이미지는 이스라엘의 "남은 자들"을 "요새와 같은 울타리 안에 보호받는 양떼 같이 하며 푸른 초장에서 배불리 풀을 뜯고 있는 양떼 같이 해 주시겠다"는 비유입니다.

미가는 이미 앞에서도 언급하였지만 앞으로 도래할 메시아 왕국의 평화로운 모습을 "활을 쳐서 보습을 만들고 창을 쳐서 낫을 만들며 . . . 각 사람이 자기 포도나무 아래와 자기 무화과나무 아래 앉을 것이라"(미 4:3-4)는 이미지로 표현하였습니다. 의인들이 모두 타락해서 사회가 최악의 상태에 처하게 된 것을 슬퍼하며 미가는 그 상태를 나는 여름 실과를 딴 후와 포도를 거둔 후 같아서 먹을 송이가 없으며(미 7:1)라 하였습니다. 여기서 그는 의인을 무화과 열매와 포도송이에 비유하고 있습니다.

또한 예언자들은 상징적인 언어를 구사할 때 주로 일상적인 세계에서 따온 상징들을 많이 사용합니다. 예를 들어 미가서 5장 7-8절을 들 수 있습니다. 여기서 미가는 야곱의 남은 자들을 "여호와께서 내리시는 이슬", "풀 위에 내리는 단비", "수풀의 짐승 중의 사자", "양떼 중의 젊은 사자" 등과 같은 비유적 언어로 묘사했습니다. 이런 상징적 행동 방식은 예언적인 말씀을 행동으로 실연해 보이는 것이라 할 수 있습니다. 이런 상징적 행위는 하나님의 메시지를 생생하고 구체적으로 생각나게 하는 역할을 합니다.

히스기야와 통곡의 기도

이사야는 유다 왕 웃시야가 죽던 해(주전 740년) 성전에서 예언의 직무를 맡은 이후 요담, 아하스, 히스기야 시대에 걸쳐서 사십 년 이상 예언 활동을 하였습니다. 그의 예언 활동은 비록 아하스의 통치 하에서 시작되지만 주로 히스기야 시대에 이루어졌다고 해도 과언이 아닙니다.

히스기야(Hezekiah, 주전 715-687)의 통치 기록은 열왕기하 18장 1절로부터 20절과 21장, 그리고 역대기하 29장으로부터 32장까지와 이사야 36장으로부터 39장까지에 걸쳐서 나옵니다.

히시기야는 남북이 분단된 지 200여 년이 지난 후 이십 오세 때 유다의 12대 왕으로 등극하였고 29년을 훌륭하게 다스렸습니다. 그의 아버지는 유다의 왕들 중 가장 악한 아하스였습니다. 이미 앞에서 언급한 바와 같이, 아하스가 통치하던 시대는 역사적으로 매우 어둡고 어려운 시대였습니다.

이처럼 역사적으로 어려운 처지에 있을 때 히스기야는 아버지의 뒤를 이어 유다의 왕이 되었습니다. 처음부터 히스기야는 그의 아버지와는 전혀 다른 정책을 무모하게 펼칠 수는 없었습니다. 그러나 앗수르의 사르곤 대왕이 죽은 다음 그의 아들 산헤립이 즉위하자 히스기야는 반앗수르 운동을 전개하였습니다. 그는 앗수르에 바쳐오던 조공도 끊어버렸습니다. 그는 보복이 예상되는 앗수르의 침공에 대비하여 예루살렘 성을 비롯하여 요새들을 강화하였습니다(대하 32:3-5). 이 때 저 유명한 실로암 급수로도 완공하였습니다(왕하 20:20). 이러한 히스기야의 자주 독립정책은 그의 애국심과 여호와 숭배사상에서 비롯된 것이었습니다.

결국은 히스기야의 자주 독립정책은 산헤립의 보복적 침공으로 좌절되고 말았지만, 종교적인 면에 있어서는 실로 위대한 일을 하였다고 생각합니다. 그는 그의 아버지 아하스가 예루살렘 성전에 세워 놓았던 앗수르 신의 제단을 헐어버렸습니다. 그 외에도 앗수르의 통치권을 상징하는 종교적인 물건들을 성전에서 제거하여 버렸습니다. 히스기야는 앗수르 종교의 흔적들만 제거한 것이 아니라 여호와 종교와 가나안 토속종교의 혼합주의의 산물인 산당, 주상(柱像), 아세라 목상 등을 유다 땅에서 제거하였습니다(왕하 18:4). 한 걸음 더 나아가 그는 여호와 종교를 재건하고 활성화시키기 위한 적극적인 대책들도 강구하였습니다(대하 31:2-19).

산당은 특별한 경우에는 선지자들도 사용하였었고, 그때까지 여러 선한 왕들도 묵인해왔었지만 분명히 성전에 대한 모독이고 우상숭배의식을 도입하는데 좋은 기회를 제공하는 것이었습니다. 따라서 히스기야는 선왕들의 선례를 따르지 않고 하나님의 말씀을 자신의 자로 삼아서 산당들을 제거하였으며, 산당철폐를 위한 법률을 제정하고 집행하였습니다.

원래 놋 뱀은 하나님의 명령에 의해서 만든 것이었지만, 후일 그것이 오용되어 우상숭배가 되었기 때문에 히스기야는 그것마저도 부수었습니다. 이 물건은 광야에서 조상에게 베푸신 하나님의 선하심의 증거물로서 고이 보존되었던 것 같습니다(민 21:9). 그러나 그들이 창조주보다 피조물을 경배하기 시작하였을 때, 이방인들에게서 차입한 우상을 숭배하지 않으려는 자들도 미혹되어 놋 뱀에게 분향하게 되었습니다. 왜냐하면 이것은 하나님의 명령에 따라 제작되어 그 백성들에게 복의 도구가 된다고 생각하였기 때문이었습니다. 그러나 히스기야는 이 우상들에 대한 사람들의 숭배를 금지하였을 뿐 아니라, 더 이상 못하게 하기 위하여, 이것이 구리조각에 지나지 않을 뿐 아니라 그런 것에 대해 분향하는 것은 어리석은 악한 행위라는 사실을 가르쳐 주었습니다. 그러면서 그는 그 악행의 뿌리를 뽑기 위하여 놋 뱀까지도 부수었습니다.

이와 같이 히스기야는 아주 경건하고 자신의 임무에 충실하고 꾸준하게 실천하는 인내심이 강한 인물이었습니다. 또한 그는 늘 하나님과 함께 하며 그를 믿고 의지한 아주 용기있고 확신 있는 사람이었습니다. 그렇기 때문에 우상 숭배를 폐지하는 일을 신하들이 반발하여 반란을 일으킬 수 있는 위험이 있었지만 끝까지 단행할 수가 있었습니다.

히스기야 왕 때 그 당시의 강국이었던 앗수르의 왕 산헤립이 유다 나라를 침공하였습니다. 산헤립의 유다에 대한 침공은 유다에게는 크나큰 재난이었습니다. 하나님은 이를 통하여 히스기야의 믿음을 시험 하였고, 그 백성들이 우상에서 떠나기를 기뻐하지 아니하고 아직까지 마음속에 우상을 간직하였기 때문에 백성들을 치신 것이라 할 수 있습니다. 앗수르 왕은 유다 대부분의 성읍과 변방의 촌락들과 요새들을 점령하였습니다. 하는 수 없이 히스기야는 이들과 화친하기 위하여 큰 대가를 치르지 않으면 안 되었습니다(왕하 18:14). 그는 그 속전으로 은 300달란트와 금 30달란트의 막대한 양의 금전을 지불하였습니다. 히스기야는 이 막대한 금액을 마련하기 위하여 국고를 다 비웠을 뿐 아니라 성전 문과 기둥의 금박을 떼어내지 않을 수 없었습니다(왕하 18:15-16).

산헤립은 그가 파견한 세 장군 가운데서 풍자적인 언변이 능한 랍사게를 통하여 군대를 철수한다는 조건으로 히스기야가 준 돈을 받고도 군대를 그대로 진주시켜 공격을 하며 히스기야를 괴롭혔습니다. 랍사게는 이스라엘인들에게는 싸울만한 계교와 용력도 없고, 여호와께서 건져주시리라는 신념은 있으나 산당과 제단을 제함으로써 스스로 하나님의 보호하심을 상실한 반면, 오히려 하나님께서 자기들에게 이스라엘을 멸망시키도록 명령하셨다는 거짓 명분을 내세워 히스기야를 위협하였습니다.

히스기야는 랍사게의 모욕적인 언사로 하나님을 능욕하는 사실을 목도하고 그 "옷을 찢고 굵은 베를 두르고"(왕하 19:1) 기도하고 묵상하기 시작하였습니다. 또한 그는 귀족들을 사절로 삼아 선지자 이사야에게 보내어 기도를 요청하면서, 산헤립에게 조공을 증가시키는 문제에 관하여 그의 조언을 구했습니다. 이사야가 히스기야에게 전달한 한 유명한 "빈정거리는 노래"(왕하 19:21-28)에서 하나님은 불경스러운 앗시리아인들을 갈고리를 코에 꿰고 재갈을 입에 물려 오던 길로 끌어 돌이키듯이(왕하 19:28) 쳐부수고, 당분간 예루살렘을 구하겠노라고 언약했습니다. 바로 그 날밤 무서운 역병이 산헤립의 군사들을 공격하여 무려 18만 5천 명을 죽이고 말았습니다(왕하 19:35). 앗수르 군사들 중에서 살아남은 사람은 거의 없었습니다.

앗수르 왕은 이로 인해서 극도의 혼란에 빠지게 되었습니다. 온갖 자랑을 다 늘어놓은 뒤였기 때문에 이 사건은 자신들에게 조차도 부끄러울 지경이었습니다. 앗수르 왕 산헤립은 그곳을 떠나 돌아가서 얼마 안 되어 그의 두 아들의 손으로 그의 생명이 끊어졌습니다(왕하 19:37). 이스라엘의 하나님께서는 산헤립으로 하여금 그가 마땅히 섬겨야 하는 유일하시고 참되신 분은 하나님이라는 사실을 충분히 알 수 있도록 능력을 행사 하셨습니다.

한편 히스기야는 병에 걸려 죽을 지경에 이르렀고, 선지자 이사야를 통하여 죽음을 준비하라는 경고도 받게 됩니다. 이사야가 경고한 내용은 다음과 같습니다. "너는 집을 정리하라. 네가 죽고 살지 못하리라"

(왕하 20:1). 이 말씀을 전해들은 히스기야는 낯을 벽으로 향하고 여호와께 다음 도표에서 보는 바와 같이 아브라함이나 야곱처럼 끈질기게 이렇게 기도하였습니다. "여호와여 구하오니 내가 진실과 진심으로 주 앞에 행하며 주께서 보시기에 선하게 행한 것을 기억하옵소서 하고 히스기야가 심히 통곡하더라" (왕하 20:3).

끈질긴 기도를 드린 사람들의 실례

이 름	기 도 내 용	관련성구
아브라함	소돔성의 의인 10명의 유무를 놓고	창 18:22-33
야 곱	형 에서의 손에서 구해달라고	창 32:9-12
모 세	주의 노를 그치고 백성들의 화를 면하게 해달라고	출 32:11-14
기드온	주의 능력과 권세로 기적을 보여 달라고	삿 6:36-40
삼 손	두 눈을 빼앗은 블레셋에게 원수를 갚게 해달라고	삿 16:28
한 나	아들을 낳게 해달라고	삼상 1:9-11
엘리야	비올 징조를 보게 해달라고	왕상 18:43
히스기야	병을 낫게 해달라고	사 38:2-3
두 소경	눈을 뜨게 해달라고	마 20:29-34
바 울	자만하지 말게 해달라고	고후 12:7-10

하나님께서는 히스기야의 이 기도에 즉각 응답하셨습니다. 이사야 선지자는 성 중간까지 갔다가 히스기야에게 다시 돌아와서(왕하 20:4-5), 그가 반드시 회복되리라는 말씀을 전해 주었습니다. "하나님 여호와의 말씀이 내가 네 기도를 들었고 네 눈물을 보았노라. 내가 낫게 하리니 네가 삼일 만에 여호와의 성전에 올라" (왕하 20:5) 가리라 하였습니다. 하나님께서는 히스기야의 생명을 15년 더 연장시켜 주었고, 예루살렘을 앗수르 왕에게서 구원하시겠다고 약속하셨습니다(왕하 20:6).

이사야의 지시대로 히스기야는 종처에다 "무화과 반죽" 을 붙여 놓아서 그 종처가 곪아 터지게 하였습니다. 그는 극한의 부와 영광을 누렸고(대하32:27), 모든 일이 형통하였습니다(대하 32:30). 게다가 바벨론 왕이 히스기야에게 높은 지위에 있는 사자를 보내어 그가 병에서 회복된 것을 축하하였습니다. 이런 영예와 바벨론의 경의로 인하여 히스기야는 마음이 교만해졌습니다. 히스기야는 다른 사람들의 우상 숭배를 타파한 후 스스로를 우상화하기 시작했던 것입니다. 이로 인해서 히스기야가 또 다시 위기에 직면하게 되었을 때, 그는 철저하게 믿음의 교만을 회개하였습니다. 그래서 그가 죽었을 때는 백성들이 모두 저의 죽음에 존경함을 표하였고 왕실묘실 중 가장 높은 곳에 장사되었다고 기록되어 있습니다.

앗수르로부터 정치적 독립을 추구하고 종교개혁을 단행한 히스기야는 다윗, 솔로몬 이후 요시야와 함께 가장 모범적인 왕이었습니다(왕하 18:3; 20:3; 대하 18:3-5; 29:2; 31:21). 그러나 선지자 이사야로부터는 그가 여호와를 의지하기 보다는 애굽을 더 의지한다고 비판도 받았습니다(사 30:1-7; 31:1-3). 하나님 앞에 교만하면 언제나 징벌을 받지만 회개하면 하나님은 언제나 다시 자비를 베풀어주신다는 사실을 여기서도 배울 수가 있습니다.

〈잠깐 쉬며 묵상하는 코너〉

사랑하는 나의 주님

사랑하는 나의 주님!

내 안에 계시어
나를 강하게 하시고

내 밖에 계시어
나를 붙들어 주시고

내 위에 계시어
나를 보호해 주시고

내 밑에 계시어
나를 받들어 주시고

내 앞에 계시어
나를 인도해 주시고
내 곁에 계시어
나를 지켜 주옵소서.

우리의 아버지 되신 주님께
영원토록 영광을!

- 랜설럿 앤드류스

히스기야와 이사야의 메시야 왕국 예언

이사야는 유다 왕 웃시야가 죽던 해(주전 740년) 성전에서 예언의 직무를 맡은 이후 사십 년 이상 예언 활동을 하였습니다. 그의 예언 활동은 비록 아하스의 통치하에서 시작되지만 주로 히스기야 시대에 이루어졌다고 해도 과언이 아닙니다.

히스기야는 그의 선왕 아하스보다는 아주 선한 왕이었습니다. 역사적으로 매우 어려운 처지에 있을 때 히스기야는 그의 아버지의 뒤를 이어 유다의 왕이 되었습니다. 그는 앗수르의 침공과 위협에도 불구하고 비록 좌절되기는 했지만 자주 독립정책을 썼고 우상숭배를 타파하고 여호와 숭배를 회복하였습니다. 앗수르로부터 정치적 독립을 추구하고 종교개혁을 단행한 히스기야는 다윗, 솔로몬 이후 요시야와 함께 가장 모범적인 왕이었습니다(왕하 18:3; 20:3; 대하 18:3-5; 29:2; 31:21). 그러나 예언자 이사야로부터는 그가 여호와를 의지하기 보다는 애굽을 더 의지한다고 비판도 받았습니다(사 30:1-7; 31:1-3).

이런 비교적 훌륭한 유다 왕 히스기야가 통치하던 시대에 주로 활동한 예언자가 이사야입니다. 확실한 증거는 없지만 이사야는 왕족이었던 것 같습니다. 그가 평범한 가문의 출생이 아니었다는 증거로는 왕실에 대한 일을 자세히 알고 있었다는 것과 왕실과 밀접한 접촉을 이루어 왔다는 것을 들 수 있습니다. 그는 인격적으로나 정치가적 수완으로나 또는 웅변력으로나 감화력에 있어서 다른 어떤 예언자들보다도 월등하게 뛰어난 사람이었습니다.

이사야는 웃시야 왕이 죽던 해에 드높은 보좌에 앉아 계시는 하나님을 보고 부름을 받았습니다. 그는 소명을 받던 순간을 이렇게 묘사하고 있습니다. "스랍들이 모셔 섰는데 각기 여섯 날개가 있어 그 둘로는 자기의 얼굴을 가리었고 그 둘로는 자기의 발을 가리었고 그 둘로는 날며 서로 불러 이르되 거룩하다 거룩하다 거룩하다 만군의 여호와여 그의 영광이 온 땅에 충만 하도다 하더라" (사 6:2-3).

스랍들(뜻: 불타는 자들)의 네 날개는 하나님을 높이고 예배하기 위하여 사용되고 두 날개는 봉사를 위하여 사용되었습니다. 따라서 그들의 날개들은 예배와 봉사로 신앙생활을 시작하여야 한다는 것을 표상해 주고 있습니다. 또한 경건심은 연기로 가득 찬 성전 터를 흔들 만치 크고 우렁찬 스랍들의 노래 소리로 표현되어 있습니다(사 6:4). 연기는 여호와 하나님께서 나타나실 때에 언제나 함께 하시는 것입니다. 왜냐하면 하나님은 인간의 죄를 샅샅이 꿰뚫어 보실 수밖에 없기 때문입니다. 그러나 하나님은 참아 인간의 죄를 그대로 보실 수가 없으십니다. 그러므로 하나님이 나타나실 때에는 연기가 따르게 됩니다. 이사야서 6장 하나님의 임재와 위력을 강렬하게 느끼게 해주는 기록이라 할 수 있습니다.

높이 들린 주의 환상과 말로 다 할 수 없이 빛나는 거룩함 속에서 이사야는 자기 자신의 실상을 발견할 수가 있었습니다. "화로다 나여 망하게 되었도다 나는 입술이 부정한 사람이요 입술이 부정한 백성 중에 거주하면서 만군의 여호와이신 왕을 뵈었음이로다 하였더라" (사 6:5).

아모스는 환상 중에 불의한 세상을 보았고, 호세아는 환상 중에 부정한 아내를 보았지만 이사야는 자기 자신의 내면을 보았습니다. 이 사회는 무엇보다 먼저 내면부터 정화되어야 한다는 것입니다. 그때에 스랍들 가운데 하나가 제단에서 화저(火箸)로 핀 숯을 집어 가지고 날아 와서 그것을 이사야의 입에 대고 말하였습니다. "보라 이것이 네 입에 닿았으니 네 악이 제하여졌고 네 죄가 사하여졌느니라 하더라" (사 6:7).

이것은 옛날 사람들이 귀중하다고 생각하는 것을 하나님께 바칠 때에는 그것이 불결한 것이면 제사장에게 가져다가 불에 한번 그을려서 하나님께 드리던 방법을 이용한 것입니다(민 31:22-). 따라서 그것은 정결의 표상이 됩니다. 불은 타오르며 정화시키고 확대 변형시킵니다. 이사야는 이로써 옛 사람을 벗고 새 사람이 되었습니다.

이렇게 새 사람이 된 이사야는 주의 목소리를 듣습니다. "내가 누구를 보내며 누가 우리를 위하여 갈꼬?" 그 때에 이사야는 "내가 여기 있나이다" (사 6:8)라고 응답합니다. 그 결단의 순간에 이사야는 하나님의 심판을 전달하라는 소명을 받았습니다(사 6:9-10). 그러나 그는 하나님의 사랑이 최후에는 승리한다고 믿었습니다.

이런 의미에서 그는 복음적 신앙의 예언자였으며 이스라엘의 성자였습니다. 복음적 신앙의 예언자 이사야의 눈에 비친 현실은 모두가 잘못된 일뿐이었습니다. "하늘이여 들으라 땅이여 귀를 기울이라 여호와께서 말씀하시기를 내가 자식을 양육하였거늘 그들이 나를 거역하였도다. 소는 그 임자를 알고 나귀는 그 주인의 구유를 알건마는 이스라엘은 알지 못하고 나의 백성은 깨닫지 못하는도다 하셨도다. 슬프다 범죄 한 나라요 허물 진 백성이요 행악의 종자요 행위가 부패한 자식이로다. 그들이 여호와를 버리며 이스라엘의 거룩하신 이를 만홀히 여겨 멀리하고 물러갔도다. 너희가 어찌하여 매를 더 맞으려고 패역을 거듭하느냐. 온 머리는 병들었고 온 마음은 피곤하였으며 발바닥에서 머리까지 성한 곳이 없이 상한 것과 터진 것과 새로 맞은 흔적뿐이거늘 그것을 짜며 싸매며 기름으로 부드럽게 함을 받지 못하였도다" (사 1:2-6).

하늘과 땅을 증인으로 부르는 것으로 보아서 이사야의 예언은 고발의 형태를 취하고 있다는 것을 알 수 있습니다. 이사야가 증인 앞에서 고발하는 죄는 무엇인가요? 첫째 그것은 소나 나귀보다도 못한 반역행위(사 3:8; 5:24; 30:9)라 할 수 있고, 둘째로는 악취 나는 제물이나 드리고 피 묻은 손으로 기도할 때 치켜들며 의로운 체 하는 위선(사 1:11-15; 5:20; 29:13; 32:7)이라 할 수 있습니다. 세 번째로 그가 고발한 것은 지도자들의 부정부패와 인권유린(사 1:17, 23; 3:12-15; 5:7, 23; 10:1-2)이었습니다.

이런 이스라엘의 현실적인 죄악상을 보며 이사야는 격앙된 어조로 이스라엘의 땅은 쑥밭이 되고 도시들은 잿더미가 되리라고 예언하였습니다. 이는 이스라엘에 대한 하나님의 심판을 선포한 것입니다. 그러나 그는 보수적인 태도만을 지키지 않고 진취적인 정신으로 미래를 내다보며 "남은 자"(사 45:20)는 구원을 받을 것이라고 했습니다. 아래 도표에서 보듯이 하나님께서는 오른 손을 붙들고(사 41:13) 신랑이 신부를 사랑하듯이 남은 자들에게 사랑을 베풀어 주시리라고 그는 예언하였습니다. 따라서 사람들은 오실 사랑의 구세주 메시아를 기다리게 되었습니다.

하나님의 사랑에 대한 묘사

묘 사	관 련 성 구
오른 손을 붙들고 도움	사 14:13
신랑이 신부를 기뻐하듯	사 62:5
눈동자처럼 지키심	시 17:8
목자가 양을 인도하듯	요 10:3
각각의 필요를 공급함	빌 4:19
이름을 기억하시며	말 3:16

"이는 한 아이가 우리에게 났고 한 아들을 우리에게 주신 바 되었는데 그의 어깨에는 정사를 메었고 그의 이름은 기묘자라, 모사라. 전능하신 하나님이라. 영존하시는 아버지라. 평강의 왕이라 할 것임이라. 그 정사와 평강의 더함이 무궁하며 또 다윗의 왕좌와 그의 나라에 군림하여 그 나라를 굳게 세우고 자금 이후로 영원히 정의와 공의로 그것을 보존하실 것이라. 만군의 여호와의 열심히 이를 이루시리라"(사 9:6-7).

이처럼 이사야는 위대한 꿈을 보여 주었고 황금시대의 이상을 선포하였습니다. 그때에는 전쟁과 반역도 없고 부정부패와 인권유린도 없으리라는 것입니다. 이런 사상은 보다 높은 차원으로 승화됩니다.

"이새의 줄기에서 한 싹이 나며 그 뿌리에서 한 가지가 나서 결실할 것이요 그의 위에 여호와의 영 곧 지혜와 총명의 영이요 모략과 재능의 영이요 지식과 여호와를 경외하는 영이 강림하시리니 그가 여호와를 경외함으로 즐거움을 삼을 것이며 그 의 눈에 보이는 대로 심판치 아니하며 그의 귀에 들리는 대로 판단치 아니하며 공의로 가난한 자를 심판하며 정직으로 세상의 겸손한 자를 판단할 것이며 그의 입의 막대기로 세상을 치며 그의 입술의 기운으로 악인을 죽일 것이며 공의로 그의 허리띠를 삼으며 성실로 그의 몸의 띠로 삼으리라. 그 때에 이리가 어린 양과 함께 살며 표범이 어린 염소와 함께 누우며 송아지와 어린 사자와 살진 짐승이 함께 있어 어린아이에게 끌리며 암소와 곰이 함께 먹으며 그것들의 새끼가 함께 엎드리며 사자가 소처럼 풀을 먹을 것이며 젖 먹는 아이가 독사의 구멍에서 장난하며 젖 뗀 어린아이가 독사의 굴에 손을 넣을 것이라. 내 거룩한 산 모든 곳에서 해됨도 없고 상함도 없을 것이니 이는 물이 바다를 덮음 같이 여호와를 아는 지식이 세상에 충만할 것임이니라" (사 11:1-9).

여기서 이사야는 하나님께서 처음에 하늘과 땅과 만물을 지으셨을 때 동물들과 사람이 함께 평화롭게 지나던 것을 생각하였습니다. 그러나 인간은 죄를 지었고, 그 죄는 만물에게까지 영향을 끼쳤습니다. 모든 만물이 인간의 죄로 인해 악화되고 저주를 받게 되었습니다. 그래서 모든 질서가 혼란해지고 파괴되고 말았습니다. 그러나 이사야는 장차 임할 구원은 다 모든 것을 원상태로 회복할 것이고, 그 영향은 전체에 미칠 것이라고 보았습니다. 그리고 그런 유토피아가 형성될 때에는 인간이 죄를 버리는 것 같이 짐승들도 그 야성을 버리게 될 것으로 그는 믿었습니다.

그것은 사람의 열심이나 노력에 의해서 이루어지는 것이 아니라 하나님의 은혜에 의해서 이루어지는 것입니다. 하나님의 의와 정의가 실현되고 인간이 그것을 누리게 되는 것은 "고난의 종"을 통해서만 가능하다고 보았습니다.

"그가 찔림은 우리의 허물을 때문이요 그가 상함은 우리의 죄악을 때문이라. 그가 징계를 받음으로 우리는 평화를 누리고 그가 채찍에 맞음으로 우리는 나음을 받았도다. 우리는 다 양 같아서 그릇 행하여 각기 제 길로 갔거늘 여호와께서는 우리 모두의 죄악을 그에게 담당시키셨도다. 그가 곤욕을 당하여 괴로울 때에도 그의 입을 열지 아니하였음이여 마치 도수장으로 끌려가는 어린 양과 털 깎는 자 앞에서 잠잠한 양같이 그의 입을 열지 아니하였도다. 그는 곤욕과 심문을 당하고 끌려갔으나 그 세대 중에 누가 생각하기를 그가 살아 있는 자들의 땅에서 끊어짐은 마땅히 형벌 받을 내 백성의 허물을 때문이라 하였으리요. 그는 강포를 행하지 아니하였고 그의 입에 거짓이 없었으나 그의 무덤이 악인과 함께 있었으며 그가 죽은 후에 부자와 함께 있었도다. 여호와께서 그에게 상함을 받게 하시기를 원하사 질고를 당케 하셨은즉 그의 영혼을 속건제물(贖愆祭物)로 드리기에 이르면 그가 그 씨를 보게 되며 그의 날은 길 것이요 또 그의 손으로 여호와께서 기뻐하시는 뜻을 성취하리로다"(사 53:5-10).

하나님은 사랑의 신이므로 그의 외아들 예수를 구주로 보내어 그를 믿는 자들을 구원하리라고 믿었습니다. 19세기 영국의 시인 알프레드 테니슨(Alfred Tenyyson, 1809-1892)도 이사야처럼 하나님의 아들 사랑의 구세주를 찬미하였습니다.

> 신의 강한 아들, 불멸의 사랑이여,
> 당신의 얼굴은 본 일 없지만
> 믿음, 증명은 할 수 없으되, 그 믿음으로,
> 오직 그 믿음만으로 받아들입니다.

빛과 어둠의 천체들은 당신의 것,
사람과 짐승의 목숨을 지으시고
죽음도 지으신 당신, 아 당신은 그 발로
손수 지으신 해골을 밟고 서셨습니다.

당신은 우리를 흙 속에 버리시지 않을 것이니,
그 이유 모르나, 당신이 지으신 사람
죽으려 난 것은 아니라고 믿습니다.
그러니 사람을 지으신 당신은 옳으십니다.

- 인 메모리엄 서시의 첫 세 연 -

이 구세주 탄생에 대한 예언 기록은 흔히 제2의 이사야가 썼다고 하지만 이사야의 구원 신앙과 어긋나는 것은 아닙니다. 또한 예언자가 신앙을 통하여 본 것은 구원받은 세계와 새로 지어진 인간의 미래만이 아니었고 유다의 역사에 나타나는 실제적인 문제이기도 했습니다. 이런 점에서 우리는 이사야를 신앙의 정치인으로 보게 됩니다. 유다 왕 아하스 시대에 아람과 이스라엘은 힘을 합쳐 예루살렘을 쳐들어 왔습니다. 그 소식을 들은 왕과 백성의 마음은 바람에 휩쓸린 수풀처럼 흔들렸습니다. 그래서 아하스 왕은 앗수르 왕에게 사자를 보내어 아람과 이스라엘이 유다를 치려 한다는 것을 알리고 구원을 청했던 것입니다.

이 때 아하스 왕 앞에 나타나서 강력하게 충고한 사람이 이사야였습니다. "너는 삼가며 조용하라. 르신과 아람과 르말리야의 아들이 심히 노할지라도 이들은 연기 나는 두 부지깽이 그루터기에 불과하니 두려워하지 말며 낙심하지 말라" (사 7:4). 그러나 아하스 왕은 이사야의 충고에 귀를 기울이지 않고 앗수르의 강력한 힘을 빌려서 아람과 이스라엘의 군대를 내쫓으려고 했습니다.

아하스의 생각대로 앗수르의 대군은 아람과 이스라엘을 쳐부수어 주었습니다. 그러나 앗수르 군대는 그것으로 그치지 않고 유다에까지 쳐들어 와서 난폭한 행동을 자행하고 급기야는 유다도 자기 나라의 지배하에 두고 말았습니다. 그 후로는 이스라엘이나 유다는 매년 수많은 금과 은을 앗수르 왕에게 바치지 않을 수 없게 되었습니다.

그 때문에 국민은 무거운 세금을 내야했고 노예와 같은 작업을 하며 고생하지 않으면 안 되게 되었습니다. 더구나 백성들 중에는 앗수르인의 흉내를 내며 태양과 별을 예배하는 사람까지 생겨나게 되었습니다.

이런 꼴을 본 이사야는 머지않아 유다와 이스라엘이 멸망하고 말 것이라고 예언했습니다. 그의 예언대로 이스라엘은 멸망하고 유다는 위급한 사태에 처하게 되지만, 전능하신 하나님께서는 앗수르를 물리치고 그 원수의 손에서 구원하실 것이라고 예언하였습니다(사 37:1-).

또한 유다 민족이 시련을 겪을 때 메시아가 와서 모든 사람에게 욕을 당하고 수치를 당하면서도 우리의 죄를 짊어지고 구주가 되리라고 예언했습니다(사 53장). 이는 예수의 생애를 예시한 것이며 그 예언은 후일에 성취되었던 것입니다. 이와 같이 이사야는 메시아의 구속 사역에 대해 많이 말하고 있기 때문에 종종 복음적 예언자라고 불리기도 합니다.

이사야서는 문체적으로도 여러 가지 특색을 갖고 있지만 여기서는 생략하겠습니다. 이 문제 대해서는 운암 조신권 교수 전집 1권을 참조하기 바랍니다.

요시야와 그 이후의 유다 멸망

악한 왕 므낫세(Manassech, 주전 687-642)와 아몬(Amon, 주전 642-640)의 통치가 끝난 후, 선한 왕 요시야(Josiah, 주전 640-609)가 왕위에 올라 나라를 다스리게 되었습니다. 그는 하나님 보시기에 옳은 것만 행하며, 좌우로 크게 벗아나지 않고, 다윗 왕이 걸어갔던 길을 걸어갔습니다. 요시야에 대한 기록은 열왕기하 22장 1절로부터 23절까지와 30장 및 역대기하 34장으로부터 35장까지에 걸쳐서 나옵니다.

요시야는 아주 어렸을 때, 즉 8세로부터 통치하기 시작하였습니다(왕하 22:1). 어린 요시야는 그의 아버지와 할아버지로부터 나쁜 영향을 전혀 받지 않았으며, 오히려 곧 그들의 실수를 발견하였습니다. 그리고 하나님께서 그에게 은혜를 주셔서, 할아버지와 아버지의 악한 행위에서 충고를 받게 하셨습니다. 요시야는 "하나님 보시기에 정직히 행하여" (왕하 22:2) 하나님의 선택받은 그릇으로 사용되었습니다. 하나님께서는 요시야를 지켜 바른 길을 가게 하셨음으로, 그는 미신 속으로도 오만함 속으로도 빠지지 않았던 것입니다.

요시야 당시 앗수르는 아주 강력한 제국이었고, 니느웨는 이 나라 수도였습니다. 앗수르의 정책은 정복한 사람들을 다른 나라로 보내어 그들의 민족정신을 파괴하여 더 쉽게 복종시키는 것이었습니다. 앗수르 사람들은 매우 호전적인 약탈 민족으로서 가장 악질적이었습니다. 그들은 다른 민족에게서 빼앗은 약탈품으로 나라를 세우는 동시에 수많은 잔인한 행동들을 행하였습니다. 그러한 잔인한 행동은 산 채로 포로들의 가죽을 벗기고, 손 발 코 귀를 자르고, 눈알을 뽑고, 혀를 빼고, 사람의 해골로 언덕을 만드는 것 같은 일들로 나타났습니다.

앗수르는 주전 2000년 이전에 바벨론 이민자들이 건설한 도시로, 여러 세기 동안 바벨론에 예속되기도 하고 그들과 싸우기도 하였습니다. 주전 1300년경 살만에셀 1세가 바벨론의 굴레를 벗기고 유브라테 강 유역 전부를 통치했습니다. 그 후에 앗수르는 쇠퇴하였다가 디글랏빌레셀 1세에 의해 다시 강대국이 되었습니다. 그 다음 요시야 시대에 와서 다시 쇠퇴하여집니다.

요시야가 통치하는 동안에는 앞에서 말한 것처럼 그렇게 막강한 세력을 떨치던 앗수르도 기세가 꺾여 별로 힘이 없어졌습니다. 요시야는 남북통일의 꿈을 실현해 보려고 어느 왕보다도 더 노력을 하였습니다. 부분적이기는 하지만 이러한 정치개혁의 꿈이 실현된 것은 바로 요시야 시대였습니다. 그의 정치개혁이 그 절정에 달했을 무렵(주전 622년경), 앗수르는 멸망 단계에 접어들어 있었고, 드디어 주전 612년에 그 수도 니느웨가 함락됨으로써 앗수르는 완전히 멸망하게 됩니다. 요시야는 이런 기회를 잘 포착하여 정치개혁에 어느 정도 성공하였습니다.

이러한 정치개혁의 성공은 종교개혁으로 이어졌습니다. 다음 도표에서 보는 바와 같이, 요시야는 우선 성전을 수리하는 일에 관심을 가졌습니다. 그는 즉위 18년째 되는 해에 그의 가장 중요한 관심의 대상이었던 성전보수의 명령을 내렸습니다(대하 34:8). 그는 그 성전에서 모든 어려움을 제거한 후에 그 집에서 마땅히 행해져야 할 예배에 합당하도록 그 전을 수리하기 시작했습니다.

레위인들이 나라를 돌아다니면서 성전 수리를 위한 돈을 거둬들였는데, 그 돈은 아살야의 아들 사반과 시장 마아세야와 서기관 요아하스의 아들 요아에게 보내졌습니다. 이 세 명의 징수자들은 그 돈을 대제사장 힐기야에게로 가져갔고(대하 34:9), 힐기야와 그들 세 사람은 그 돈을 일군들, 곧 감독자와 공장에게 주었습니다(대하 34:10-11). 그들은 열심이었고, 정직했으며, 성실하게 그 일을 행했습니다(대하 34:12).

요시야 통치하의 신앙 부흥 단계

신앙 부흥 단계	관 련 성 구
다윗의 길로 행함	대하 34:2
유년 시절부터 믿음	대하 34:3
우상숭배 금지	대하 34:3-7
하나님의 전 수리	대하 34:8
율법 책 발견	대하 34:18-19
언약을 세움	대하 34:29-32
백성의 여호와 섬김	대하 34:33
유월절 재 준수	대하35:1-19

성전 보수 도중 율법 책이 발견되어 왕에게 가져다 들였습니다. 혹자는 이 책이 모세가 직접 손으로 쓴 모세 오경의 원본일 것이라고 생각하고 있습니다. 요시야 왕은 자기 앞에서 낭독된 율법으로 말미암아 자기의 왕국이 얼마나 악한지를 깨닫게 되었습니다.

요시야는 종교의 중앙 집중화 정책 즉 예루살렘 성전만이 이스라엘의 유일한 합법적인 성소라는 정책에 따라 산재해 있는 많은 지방 성소들, 산당들을 파괴하고 폐쇄시켜 버렸습니다. 또한 그는 앗수르의 제단을 헐고 앗수르 제의행사를 폐쇄하였습니다. 또 가나안의 바알, 아세라 숭배, 그리고 일월성신 등 우상숭배를 금지하고 점술과 마술도 금지했습니다. 또 몰록에게 자녀를 바쳐 제사 드리는 인신제도 금지하였습니다. 요시야는 이러한 종교개혁을 유다에만 국한시키지 않고 그가 회복한 북쪽 이스라엘 지역에까지 확대하였습니다.

이러한 획기적인 개혁을 단행한 요시야에 대해서 열왕기 사가는 다음과 같이 최대의 찬사를 아끼지 않았습니다. "요시야와 같이 마음을 다하며 뜻을 다하며 힘을 다하여 모세의 모든 율법을 따라 여호와께로 돌이킨 왕은 요시야 전에도 없었고 후에도 그와 같은 자가 없었더라"(왕하 23:25).

그러나 요시야는 앗수르를 치러 가는 애굽 왕 느고의 길을 막다가 므깃도에서 전사했습니다(대하 35:20-25). 경건한 왕이라고 칭찬을 아끼지 않는 요시야의 갑작스러운 죽음에 대하여 열왕기 사가는 아무런 설명도 하지 않습니다. 그러나 역대기 사가는 "하나님의 입에서 나온 느고의 말을 듣지 아니하고 므깃도 골짜기에 이르러 싸울 때에 활 쏘는 자가 요시야 왕을 쏜지라 · · · 중상을 입었다"(대하 35:22-23)고 그 이유를 설명하고 있습니다. 과연 애굽 왕의 입에서 나온 말이 여호와 하나님의 말씀인지 아닌지는 확실히 알 수 없으나 요시야의 죽음은 하나님의 말씀을 듣지 아니하고 전쟁에 나가 싸운 것과 관련이 있는 것만은 틀림없습니다. 아무튼 요시야가 죽자 그의 아들 여호아하스(Jehoahaz, 주전 609)가 대신 왕이 되었습니다.

여호아하스 즉 살롬(렘 22:10; 대상 3:15)은 요시야의 넷째 아들입니다. 맏아들을 놔두고 막내아들을 왕으로 추대한 데에는 어떤 특별한 이유가 있었을 것입니다. 여호아하스를 요시야의 후계자로 추대한 사람들은 요시야를 왕으로 추대했던 동일한 세력들, 즉 유다의 지방 귀족들(왕하 33:30)이었습니다. 그러므로 여호아하스(Jehoahaz, 609)에게서도 요시야의 정책을 그대로 계승해 주기를 바랐을 것입니다. 그러나 여호아하스는 주께서 보시기에 악한 일을 하여(왕하 23:32) 3개월간 통치하고 물러났습니다.

여호아하스를 폐위시킨 애굽의 바로 느고는 여호아하스 대신에 요시야의 다른 아들 엘리야김(Eliakim)을 왕으로 세우고 그 이름을 여호야김(Jehoiakim, 609-598)으로 바꾸었습니다. 느고에 의해 왕위에 오른 여호야김은 애굽의 봉신으로서 과중한 조공을 바치게 되었으며, 이 공물을 조달하기 위해 백성들에게 무거운 세금을 강제 징수하였습니다(왕하

23:35). 여호야김은 부왕인 요시야의 후계자감이 못되었고 나라를 통치하기에 부적합한 폭군이었습니다. 그가 백성들을 얼마나 무책임하게 억압하고 착취했는지는 그의 재위 초기에 호화로운 새 궁궐을 짓기 위해서 국고를 낭비한 사실과 백성들에게 강제 노동을 시킨 것을 통해 실증됩니다(렘 22:13-19). 여호야김은 바벨론에게 온건한 대우를 받을 수 있을 것이라고 착각한 무리들에게 피살되었습니다.

여호야김이 피살된 후 여호야긴(Jehoiachin, 598)이 왕위에 올랐으나 겨우 석 달 동안 통치하다가 바벨론으로 끌려가고 맙니다. 바벨론은 여호야긴을 바빌론으로 끌고 가면서 요시야의 아들이자 여호야긴의 삼촌인 맛다니야를 왕의 자리에 앉히고 그 이름을 시드기야(Zedekiah, 주전 598-587)로 바꾸었습니다(왕하 24:17). 그는 유다의 마지막 왕으로서 바벨론의 봉신이었습니다. 결국 시드기야 왕 때, 즉 주전 586-587년에 남왕국 유다는 영원히 역사 속으로 사라지고 말았습니다.

느부갓네살은 유다를 바빌론의 속주로 편입시키고, 그 첫 번째 총독으로 그달리야를 세웠습니다(왕하 25:23). 그러나 그달리야는 얼마 못가서 암살당하고 말았습니다. 역사는 돌고 돌지만 한편으로는 하나님 없는 역사는 무상한 것이라 할 수 있습니다.

〈잠깐 쉬며 묵상하는 코너〉

묵 상

조용하라
잠잠하라
홀로 있으라
네 하나님 앞에
네 마음을 비우라
아무 말도 하지 말고

아무것도 묻지 말라
조용하라
잠잠하라
네 하나님께서
너를 보시도록

그것으로 충분하다
하나님께서는 이미 아시고
너를 이해하시며
너를 사랑 하신다
큰 사랑으로
너를 바라보기 원하신다
그 사랑을 간직하고서
조용히
잠잠히
있으라
너의 하나님께서
너를 사랑하시도록.

- 에드워나 게이

요시야와 용감한 눈물의 예언자 예레미야

요시야가 왕위에 올라 나라를 다스릴 동안(주전 640-609)에는 그렇게 막강한 세력을 떨치던 앗수르도 기세가 꺾여 별로 힘이 없었습니다. 요시야는 남북통일의 꿈을 실현해 보려고 어느 왕보다도 더 노력을 한 왕이었습니다. 부분적이기는 하지만 이러한 정치개혁의 꿈이 실현된 것은 바로 요시야 시대였습니다.

이러한 정치개혁의 성공은 종교개혁으로 이어졌습니다. 요시야는 종교의 중앙 집중화 정책 즉 예루살렘 성전만이 이스라엘의 유일한 합법적인 성소라는 정책에 따라 산재해 있는 많은 지방 성소들, 산당들을 파괴하고 폐쇄시켜 버렸고, 앗수르의 제단과 제의행사까지도 헐고 폐쇄하였습니다. 요시야는 이러한 종교개혁을 유다에만 국한시키지 않고 그가 회복한 북쪽 이스라엘 지역에까지 확대하였습니다.

요시야 시대에 활발하게 활동한 예언자가 스바냐와 예레미야였습니다. 예레미야는 예루살렘 북쪽 4.8km 지점에 위치한 아나돗(Anathoth)이라는 작은 마을에서 출생하였습니다(렘 1:1). 그의 아버지는 요시야 왕 때의 대제사장 힐기야(왕하 22:1-13)와 동명이인으로 고귀한 혈통의 가문이었습니다. 그러나 그의 조상들은 고난을 많이 겪은 듯합니다. 그는 요시야 왕 13년인 주전 627년에 비교적 어린 나이(대략 20 세로 추정됨)로 감격적인 부름(렘 1:1-15)을 받았지만, 그가 고난과 역경을 헤쳐나가며 예언 활동을 펴나가기란 그리 쉬운 일이 아니었습니다. 아내를 얻고 자녀를 기르는 일까지도 단념하여야만 하는 일(렘 16:1)은 도저히 감당할 수 없을만한 아픔이었지만, 그때마다 그는 하나님께 매달려 간구하여 얻은 능력으로 견뎌나갈 수가 있었습니다. 그러므로 그의 예언은 대부분 하나님과 대화하는 형식으로 이루어지게 됩니다.

예레미야와의 대화중에 하나님은 이스라엘의 배신을 꾸짖으셨습니다. "야곱의 집과 이스라엘의 집 모든 족속들아 여호와의 말씀을 들으라. 나 여호와가 이와 같이 말하노라. 너희 조상들이 내게서 무슨 불의함을 보았기에 나를 멀리 하고 헛된 것을 따라 헛되이 행하였느냐. 그들이 우리를 애굽 땅에서 인도하여 내시고 광야 곧 사막과 구덩이 땅, 건조하고 사망의 그늘진 땅, 사람이 그 곳으로 다니지 아니하고 그 곳에 사람이 거주하지 아니하는 땅을 우리가 통과하게 하시던 여호와께서 어디 계시냐 말하지 아니하였도다. 내가 너희를 기름진 땅에 인도하여 그것의 열매와 그것의 아름다운 것을 먹게 하였거늘 너희가 이리로 들어와서는 내 땅을 더럽히고 내 기업을 역겨운 것으로 만들었으며 제사장들은 여호와께서 어디 계시냐 말하지 아니하였으며 율법을 다루는 자들은 나를 알지 못하며 관리들도 나에게 반역하며 선지자들은 바알의 이름으로 예언하고 무익한 것을 따랐느니라. 그러므로 내가 다시 싸우고 너희 자손들과도 싸우리라. 여호와의 말씀이니라"(렘 2:4-9).

예루살렘 거리에도, 장터에도 바르게 살며 신용을 지키는 사람이 하나도 없다는 것이었습니다. 만일 그런 사람이 하나라도 있으면 예루살렘을 용서할 것이지만, 그런 진실과 공의를 일삼는 사람들이 하나도 없다는 것이었습니다(렘 5:1-2). 때문에 여호와는 이스라엘 백성을 쓸어 없애리라고 하였습니다.

"포도를 따듯이 그들이 이스라엘의 남은 자를 말갛게 주우리라. 너는 포도 따는 자처럼 네 손을 광주리에 자주자주 놀리라"(렘 6:9). 이스라엘 민족에게 있어서 수확할 때 남김없이 거둬들이는 것은 하나님의 규례를 거시리는 것(레 19:10; 신 24:21)이었으나 당시 유대인들은 탐심이 많아 곡식을 말끔히 수확했던 것 같습니다. 예레미야는 유다의 이러한 부류의 죄를 그들이 받게 될 심판과 연관시켜 언급하고 있습니다. 즉 유대인들은 가나안 자의 몫까지 말끔히 수확하듯이 악이란 악은 하나도 빼놓지 않고 모두 다 저질렀던 것입니다. 이에 그 결과로 임할 심판도 곡식을 말끔히 수확하듯이 악을 행한 자 모두를 한 사람도 남기지 않고 무자비하게 쓸어 버리겠다는 비유입니다.

또한 여호와는 이스라엘을 불쌍히 여겨 도움을 주기는커녕 북녘 땅에서 강대국이 일어나 쳐들어오리라고 합니다. 예레미야의 비판과 경고의 기준은 아모스, 이사야, 미가 등과 같은 것이었습니다. 다른 예언자들과 마찬가지로 예레미야도 이스라엘의 회개를 촉구했습니다. 특히 이웃 사이에 억울한 일이 없도록 하고, 이방인과 고아와 과부를 억누르지 말며, 죄없는 사람을 죽여 피를 흘리지 말고, 다른 신을 섬겨 재앙을 불러 들이는 일이 없도록 하라고 경고합니다(렘 7:5-6). 그러면서도 예레미야는 자기의 동족을 사랑했기 때문에 하나님께 용서해달라고 빌었던 것입니다. 그러나 하나님은 무정하게도 그런 기도를 드리지 말라고 예레미야에게 명합니다. "그런즉 너는 이 백성을 위하여 기도하지 말라. 그들을 위하여 부르짖어 구하지 말라. 내게 간구하지 말라. 내가 네게서 듣지 아니하리라"(렘 7:16).

예레미야서 11장 14절에서도 다시 용서해 달라고 울며불며 기도하지 말라고 명하고 있습니다. 예레미야는 하나님 편에 서서 "내가 그들을 불쌍히 여기지 아니하며 사랑하지 아니하며 아끼지 아니하고 멸하리라"(렘 13:14)는 하나님의 가혹한 말씀을 그대로 그의 백성들에게 전하면서도 한 인간으로서 그는 아픈 가슴을 억누를 길이 없었습니다. 그래서 그는 그의 백성을 향해 눈물을 흘리며 다음과 같이 권고합니다.

"너희는 들을지어다, 귀를 기울일지어다, 교만하지 말지어다, 여호와께서 말씀하셨음이라. 그가 흑암을 일으키시기 전, 너희 발이 어두운 산에 거치기 전, 너희 바라는 빛이 사망의 그늘로 변하여 침침한 어둠이 되게 하시기 전에 너희 하나님 여호와께 영광을 돌리라. 너희가 이를 듣지 아니하면 나의 심령이 너희 교만을 말미암아 은밀한 곳에서 울 것이며 여호와의 양 떼가 사로잡힘으로 말미암아 눈물을 흘려 통곡하리라"(렘 13:15-17).

너무도 괴로운 예레미야는 백성을 대신하여 용서해 달라고 빌지 말라는 명령을 받았지만 그것을 어기면서까지 하나님께 "우리를 버리지 마옵소서"(렘 14:9; 14:19-22)라고 호소합니다. 그러나 하나님은 그의 이런 호소에도 불구하고 그들을 쓸어버리라고 합니다. "우리가 어디로 나아가리요 하거든 너는 그들에게 이르기를 여호와께서 이와 같이 말씀하시니라. 죽을 자는 죽음으로 나아가고 칼을 받을 자는 칼로 나아가고 기근을 당할 자는 기근으로 나아가고 포로로 될 자는 포로 됨으로 나아갈지니라 하셨다 하라"(렘 15:2).

하나님의 말씀을 받아 예레미야는 바벨론 왕 느부갓네살이 북녘의 모든 족속들을 거느리고 쳐들어 와 그 민족을 진멸시키고, 그 땅을 쑥밭을 만들 것이라고 예언하였습니다(렘 25:8). 이는 그 민족을 배신하는 것이요, 나라를 파는 이적행위로 들렸기 때문에 이때부터 예레미야에 대한 박해는 시작되었습니다. 예레미야서 26장에 보면 제사장들과 예언자들과 일반 민중들이 예레미야를 붙잡아 죽이려는 이야기가 나오게 됩니다. 그러나 지방의 몇 장로들이 미가의 예를 들어 예레미야를 죽이는 것은 부당한 일이라고 편을 들어 주어서 사형을 면할 수 있었습니다.

그 뒤 바벨론 왕 느부갓네살의 군대가 예루살렘을 포위했을 때, 예레미야는 유다 궁궐 근위대의 울안에 갇혀 있었습니다(렘 32:1-2). 그 때에도 그는 "내가 이 성을 갈대아인의 손과 바벨론의 느부갓네살 왕의 손에 넘길 것인즉 그가 차지할 것이라"(렘 32:28)고 계속해서 바벨론에 의한 유다의 멸망을 예고했던 것입니다(렘 33:-34:). 나라가 위기를 당한 때 이러한 예언은 한층 위정자들의 격분을 자아냈습니다. 그래서 그는 여호와의 집에서 예언하는 것을 금지 당했습니다(렘 36:5). 때문에 그는 서사 바룩에게 명하여 여호와로부터 던져 태워버렸습니다. 그러나 예레미야는 서사 바룩을 불러 여호야김 왕이 불에 태운 책에 적혀 있던 말을 그대로 불러주어 다시 적게 했던 것입니다(렘 36:32).

다음의 도표에서 보듯이 여호야김의 뒤를 이어 시드기야가 왕이 되었을 때, 바벨론 군대는 예루살렘을 포위하고 있었지만 애굽의 군대가 출동했다는 소식을 듣고 잠깐 예루살렘에서 물러가게 되었습니다. 이 때 예레미야는 베냐민 지방에 있는 문중 땅을 유산으로 받으려고 예루살렘을 떠나게 되었는데, 그것이 바벨론 편으로 탈주하려는 구실이라 해서 체포되었습니다(렘 37:13-15). 그리하여 그는 국무대신 여호나단의 관저에 있는 구치소에 감금되었습니다. 그 뒤 그는 예루살렘 근위대 울 안에 있는 왕족 말기야의 집 진흙 구덩이에 던져졌습니다(렘 38:1-6). 사랑하는 동족들로부터 배척을 받아가면서까지 오직 하나님의 명하신 대로 유다의 멸망을 예언해야만 했던 그는 진정 눈물의 예언자가 될 수밖에 없었던 것입니다.

예레미야 시대에 재위한 왕들

이 름	재위기간	관련성구
요시야	31년	왕하 21:26
여호아하스	3개월	왕하 23:30
요호야김	11년	왕하 23:34
요호야긴	3개월	왕하 24:5
시드기야	11년	왕하 24:17

여호나단의 관저에 있는 구치소에 감금되어 있는 또는 예루살렘 근위대 울안에 있는 왕족 말기야의 집 진흙 구덩이에 던져진 채 울부짖는 예레미야를 상상할 때 독재에 항거하다가 붙잡혀 스위스의 쉬용 성에 감금되어 있는 프랑스와 보니발(Francois de Bennivard(1493-1570)의 모습이 떠오릅니다. 보니발은 쉬용 성에 감금되어 있으면서도 그 감옥을 "성스러운 곳"이요 칙칙한 마

룻방을 자기의 몸을 바칠 제단이라고 생각하며 자유를 위해 자기 자신을 희생 제물로 드렸습니다. 영국의 19세기 낭판시인 중의 한 사람인 바이런 경(Lord George Gorden Byron, 1788-824)은 다음과 같이 그 자유의 정신을 노래했습니다.

쉬용 성

속박 없는 마음의 영원한 정신!
자유여! 너는 감옥에서 가장 찬란하게 빛난다.
왜냐하면 거기서 !
너의 집은 마음이니까-
너에 대한 사랑만이 속박할 수 없는 마음,
그래서 너의 아들들이 족쇄에 채워질 때-
족쇄와 축축한 지하 감옥의 햇살 없는 어둠에 넘겨질 때,
저들의 조국은 저들의 순국으로 승리하고
자유의 명성은 온 누리에 퍼지리라.
쉬용! 너의 감옥은 성스러운 곳,
네 칙칙한 마룻방은 제단-왜냐하면
보니발 자신의 발걸음이, 마치 네 차가운 바닥이
흙인 양, 닳아빠진 자국을
남겼으니! 아무도 이 자국들을 지우지 말게 하소서!
그 발자국들은 폭정에 대항하여 신에 호소하는 것이기에.

예레미야가 이 진흙 구덩이에서 해방된 것은 느부갓네살 왕이 예루살렘을 함락한 뒤였습니다. 시드기야는 눈을 멀게 한 다음 쇠사슬로 묶어 바벨론으로 끌고 갔고, 그밖에 많은 사람들이 바벨론의 포로로 잡혀갔습니다. 유다 민족 중에서 남은 자는 가진 것이 없는 영세민들뿐이었습니다(렘 39장). 이때부터 바벨론 포로 생활이 시작되는 것입니다(주전 586년).

예레미야의 종교 사상에 있어서 주목할 점은 "새로운 계약"(The New

Covenant)을 예언하여 종교를 내면화한 것이라 할 수 있습니다. "여호와의 말씀이니라. 보라 날이 이르리니 내가 이스라엘 집과 유다 집에 새 언약을 맺으리라. 이 언약은 내가 그들의 조상들의 손을 잡고 애굽 땅에서 인도하여 내던 날에 맺은 것과 같지 아니할 것은 내가 그들의 남편이 되었어도 그들이 내 언약을 깨뜨렸음이라. 여호와의 말씀이니라. 그러나 그 날 후에 내가 이스라엘 집과 맺을 언약은 이러하니 곧 내가 나의 법을 그들의 속에 두며 그들의 마음에 기록하여 나는 그들의 하나님이 되고 그들은 내 백성이 될 것이라. 여호와의 말씀이니라"(렘 31:31-33).

예레미야는 구약사상 최초의 인격적 개인 종교를 부르짖은 예언자였고, 나라의 멸망을 예고한 망국의 예언자였습니다. 30세도 채 되지 않은 다정다감한 예레미야는 하나님과 그 국민 사이에 끼여 어찌할 바를 모르고 통곡했습니다. 예레미야 애가는 외국 군대의 점령 아래 있는 예루살렘의 참상을 슬픈 곡조로 노래한 것으로 예레미야서의 부록이라 할 수 있습니다.

예레미야는 나라가 멸망하여 쑥밭이 된 것을 보고 애가를 불렀지만, 그는 또한 회개하면 용서함을 받고 나라가 부흥하게 될 것도 예언했습니다. 그리스도를 예레미야에 비교하는 까닭도 여기에 있습니다. 그가 애가를 쓴 것이나 시적인 반복법을 효율적으로 이용한 것, 그리고 상징적이고 암시적인 문장을 자주 쓴 것을 보면 예레미야는 문학적인 재능도 상당히 있었던 것 같습니다.

여로보암 1세와 북왕국 창건

북왕국의 왕들

대수	왕 명	통치연대	통치기간	관 련 성 구
1	여로보암1	922-901	21년	왕상 11:26-14:20
2	나답	901-900	1년	왕상 14:-15:25-31
3	바아사	900-877	23년	왕상 15:27-16:7; 대하 16:1-6
4	엘라	877-876	1년	왕상 16:8-14
5	시므리	876	1년	왕상 16:9-20
6	오므리	876-869	7년	왕상 16:16-28
7	아합	869-850	19년	왕상 16:28-22:40
8	아하시야	850-849	1년	왕상 22:51-왕하 1:18; 대하 20:35-37
9	요람	849-842	7년	왕하 3:1-9:28
10	예후	842-815	27년	왕하 9:1-10:36
11	여호아하스	815-801	14년	왕하 13:1-25
12	요아스	801-786	15년	왕하 13:10-25; 14:8-27; 대하 25:17-24
13	여로보암2	786-746	40년	왕하 14:23-29
14	스가랴	746-745	1년	왕하 15:8-12
15	살룸	745	1년	왕하 15:13-16
16	므나헴	745-738	7년	왕하 15:14-22
17	브가히야	738-736	2년	왕하 15:23-26
18	베가	737-732	5년	왕하 15:27-31
19	호세아	732-724	8년	왕하 17:1-41

위의 도표에서 보는 바와 같이 여로보암 1세(Jeroboam 1, 922-901)는 북왕국 이스라엘의 초대 왕입니다. 그는 유다 지파 다음으로 명예로운 에브라임 지파 출신으로서, 스레데 사람 느밧과 과부 스루아이 사이에서 태어났습니다(왕상 11:26). 그는 솔로몬의 강제 노동 정책에 따라 차출되어 밀로와 다윗 성을 축성하는 일을 감독하는 사람이었거나 세금 혹은 부역 등의 공세를 관리하는 자였던 것 같습니다. 그는 힘이 세고 일을 아주 잘 하는 유능한 사람으로서 솔로몬에게 인정받았던 감독관이었습니다(왕상 11:26- 28).

그러나 여로보암은 결코 솔로몬이 그의 입에 물려준 감독관이라는 당근 조각에 그의 양심을 마비시켜 버리지는 않았습니다. 그는 서민의 아들로서 대중들의 가난한 삶을 충분히 맛보았고, 강제노동의 참혹함도 스스로 체험하여 보았습니다. 비록 그가 감독관으로 격상하여 이젠 더 이상 그러한 가난과 힘든 노동에 시달리지 않아도 되었지만, 그러나 아직도 그러한 가난과 강제노동과 착취와 억압에 시달리고 있는 수많은 민중들의 고통을 외면할 수는 없었습니다. 그는 자기 자신의 안일만을 추구하지 않고 백성들 편에 서서 그들의 원성을 들어주고 그들의 한을 풀어주는 일에 앞장섰습니다. 이러한 그의 행동 때문에 그는 백성들의 신임을 얻게 되었고 한 많은 민중들의 지도자로 부상하게 되었습니다. 이때에 예언자 아히야가 그에게 나타나서 그가 장차 이스라엘의 왕이 될 것을 예언하였습니다(왕상 11:29-39). 여로보암과 관련된 이런 일들이 솔로몬에게 알려지자 솔로몬은 그를 죽이려 했습니다. 그래서 그는 하는 수없이 솔로몬을 피하여 애굽으로 망명을 하였습니다.

솔로몬이 죽어 다윗의 장지에 묻히고 그의 아들 르호보암이 뒤를 이어 왕이 되었습니다. 르호보암이 왕위에 등극하자 여로보암은 애굽에서 돌아왔고, 온 이스라엘 사람들이 모인 세겜 집회에도 사람들의 요청에 따라 참석 했습니다 이 집회에 모인 각 지파의 대표자들은 르호보암에게 자신들이 부담하고 있는 세금을 경감시켜 줄 것과 노역의 멍에를 가볍게 해줄 것을 요구했습니다. 그 조건만 들어주면 다윗의 집에 충성하겠다고 약속하였습니다.

르호보암은 삼일 말미를 갖고 이런 조건을 내세운 사람들에게 자신이 주어야 할 답변에 대해서 그의 주위에 있는 사람들과 의논하였습니다. 그가 자문을 구한 사람들 가운데서 염려스럽게 생각한 경험 많은 사람들은 어떻게 해서든지 요청한 사람들에게 그들의 멍에를 가볍게 해주겠다고 답변해주도록 권하였습니다. 그러나 자문을 구한 젊은 사람들은 백성들의 요구에 대해 혹독하고 위협적인 답변을 주도록 그에게 권했습니다. 르호보암은 참으로 어리석은 사람이었습니다. 그것은 그가 의논한 상대로서 나이 든 사람들보다 젊은 사람들을 더 좋아하였기 때문입니다(왕상 12:8). 그는 백성들에게 젊은 자들의 권고대로 이렇게 말하였습니다.

"내 아버지는 너희의 멍에를 무겁게 하였으나 나는 너희의 멍에를 더욱 무겁게 할지라. 내 아버지는 채찍으로 너희를 징계하였으나 나는 전갈 채찍으로 너희를 징치하리라 하니라"(왕상 12:14).

르호보암의 강경일변도 통치방식을 전해들은 북쪽 이스라엘 사람들은 즉각 이에 반발하고 나섰습니다. "우리가 다윗과 무슨 관계가 있느냐. 이새의 아들에게서 받을 유산이 없도다. 이스라엘아 너희의 장막으로 돌아가라. 다윗이여 이제 너는 네 집이나 돌아보라 하고 이스라엘이 그 장막으로 돌아가니라"(왕상 12:16).

이렇게 선언하고 북쪽으로 돌아온 그들은 여로보암을 왕으로 세우고 북왕국 이스라엘을 창건하였습니다. 이때가 주전 922년경이었습니다. 이것이 이스라엘이 남북으로 분단되게 된 당시의 상황입니다. 르호보암은 이 사태를 해결하기 위하여 역군의 감독 아도람을 보냈었는데 그것은 지각없는 무분별한 처사였습니다. 왜냐하면 그들이 가장 싫어하는 사람이 아도람이었는데, 그런 사람을 그들에게 보내어 두 나라를 다시 병합해보려 했기 때문입니다. 그런 노력이 실패하자 르호보암은 무력으로 반역자들을 진압하려 하였습니다. 그러나 하나님께서 선지자를 통해서 그에게 전쟁하지 말도록 명령하였습니다. 그 선지자의 말을 존중하여 전쟁을 그만 두었습니다.

이렇게 해서 세워진 북왕국 이스라엘은 할 일이 너무나 많았습니다. 그 중에서도 먼저 수도를 결정하는 것이 중요했습니다. 여로보암은 일차로 수도를 세겜으로 정했고, 그 다음으로 요단 강 동편에 있는 브누엘로 그의 거처를 옮겼습니다. 그러다가 제3대왕인 바아사 때에는 디르사로 수도를 옮겼고 제6대 왕 오므리 때에는 사마리아로 수도를 옮겼습니다. 이와 같이 수도를 자주 옮긴 데에는 북쪽 왕국의 왕실이 안정 되지 못한 것과 무관하지 않습니다.

수도를 세겜으로 정한 여로보암은 제일 먼저 시작한 정책이 종교정책이었습니다. 나라가 나뉘고 북쪽에 새나라가 세워졌음에도 불구하고 북쪽 사람들은 여전히 예루살렘 성전으로 제사 지내려 순례여행을 떠나지 않으면 안 된다는 것이었습니다. 그대로 놔두었다가는 이스라엘의 백성들의 마음이 다윗 왕조의 르호보암에게로 다시 쏠리게 될지도 모른다는 생각에 여로보암은 괴로웠습니다. 그래서 그는 예배드릴 처서를 새로 만들어야겠다고 작정했습니다. 그렇게 해서 만든 예배처소가 남쪽에 있는 베델과 북쪽에 있는 단이었습니다. 이 두 곳 다 옛날 선대시대로부터 성소로 알려졌던 곳입니다(창 12:8; 28:19; 삿 17:-18:).

여로보암은 베델과 단을 국가성소로 지정한 다음 이곳에 금송아지를 만들어 새웠습니다. 그리고 백성들에게 이렇게 선포하였습니다. "너희가 다시는 예루살렘에 올라갈 것이 없도다. 이스라엘아 이는 너희를 애굽 땅에서 인도하여 올린 너희의 신들이라"(왕상 12:28). 여기서 여로보암은 이 금송아지를 출애굽의 하나님 여호와와 일치시키고 있음을 알 수가 있습니다. 이처럼 금송아지를 처음 만든 여로보암의 의도는 마치 가나안으로 떠날 때 언약궤를 만든 것만큼이나 순수했습니다. 그러나 결과적으로 그 금송아지로 여호와의 임재를 상징하려고 한 그의 종교정책은 우상화 내지 바알 종교와의 혼합을 가능하게 하였습니다. 여로보암의 본래 의도와는 달리 후대의 이스라엘 왕들이나 백성들이 금송아지를 우상이나 바알 종교의 사상으로 혼동하게 되었고, 그 책임은 여로보암이 몽땅 뒤집어 쓸 수밖에 없었습니다.

그것으로 끝나지 않고, 여로보암은 계속해서 하나님과 하나님의 종교를 멸시하였습니다. 즉 그는 우상의 산당들을 짓고 레위 자손이 아닌 보통 백성으로 제사장을 삼았으며 유다의 절기와 비슷하게 적당하게 자기 마음대로 정한 달에 제단에 올라가 그가 만든 금송아지에게 제사를 드리게 하였습니다(왕상 12:32-33).

더욱 여로보암 왕은 제사를 드리려다가 유다에서부터 온 하나님의 사람이 이렇게 외치는 소리를 들었습니다. "제단이 갈라지며 그 위에 있는 재가 쏟아지리라"(왕상 13:3). 그 소리를 듣고 그가 손을 펴서 그를 잡으려다 그만 그 편 손이 말라 거둘 수가 없게 되었습니다. 또 하나님의 사람이 외친대로 재가 제단에서 쏟아졌습니다. 이를 본 여로보암은 하나님의 사람에게 청하여 이르기를 "여호와께 은혜를 구하여 내 손이 다시 성하게 기도하라"(왕상 13:6) 하였습니다. 하나님의 사람이 여호와께 은혜를 구하니 왕의 손이 다시 성하여져 전과 같이 되었습니다.

여로보암은 이 일 후에도 그의 악한 길에서 돌이키지 아니하고 다시 일반 백성들도 누구든지 원하면 다 산당의 제사장으로 삼았습니다. 이런 일이 죄가 되어 그 집이 땅 위에서 끊어져 멸망하게 되었습니다.

그 때에 그의 아들 아비야가 병이 들었습니다. 여로보암은 하나님을 의지하지 아니하고 아내 바기를 다음 도표에서 보는 바와 같이 변장시켜 그 손에 떡 열 개와 과자와 꿀 한 병을 가지고 실로의 선지자 아히야에게 병 고침을 위하여 보냈습니다.

실로의 선지자 아히야는

사단의 유혹의 양태

유혹의 양태	관 련 성 구
누구에게나	고전 10:12
일반적인 모습으로	시 71:10
선으로 변장하여	왕상 14:2; 잠 7:21
거짓말로	왕상 13:17

눈이 어두어 보지 못하였지만, 하나님의 환상을 통해 변장하고 찾아온 여로보암의 아내를 알아보고 그의 집이 파손될 것을 예언하였습니다. "내가 여로보암의 집에 재앙을 내려 여로보암에게 속한 사내는 이스라엘 가운데 매인 자나 놓인 자나 다 끊어 버림 같이 여로보암의 집을 말갛게 쓸어버릴지라. 여로보암에게 속한 자가 성읍에서 죽은즉 개가 먹고 들에서 죽은즉 공중의 새가 먹으리니 이는 여호와께서 말씀하셨음이니라"(왕상 14:10-11). 이 말씀 그대로 이루어져 여로보암의 아내가 일어나 디르사로 돌아가서 집 문지방에 이를 때에 그 아이가 죽었습니다.

유다로부터 온 하나님의 사람도 베델의 늙은 선지자가 보낸 아들들의 거짓말만 믿고 그들과 함께 그들의 집으로 가서 떡을 먹으며 물을 마기다가 여호와 하나님의 저주를 받고 유다로 돌아가다가 사자를 만나 물려 죽고 말았습니다(왕상 13:23-24). 거짓말은 엄청난 불행과 재난을 불러옵니다.

결국 여로보암의 집은 오래가지 못하고 그의 아들 나답에게서 끊어지고 맙니다. 선을 행하다가 부득이 해서 그것을 돌이켜도 용서가 되질 않습니다. 선을 행하다가 시험이 와도 낙심하지 않으면 때가 되면 이루어지게 됩니다.

〈잠깐 쉬며 묵상하는 코너〉

당신의 말씀은

당신의 말씀은 단순합니다. 오오 주여, 그러나
당신의 이름으로 말하는 사람들의 말은 단순하지 못 합니다.

저는 알 만합니다–당신의 별들의 소리를,
그리고 당신의 수목들의 그 침묵을.

저는 느낍니다, 제 마음이 꽃 같이 피어남을,
그리고 저의 삶이, 눈에 보이지 않는 하나의 샘물을 마시고 충만해 있음을.

당신의 노래는, 눈에 싸여 적막한 나라로부터 날아온 새처럼
저희 마음에 둥지를 틀고, 그 속에서

제 마음의 4월의 따스한 보살핌을 받고 있습니다.

그래서 제 마음은 흡족하여, 복된 계절을 기다리게 됩니다.

– 라빈드라나스 타고르

바아사와 폭력의 악순환

여로보암 1세가 죽자 그의 아들 나답(Nadab, 901-900)이 뒤를 이어 왕의 자리에 올랐습니다. 만일 그의 형 아비야의 죽음이 마땅히 그에게 감화를 끼쳐 그를 신앙적인 사람으로 만들었다면, 그리고 아비야가 죽었을 때 사람들이 그에게 표한 경의가 나답으로 하여금 그의 선한 본을 따르게 했다면, 그의 통치는 길고도 영화로웠을 것입니다. 그러나 그는 "그의 아버지의 길로 행 하였습니다"(왕상 15:26. 즉 그의 부친이 세운 송아지들을 숭배했으며 백성들로 하여금 예루살렘에 올라가 하나님을 경배하지 못하도록 하였습니다. 다시 말하면 그는 그 자신이 죄를 범했을 뿐 아니라 이스라엘로 죄를 범하도록 만들었던 것입니다. 이렇게 나답은 기가 막히게도 왕권을 잡은 직후부터 하나님을 저버리고 우상을 숭배하는 죄악을 저질렀습니다. 그러므로 하나님께서는 그의 통치 2년 만에 잇사갈 출신의 바아사로 하여금 죄를 범한 나답을 살해케 하였습니다. 그가 살해당할 때 그는 군대를 거느리고 불레셋 족속의 도성인 에그론 근처 깁브돈에서 불레셋 족속과 전쟁을 하고 있을 때였습니다(왕상 15:25, 27). 바로 이 전쟁터에서 나답은 전쟁 중 싸우다가 명예롭게 죽임을 당했습니다. 이렇게 해서 여로보암 왕조는 종말을 고하게 되었습니다.

바아사(Baasha, 900-877)는 나답만 살해한 것이 아니라 "여로보암의 온 집을 쳐서 생명 있는 자를 한 사람도 남기지 아니하고 다"(왕상 15:29) 몰살시켰습니다. 여로보암의 온 집을 멸절시킨 아히야의 아들 바아사가 나답의 뒤를 이어 왕이 되었습니다. 그는 자기 생애의 말년까지 24년 동안 통치하였으며, 이스라엘의 수도를 요단 강 동족의 브누엘에서 요단 강 서쪽의 에브라임 산지에 있는 디르사로 옮겼습니다(왕상 15:33). 디르사는 오므리가 사마리아를 건설할 때까지 북왕국의 정치적인 중심지가 되었습니다(왕상 16:23-24).

바아사는 라마에 성벽 요새를 건축함으로써 유다로 통하는 길을 통제하고 예루살렘과의 모든 왕래를 차단하려고 하였습니다(왕상 15:17; 대하 16:1). 라마는 예루살렘에서 불과 10여 km 지점에 있는 도성인데, 바아사는 유다를 공격하기 위하여 이곳에 국경요새를 건축하기 시작한 것입니다. 바아사가 라마에 성벽 요새를 건축하자, 이에 위협을 느낀 남왕국의 아사는 다메섹에 있는 아람(시리아) 왕에게 원조를 요청하였습니다. 아사는 성전과 왕궁에 있는 금과 은을 내어다 벤하닷 1세에게 바치고 그들의 군사적인 지원을 끌어들였습니다(왕상 15:18-19; 대하 16:2-3). 이에 아람 왕 벤하닷 1세는 북왕국 이스라엘과의 동맹관계를 깨뜨리고 이스라엘의 성들을 공격하여 이욘, 단, 아벨마임과 납달리의 모든 국고성들을 쳐서 정복 하였습니다(왕상 15: 19-20). 아람 왕 벤하닷의 공격 소식을 들은 바아사는 라마의 요새 건설을 포기하고 군대를 철수시켰습니다(왕상 15: 21). 군대를 철수시킨 바아사는 라마를 건축하려던 돌과 재목을 가지고 게바와 미스바를 대신 건축하였습니다.

바아사도 여호와 하나님께서 보시기에 악을 행한 왕이었습니다(왕상 15:34). 그는 유다와 평화 관계를 유지하기 보다는 동족 사이에 피를 흘리는 전쟁을 일으켰으며(왕상 15:32), 나아가 유다와의 갈등을 증폭시킴으로써 왕국의 침략을 자초하는 어리석음을 범하였습니다. 이스라엘의 새 왕 바아사는 여전히 여로보암의 길을 따라서 백성들을 잘 보살피지 아니하고 온갖 악을 행하고 죄를 범하였습니다(왕상 16:2). 그 결과 하나님의 진노를 사게 되어 결국은 그도 죽게 됩니다(왕상 16:2-4). 죄의 결과는 영원한 사망입니다.

바아사가 죽은 후 그의 아들인 엘라(Elah, 877-876)가 뒤를 이어 왕의 자리에 올랐습니다(왕상 16:6). 엘라는 겨우 2년 동안 통치하였으며, 왕궁 맡은 자의 집에서 베풀었던 잔치에서 마시고 취하여 있을 때 그의 신하 곧 병거 절반을 통솔하는 지휘관인 시므리(Zimri, 877-876)가 모반을 일으켜 왕을 살해하였습니다(왕상 16:9). 모반을 도모한 시므리는 엘라뿐만 아니라 바아사의 가문 전체를 몰살시켰는데(왕상 16:11), 남자는 친척과 그 일가 모두를 다 죽였습니다. 이에 대해서 열왕기서 기자는 다음과 같이 서술하고 있습니다.

"바아사의 온 집을 멸하였는데, 선지자 예후를 통하여 바아사를 꾸짖어 하신 여호와의 말씀 같이 되었으니 이는 바아사의 모든 죄와 그의 아들 엘라의 죄 때문이라. 그들이 범죄하고 또 이스라엘에게 범죄 하게 하여 그들의 헛된 것들로 이스라엘의 하나님 여호와를 노하시게 하였더라" (왕상 16:12-13).

여기서 "헛된 것들" 이란 곧 우상을 의미합니다(왕상 16:26; 왕하 17:15; 신 32:21). 하나님은 시므리를 통하여 우상을 섬기며 죄를 범한 엘라를 살해하게 만듭니다. 엘라를 죽인 시므리는 북왕국 이스라엘의 제5대 왕의 자리에 오릅니다. 그 후 그는 바아사의 씨족 전체를 살해하였습니다(왕상 16:11).

그러나 시므리의 반란은 성공하지 못하였습니다. 시므리는 엘라를 죽이는데 성공하였으나 백성들의 지지를 받는 데는 실패하였습니다. 그래서 시므리가 모반을 일으켜 왕을 살해했다는 소식을 들은 백성들은 군대 지휘관인 오므리를 왕으로 추대하고 시므리에게 대항하였습니다(왕상 16:16-17). 오므리가 디르사를 포위하고 성읍을 함락시키자, 시므리는 모든 것이 끝났음을 알고 왕궁요새에 들어가서 왕궁에 불을 지르고 그 가운데서 타 죽었습니다(왕상 16:18). 이로써 시므리의 칠일 천하(왕상 16:15)는 막을 내렸으며, 오므리의 왕의 시대가 시작되었습니다.

유다 왕 아사가 통치하고 있는 기간 중 북왕국에서는 다음 도표에서 보는 바와 같이 5번이나 왕권이 바뀝니다.

유다왕 아사 재위 중의 북왕국 왕들

왕 명	기 산	관련성구
여로보암	22년	왕상 12:25-33
나 답	2년	왕상 15:1-2
바아사	24년	왕상 15:27-33
엘라	2년	왕상 16:8-14
시므리	7일	왕상 16:15
오므리	12년	왕상 16:21-23

이와 같이 왕이 살해될 때마다 왕조가 바뀌었습니다. 특히 북왕국 창건 초기 50년 동안(주전 922-876)에 세 번이나 폭력에 의하여 왕권이 바뀌는 불안정한 출발을 보였습니다. 이처럼 폭력은 폭력을 부르고 악은 악의 꼬리를 물고 오는 것을 볼 수 있습니다. 이런 악순환은 결국 하나님을 떠난 데서 기인하는 것입니다.

〈잠깐 쉬며 묵상하는 코너〉

목자의 노래

낮은 곳에 있는 자
떨어질 염려 없고
비천한 자
오만하지 않으며
겸손한 자
언제나 하나님의 보호 받으리.

나 지금 가진 것 크나 작으나
가진 것 그것만으로
만족하리라.

오, 주여
나 같은 자 구원해 주셨으니
만족을 구하는 마음
더욱 간절하나이다.

순례의 길 가는 자
잔뜩 짐 무겁게 지고 가야하리.
이 세상에서 적게 가지는 자
영원한 나라에서 큰 복 받으리니
그 복은 영원히 변치 않는
가장 큰 복이로다.

- 존 번연

오므리와 그의 새로운 왕조 창시

시므리가 죽은 후 이스라엘 백성은 둘로 나뉘어 그 절반은 기낫의 아들 디브나를 따라 그를 왕으로 삼으려 하였고, 그 절반은 직업 군인이었던 오므리를 따랐습니다. 오므리를 따른 백성들, 즉 주로 깁브온에 진을 치고 있던 군인들이 디비나를 따른 백성을 이겼고, 디브나가 죽은 후 오므리(Omri, 876-869)가 북왕국의 제6대 왕의 자리에 오르게 됩니다. 그는 12년 동안 와의 자리에 있으면서 디르사에서 6년 동안 다스렸습니다.

그가 은 두 달란트로 세멜에게서 사마리아 산을 사고 그 산위에 성읍을 세우고 그 이름을 주인이었던 세멜의 이름을 따라 사마리아 혹은 세메렌(히브리어로)이라 일컬었습니다(왕상 16:21-24). 이때가 유다 왕 아사 제27년이었습니다(왕상 16:23). 오므리는 앞서도 잠깐 언급한 있지만 그의 강력한 상대 세력의 지도자였던 디브나가 죽은 후에야 비로소 북왕국의 유일한 통치자의 자리를 차지하게 됩니다. 그는 매우 사려 깊고 활동력이 강한 정치가였습니다. 그것은 마치 다윗이 예루살렘을 획득하

성경상의 주요 수도들

국가	수도	관련성구
수메르	우르	창 11:31
유다	헤브론	창 13:18
통일왕국	예루살렘	왕상 9:15
북이스라엘	세겜	창 12:6
북이스라엘	디르사	왕상 16:23
북이스라엘	사마리아	왕상 16:20
바벨론	바벨론	대하 36:19
메데제국	악메다	스 6:2
엘람	수산	에 1:2-5
애굽	노(테베)	겔 30:13-16
앗시리아	니느웨	욘 3:1-3

여 이스라엘 안에서 자신의 성읍국가를 발전시킬 수 있는 실질적인 권리를 가졌던 것처럼 다음 도표에서 보는 것처럼 오므리도 북왕국의 수도를 디르사에서 사마리아로 옮기고 그곳을 중심으로 해서 정치를 했다는 데서 찾아볼 수 있습니다.

이렇게 바아사가 왕위에 올랐을 때, 아람 왕은 국경 성읍들을 병합하고 또 이스라엘 성읍들에 아람 족 상인들이 거류하는 것을 허락하도록 강요했던 것으로 보입니다(왕상 20:34). 이와 같이 50여 년에 걸친 내정의 불안으로 이스라엘이 허약한 상태에 있을 때 오므리는 강력한 지도력을 발휘하여 국력을 강화시키는 일에 착수하였습니다.

국내에서는 평화 상태를 유지하고, 유다 및 페니키아 인들에 대해서는 강경책을 쓴 것 등이 그의 정치적 수완을 나타내 준 단적인 증거입니다. 뿐만 아니라 오므리는 그의 아들인 아합을 시돈 왕 엣바알의 딸 이세벨과 정략결혼을 시킴으로써 시돈과의 동맹을 시도하였습니다(왕상 16:31). 이와 같은 오므리의 정치적인 수완으로 인하여 이스라엘은 정치적으로는 안정을 유지할 수가 있었고, 경제적으로는 부를 축적할 수가 있었습니다. 또한 남북 동족간의 반목이 종식되었으며 이스라엘과 유다는 그 인근에 있는 민족들에게 그들의 단합된 세력을 과시할 수가 있었습니다.

오므리는 그대까지의 북왕국의 왕들 가운데서 가장 강력한 힘을 발휘하였습니다. 그는 모압을 격파하여 봉신 국가로 삼았고 그 국경선을 제한한 다음 이스라엘 사람들을 아르논 강 이북의 영토에 이주시켰습니다. 오므리가 창시한 왕조가 와해된 이후에도 북이스라엘이 멸망할 때까지 이 왕국을 오므리의 집이라고 불렀습니다.

그럼에도 불구하고 오므리는 북왕국의 다른 어떤 왕들보다 더 악하게 행하였습니다(왕상 16:25). 그는 법으로 정하여 불의를 행하였고, 여로보암은 백성들을 유혹하고 유혹함으로써 범죄 하게 하였으나 오므리는 강압적으로 그렇게 했습니다. 그는 힘으로 헛된 우상을 섬기도록 강요하였다는 점에서 어떤 왕들보다 더 악했다고 할 수 있습니다. 오므리가 죽은 후 그의 아들인 아합이 왕의 자리에 올랐습니다(왕상 16:28-29).

〈잠깐 쉬며 묵상하는 코너〉

장미꽃에서 예수님의 피를 보고

나는 장미꽃에서 예수님의 피를 보고
별 속에서 님의 빛나는 눈을 보노라.
그분의 몸은 영원한 백설 사이에서 빛나고
그분의 눈물은 하늘에서 떨어지노라.

모든 꽃에서 그분의 얼굴을 보노라
천둥과 새들의 지저귐은 그분의 음성이고
그분의 말씀은 바위에 새겼노라
그분의 전능하신 힘에 의해서.

모든 길은 그분의 발길 안 닿는 데 없고
그분의 강한 마음은 영원한 파도를 일으키노라.
그분의 가시관은 모든 가시로 엉켜 있고
모든 나무는 그분의 십자가일레라.

- 조셉 플랑켓

아합이 숭배한 바알 선지자들과 엘리야와의 대결

엘리야(Elijah)는 북 이스라엘의 7대 왕 아합(Ahab, 873-853))이 다스리던 때에 역사에 나타났다가 아히시야 왕(Ahaziah, 853-852) 때 홀연히 그 웅자(雄姿)를 감춘 이스라엘의 예언자요 가장 강력한 이스라엘의 종교지도자들 중의 하나였습니다. 이 "아합이 숭배한 바알 선지자들과 엘리야와의 대결" 이야기는 열왕기상 17장으로부터 열왕기하 2장 11절까지에 나옵니다.

엘리야는 길르앗의 디셉 사람(왕상 17:1)으로 그 시대의 역사를 형성했으며, 그 후 여러 세기 동안 히브리 사상을 지배했습니다. 그의 털이 많은 험상궂은 모양과 허리에 가죽 띠를 띤 탈속한 옷차림(왕하 1:8), 마차를 탄 아합보다 앞서 달려가는 비호(飛虎) 같이 빠른 걸음(왕상 18:46), 기근도 걱정 아니 할 정도의 건강한 몸(왕상 19:8), 굴에서도 살 수 있는 억센 습관(왕상 17:3, 19:9) 등은 주로 야외(野外)에서 살아간 엘리야만이 가질 수 있는 특색이었습니다.

아합은 왕위에 오른 후에 그의 아버지 오므리의 외교정책을 따라 주변 나라들과 화친하며 동맹관계를 맺어 아람의 침략으로부터 이스라엘을 지키는 정책을 펴 나갔습니다. 두로나 시돈이 있는 페니키아와의 관계는 말할 필요도 없이 우호적인 관계였습니다. 아합이 두로(Tyre) 왕의 딸 이세벨(Jezebel)과 결혼한 것은 바로 이러한 동맹관계를 효과적으로 지속하기 위한 정략결혼이었습니다. 이세벨은 아합의 악명 높은 아내로서 사악하고 방탕한 여자였습니다(왕하 9:22).

아합은 바알을 위해 제단을 쌓고 아세라 목상을 만들었습니다. 바알이 남신이라면 아세라 목상은 여신이었습니다. 백성들은 이 신들을 향해 굉장히 음란하고 더러운 제사를 드렸습니다. 이전의 왕들보다 아합의 죄악이 더 크다는 것은 백성들을 하나님으로부터 돌아서서 아예 우상숭배에 몰두하도록 이끌었기 때문입니다.

우상숭배는 하나님을 무시하는 또 다른 행동으로 이어집니다. 여리고성은 여호수아가 가나안 정복 전쟁 때 그 성의 모든 것을 철저히 진멸하고 나서 누구든지 다시 이 성을 쌓는 자는 여호와 앞에서 저주받을 것이라고 선포했던 그런 곳입니다. 그 저주의 내용도 너무나 상세하였습니다. 그 내용인즉, 성의 기초를 쌓을 때 장자를 잃을 것이요, 문을 세울 때 마지막 아들을 잃을 것이리라는 것이었습니다(수 6:26).

그럼에도 불구하고 하나님을 전혀 경외하지 않는 아합이었으므로, 그는 그 경고를 무시하고 여리고성을 재건하라는 명령을 내렸고, 왕의 지시에 따라 성을 재건하던 벧엘 사람 히엘에게 하나님의 저주가 그대로 성취되었습니다. 하나님을 무시하고 우상숭배를 하면 무서운 심판을 면할 수가 없습니다. 그 저주가 그 자손 삼사 대에까지 미치게 됩니다. 하나님은 엘리야 선지를 보내어 타락의 길로 치닫는 아합에게 심판을 선포하게 하였습니다. 하나님이 엘리야를 통해 선포한 심판의 내용은 몇 년 동안 이스라엘 전역에 우로가 없을 것이라는 것이었습니다. "여호와께서 살아 계심을 두고 맹세하노니 내 말이 없으면 수 년 동안 비도 이슬도 있지 아니하리라" (왕상 17:1).

이 경고를 전한 엘리야는 그릿 시냇가로 가서 숨어 지내는 데, 초월적인 하나님의 도구라 할 수 있는 까마귀가 그에게 먹을 것을 날라다 주었습니다(왕상 7: 3-7). 그러나 비가 내리지 않자 곧 시내는 말라 버렸습니다. 그러자 하나님께서는 그를 위하여 새로운 공궤지(供饋地)를 준비하였습니다. 즉 그는 하나님이 준비한 시돈 땅의 사르밧으로 가서 가뭄이 끝나기까지 거기서 머물렀습니다. 이는 아합의 통치력이 미치는 이스라엘 지경을 벗어나도록 하기 위함이었습니다. 거기서 엘리야는 한 과부의 가족들과 함께 지내게 됩니다. 그 과부는 마지막 음식까지 전부 다 엘리야와 함께 나누어 먹었습니다. 그러나 하나님은 가뭄이 다 지나도록 밀가루와 기름을 매일 채워 주셨습니다. 또한 과부의 아들이 죽자, 엘리야는 "내 하나님 여호와여 원하건대 이 아이의 혼으로 그의 몸에 돌아오게 하옵소서"(왕상 17:21)라고 간곡하게 기도하였습니다. 하나님은 그런 엘리야의 기도를 들으시고 그를 살려 주었습니다(왕상 17:23)

가뭄이든지 3년이 됐을 때, 엘리야는 하나님의 지시에 따라 아합에게로 갔습니다. 당시 아합의 궁내대신 오바댜라는 인물이 있었습니다. 그는 하나님을 "지극히 경외하는"(왕상 18:3) 사람이었습니다.

선지자를 핍박한 주요 왕들

왕	선지자	관련성구
아합	엘리야	왕상 19:1-2
아합	미가야	왕상 22:27
아하시야	엘리야	왕하 1:9-16
여호야김	예레미야	렘 36:20-23
헤롯	세례요한	눅 3:19-20

위의 도표에서 보듯이 아합과 이세벨이 여호와 하나님의 예언자들을 죽이려 할 때 오바댜는 예언자 1백 명을 5십 명씩 동굴에 숨겨두고 먹을 것과 물을 날라다 살려 주었습니다. 이 때 아합이 오바댜를 불러 물의 근원을 찾도록 했습니다. 오바댜가 물의 근원을 찾으러 가는 도중에 엘리야를 만났습니다. 엘리야는 아합을 만나고 싶다는 전갈을 오바댜의 편에 보내었습니다. 아합은 즉시 오바댜와 함께 엘리야가 있는 곳까지 왔습니다. 엘리야는 바알과 아세라의 선지자들을 갈멜 산으로 모아달라고 아합에게 요청하였습니다.

그 선지자들이 모이자 엘리야는 이렇게 말하였습니다. "너희가 어느 때까지 둘 사이에서 머뭇머뭇 하려느냐. 여호와가 만일 하나님이면 그를 따르고 바알이 만일 하나님이면 그를 따를지니라"(왕상 18:21). 즉 만일 바알이 불을 내려 자기에게 바친 제물을 태울 경우에는 모든 사람들이 그를 경배해야 할 것이지만, 하나님께서 불을 내려 엘리야의 제물을 태울 경우에는 이것으로 하나님만이 참 신임을 증명하는 것이 될 것이라는 것이었습니다. 그러자 바알의 선지자 450명과 아세라의 선지자 400명은 춤추고 기도하고 심지어 자해(自害)를 가하기도 하며 불을 내려달라고 울부짖었습니다. 그러나 아무런 일도 일어나지 않았습니다. 엘리야는 그들을 향해 "그는(바알) 신인즉 묵상하고 있는지 혹 은 그가 잠깐 나갔는지 혹은 그가 길을 행하는지 혹은 잠이 들어서 깨워야 할 것인지"(왕상 18:27)라고 조롱하였습니다.

엘리야는 이렇게 조롱의 말을 퍼붓고는 야곱의 지파 수대로 열두 돌을 놓고 도랑을 만들어 나무를 쌓아 그 위에 송아지의 각을 떠서 놓고는 네 통의 물을 붓게 했습니다. 제단에 물이 넘치자, 엘리야는 이어 이렇게 기도했습니다. "아브라함과 이삭과 이스라엘의 하나님 여호와여 주께서 · · · 내게 응답하옵소서. · · · "(왕상 18:36-37). 엘리야가 하나님께 기도드리자, 불이 내려와 제물을 살랐습니다. 그러자 모든 백성들은 "여호와 그는 하나님이시로다"(왕상 18:39)라고 외쳤습니다. 그래서 엘리야는 백성들에게 바알 선지자들은 모조리 잡아오게 한 뒤 기손 시내로 내려가 그들을 다 죽였습니다. 엘리야가 사환 한 명을 갈멜 산꼭대기로 데리고 올라가 땅에 꿇어 엎드려 그 얼굴을 무릎 사이에 넣고 기도하며 사환에게 바다 편을 바라보라고 하였습니다. 일곱 번째 바다 편을 보던 사환은 엘리야에게 놀란 목소리로 고했습니다. "바다에서 사람의 손만 한 작은 구름이 일어나나이다"(왕상 18:44). 사람의 손만 한 구름은 초자연적인 능력의 표시로 그것은 곧 구름과 바람을 더욱 일게 하여 큰 비를 몰고 와 가뭄을 완전히 해갈시켜 주었던 것입니다(왕상 18:25-46).

바알의 선지자들이 처형됐다는 소식을 듣고 이세벨은 몹시 화를 냈습니다. 엘리야는 목숨을 보존하기 위해 남쪽 광야로 도망하여야만 했습니다. 그는 40일 낮밤에 걸쳐 행하여 시내 반도 호렙 산까지 갔습니다. 도중에 배가 고파 죽을 지경에 이른 일도 있었으나 그때마다 천사가 나타나 먹을 것을 주었습니다. 엘리야가 호렙 산 위로 오르니 강한 바람이 산으로 불어와 바위를 부수었습니다. 바람이 잠잠해지자 지진이 일어났고 지진이 끝나자 불길이 일어났습니다. 그리고 불이 꺼지자 조용하고 작은 말소리가 들려, 엘리야에게 아직도 할 일이 있다는 사실을 알려 주었습니다.

이런 일이 있은 후에도 회개하지 않는 아합의 재임 기간 중에 엄청난 국가적 환난이 일어났습니다. 즉 아람 왕 벤하닷이 세 차례에 걸쳐서 이스라엘을 침범한 것입니다. 그 이야기는 열왕기상 20장과 22장에 나옵니다. 첫 번째 이야기는 20장에 나오는 아람 왕 벤하닷이 사마리아를 공격한 이야기입니다(왕상 20: 1-25). 이 첫 번째 전쟁에서는 아합이 승리를 거두었습니다. 아합이 승리를 거두었다기보다는 적군의 침공 앞에서 무서워 벌벌 떨고 있는 이스라엘 사람들에게 여호와 하나님이 참 하나님이신 것을 증거로 보여주기 위해 하나님이 도와 이루어진 것이었습니다.

두 번째 전쟁은 아벡에서의 싸움입니다(왕상 20:26-43). 이 두 번째 전쟁도 여호와 하나님이 개입하시는 전쟁의 형태로 이루어졌습니다. 엄청난 아람 군대가 패하여 쓰러지고 아람 왕 벤하닷도 죽음을 피하여 아벡의 한 골방에 숨었습니다. 그리고 신하들을 아합에게 보내어 화친을 요청하였습니다. 화친의 조건은 아람이 이스라엘로부터 빼앗은 성읍들을 돌려준다는 것이었습니다. 그러자 아합은 그 요청을 기꺼이 받아들여 화친조약을 맺고 벤하닷을 살려 보냈습니다(왕상 20:34). 그러나 그것은 한 예언자가 예언한 대로 여호와가 개입한 전쟁에서 명한 모든 것의 진멸(盡滅)을 철저히 지키지 않은 죄로써 그 만한 대가를 치르지 않으면 안 되었습니다.

세 번째 전쟁은 길르앗 라못에서의 전쟁이었습니다(왕상 22:1-36). 이 전쟁에서는 아합이 유다의 여호사밧 왕을 대동하였습니다. 이번에도 여호와의 도우심을 구하였습니다. 400여 명의 거짓 예언자들이 나타나 전쟁에 대한 예언을 이렇게 전하였습니다. "올라가소서 주께서 그 성읍을 왕의 손에 넘기시리이다"(왕상 22:6).

그러나 이 예언의 의문을 품은 유다 왕 여호사밧은 또 다른 예언자의 신탁을 요구하였습니다. 이 때 미가야라는 예언자가 나타나 여호와의 뜻을 이렇게 전달하였습니다. "올라가서 승리를 얻으소서. 여호와께서 그 성읍을 왕의 손에 넘기시리이다"(왕상 22:15). 이 말은 전심이 아니라 "이런 대답을 원하겠지"라는 일종의 왕을 비꼬는 말이었습니다. 미가야의 진실한 말은 이러합니다. "내가 보니 온 이스라엘이 목자 없는 양 같이 산에 흩어졌는데 여호와의 말씀이 이 무리에게 주인이 없으니 각각 평안히 자기의 집으로 돌아갈 것이니라"(왕상 22:17).

이 예언은 아합이 전쟁에 패해서 왕은 죽고 백성들은 목자 없는 양 같이 될 것이라는 것이었습니다. 미가야의 예언대로 라못 전투에서 이스라엘은 대패하고 아합은 전사하였습니다. 또 하나의 용서받을 수 없는 사건이 있었습니다. 그것은 아합이 별궁 근처에 있는 나봇(Naboth)의 포도원을 차지하기 위하여 그를 죽인 것입니다. 아합이 나봇을 죽였을 때 엘리야는 왕에게 하나님께서 그의 가문을 멸하시리라고 경고했습니다. 하나님의 사람 엘리야는 이렇게 저주했습니다.

"네가 사람을 죽이고 또 빼앗았느냐고 하셨다 하고 또 그에게 이르기를 여호와의 말씀이 개들이 나봇의 피를 핥은 곳에서 네 피 곧 네 몸의 피도 핥으리라. · · · 개들이 이스라엘 성읍 곁에서 이세벨을 먹을지라. 아합에 속한 자로서 성읍에서 죽은 자는 개들이 먹고 들에서 죽은 자는 공중의 새가 먹으리라"(왕상 21:19-24).

아합은 이 말을 듣고 나서 옷을 찢으며 굵은 베옷을 걸치고 단식을 하며 크게 뉘우쳤습니다. 이렇게 아합이 크게 뉘우치므로 하나님은 그를 불쌍히 여겨 그의 진노를 유보하였고 그에게 내리려던 재앙을 그 아들들에게로 넘어가게 했습니다. 엘리야의 예언대로 이세벨은 비참한 최후를 마쳤고(왕하 9:29-37), 아합은 앞서 말한 세 번째 아람과 행한 길르앗 라못 싸움에서 죽었으며(왕상 22:1-40), 그 아들 아하시야는 왕궁에서 낙상하여 죽었습니다. 형벌의 법칙은 엄격하였고 예언은 그대로 성취되었습니다.

마침내 엘리야는 엘리사를 제자로 선택하여 그에게 정신적 지도권을 넘기고 불사(不死)의 몸으로 에녹(Enoch 창 5:24)처럼 승천하였습니다. 그 승천의 장면을 성경은 매우 인상적으로 기록해 주고 있습니다. "불수레와 불 말들이 두 사람을 갈라놓고 엘리야가 회오리바람으로 하늘로 올라가더라" (왕하 2:11).

엘리야는 이처럼 회오리바람을 타고 다만 광명(큰 빛)만 있고 하나님만이 계신 곳으로 들려져 하늘로 올라갔습니다. 메리 엘리자베스 콜리지(Mary Elizabeth Coleridge, 1861-1907)라는 영국의 여류시인은 "거기" 라는 시에서 엘리야가 올라간 하늘나라를 다음과 같이 노래하였습니다.

거기 저 다른 세상에서는 무엇이 나를 기다리는가?
다시 태어난 뒤 나는 무엇을 발견할까?
폭풍치고, 요동하며, 거품 이는, 그리고 미소 짓는
바다가 아니라 새로운 땅을 찾으리라.

하루하루의 변화를 기록하는 태양도
느리면서도 살며시 저무는 하루하루의 밤도
결코 달도, 별도, 그리고 빛도 없고
다만 '광명' (큰 빛)만 있으리라.

나의 선조들이 걷던 곳으로 나도 걸을 수 있도록
해 주는 넓고 무척이나 아름다운 잿빛 사원도,

하나님의 전도 거기엔 없고,
다만, 나의 영이여, 거기엔 하나님만 계시리라.

콜리지는 그녀의 처녀소설 『에베소의 일곱 잠자는 사람들』(*The Seven Sleepers of Epheans*, 1893)로 로벗 스티븐슨의 칭찬을 크게 받았다고 합니다. 그녀가 죽은 뒤 『신구시』(新舊詩, *Poems Old and New*, 1907)라는 시집 한 권이 나왔습니다. "거기"라는 시는 이 『신구시』에 실려 있습니다. 이 시는 매우 간단하지만 신비로운 세계를 묘사해 주고 있는 시입니다. 하늘나라는 제1연에서는 "바다"로 상징되는 이 세상하고는 다른 새로운 땅이라는 것을, 제2연에서는 낮과 밤이 교체되는 시간의 세계가 아니라 오직 빛의 근원되시는 광명 즉 하나님만이 계신 곳이라는 것을, 제3연에서는 각양각색의 물체와 현상들을 볼 수 있는 그런 공간 세계가 아니라 오직 영적 존재들만이 있는 곳이라는 것을 묘사하고 있습니다.

이 이야기에 있어서 이와 같이 기적을 반복 사용한 것은 문학적으로 볼 때 매우 중요한 의미를 갖습니다. 그것은 하나의 기본 틀이 될 뿐 아니라 설화자가 전달하고자 하는 의미를 강조해 주고 있습니다. 다시 말해서 이런 이중적 구조는 그런 기적의 근원이 엘리야에게 있는 것이 아니라 이스라엘의 주 하나님에게 있다는 것을 보여 주고 있습니다.

이처럼 여호와 하나님의 능력을 강조하는 까닭은 무엇입니까? 당시 이스라엘의 환경은 이세벨이 바알의 종교를 이스라엘 사람들에게 강요하고 있던 때였습니다. 이세벨의 신 바알은 주로 농경의 신으로, 폭풍과 비를 지배하며, 풍요를 좌우하고, 곡식과 기름을 제공하며, 땅의 자연적 주기를 다스리는 힘을 가지고 삶과 죽음을 통하여 병든 자를 고쳐줄 수 있는 것으로 간주되었던 신이었습니다. 그러나 바알은 겉으로만 그럴듯한 허울 좋은 신이었을 뿐, 엘리야처럼 가뭄을 멈추고 비를 줄 수 없었으며, 풍요와 농사, 삶과 죽음 및 땅의 주기에 영향을 미칠 수가 없었습니다. 엘리야는 그것을 알고 있었고 그런 진리를 설화를 통해 전달해 주려고 하였습니다. 즉 기적 구조를 통해 그는 하늘과 땅과 만물을 지배하는 자는 여호와 하나님뿐이라는 것을 알려주고 있습니다.

〈잠깐 쉬며 묵상하는 코너〉

행복은 오고 있다

행복은 오고 있다
아직은 절망하지 말아라

슬픈 친구야
무너진 친구야
기다리는 친구야

그분은
이 깊은 고독 속에서
이 텅빈 가난 속에서
이 아픈 질고 속에서

바윗돌 같은 우리를
더 겸손하도록
더 감사하도록
더 인내하도록
더 사랑하도록
다듬고 계시나니

반드시 성공하리라
반드시 승리하리라
반드시 풍성하리라
반드시 강건하리라

아름다운 작품이 되리라

겨울이 지나야 꽃피는 새봄이 오듯이
긴밤이 지나야 동트는 아침이 오듯이

오리라
축복이 오리라
아직은 울지 말아라
아직은 포기하지 말아라
하늘향한 기도 멈추지 말아라

- 김태영(평화교회 목사)

엘리사와 나아만 장군의 나병

엘리사(Elisha)는 요람(Jehoram), 예후(Jehu), 여호아하스(Jehoahaz), 요아스(Joash)의 통치 기간 중 하나님을 섬기면서 이스라엘의 북 왕국에서 사역한 예언자였습니다. 엘리사는 사밧(Shaphat)의 아들로서 대머리였으며(왕하 2:23) 열두 겨리 소리를 앞세우고 밭을 가는 평범한 사람이었습니다. 그는 보통 옷을 입고 지팡이를 잡고 다녔습니다(왕하 4:29). 엘리야는 엘리사를 만나 가까이 다가가서 자기 겉옷을 그의 어깨에 걸쳐 주었습니다. 이것은 때가 오면 엘리사가 엘리야의 뒤를 이어 하나님의 예언자로서 일해야 한다는 표시입니다.

엘리사가 엘리야에게 부탁하였습니다. "나를 내 부모와 입 맞추게 하소서(작별 인사를 하게 하소서). 그러한 후에 내가 당신을 따르리이다"(왕상 19:20). 엘리야가 이렇게 대답하였습니다. "돌아가라." 집으로 달려간 엘리사는 소의 기구(쟁기)를 불살라 버리고 황소 두 마리를 잡아서 고기를 삶아 동네 사람들을 대접하였습니다. 엘리사는 부모님과 작별 인사를 나눈 다음 엘리야를 따라가 그의 제자가 되었습니다(왕상

19:21).

그러나 엘리사는 엘리야가 불 병거를 타고 하늘로 승천하기까지는 역사의 전면에 나타나지 않습니다. 엘리사는 엘리야와 최후의 고별을 나누면서 그에게 이렇게 구했습니다. "당신의 성령이 하시는 역사가 갑절이나 내게 있게 하소서"(왕하 2:9). 엘리사는 엘리야의 사역(使役)을 계승하여 50년(850-800) 동안 그 일을 수행한 능력 있는 예언자가 되었습니다.

엘리야가 이렇게 영감의 두 몫(갑절)을 누리게 해달라고 애원하는 제자 엘리사에게 남겨 주고 간 것은 겉옷(mantle) 뿐이었습니다. 따라서 이 "엘리야의 겉옷"(Elijah's mantle)은 그 이후로는 직무의 계승(succession of office)을 뜻하는 말로 사용되고 있습니다. 이처럼 엘리야의 겉옷을 받자마자 엘리사는 요단 강 물을 갈라 육지처럼 건너가는 기적을 행할 수 있었습니다(왕하 2:14). 또한 엘리사는 엘리야 못지않게 많은 기적을 행하였습니다. 즉 엘리사는 여리고 사람들을 위해 쓴 물을 달게 했으며(왕하 2:19-22), 여호람과 여호사밧이 모압을 칠 때 물이 떨어진 그들의 군사들과 짐승들에게 물을 제공해 주었습니다(왕하 3:9-20). 그는 가련한 과부의 기름을 많게 해 주었고, 아이 못낳는 여인에게 아들을 낳게 해주었으며, 그녀의 죽은 아들을 살려 주었고, 예언자 생도들에게 해독(解毒)되는 국을 먹게 해주는 동시에 보리 떡 스무 개와 햇곡식 이삭으로 백 명을 먹여 주기도 하였습니다(왕하 4:1-43). 그리고 그는 나무를 베다가 빌려온 도끼를 물에 떨어뜨린 예언자의 한 생도를 불쌍히 여겨 그 빠진 곳에다 나뭇가지를 베어 던져서 도끼를 떠오르게 하여 그 잃었던 도끼를 찾아 준 일도 있습니다(왕하 6:1-7). 또한 그는 불 말과 불 병거로 그를 사로잡으러 온 시리아 군의 눈을 멀게 하기도 하였습니다(왕하 7:3-8).

다음 도표에 나타난 대로 엘리사는 실로 많은 행적과 기적을 행하였습니다. 그런 중에서도 그가 행한 가장 중요한 기적은 나아만 장군의 나

엘리사의 주요 행적

사 건	지 명	관련성구
물 근원 정화	여리고	왕하 2:19-22
조롱한 아이들 저주	벧엘	왕하 2:23-25
홍수 예언	아랏	왕하 3:16-20
수넴 여인의 아들 살림	수넴	왕하 4:8-37
국해독, 식물 기적	길갈	왕하 4:38-44
문둥병자 치유	길갈	왕하 5:8-14
아람군대 인도	도단	왕하 6:13-23
하사엘 즉위 예언	다메섹	왕하 8:7-15
예후에게 생도 파송	라못 길르앗	왕하 9:1-10

병을 고쳐 준 것이라 할 수 있습니다. 아람(시리아)에는 여러 장군이 있었지만 그 중에서도 나아만이 가장 용감한 장군이었습니다. 아람이 평화롭게 살 수 있었던 것도 그의 덕택이었습니다. 그러나 그는 나병환자였습니다.

아람 사람들과 이스라엘 사람 사이에 잠시 평화가 찾아왔던 때의 일이었습니다. 나아만이 아람 군을 이끌고 이스라엘에 쳐들어와 많은 사람을 포로로 잡아간 일이 있었는데, 그들 중에는 "소녀 하나"(왕하 5:2)도 끼여 있었습니다. 그 소녀는 나아만 아내의 하녀가 되어 그의 집에서 살며 그의 아내에게 수종을 들고 있었습니다.

어느 날, 이스라엘의 소녀는 나아만의 병을 보고 가여운 생각이 들어 여주인께 아뢰었습니다. "우리 주인이 사마리아에 계신 선지자 앞에 계셨으면 좋겠나이다. 그가 그 나병을 고치리이다"(왕하 5:3).

그 여주인은 이 말을 나아만에게 전했습니다. 다시 이 말은 왕에게까지 전해졌습니다. 아람의 왕은 나아만을 불러 이스라엘의 왕 여호람에게 쓴 편지를 건네주면서 사마리아로 보냈습니다. 나아만은 아람 왕의

편지를 가지고 하인과 함께 사마리아를 향해 떠났습니다. 나아만은 자기 병을 고쳐 줄 예언자에게 줄 선물로 은 열 달란트와 금 육천 세겔, 좋은 옷 열 벌을 준비하였습니다(왕하 5:5). 사마리아에 도착한 나아만은 이스라엘 왕에게 편지를 전했습니다.

편지를 다 읽은 이스라엘 왕은 아람 왕이 다시 싸움을 걸어오기 위해 트집을 잡는 것이라고 생각하고 자기 옷을 찢으며 말했습니다. "내가 사람을 죽이고 살리는 하나님이냐 그가 어찌하여 사람을 내게로 보내어 그의 나병을 고치라 하느냐"(왕하 5:7). 이 소식을 들은 엘리사는 왕궁으로 사람을 보내어 왕에게 다음과 같이 전하라고 하였습니다. "왕이 어찌하여 옷을 찢었나이까. 그 사람을 내게로 오게 하소서. 그가 이스라엘 중에 선지자가 있는 줄을 알리이다"(왕하 5:8).

이렇게 하여 나아만은 엘리사를 찾아갔습니다. 그는 아람의 장군답게 훌륭한 마차와 여러 명의 하인을 데리고 엘리사의 집에 도착하였습니다. 엘리사는 자기 하인을 시켜 나아만에게 말했습니다. "요단강에 몸을 일곱 번 씻으라. 네 살이 회복되어 깨끗하리라"(왕하 5:10).

이 말을 들은 나아만은 화가 났습니다. 그는 이스라엘의 예언자를 매우 못마땅하게 생각했습니다. "그가 내게로 나와 서서 그의 하나님 여호와의 이름을 부르고 그의 손을 그 부위에 흔들어 나병을 고칠까 하였도다"(왕하 5:11). 나아만은 하인들을 돌아다보며 "다메섹 강 아바나와 바르발은 이스라엘 모든 강물보다 낫지 아니하냐. 내가 거기서 몸을 씻으면 깨끗하게 되지 아니하랴"(왕하 5:12)고 말하였습니다.

나아만은 수레를 돌려 자기 나라로 돌아가려고 하였습니다. 그러나 하인들은 주인을 달랬습니다. "내 아버지여, 선지자가 당신에게 큰일을 행하라 말하였더면 행하치 아니하였으리이까. 하물며 당신에게 이르기를 씻어 깨끗하게 하라 함이리이까"(왕하 5:13). 나아만은 하인들의 말을 듣고 자기가 어리석고 교만했다는 것을 깨닫고 요단 강으로 가서 일곱 번 몸을 씻었습니다. 그러자 나아만의 피부가 어린아이 피부처럼 부드러워졌습니다. 나아만은 너무 기뻐서 "하나님의 사람" 엘리사에게로 도로 와서 "내가 이제 이스라엘 외에는 온 천하에 신이 없는 줄을 아나이다. 청하건대 당신의 종에게서 예물을 받으소서" (왕하 5:15)라고 말하며 아람에서 가지고 온 예물을 엘리사에게 내놓았습니다.

그러나 엘리사는 자기가 섬기는 하나님께서 하신 일이므로 선물을 받을 수 없다고 단호하게 거절하였습니다. 그러자 이번에는 나아만이 엘리사에게 부탁하였습니다. "노새 두 마리에 실을 흙을 당신의 종에게 주소서. 이제부터는 종이 번제든지 다른 희생제사를 여호와 외 다른 신에게는 드리지 아니하고 다만 여호와께 드리겠나이다" (왕하 5:17). 엘리사는 매우 기뻐하며 "평안히 가라" 고 하였습니다.

그러나 엘리사의 사환 게하시는 나아만이 가진 금을 보고 뒤쫓아가 주인인 엘리사의 심부름이라고 거짓말하여 은 두 달란트와 옷 두벌을 받아 가지고 돌아왔습니다. 종이 돌아오자, 엘리사는 종이 한 짓을 알고 있었기 때문에, "나아만의 나병이 네게 들어 네 자손에게 미쳐 영원토록 이르리라" (왕하 5:27)고 했습니다. 그러자 게하시는 나병으로 피부가 눈처럼 하얗게 되어 엘리사를 떠났습니다.

한 번은 아람 군이 이스라엘을 쳐들어왔습니다. 기습 작전을 미리 안 엘리사는 그 사실을 왕에게 알려 여러 번 아람 군을 막을 수 있었습니다. 이에 분노한 아람 왕은 부하들에게 그를 잡아오라고 명령하였습니다. 아람 왕은 기마 부대와 병거 부대와 강한 부대를 엘리사가 있는 도단으로 보내어 그 성을 포위했습니다.

엘리사의 시종이 아침 일찍 밖에 나갔다가 대군이 군마와 병거로 성을 포위하고 있는 것을 보았습니다. 그 시종이 엘리사에게 말했습니다. "아아, 내 주여 우리가 어찌하리이까" (왕하 6:15). "두려워하지 말라. 우리와 함께 한 자가 그들과 함께 한 자보다 많으니라" (왕하 6:16)라고 엘리사는 말했습니다. 시종은 눈앞에 불 말을 탄 기마 부대와 불 병거 부대가 엘리사를 둘러싸고 온 산에 덮여 있는 것을 보았습니다.

아람 군대가 쳐들어오자 엘리사는 하나님께 "원하건대 저 무리의 눈을 어둡게 하옵소서"(왕하 6:18) 하고 기도했습니다. 그러자 그들의 눈이 멀었습니다. 엘리사는 그들을 유인하여 사마리아 성으로 끌어 들였습니다. 엘리사의 말대로 왕은 큰 잔치를 베풀고 잘 먹고 마시게 한 다음 그들을 돌려보냈습니다. 그 후부터 아람 군은 쉽게 이스라엘을 쳐들어오지 못했습니다.

여호아스가 나라를 다스리고 있을 때 엘리사의 나이는 대단히 높은 편이었습니다. 엘리사는 여호아스를 불러 동녘 창문을 연 후 활과 화살을 잡고 시위를 당겨 쏘게 했습니다. 왕이 엘리사의 말대로 동녘 창문을 열고 시위를 놓자 화살은 창밖으로 날아갔습니다(왕하 13:14-19). "이는 여호와를 위한 구원의 화살 곧 아람에 대한 구원의 화살이니 왕이 아람 사람을 멸절하도록 아벡에서 치리이다(왕하 13:17)라고 엘리사는 왕에게 말했습니다. 이러한 일이 있은 후 엘리사는 죽어 하나님 곁으로 갔습니다.

롱펠로우의 시 가운데 "화살과 노래"라는 것이 있습니다.

> 나는 공중을 향해 화살을 쏘았네.
> 땅에 떨어졌으나 그 지점은 알 수 없었네.
> 너무나도 빨리 날았으므로
> 내 눈은 그것을 쫓을 수가 없었네.
>
> 나는 공중을 향해 노래를 불렀네.
> 땅에 떨어졌으나 그 지점은 알 수 없었네.
> 누가 노래의 비상을 쫓아갈 수 있을 만큼
> 예리하고 강한 시력을 지녔다는 말인가?
>
> 오랜 훗날 참나무에 박힌
> 아직도 꺾이지 않은 그 화살을 발견하였네.
> 그 노래 또한 처음부터 끝까지
> 벗의 마음속에 있음을 발견하였네.

롱펠로우(Henry W. Longfellow, 1807-1882)는 19세기 미국 시인입니다. 그는 1807년 미국의 동북단에 있는 메인 주의 해안 포트랜드에서 태어났습니다. 그의 아버지는 변호사로서 국회의원으로 당선된 사람이었습니다. 그는 유소년 때부터 수재였고, 1821년에는 보드윈 대학에 들어가 그 뒤에 유명한 소설가가 된 호손과 친교를 맺었습니다.

대학을 졸업한 뒤 3년간 유럽에 유학하였고, 1829년 귀국하고 나서는 강단에서 가르치면서 여행기 등을 써 발표했습니다. 1834년에는 하버드 대학으로부터 초빙되어 유럽에 다시 유학하였고, 1836년 말에는 보스턴에 가까운 케임브리지에 거처를 정하고 시작 활동을 하였습니다. 그의 출세작은 『밤의 소리들』(*Voices of the Night*, 1839)과 『민요들』(*Ballads*, 1840)이라 할 수 있습니다. 그밖에 『노예의 노래』(*Poems of Slavery*, 1842), 『에반제린』(*Evangeline*, 1847), 『하이어워사』(*Hiawatha*, 1854), 『여인숙 이야기』(*Tales of a Wayside Inn*, 1863) 등과 같은 시집을 썼습니다.

그의 시는 서정적이고 평이한 맛을 갖고 있어 일반 대중들의 환영을 받습니다. 그래서 미국의 민중시인이라 불리고 있으며 외국시인이면서 그가 죽은 뒤 런던의 웨스트민스터 대성당에 매장된 것도 그 때문이라 할 수 있습니다.

위에서 소개한 "화살과 노래"는 널리 애송되는 시로 매우 간단하고 단순하지만 하나의 건전하고 보편적인 진리를 담고 있습니다. 제1연에서는 공중을 향해 화살을 쏘았는데 그 행방은 알 수 없고, 제2연에서는 공중(세상)을 향해 시와 노래를 지어 발표했지만 그 뒤 그것은 어떻게 되었는지 알 수 없다고 합니다.

자동차를 타고 한 시간에 달리는 마일 수는 정확히 계산할 수 있고 주어진 돈을 가지고 살 수 있는 상품의 양은 자세하게 헤아려 볼 수 있습니다. 그러나 선행이나 친절 또는 따뜻한 사랑과 믿음의 행위 같은 것은 아무리 재보려고 해도 재볼 수가 없습니다. 그러면 잴 수 없다고 해서 실재

할 수 없고 볼 수 없다고 해서 존속할 수 없는 것입니까? 날아가 꽂힌 지점이나 노래가 울려 퍼진 곳은 알 수 없어도 아주 먼 훗날에 보면 화살은 참나무에 박혀 있고 노래는 친구의 마음속에 남아 공명되고 있음을 알 수 있을 것입니다. 그와 같이 우리의 생각이나 말 또는 무상의 행위는 당장 어떤 보답을 받을 수 없을지 모르나 언젠가는 반드시 꽃이 피고 열매를 맺게 되는 것입니다.

엘리사가 왕에게 쏘라고 한 화살은 아람으로부터 이스라엘을 건져 줄 구원의 화살이지만, 그는 평상시 믿음과 소망과 사랑의 화살을 공중을 향해 늘 쏘았습니다. 그 화살은 어디론가 허무하게 사라져 버리고 마는 것이 아니라 하늘나라로 날아 올라가 차곡차곡 쌓이게 되고 먼 훗날 그 상급으로 영원한 생명과 평안을 얻게 되는 것입니다.

이 "엘리사와 나아만 장군의 나병"에 관한 이야기는 왕하 2장 12절부터 13장 25절까지에 나옵니다. "아합이 숭배한 바알 선지자들과 엘리야와의 대결" 이야기에 있어서와 마찬가지로 "엘리사와 나아만 장군의 나병" 이야기도 여러 기적과 행사로 이루어져 있습니다. 이런 반복적 기적 구조의 사용은 문학적으로 볼 때 매우 중요한 의미를 갖습니다. 이미 앞에서도 언급했거니와 그것은 하나의 기본 틀이 될 뿐아니라 설화자가 전달하고자 하는 의미를 강조해 주게 됩니다.

다음으로는 기적과 관계된 것들—물, 비, 불, 번개, 곡식, 빵, 기름, 불임(不姙) 여성에게 아들을 준 것, 죽은 자를 살린 것, 하늘로 올라간 것 등을 살펴볼 필요가 있습니다. 이 모든 것들은 이스라엘의 하나님이 엘리야와 엘리사를 통하여 지배하고 있는 것이 무엇인가를 지시해 주고 있습니다. 요컨대 그는 문명의 상징인 불을 지배하고, 땅을 기름지게 하는 비와 폭풍을 지배하며, 보리 떡 스무 개와 한 줌의 가루 및 한 병의 기름이 암시해 주고 있는 바와 같이 농사를 주관하고, 가뭄을 끝나게 한 것이나 불임 여성에게 아들을 준 것으로 알 수 있듯이 그는 풍요를 지배한다는 것입니다. 그가 삶과 죽음을 지배하고 있다는 것은 나아만의 문둥

병을 고쳐준 것이나 죽은 자를 살려준 것으로 보여주고 있으며, 하늘을 지배하고 있다는 것을 엘리야의 승천 사건으로 나타내 보여주고 있습니다.

이스라엘의 질풍노도 시대에 엘리야와 엘리사는 기적을 중심으로 활동을 전개하면서 이스라엘 민족을 영적으로 이끌었고 나라를 사랑하는 정열과 윤리적 확신을 가지고 왕을 책망하기도 하고 유일신교의 회복을 위해 목숨을 걸고 종교적인 투쟁을 벌였던 것입니다. 이 이야기는 오늘날처럼 종교 다원주의 시대에 살고 있는 현대의 신앙인들에게 많은 도전과 교훈을 줍니다.

〈잠깐 쉬며 묵상하는 코너〉

변 화

예전에 난
참 말을 잘했다
참 말을 잘해서
늘 말을 많이 했다

언제부턴가 난
입이 둔해졌다
입이 둔해져서
점점 말이 적어졌다

말을 할 땐 내 목소리만 들렸는데
말을 아끼니 남의 목소리도 들렸고

말을 할 땐 내 이야기만 좋았는데
말을 아끼니 타인의 이야기도 재밌고

말을 할 땐 내 상처만 보였는데
말을 아끼니 상대방의 상처도 보였다

입이 둔해져 말은 줄었으나
듣는 귀와 영혼을 보는 마음은 커졌으니

행복하고도 고귀한 변화

감사의 이유
찬양의 이유

- 엄윤주

예후와 군사 쿠데타로 이룬 새로운 왕조

아하시야(Ahaziah, 850-849)는 아합과 아래 도표에서 보는 바와 같이 아주 사악한 성품을 가진 이세벨의 맏아들로서 아합의 뒤를 이어 왕이 되었지만 아무런 치적도 남기지 못하였습니다. 그는 왕위에 오른 지 얼마 되지 않아 궁전의 다락방 난간에서 떨어져 심한 부상을 입었습니다. 자신의 치료에 관해서 율법의 정한 바에 따라서 그는 제사장이나 예언자를 찾아가 상의하지 않고, 불레셋 땅 에그론으로 사람을 보내어 에그론의 신 바알세붑에게 문의하도록 하였습니다(왕하 1:2). 바알세붑은 바알 신들 중의 하나로 "파리의 대왕"(The Lord of Flies)이라는 의미를 가진 신이었습니다. 이 신은 신약성경에서는 "귀신들의 왕"(마 12:24)이라고 불리는 더럽고 전염병(죄)을 잘 옮기는 그런 아주 추하고 사악한 신입니다. 아하시야의 죄는 오직 하나님께만 돌려야 하는 영광을 이런 마귀에게 주었다는 것입니다.

이세벨의 5가지 악한 성품

성 품	관련성구
우상숭배	왕상 16:31
잔인성	왕상 18:4
교활함	왕상 21:11-16
쾌락추구	왕하 9:30
간사함	왕하 9:22

엘리야는 이 사실을 알고 하나님의 지시에 따라 그가 다시는 회복하지 못하고 죽으리라고 예고하였습니다(왕하 1:4). 그러나 아하시야는 회개는커녕 이런 예언을 한 엘리야를 잡아 죽이기 위하여 오십 부장과 그의 군사를 50명씩 두 차례나 보냈습니다. 그러나 엘리야는 하나님의 지시대로 하늘에서 내려온 불로 그들을 태워 죽였습니다(왕하 1:12). 아하시야가 세 번째 50명의 군사를 보내자 엘리야는 아하시야에게로 직접 내려가 그와 대면하고 하나님의 신탁을 다시 한 번 전달하였습니다. "네가 그 올라간 침상에서 내려오지 못할지라. 네가 반드시 죽으리라" (왕하 1:16). 아하시야는 결국 엘리야의 예언대로 병석에서 일어나지 못하고 죽고 말았습니다.

아하시야가 이렇게 죽자 그에게는 아들이 없었으므로 그의 동생인 요람(Joram)이라고도 불리는 여호람(Jehoram, 849-842)이 뒤를 이어 왕의 자리에 올랐습니다(왕하 1:17). 아합과 이세벨의 막내아들인 여호람은 그의 할아버지 오므리와 아버지 아합의 봉신(封臣)이었던 모압 왕 메사(Mesa)의 반란에 부닥치게 되었습니다(왕하 3:5). 이스라엘이 아람 족속들에게 공격을 받고 있었을 때, 모압은 이 기회를 이용하여 봉신관계를 끊고 배신하게 됩니다. 양을 치던 사람 모압 왕 메사는 매년 암양 10만 마리와 수양 10만 마리의 털을 조공으로 바쳐오고 있었습니다(왕하 3:4). 그런데 아합이 죽자 모압은 이 조공 바치기를 거부한 것입니다.

여호람은 이에 모압을 응징하기 위하여 유다 왕 여호사밧을 설득해서 동맹을 맺었으며, 이스라엘 군대와 유다 군대는 에돔 군대와 연합하여 사해 남단 주변의 모압으로 진격해 갔습니다. 그러나 길을 둘러 간지 칠 일 만에 군사와 따라가는 가축을 먹일 물이 다 떨어졌습니다(왕하 3:9) 이렇게 물이 부족하여 군대와 짐승이 모두 고통을 당할 때 예언자 엘리사는 물이 나올 수 있는 곳을 가르쳐 주고 그곳을 파게 해서 많은 물을 얻게 해주었으며, 이 물이 또한 전략적으로도 이용되도록 도와주었습니다. 이와 같이 엘리사가 이 전쟁을 도운 것은 여호람 때문이 아니라 "여호사밧의 낯을 보아서"(왕하 3:14) 그렇게 한 것이라고 합니다.

모압 사람들이 아침 일찍이 일어나서 햇살이 물 위에 반사되어 맞은 편 물이 붉어 피와 같음을 보고, 이스라엘 동맹군의 왕들 사이에 내분이 일어나 서로 죽인 줄로 오판하고 쳐들어오자, 이스라엘 동맹군은 이를 반격하여 쳐부수고 모압 땅을 초토화시켰습니다(왕하 3:22-25). 그러나 모압의 항복을 받아내지는 못하였습니다. 열왕기하 3장 27절에 따르면 모압 왕이 그의 세자인 맏아들을 그모스 신에게 인신번제를 드리자 이를 지켜 본 이스라엘 군대가 크게 동요되어 모압 추격을 포기하고 철수하였습니다.

여호람은 악한 왕이었으나 그의 아버지 아합이 만든 바알의 주상을 제거한 것은 잘 한 일이었으나, 백성들 사이에 만연해 있는 바알 숭배를 제거하지 못한 것과 여로보암이 정책적으로 저지른 금송아지 숭배를 따른 것은 큰 잘못이었습니다(왕하 3:2-3).

한 편 아람과 이스라엘 사이의 싸움은 아합 왕이 시작한 이후로 8년이 지난 뒤에도 쉽게 끝나지 않았습니다. 열왕기하 8장 28-29절에 따르면 여호람은 유다의 아하시야 왕과 동맹을 맺고 아람 왕 하사엘과 연합하여 길르앗 라못에서 전투를 벌였습니다. 이 때 여호람은 부상을 입고 이스르엘 골짜기에서 치료를 받고 있었습니다. 그 틈을 타서 그의 경호원이었던 예후가 반기를 들고 혁명을 일으켰습니다. 예후는 여호람을 살해한 후 왕위에 오르게 됩니다. 이렇게 해서 오므리 왕조는 막을 내리고 예후 왕조가 시작되었습니다.

예후는 님시의 손자요 여호사밧의 아들로서 아합의 경호원이었습니다. 이 예후에 대한 이야기는 열왕기하 9장 1절로부터 10장 36절까지에 나옵니다. 이에 따르면, 엘리사의 제자 중의 하나가 그의 명령을 받들어 길르앗 라못으로 가서 예후의 머리에 준비해 가지고 간 기름을 부었습니다. 이 사실을 알고 동료 지휘관들과 군인들이 자기의 옷들을 취하여 섬돌 위 곧 예후의 발밑에 깔고 나팔을 불며 "예후는 왕이라"(왕하 9:13)

고 선포하였습니다. 이렇게 예후(Jehu, 842-815)는 바알 종교를 반대하는 여호와 종교의 지지자들의 추대를 받아 왕이 되었습니다.

예후가 왕위에 오르자 제일 먼저 한 것은 이스라엘의 왕 요람, 이세벨, 유다의 왕 아하시야, 아합의 아들 70명, 아하시야의 형제, 아합의 모든 친구와 추종자, 바알의 모든 사제, 바알의 모든 숭배자들을 죽인 것입니다(왕하 1):18-28). 또한 바알의 신당이 있는 성으로 가서 바알의 신당에서 목상들을 헐어 내어 가져다가 불살랐으며, 바알의 신당을 헐어서 변소를 만들기도 하였습니다(왕하 10:26-27). 이렇게 하여 바알 종교는 이스라엘에서 치명적인 타격을 받게 되었습니다. 하나님은 때때로 악한 사람들을 심판하기 위하여 예후와 같은 부적당한 사람이나 민족을 사용하십니다.

이와 같이 예후는 핍박받고 억압당하는 여호와 종교의 지도자들과 백성들 편에 서서, 사악한 우상 숭배의 길로 치닫던 오므리 왕조를 절단 내고 바알 종교를 말살함으로써 여호와 종교의 신봉자들이 그렇게도 바라던 소원을 풀어 주었습니다. 그러나 한편으로는 오므리 왕조와 바알 종교를 말살하는 과정에서 지나치게 많은 피를 흘렸습니다. 필요 이상으로 많은 사람을 죽인 것입니다. 그것도 하나님이 원하시는 것은 아닙니다. 또한 이 과정에서 나라의 우수한 지도층을 다 제거하게 되는 잘못도 저질렀습니다. 그러므로 그는 이스라엘을 정상적인 나라로 세워 나갈 수가 없었습니다.

예후는 27년 간 이스라엘 왕국을 통치했습니다. 그 후로 그의 후손인 여호아하스(Jehoahaz, 815-801), 여호아스(Jehoash, 801-786), 여로보암 2세(Jeroboam ll, 786-746), 사가랴(Zachariah, 746-745) 등 네 명의 왕이 왕조를 형성하면서 100여 년 동안 다스렸습니다(842-745). 그러나 이 왕조 또한 오므리 왕조 못지않게 선지자 아모스의 신랄한 비판을 받았습니다.

〈잠깐 쉬며 묵상하는 코너〉

나의 갈 길을 다 알 수 없네

나의 갈 길을 다 알 수 없네
주 예수만 믿고 살아가네
앞길이 어둡고 힘들 때는
주님께 무릎 꿇으며

내 평생에 사는 동안
주만 바라네 바라네

하늘 문 지나 주 뵐 때까지
주 말씀 내 길 비추리

어딘들 주님이 안 계시랴
믿음을 가지고 나아가리
가난한 나의 삶 가운데에
주님의 부요 넘치리

내 평생에 사는 동안
주만 바라네 바라네

사랑의 주님을 뵐 때까지
주 약속 굳게 붙들리

날 위해 부서진 주 예수님
피 흘려 날 구속하셨으니
나 역시 주님을 생각하며
십자가 지고 따르리

내 평생에 사는 동안
주만 바라네 바라네

해바라기 늘 해 바라보듯
나 주님 만을 바라리.

- 임동선

여로보암 2세와 정의의 예언자 아모스

정의의 예언자 아모스(Amos)가 하나님의 부르심을 받고 예언을 한 때는 대체로 주전760년경으로 보고 있습니다. 이 때 북이스라엘의 왕은 여로보암 2세(Jeroboam II, 787-747)였고 남유다의 왕은 웃시야(Uzziah, 785-747)였습니다. 여로보암 2세는 이스라엘의 제12대 왕이었던 요아스의 아들입니다. 그는 41년 간 통치하면서 국내외적으로 많은 업적을 남겼습니다. 이스라엘의 어떤 왕들보다도 가장 긴 기간 동안 통치를 하였습니다. 유다 왕으로서 41년간을 통치한 아사만큼이나 그는 길게 통치하였는데(왕상 15:10), 아사는 선한 왕이었지만 여로보암 2세는 악한 왕이었습니다. 그것은 북이스라엘의 다른 왕들과 마찬가지로 그가 계속적으로 송아지를 숭배한 것이라 할 수 있습니다. "여로보암 2세와 풍요로운 타락한 사회" 이야기는 열왕기하 14장 23절로부터 29절에서 찾을 수가 있습니다.

여로보암 2세는 정치적으로 유능한 왕이었으며, 이스라엘 역사에서 뛰어난 군인 가운데 한 사람이었습니다. 여로보암 2세 치하의 북이스라엘은 흔히 다윗과 솔로몬 시대의 이스라엘에 비유할 만큼 정치적 안정과 물질적 번영을 누리고 있었습니다. 그것은 그의 능력이 탁월해서가 아니라 그 당시의 국세 정세가 그에게 유리하게 작용하였기 때문입니다. 다시 말하면 앗수르가 아람을 침공하여 점령하고 있었으므로 아람이 더 이상 이스라엘을 괴롭힐 수 없는 상태에 놓여 있었을 뿐 아니라, 앗수르는 아직 그들의 세력을 이스라엘에 미칠 수 있는 그런 상태가 아니었다는 것입니다.

여로보암 2세는 이런 호기를 이용하여 영토회복에 나서서 예언자 요나의 도움을 받아(왕하 14:25) 잃었던 옛 땅 하맛 어귀로부터 아라바 바다에 이르는 이스라엘 영토를 되찾았고(왕하 14:25), 다메섹과 하맛도 탈환하였습니다(왕하 14:28). 이렇게 해서 이스라엘의 북쪽 경계선은 대략 다윗과 솔로몬 시대의 국경까지 회복되었고, 남쪽 경계선은 아라바까지에 이르게 되었습니다. 아라바가 확실히 어느 곳인지는 알 수 없으나 남쪽 경계선의 어느 지점이었던 것만은 틀림없습니다. 성경에는 이처럼 여로보암 2세가 잃었던 영토를 회복하게 된 두 가지 이유가 다음과 같이 기록되어 있습니다.

"이는 여호와께서 이스라엘의 고난이 심하여 매인 자도 없고 놓인 자도 없고 이스라엘을 도울 자도 없음을 보셨고 여호와께서 또 이스라엘의 이름을 천하에서 없이 하겠다고도 아니하셨으므로 요아스의 아들 여로보암의 손으로 구하심이었더라"(왕하 14: 26-27).

그 이유는 성경구절에 나타난 두 가지였는데, 그 하나는 이스라엘의 고난이 너무나 극심했기 때문입니다. 이 고난 때문에 그들은 하나님의 긍휼의 대상이 되었습니다(왕하 14:26). 적들이 지배하는 촌락에서 살던 사람들은 비참하게 억압받는 노예생활을 하였고, 나머지 지방 주민들도 적들의 잦은 침입과 약탈 때문에 가난하게 되었습니다. 그래서 하나님께서는 긍휼과 자비를 베풀어 승리의 위안을 얻게 하셨던 것입니다.

다른 하나는 그때까지 하나님께서 이스라엘의 이름을 도말하여 천하에서 없이 하겠다는 말씀을 하지 않았기 때문입니다(왕하 14:27). 북이스라엘이라고 하는 분열된 왕국은 멸망하여 없어진다 할지라도, 하나님께서 한 민족으로서 세운 이스라엘은 세상 끝날 까지 존속된다는 것입니다. 다시 말하자면 하나님께서는 아브라함과 이삭과 야곱과 약속했던 그런 언약을 헌신짝처럼 저버릴 수가 없었기 때문에 여로보암 2세의 손을 빌어 실지를 회복하게 하시는 은혜를 이스라엘 백성에게 베풀었다는 것입니다.

여로보암 2세 때의 이스라엘은 다른 대부분의 왕들의 시대보다 더 경제적인 풍요를 누린 번창한 시기였습니다. 그들은 아라비아로 가는 길과 페니키아에서 해안 평야지대로 가는 길들을 관장하고 있었기 때문에, 대개는 대상들이었지만 그 길을 통과하는 사람들로부터 거둬들인 통행세와 자유로운 교역을 통하여 벌어들인 이득이 이스라엘을 풍요롭게 해주었습니다. 그리고 아라바에서 일기 시작한 활발한 구리광산 산업과 페니키아와의 무역도 이스라엘의 부를 축적하는데 도움을 주었습니다. 이렇게 부가 축적됨으로 해서 권력을 가진 사람들과 부한 사람들은 그 돈을 가지고 호화로운 생활을 살아갈 수가 있었습니다. 이것이 그 당시의 예언자인 호세아와 아모스가 신랄하게 비판한 죄라 할 수 있습니다. 뿐만 아니라 권력자들과 부자들은 불의한 방법으로 부를 축적하고 그 부를 가지고 사치와 방탕한 생활을 하면서도 한편으로는 가난한 자들을 억압하고 착취하였는데, 그것이 또한 크나큰 죄악이었습니다. 이런 죄는 결국 멸망을 초래합니다.

그 다음으로 호세아와 아모스가 비판한 죄는 이스라엘 왕들의 우상숭배행위였습니다. 북왕국의 종교는 창시자 여로보암이 분열된 왕국을 지속하기 위하여 애굽에서 들여온 송아지를 숭배하는 것이었습니다. 북이스라엘이 멸망할 때가지 그 우상숭배는 없어지지 않았습니다. 여로보암 2세도 다른 왕들과 마찬가지였습니다.

또 하나 호세아와 아모스가 비판한 다른 죄는 권력자와 부자들의 형식적인 종교행위였습니다. 그 백성들은 계속 악을 행하면서도 삼일이 멀다하고 벧엘과 길갈로 가서 제사와 십일조를 드렸습니다. 벧엘과 길갈은 이스라엘의 성소가 있는 곳입니다. 이런 우상숭배와 제사를 드리는 일 그 자체보다는 그들의 삶 자체가 제사정신과는 너무나 동떨어졌었다는 것이 문제였습니다. 더 더욱 그들은 가난한 사람들을 억압하고 착취하여 얻은 돈을 가지고 그런 일을 했다는 것이 죄가 되었습니다. 그것을 아모스와 호세아 선지자는 비판하였습니다.

그 당시 벧엘에는 아마시아라는 직업적인 예언자가 있었습니다. 따라서 소명감에 불타는 아모스와 그 세대와 중화하며 타협의 길을 걷고 있는 아마시아와는 충돌할 수밖에 없었습니다. 아마시아는 어떤 담판이든 결판을 낼 결심을 하고 아모스에게 이렇게 말했습니다. "선견자야 너는 유다 땅으로 도망하여 가서 거기서나 떡을 먹으며 거기에서나 예언하고 다시는 벧엘에서 예언하지 말라. 이는 왕의 성소요 왕의 궁궐임이니라" (암 7:12-13).

아마시아의 이 말은 그 당시 예언을 해주고 싼 값을 받아먹고 살아가던 다른 예언자들처럼 직업적인 예언자가 되라는 것입니다. 그러나 아모스는 이런 세찬 저항과 요구를 받으면서도 단호한 태도를 취하였는데, 이는 그의 소명 의식이 뚜렷하였기 때문이라 할 수 있습니다(암 7:15-17).

하나님의 경고의 방법

방 법	결 과	관련 성구
말씀을 통해	식량을 바닥나게 함	암 4:6
이웃을 통해	물을 바닥나게 함	암 4:7-8
환난을 통해	갖가지 자연적 재난을 내림	암 4:9-11

아모스는 이런 소명 의식을 갖고 위의 도표에서 보듯이 말씀을 통해 이스라엘 백성들의 죄를 여지없이 공격하고 심판도 경고했습니다. 이스라엘을 포함해서 온 세상은 탐욕, 사회적 부정의, 사치, 도덕적 불감증, 종교적 의식화와 겉치레 같은 죄에 빠져 있었으므로 하나님의 심판을 받을 수밖에 없게 되었다고 아모스는 비판했던 것입니다. 그러면서도

그는 백성을 통한 구원을 믿고 있었고, 그 전제로 회개를 촉구했습니다. 회개만이 구원의 전제조건이 되기 때문입니다.

영문학사에서 일반적으로 형이상학파 시인들(The Metaphysical poets)이라 일컫는 시인들 중의 선두에 위치한 존 던(John Donne, 1572-1631)은, 젊었을 때는 학문을 열심히 쌓았는가 하면 방탕한 생활을 하기도 하고 군인으로서 싸우기도 하였습니다. 초기에는 대부분 연애시를 썼고 그것들을 모아놓은 것이 『노래들과 소넷들』(*Songs and Sonnets*)입니다. 그러나 말년에는 방탕한 생활을 청산하고 센트 포울 대성당의 부감독이 되어 경건한 생활을 하며 감동적인 설교와 종교시를 많이 썼습니다. 그의 종교시의 주된 주제는 죄와 죽음, 회개와 용서(사랑)라 할 수 있습니다. 여기서는 회개를 다룬 한편의 시 『거룩한 소넷』 2번 "오 나의 검은 영혼이여!"를 소개하겠습니다.

> 오 나의 거룩한 검은 영혼이여! 이제 그대는 죽음의 사자이며
> 투사인 질병의 소환을 받고 있다.
> 그대는 나그네 길에서 반역을 행하고, 빠져 나왔던
> 곳으로 되돌아가지 않으려는 순례자와 같구나.
> 아니면 사형 선고문이 낭독되기 전까지는
> 감옥에서 구출되기를 소원하지만,
> 선고를 받고 처형을 당하러 끌려 나갈 때는
> 차라리 투옥되어 있기를 소원하는 도적과 같구나.
> 그러나 그대가 회개하면 은혜는 없지 않다.
> 하지만 그 회개의 은혜를 먼저 그대에게 주실 분은 누구인가?
> 오 그대 자신을 거룩한 상복으로 검게 만들고,
> 죄 지었을 때처럼 부끄러움으로 붉게 만들거나,
> 아니면 그리스도의 피로써 그대를 씻으라. 그 피는
> 힘을 가지고 있기에, 붉은 영혼이라도 희게 염색할 수 있다.

"검은 영혼" 즉 죄를 많이 지은 사람은 위독한 병석에 누워있는 환자

와 같은 처지라고 합니다. 그 처지를 좀 더 밝게 드러내기 위하여 두 개의 아주 적절한 심상을 사용하고 있습니다. 그 하나는 조국을 배반하고 떠났기에 자기의 고국으로 돌아 올 수 없는 순례자의 심상이고, 다른 하나는 사형 선고를 받기 전에는 감옥에서 밖으로 나오기를 열렬히 희망했으나 막상 사형 집행장으로 끌려갈 시간이 되면 차라리 감옥에 갇혀 있기를 소원하는 도적의 심상입니다.

그러나 마지막 6행을 보면 이런 궁지에서 빠져나올 수 있는 길을 제시하고 있습니다. "검은 영혼"에게도 눈같이 희게 될 수 있는 은총이 주어지는데, 그것은 회개 없이는 불가능하다는 것입니다. "하지만 회개하는 그 은혜를 먼저 그대에게 주실 분은 누구인가?"라는 말을 첨가함으로써 그 자체는 철저히 그리스도에게 자신을 바치는 겸허한 반성과 감사에서 우러나와야 한다는 점을 강조하고 있습니다.

"거룩한 상복으로 검게 만들고"라는 말은 철저히 자기를 부정하고 아집과 모든 세속적인 욕망을 다 버려야 한다는 뜻이며, "부끄러움으로 붉게 만들거나"라는 말은 자신이 범한 죄악에 대한 숨김없는 고백과 통렬한 죄책감이 동반되어야 한다는 뜻입니다. 그리스도의 붉은 피로 인하여 진홍같이 붉은 죄를 눈같이 희게 염색할 수 있다는 표현은 기독교의 역설적 진리인 것입니다.

하나님께서는 모든 백성을 심판하여 형벌하지만 일부분 "남은 백성"을 통하여 세상을 구원하리라는 것을 아모스는 강조하였습니다. 이와 같이 아모스와 호세아의 신랄한 비판을 받은 여로보암 2세 치하의 사회는 매우 풍요롭지만 그것으로 인하여 오히려 죄를 범한 타락한 사회였습니다. 이런 타락한 사회는 오래 갈 수가 없습니다. 문명의 역사상 그 옛날 화려했던 도시는 너무나 많았습니다. 그러나 그 도시들은 북이스라엘처럼 다 멸망하고 그 잔해들만 남아 우리들에게 쓸쓸하고 아픈 교훈만 주고 있습니다.

〈잠깐 쉬며 묵상하는 코너〉

그리스도의 평안

슬픔 뒤에 오는 평안이 있다.
우리 희망이 실현되었기 때문이 아니라
도리어 희망을 단념했기 때문에 오는 평안이다.
내일을 우러러 바라는 것이 아니라
지금 폭풍이 고요해진 것을 조용히 바라보는 평안이다.

기쁨이 가득 넘치기 때문이 아니요
사랑을 확보하고 있는 행복 때문도 아니며
단지 우리 마음이 실수하지 않는 힘을 지니고
싸움에 이김으로써 생기는 평안이다.

평안은 남모르게 희생을 바치는 곳에 있다.
자기 의지와 격정에서 해방되고
억압된 생 가운데 있게 마련이다.
그것은 에덴동산에 있던 평안이 아니라
겟세마네에서 승리를 차지한 평안이다.

- 제시 로즈 게이츠

호세아와 그의 사랑을 저버린 고멜

아래의 도표에서 보듯이 구약에는 호세아라는 이름을 가진 사람이 여러 명 있는데, 여기서 다루려 하는 사람은 호세아서를 썼으며 여로보암 2세 때 예언활동을 했던 예언자 호세아입니다. 호세아는 북 왕국 이스라엘 출신으로 아모스와는 달리 도시에서 출생한 브에리의 아들입니다. 그가 예언자로 소명을 받기 전 어떤 직업을 가졌었는지는 확실치가 않습니다. 어떤 사람들은 빵 만드는(굽는) 직업(호 7:6-8)을 가졌던 것으로 추측하나 그런 것은 보통 사람이라도 할 수 있는 일이므로 호세아서에 가끔 빵 만드는 이야기가 나온다고 해서 그것을 그의 직업으로 보기에는 어려울 것 같습니다.

구약에 나오는 호세아라는 이름을 가진 사람들

아버지	직 책	관 련 성 구
브에리	예 언 자	호 1:1-2
엘 라	이스라엘의 마지막왕	왕하 15:30, 17:1-6, 18:1, 9-10
아사시야	에브라인 관장	대하 27:20

오히려 토지에 대한 언급이 많은 것으로 보아서 농부였을 것으로 생각됩니다. 그는 밭갈고 추수하

는 이야기를 많이 했고 돌을 주워서 무더기로 쌓아 울타리를 만드는 일도 말하였습니다(호 2:6; 12:11). 또한 그는 연장을 다루는 일과 소를 모는 법도 알고 있었고(호 4:16; 10:11), 농부가 일기를 분간하는 일(호 6:4)이나 잡초가 곡식보다 더 잘 자란다는 것(호 8:7) 또는 마당질 하는 일(호 9:1; 10:11; 13:3) 등을 잘 알고 있었습니다. 뿐만 아니라 가루를 반죽하는 일(호 7:4-8)과 빵 만드는 법(호 7:8)도 잘 알고 있었습니다. 이런 모든 점으로 미루어 보아서 호세아는 엘리사처럼 농부였을 것으로 판단됩니다.

호세아는 농사짓는 일을 사랑했고(호 2:8-9), 자기 농장에 있는 초라한 집에서 하나님을 만날 수 있었습니다. 그런 만남 가운데서 예언자로 부름을 받았습니다(호1:1-2). 여로보암 2세의 말년부터 예언활동을 했는데, 여로보암 2세가 사망한 이후로는 정국이 불안정하여 앗수르(앗시리아)나 애굽과 동맹을 맺으려는 경향이 짙게 나타났고 종교상황도 불확실하여 이교신을 따르는 일이 급증하게 되었습니다. 호세아의 예언활동은 이런 정치적 종교적 상황과 긴밀한 연계성을 갖습니다. 또한 그의 순수한 개인적 체험하고도 밀접한 관련이 있습니다.

호세아서는 크게 두 부분으로 나누어지는데, 첫째 부분은 1장으로부터 3장까지이며 분명치 않은 전기를 담고 있고, 둘째 부분은 4장으로부터 14장까지로 백성들에 대한 호세아의 발언을 포함하고 있습니다. 전기 부분에 따르면 호세아는 "너는 가서 음란한 여자를 맞이하여 음란한 자식들을 낳으라"(호 1:2)고 하는 하나님의 말씀을 들을 수 있었습니다. 그래서 호세아는 디블라임의 딸 고멜을 아내로 맞았습니다. 고멜은 호세아와 결혼한 후 두 아들과 딸 하나를 낳았지만 집을 뛰쳐나가 다른 정부와 놀아났습니다. 그때 하나님은 호세아에게 "너는 또 가서 타인의 사랑을 받아 음녀가 된 그 여자를 사랑하라"(호 3:1)라는 명령을 하였습니다.

그래서 호세아는 은 열다섯 개(15 세겔: 1세겔은 노동자의 4일간의 품

삯에 해당됨)와 보리 한 호멜 반(15세겔에 해당) 즉 30세겔을 가지고 가서 그 여인을 산 뒤에, "너는 많은 날 동안 나와 함께 지내고 음행하지 말며 다른 남자를 따르지 말라" (호 3:3)라고 말하였습니다. 그 후 오랜 세월이 지난 다음에야 비로소 호세아는 고멜과 한 자리에 들었습니다.

이 이야기를 단순한 비유로 보는 학자들도 있지만, 그보다는 호세아의 쓰라린 가정적 체험으로 보는 것이 더 타당할 것 같습니다. 호세아는 이런 가정적 체험을 토대로 하나님과 이스라엘의 관계를 예언했습니다. 사실상 하나님과 이스라엘의 관계를 부부의 관계로 보는 것은 보편화된 것입니다.

호세아는 역사상 이스라엘 사람들이 세 가지 잘못을 저질렀는데, 그것은 고멜처럼 사랑을 저버린 데서 기인된 것으로 보았습니다. 먼저 그가 지적한 세 가지 과오를 들어보겠습니다. 첫째 호세아가 책망한 죄는 다른 나라 군대와 동맹을 맺어 안전을 구하려한 것입니다. "에브라임은 어리석은 비둘기 같이 지혜가 없어서 애굽을 향하여 부르짖으며 앗수르로 가는도다"(호 7:11). 다시 말해서 그들은 하나님을 의지하지 않고 인간의 힘을 의지하고 있다는 것입니다.

호세아가 책망한 두 번째 죄악은 제도 자체를 관신(過信)한 것이었습니다. "이스라엘아 네가 패망하였나니 이는 너를 도와주는 나를 대적함이니라. 전에 네가 이르기를 내게 왕과 지도자들을 주소서 하였느니라. 네 모든 성읍에서 너를 구원할 자 곧 네 왕이 이제 어디 있으며 네 재판장들이 어디 있느냐"(호 13:9-10). 호세아는 왕국의 제도 자체가 하나님과 인간의 사이를 가로 막아 방해하는 것으로 믿었습니다.

호세아가 책망한 세 번째 죄악은 이스라엘 사람들이 우상을 섬긴 것이었습니다. "에브라임이 우상과 연합하였으니 버려두라"(호 4:17). "그들의 행위가 그들로 자기 하나님에게 돌아가지 못하게 하나니 이는 음란한 마음이 그 속에 있어 여호와를 알지 못하는 까닭이라"(호 5:4). 그들은 하나님으로부터 은혜를 받고도 다른 신에게 감사했으며 도덕적인 청결한 생활을 저버리고 바알 신당에서 육체적인 죄를 범하였던 것입니다(호 13:4-6). 이는 한때 살아계신 하나님의 사랑을 받던 자들이 그를 멀리 떠나 부정한 정부에 비유될 수 있는 송아지에게 입을 맞추는 음행 행위라 할 수 있습니다(호 13:2).

그들은 외적인 노력(군사동맹)과 모든 의식과 제도로써 끊어진 사랑의 줄을 이어보려고 하지만 그것은 무용한 것이었습니다. 하나님께서 요구하시는 것은 신부로서 진실하고 성실한 마음을 갖고 그만을 의지하고 사랑하며 복종하는 것이었습니다. 그러나 이스라엘은 그 사랑을 저버린 것이었습니다. 그것은 하나님의 성격을 알지 못하는 무지에서 기인된 것입니다. 그래서 호세아는 "내 백성이 지식이 없으므로 망하는도다"(호 4:6)라고 말하였습니다.

하나님을 잘 알지 못하면 그를 저버리고 다른 속된 것과 짝하게 되는 것입니다. 그것은 고멜이 호세아의 사랑을 알지 못하여(호 2:9) 정부와 놀아난 것과 같습니다. 또한 그 속에는 역사적인 지식까지 포함됩니다. "애굽 땅에 있을 때부터 나는 네 하나님 여호와라. 나밖에 네가 다른 신을 알지 말 것이라. 나 외에는 구원자가 없느니라. 내가 광야 마른 땅에서 너를 알았거늘 그들이 먹여준 대로 배가 불렀고 배가 부르니 그들의 마음이 교만하여 이로 말미암아 나를 잊었느니라"(호 13:4-6).

그들은 그들을 지은 창조주를 잊었고, 애굽에서 구원하시고 고통 중에서 돌보아 주셨던 역사의 주를 잊었던 것입니다. 이와 같이 역사적 지식이 결여되거나 역사 속에 진행되는 계시를 망각하게 되면 하나님을 저버리게 됩니다. 결국 이스라엘의 죄는 고멜의 죄와 같이 사랑을 버린 죄라 할 수 있습니다. 그것은 은혜를 무시하고 사랑을 짓밟는 일이요 거룩한 혼인의 약속을 모독하는 일입니다. 그러나 하나님은 사랑이시므로 고멜과 같이 배신하고 부정한 짓을 일삼으며 방황하고 있는 사람일지라도 구원하신다는 것입니다.

"에브라임이여 내가 어찌 너를 놓겠느냐. 이스라엘이여 내가 어찌 너를 버리겠느냐. 내가 어찌 너를 아드마 같이 놓겠느냐. 어찌 너를 스보임 같이 두겠느냐. 내 마음이 내 속에서 돌이키어 나의 긍휼이 온전히 불붙듯 하도다. 내가 나의 맹렬한 진노를 나타내지 아니하며 내가 다시는 에브라임을 멸하지 아니하리니 이는 내가 하나님이요 사람이 아님이라. 네 가운데 있는 거룩한 이니 진노함으로 네게 임하지 아니하리라"(호 11:8-9).

여기에 나오는 아드마와 스보임은 소돔과 고메라와 더불어 하나님의 심판으로 인해 멸망한 도시들입니다(신 29:23). 하나님께서는 이같은 이방과 마찬가지로 이스라엘을 취급할 수 없다는 것입니다. 하나님은 마지못해 심판은 하시지만 그것은 죄에 대한 보복이 아니라 연단을 시키기 위한 것입니다. 그러므로 죄인이 자기 죄를 깨닫고 회개하면 자비를 베풀어 구원해 주시는 것입니다. 도덕적 영적인 새로운 변화를 가져오는 회개를 통하지 않고서는 진정한 사죄의 은총을 받을 수가 없습니다(호 3:3). 사죄받은 사람은 하나님을 경외하게 되고 그의 놀라운 사랑을 깨달아 그와 재결합하는 사랑의 최후 승리를 맛보게 됩니다.

"내가 이스라엘에게 이슬과 같으리니 그가 백합화 같이 피겠고 레바논 백향목 같이 뿌리가 박힐 것이라. 그의 가지는 퍼지며 그의 아름다움은 감람나무와 같고 그의 향기는 레바논 백향목 같으리니 그 그늘 아래에 거주하는 자가 돌아올지라. 그들은 곡식 같이 풍성할 것이며 포도나무 같이 꽃이 필 것이며 그 향기는 레바논의 포도주 같이 되리라. 에브라임의 발이 다시 우상과 무슨 상관이 있으리요 할지라. 내가 그를 돌아보아 대답하기를 나는 푸른 잣나무 같으니 네가 나로 말미암아 열매를 얻으리라 하리라"(호 14:5-8).

회개에 따르는 구원신앙이 예언되어 있습니다. 이슬은 아무도 모르는 시간 즉 밤에 조용히 내려 만물에 생기를 제공합니다. 이슬의 내림같이 하나님의 은혜는 인간이 이해할 수 없고 볼 수 없는 모습으로 조용히 접근한다는 것입니다. 이슬과 같은 하나님의 조용한 은혜와 사랑만이 피

곤에 지쳐 있는 인간을 소생시킬 수가 있고 그와 재결합하게 만드는 것입니다.

셰익스피어 비극의 맥베스 부인은 과거가 사멸되지 않음을 발견합니다. 참을 수 없는 죄의 중압감과 안식할 수 없는 상태, 잠을 잘 수 없는 고통 속에서 그녀는 이른 새벽에 이리저리 쏘다니게 됩니다. "나가거라! 저주받은 자여! 없어져라! 한 시, 두 시, 이제 시작할 시간이다. 지옥은 답답하구나. 헌데 누군들 저 늙은이가 저렇게도 많은 피를 가지고 있으라고 생각이나 했을까? 아직도 피의 냄새가 나는구나! 모든 아라비아의 향료도 이 작은 손을 향기롭게 하지는 못할 것이다. 오, 오, 오." 이 장면을 지켜보던 그녀의 남편 맥베스는 의사에게 묻습니다.

> 당신은 저 병든 마음을 고칠 수 없습니까.
> 저 기억으로부터 깊은 슬픔을 몰아내고,
> 저 머리로부터 기록된 고통을 쓸어 내고
> 향기로운 망각제로
> 저 가득 찬 가슴으로부터 저 마음을 짓누르는
> 사악한 것들을 정화시킬 수 없습니까? (『맥베스』 5막 1장)

의사는 마음의 병을 고치는 치료약이란 없으며, "환자 자신이 고쳐야 한다"고 대답합니다. 모든 사람은 자기 자신의 구원이나 저주에 책임이 있습니다. 죄 사함과 멸망, 천국과 지옥 중에서 선택을 하지 않으면 안 됩니다. 믿고 회개하면 아무리 주홍같이 붉은 죄라 할지라도 눈같이 희게 정화될 수 있습니다. 고멜과 같은 더러운 죄악도 용서되고 자비로운 하나님의 보이는 모형인 호세아와 재결합할 수가 있었습니다.

호세아서는 음행한 여인과의 결혼이라는 원체험(原體驗)을 토로하고 있습니다. 이 틀 안에는 하나님의 사랑과 용서라고 하는 구원의 길이 포함됩니다. 호세아는 이런 사랑과 신학을 서정적인 문체로 기술하였습니다.

성경적 문체는 1인칭이 두드러지게 나타나지 않는다고 하지만, 호세아의 경우 예언자로서의 "나"와 신의 "나"가 미묘한 뉘앙스를 띠면서 중첩되어 있기 때문에 1인칭 단수가 자주 사용되었다. 또한 호세아는 이미지나 은유에 있어서 아모스와는 달리 구체적인 사물을 가지고 추상적인 것을 표현하고 있다.

그는 내 아내가 아니요
나는 그의 남편이 아니라.
그가 그의 얼굴에서
음란을 제하게 하고
그 유방 사이에서 음행을 제하게 하라.
그렇지 아니하면
내가 그를 벌거벗겨서
그 나던 날과 같게 할 것이요.
그로 광야같이 되게 하며
마른 땅같이 되게 하여
목말라 죽게 할 것이며(2:2-3).

여기서 그 얼굴(외면적 태도)과 유방(감정) 사이에서 음란과 음행을 제거하지 아니하면 그녀를 벌거벗겨 아무런 자랑거리나 소망이 없게 하며 광야처럼 황량하게 만들어 도저히 생존할 수 없게 하겠다는 비유다.

호세아는 시인으로서 매우 풍부하고 도시나 시골의 생활 주변에서 얻을 수 있는 비유를 사용하고 있다. 예를 들어 이스라엘을 "완강한 암소"(4:16), 에브라임을 "좀", 그리고 유다 가문을 "썩이는 것"(속이 썩은 뼈, 5:12)과 같다고 하였고, 이스라엘 왕 즉 간음하는 자를 "달궈진 화덕"(hoted oven)과 같다고 하였다. 여기서 지적받은 간음은 육적인 간음과 동시에 영적인 간음 즉 우상숭배를 말한다. "화덕"은 북이스라엘 백성들의 마음을 말한다. 즉 우상숭배, 방탕, 무질서 같은 정욕의 불이 활활 타올라 뜨거워진 마음이 곧 "달궈진 화덕"이다.

또한 에브라임을 "뒤집지 않은 전병" (an unturned cake, 7:8), "어리석은 비둘기" (a silly dove, 7:11), "속이는 활" (a decietful bow, 7:16)와 같다고 하였다. "뒤집지 않은 전병" 이라는 비유에 있어서 "전병" 은 가끔 뒤집지 않으면 안 되는 케이크를 말한다. 만일 안 뒤집으면 한쪽은 타버리고 다른 한쪽은 설익은 상태로 남게 되는 것이다. 그래서 아무 짝에도 못쓰고 버려지게 되는 것이다. 여기서 탄 것은 종교적인 위선을 가리키고, 설익은 것은 이방인과 다름없는 세속화된 모습을 가리킨다. "어리석은 비둘기" 에 있어서 비둘기가 성경에서 여러 가지 뜻으로 사용되고 있지만 실제적으로는 가장 어리석고 무감각한 동물이라고 한다. 에브라임은 당장의 위기를 극복하고자 친 앗수르 정책(왕하 15:19), 혹은 친 애굽 정책(왕하 17:4)을 썼다. 그만큼 에브라임은 어리석은 백성이라는 것이다. 그리고 "속이는 활" 이란 활을 쏘지만 잘못되어 엉뚱한 곳으로 간 것을 말한다. 즉 과녁을 맞추지 못한 것을 말한다. 빗나가는 것을 의미한다. 이스라엘의 목표는 여호와인데도 그들은 여호와께로 돌아오지 아니하고 앗수르와 애굽 사이에서 방황하는 것은 목표가 빗나간 것이라는 것이다.

이스라엘의 죄인들은 "타작마당에서 광풍에 날리는 쭉정이" 또 "굴뚝에서 나가는 연기" (13:3)와 같다고 하였다. 통틀어서 이스라엘은 "바람을 심고 광풍을 거두는" (8:7) 백성이라고 했다. 호세아의 전체적인 체험, 언어, 문체, 비유 따위를 볼 때 그는 예언자라기보다는 시인으로 기억될 만하다.

요나와 큰 물고기

구약 성서 가운데 요나서(The Book of Jonah)라는 총 4장으로 구성된 한 작은 흥미있는 설화가 들어 있습니다. 요나서는 예언서 중의 하나이지만 다른 예언서와는 달리 요나라고 하는 인물의 개인적인 체험담입니다. 비록 설화방식을 취하고 있기는 하지만, 요나서는 결코 개인적인 체험의 허구화는 아닙니다. 그것은 역사적인 사실의 설화적인 기술로서 가장 길고 풍자성이 강한 하나의 이야기입니다.

열왕기하 14장 25절을 참고해 보면 요나는 이스라엘 민족의 르네상스라고도 할만한 실지회복(失地恢復)에 많은 공을 세운 아밋대(Amittai)의 아들로서 가드헤벨(Gath Hepher) 출신의 예언자였습니다. 그는 북이스라엘의 여로보함 2세(Jeroboam, 주전 790-749) 때 활동한 예언자인 동시에 위대한 정치가요 국왕 다음가는 권력자였습니다.

요나서 서두에 보면 그는 여호와 하나님으로부터 "너는 일어나 저 큰 성읍 니느웨로 가서 그것을 향하여 외치라 그 악독(惡毒)이 내 앞에(=하늘에) 상달되었음이니라 하시니라" (욘 1:2)라는 명령을 받았습니다. 그 당시 니느웨(Nineveh)는 앗수르(앗시리아) 수도로 세계적으로 이름난 우상숭배의 중심지였으며, 늘 이스라엘을 위협하는 군사적 요새였습니다. 또한 니느웨에는 궤휼, 강포, 늑탈(나 3:1)과 극도의 이기심(습 2:15) 및 전쟁과 약탈, 냉정하고 비정한 인간성 등이 만연되어 있었습니다. 어느 주변 도시 보다도 이교적이고 가증한 앗수르 사람들은 이스라엘 사람들을 괴롭혔습니다. 그렇기 때문에 이스라엘 사람들은 그들을 싫어했을 뿐만 아니라 그들은 하나님의 벌을 호되게 받을 만도 하다는 생각을 하고 있었습니다. 그래서 하나님의 명령을 받고서도 요나는 곧바로 니느웨로 달려가 회개를 촉구하려 하지 않았습니다.

원래 예언자의 사명은 하나님으로부터 전달된 계시를 온전히 선포하는 것입니다. 그런데도 요나는 하나님의 명령을 못 들은 척하고 하나님을 피해 멀리 달아나야겠다고 생각하였습니다. 그는 이스라엘 사람들이 세계의 끝이라고 생각하던 스페인 남쪽 도시 다시스(Taeshish)로 가기 위해 욥바라는 항구에서 배를 탔습니다(욘 1:3). 요나는 어떤 의미에서 이기적이고 배타적이며 매우 편협한 국수주의적인 예언자였습니다. 실로 요나는 니느웨가 회개하는 것이 싫었습니다. 때문에 욥바 항구에서 배를 타고 다시스로 떠났던 것입니다.

불순종이 주는 위험

내 용	관 련 성 구
나의 생명 위험	욘 1:4; 롬 6:23
이웃의 생명 위험	욘 1:5-17; 요삼1:11
국가의 존립 위험	마 5:13-16

위의 도표에서 보듯이 니느웨로 가지 아니하고 다시스로 가는 배를 탄 그 불순종의 결과 요나는 여호와 하나님께서 보낸 대풍의 위협을 받게 되었습니다. 바다 가운데서 폭풍(욘 1:4)이 대작하여 배가 거의 깨어질 지경이 되었습니다. 선객(船客)들은 기도로써 바다를 진정시키려 하는 동안 요나는 배 밑층에 내려가 깊은 잠을 자고 있었습니다.

영국의 중세의 시인 가웨인(Gawain)이 쓴 시 가운데 『인내』(Patience)라는 시가 있습니다. 이 시의 소재는 요나서에서 끌어온 매우 단순한 것이지만 거기에다 더욱 자세한 내용을 첨가하고 색칠하여 생명감을 줍니다. 요나가 타고 가던 배와 승선(乘船) 및 대풍(大風)에 대한 생생한 묘사를 이 작품에서 발견할 수 있습니다.

> 지금 북과 동에서는 험상스러운 돌풍이 어스름하게 푸른
> 바다에서 움직일 때 포효(咆哮)가 일었다.
> 거친 뇌적운(雷積雲)이 일었고, 그 밑으로는 붉은 빛이 번쩍,
> 그리고 바다는 심하게 신음하니 듣기에도 놀라웠다.
>
> 잿빛 물 위의 바람은 함께 꼬여 엉키기 때문에
> 파도는 사나워졌고, 파동 치며 높이 굽이쳤으며
> 심연까지 다시 부서지니 놀란 고기들은 미친 듯이
> 대양의 밑바닥으로 달아나 숨었다.
>
> 울부짖는 하늘과 바다와 배가 함께 나타날 때
> 요나가 승선한 선박에는 기쁨이 전혀 없었다.
> 넘실거리는 파도위에서 배는 쳐 박히고 비틀거리고 요동쳤으며,
> 돌풍이 타격을 퍼부으니 전동장치가 산산조각이 났다.
>
> 키와 그 손잡이가 한 더미가 되어 외양(外洋)으로 내던져졌고
> 처음에는 돛대의 밧줄이, 그 다음으로는 돛대가 떨어졌다.
> 돛은 바다 쪽으로 움직이고 고운 배는 둘러싸여
> 얼음처럼 차가운 바닷물을 마셨고, 그 다음에 그들의 울부짖음이 왔다.

폭풍의 묘사가 구체적이고 생생합니다.

이처럼 폭풍은 극심해서 배가 파선될 지경이었습니다. 사공들은 두려워 각기 자기 신들을 부르며 도움을 구했고, 배를 가볍게 하기 위하여 배에 실었던 물건을 바다에 던졌습니다. 그러나 폭풍은 가라앉지 않고 점점 더 심해졌습니다. 그래서 이 재난의 원인을 가려낼 목적으로 그들의 관습에 따라 제비를 뽑았습니다. 그 제비는 배 밑에서 잠을 자고 있던 히브리 사람 요나에게 떨어졌습니다. 사람들은 그것을 보고 요나에게 "이

재앙이 누구 때문에 우리에게 임하였는가 말하라" (욘 1:8) 고 하였습니다.

요나는 "나는 히브리 사람이요 바다와 육지를 지으신 하늘의 하나님 여호와를 경외하는 사람" 인데, 하나님의 명령을 거역하고 다시스로 도망가는 중이라고 실토하였습니다. 그렇게 말하고는 바다를 잔잔케 하기 위해서는 자기를 바다에 던지라고 하였습니다. 이것을 보면 요나는 많은 낭만주의자들처럼 강렬한 정의감을 갖고 있었던 것 같습니다. 바다에 던져진 요나는 큰 물고기 뱃속에서 낮과 밤 사흘 동안 지내면서 하나님께 참회의 기도를 드렸습니다(욘 2:1-9). 여기서 큰 물고기는 바다 동물 중 가장 큰 부류에 속하는 고래나 상어로 추정되기는 하지만 정확히 어떤 물고기를 지칭하는지는 알 수 없습니다. 그러나 이 물고기는 하나님의 피조물 중 하나로서 요나가 삼일 동안 그 뱃속에서 체류할 수 있을 정도로 큰 것이었음에는 틀림없습니다. 이 기간 동안 물고기 뱃속에서 생존할 수 있는 가능성은 희박하였습니다. 그러나 요나는 삼일 동안 맑은 정신으로 상처 없이 지낼 수 있었는데, 그것은 하나님의 은혜 덕분이었던 것입니다.

그리고 큰 물고기 뱃속은 "음부" 에 해당하는 "스올" 의 뱃속에 비유될 정도로 절망과 고통의 장소였습니다. 즉 이 비유는 요나가 지옥이나 무덤 속같이 두려운 상황에 처하게 되었음을 상징하고 있습니다. 그러나 요나는 이런 악조건 속에서도 절망하지 않고 기도를 드렸는데, 이는 고통이 자신의 죄로 말미암아 나타난 징벌임을 확신했기 때문입니다. 고난의 원인을 아는 것이야말로 고난을 해결하는 가장 현명한 방법이 될 수 있습니다. 사흘 후 이 큰 고기는 견디다 못해 요나를 육지에다 토해냈습니다. 한편 요나의 삼일간의 고기 뱃속 생활과 고기의 토해냄은 예수 그리스도의 죽으심과 부활을 예표 하는 사건으로서(마 12:40; 16:4; 눅 11:29-32) 하나님의 초자연적인 섭리와 인류 구원에 대한 강한 의지를 시사해 줍니다.

구사일생으로 살아난 요나에게 하나님은 즉시 일어나서 니느웨 성으로 가라는 두 번째 명령을 내렸습니다. 그래서 요나는 일어나 니느웨 성으로 가서 하나님의 명령대로 "사십일이 지나면 니느웨가 무너지리라"(요나 3:4)고 외쳤습니다. 요나의 경고를 받은 니느웨 사람들은 즉시 금식을 선포하고 굵은 베옷을 입고 재 가운데 앉아서 하나님 앞에 그들의 죄를 회개했습니다. 때문에 니느웨는 하나님의 심판을 면할 수가 있었습니다. 그러나 편협하고 배타적인 생각을 가졌던 예언자 요나는 그 결과를 불쾌하게 생각했던 것입니다.

그는 성을 떠나 그 성 동편에 초막을 짓고 성이 어떻게 되는가를 보려 하였습니다. 밖으로는 태양이 타는 듯 뜨겁고, 안으로는 분노가 불타올라 내우외환으로 괴로움을 당하고 있을 때, 뜻밖에 박 넝쿨(gourd)이 나서 크게 자라 시원한 그늘을 지어 주었습니다. 그러나 새벽에 일어나 보니 한 마리의 벌레가 박 넝쿨을 모조리 씹어 해가 뜨니 곧 시들어지고 말았습니다. 다시 뜨거운 햇살을 받은 요나는 화를 내며 불평을 털어 놓았습니다. 이 때 하나님은 이 사건을 통하여 그분의 넓은 보편적 사랑을 요나에게 가르쳐 주었습니다. "네가 수고도 아니 하였고 재배도 아니 하였고 하룻밤에 났다가 하룻밤에 말라 버린 이 박 넝쿨을 네가 아꼈거든 하물며 이 큰 성읍 니느웨에는 좌우를 분변치 못하는 자가 십 이만 여명이요 가축도 많이 있나니 내가 어찌 아끼지 아니하겠느냐 하시니라"(욘 4:10-11). 하나님은 이스라엘의 하나님만이 아니라 세계 만민의 하나님이라는 것이었습니다. 동시에 요나가 니느웨의 사람들에 대해 관심을 갖지 않는 것은 불합리한 것이라는 뜻이기도 합니다.

요나서는 어떤 교훈적 목적으로 기록된 것이 틀림없습니다. 신학자들은 대개 그것은 오직 참된 두려움(경외)과 회개만이 여호와 하나님으로부터 구원을 끌어낼 수 있음을 가르치기 위한 것이라고 합니다. 가령 뱃사람들의 경우(1:14), 요나 자신의 경우(2장), 또는 니느웨 사람들의 경우(3:5-9)에 있어서 회개하고 하나님께 돌아올 때 하나님의 사랑(3:10-4:11)이 그들에게 다시 구원을 가능하게 하였다는 것입니다. 그런가 하면 어떤 학자는 하나님의 명령을 거역하는 것은 아무런 유익이 없는 것임을 가르치기 위한 것이라고 합니다.

물론 이런 목적들이 없는 것은 아니지만, 요나서를 단순한 교훈시로 볼 수는 없고, 풍자적 설화로 보는 것이 더 타당할 것입니다. 요나서가 풍자적 설화라면 그것은 무엇을 풍자하는 것인가? 한 마디로 말해서 그것은 유대인의 편협한 종교적 태도와 배타적인 민족주의 사상을 "폭풍"(욘 1:4)과 "큰 물고기"(욘 1:17)와 "박 넝쿨과 그것을 씹어 먹는 벌레"(욘 4:6-7) 그리고 북아프리카에서부터 지중해 연안으로 불어오는 열풍인 "뜨거운 동풍"(욘 4:8)의 비유를 동원해서 풍자한 것입니다.

이스라엘 민족은 요나와 같이 여호와 하나님은 팔레스타인 즉 육지에 계시는 유일신으로만 생각했습니다. 때문에 육지만 피하면 하나님의 낯(하나님의 권위와 임재)를 피할 수 있으리라 생각하였지만, 사실상 하나님은 바다에도 계셨던 것입니다. 요나는 육지의 하나님을 피해 도망했지만 강한 폭풍을 이용해서 그를 바다까지 쫓아왔습니다(1:4).

결국 요나는 추적하는 하나님을 통하여 이방인들도 그들 나름대로 신을 섬기고 있다는 것과 하나님은 육지의 신만이 아니라 바다의 신도 된다는 것을 깨달았습니다. 그는 다시 큰 물고기의 뱃속에 갇혔다가 기적적으로 구출되었을 때 놀라운 사랑의 늦추지 않는 추적을 의식하였고 하나님의 이방인에 대한 사랑까지도 느끼게 되었습니다. 그래서 그는 추적자의 명령에 따라 즉시 니느웨 성으로 들어가 회개운동을 전개했던 것입니다.

그러나 그의 고질적이고 편협한 배타성이 즉각적으로 깨진 것은 아니었습니다. 그에게는 여전히 도피심리가 남아 있었습니다. 그래서 니느웨 사람들이 회개하고 하나님의 심판을 면하게 된 것을 보았을 때 그는 불쾌한 감정을 억제하지 못하고 죽고 싶다고까지 했던 것입니다. 그러나 하나님은 박 넝쿨을 이용해서 쫓아왔고, 도망자 요나는 마침내 자신의 편협한 종교적 태도와 배타적 민족주의가 잘못된 것이었다는 것을 깨닫게 됩니다.

요나서의 설화자는 풍자라는 메스를 사용하여 요나로 대표되는 이스라엘인들의 종교적 편협성과 민족주의적 배타성이라고 하는 곪은 부분을 수술하려 하였습니다. 그 수술을 통하여 그 자리에 하나님은 만민의 하나님이라는 것과 어디에나 계시는 하나님이라고 하는 진리의 새살을 자라나게 하였습니다. 즉 여기서 설화는 풍자를 통해 요나의 잘못을 고쳐가는 역할을 합니다. 그리고 하나님은 쓰임받기를 원치 않는 사람들까지도 사용할 수 있다는 사실을 알게 해줍니다.

요나서의 이런 개인적인 경험을 통해 가장 근본적인 목적을 달성해 가는 플롯 구성은 극히 단순하면서도 감동적입니다. 그리고 이 스토리의 전체적인 토운(어조)나 스타일도 예언자나 종교적 교사의 그것이라기보다는 스토리 텔러(이야기꾼)의 그것이고, 풍자성이나 해학성도 다른 작품에서는 발견할 수 없는 그런 경지를 보여 주고 있습니다.

요나서를 단순히 하나의 비유로만 해석하려는 사람들이 있습니다. 그러나 이런 접근은 예수님께서 그의 죽으심과 부활을 말씀하시면서 직접 언급하신 요나에 대한 문자적인 해석(마 12:40; 눅 11:29-32)을 무시하기 쉽습니다. 요나서는 "요나와 큰 물고기 이야기" 그 이상의 설화인 것입니다. 요나서는 세상 죄를 대신 하여 죽으신 예수 그리스도의 그 크신 사랑을 바라보게 하는 구약 속의 신약이요, 요나는 예수 그리스도의 예형적인 인물이라 할 수 있습니다.

스가랴와 예후왕조의 종막, 그 이후

스가랴(Zachariah, 746-745)는 여로보암 2세의 아들로서 그가 죽은 후 그의 뒤를 이어 왕의 자리에 올랐습니다. 이 기록은 열왕기하 15장 8절로부터 12절까지에 나옵니다. 그가 겨우 6개월 동안 사마리아에서 통치하고 끝나면서 예후 왕조는 종막을 고하고 말았습니다. 여호와께서 "네 자손이 사대 동안 이스라엘 왕위에 있으리라"(왕하 15:12)라고 말씀하신 그대로 성취되어서 예후왕조는 4대째 끝이 나고 말았습니다.

"4대까지 왕위에 있으리라"는 약속은 이스라엘 역사상 어느 왕가에도 보여 주지 않은 전무후무한 큰 은총이었습니다. 하나님은 바알 숭배와 아합의 집을 멸한 예후의 충성을 이와 같이 보상하였던 것입니다. 그러나 예후의 집에 악이 가득 찼을 때, 하나님은 그 집을 '이스라엘의 피'라고 불리는 피 흘림으로 보수하셨습니다(호 1:4).

스가랴는 왕이 된지 6개월 만에 야베스의 아들 살룸에 의해 백성들이 보는 앞에서 살해되었습니다. 살룸은 이처럼 피 흘려 왕권을 빼앗아 왕의 자리에 오르게 됩니다(왕하 15: 10). 이런 참담한 일이 일어날 수 있었던 것은 사가랴가 백성들에게 이런 저런 이유로 미움을 받았기 때문입니다. 즉 사가랴는 "느밧의 아들 여로보암의 죄에서 떠나지 못하였으므로"(왕하 15:9) 쿠데타의 희생물이 되고 말았습니다.

스가랴를 살해하고 왕위에 오른 살룸(Shallum, 745)은 1개월 정도 통치하다가 가디의 아들 므나헴에게 피살당했습니다(왕15:13-16). 므나헴(Menahem, 745-738)은 살룸을 살해한 다음 담부아로 가서 그들이 성문을 열어 주지 않는다는 이유로 그 안에 살던 사람들을 모두 죽이고, 그 주변 지역을 모두 치고 심지어는 임신한 여인의 배를 가르기까지 하였습니다(왕하 15:16). 그는 왕권을 장악하기 위하여 무고한 사람들을 이렇게 희생시켰습니다.

므나헴은 예후 왕조가 무너진 후 다시 강대하게 된 앗수르에게 맞서 대항할 수 있는 힘이 없어서 조공을 바치는 조건으로 화친을 맺게 됩니다. 므나헴은 이 과중한 조공을 바치기 위하여 이스라엘의 모든 지주들에게 각각 50세겔씩 할당하여 강제로 거두어 들였습니다(왕하 15:20). 이 특별세는 인두세 명목으로 거두어들인 것이었습니다. 므나헴은 10년간 이렇게 이스라엘을 통치하다가(왕하 15:17) 죽었습니다. 그가 죽은 후 그의 아들 브가히야(Pekahiah, 738-736)가 뒤를 이어 왕위에 올랐습니다(왕하 15:22-23). 브가히야는 2년 정도 통치하다가 왕궁 성루에서 그의 부관인 베가(Pekah, 737-736)에게 피살당하였습니다(왕하 15:23-25). 베가는 반란으로 정권을 잡아 20년간이나 왕위에 있었습니다(왕하 15:27). 그는 왕위에 있으면서 반앗수르 운동을 벌였습니다. 그러나 이스라엘 왕국이 멸망할 당시 앗수르(Assyria)는 대제국이었습니다. 주변의 모든 국가들이 얕잡아 볼 수도 없고 쉽게 건드릴 수 없는 강대한 나라였습니다. 다음 도표에서 보듯이 브가히야 왕 때 앗수르 왕 디글랏빌레셀은 바빌론을 점령한 후 주변 국가들에 대한 정복활동을 활발하게 전개하였습니다. 그 후 2년이 지나 베가가 왕이 되어 유다를 침공하려고 할 때 유다 왕 아하스는 앗수르 왕 디글랏빌레셀에게 조공을 바치는 대신 이스라엘과 싸우는데 도와달라는 요청을 하였습니다. 이 요청에 따라 앗수르 왕 디글랏빌레셀은 이스라엘을 쳐들어와 요단 강 동부 지역의 모든 영토를 유린하였고 그 주민들 가운데 상당수를 포로로 잡아갔습니다(왕하 15:29). 또한 그는 므깃도, 하솔 등 수많은 도시들을 파괴시켰고 점령한 지역을 그의 속주로 만들었습니다.

이스라엘에게 영향을 준 앗수르 왕들

왕 명	관련성구
살만에셀 3세	왕하 10:32-34
살만에셀 4세	왕하 14:25-28
디글랏빌레셀 3세	왕하 15:3, 19
살만에셀 5세	왕하 17:3-6
사르곤 2세	왕하 1:6
산헤립	왕하 18:13; 19:37
에살핫돈	왕하 19:37

이런 상황에서 반앗수르파인 베가는 궁지에 몰릴 수밖에 없었습니다. 결국 베가는 엘라의 아들 호세아에게 살해당하고 맙니다. 베가를 제거한 호세아는 친앗수르 정책으로 급선회하는 동시에 스스로의 위치를 낮추어 앗수르에게 항복하여 봉신국이 되었습니다. 이렇게 북왕국은 남북으로 분단된 이후 200여 년의 역사를 가졌다가 922년에 멸망하고 말았습니다. 이제 민족으로서의 이스라엘 민족을 대표하는 역할은 남쪽 유다가 맡게 되었습니다.

남북왕국의 역사를 간단하게 종합하여 지금까지의 이야기의 대미를 삼겠습니다. 유다 왕국은 단 한 번의 짧은 기간(아달랴의 통치, 842-837)을 제외하고는 다윗왕조 하에서 단일 국가로 존속하였습니다. 두 차례에 걸쳐 자매 왕국인 이스라엘과 전쟁을 하였고, 또 앗수르를 맞아 이스라엘과 두 차례 동맹을 맺었습니다. 그리고 에돔은 유다 왕국으로부터 독립을 얻어냈습니다. 주전 8세기에는 아하스 왕과 히스기야 왕이 통치할 때 남왕국은 공물을 바쳐 앗수르에 유화정책을 썼습니다. 주전 6세기 초에 유당 왕국이 애굽과 동맹을 맺게 되자, 이에 자극을 받은 바벨론 왕 느부갓네살은 남유다를 쳐서 국토를 유린하였고 많은 사람들이 포로로 잡혀가게 되었으며 예루살렘은 불타버렸습니다(주전 586).

북왕국의 역사는 유다 왕국의 역사보다 더 더욱 소란스러웠습니다. 200년 간 존속되어 내려오는 동안 아홉 왕조의 열아홉 군주가 왕국을 통치하였습니다. 그 중 칠명의 왕이 암살당했고 수도는 세겜에서 두로로 옮겨졌고 다시 사마리아로 이전되었습니다. 9세기 전반에 아합 왕이 시돈 왕국의 이세벨 공주와 결혼하므로 이스라엘과 시돈 왕국 간에 결속이 형성되었습니다. 유다 왕국과 두 차례의 전쟁 이외에 이스라엘은 모압과 아람(시리아), 두 나라와 싸웠습니다. 2, 3년 간 북왕국은 조공을 바침으로써 앗수르의 폭발적인 공격을 모면하였습니다. 주전 734년 경 앗수르는 이스라엘의 영토일부를 점령하였고 주민들을 포로로 잡아갔습니다. 호세아 왕이 애굽과 동맹을 맺었을 때, 앗수르인들은 이스라엘을 침략하여 정복하였고, 많은 이스라엘인들은 망명길에 오르게 됩니다. 이때가 주전 722년으로 북이스라엘은 이렇게 멸망하게 됩니다.

〈잠깐 쉬며 묵상하는 코너〉

무엇이 소중 한가

유명해진다고 하는 것은 추한 노릇이다
그것은 인간을 고귀하게 하지 않는다.
문서로 작성해 둘 필요는 없고
초고인 채 아쉬워함이 좋다.

창조의 목적은 헌신에 있나니
명성도 아니요 성공도 아니다.
모르는 채 쉽사리 모든 사람의 입에
오르내리게 되는 것은 부끄러운 일이다.

그렇다 거짓된 명성에 살아서는 안 된다.
단순하게 이렇게 살아야 한다.
우주의 사랑을 자기에게 끌어당기고
미래의 외침소리에 귀를 기울여야 한다.

- 파스테르 나크

7 바벨론 포로 시대와 그 이후

- 다니엘과 그의 세 친구
- 에스겔과 해골 골짜기의 환상
- 스룹바벨과 그의 성전 재건
- 에스라와 그의 종교개혁 운동
- 에스더와 유다 민족
- 느헤미야와 예루살렘 성벽 재건

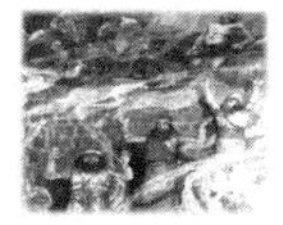

다니엘과 그의 세 친구

구약에 나오는 여러 다니엘 중에서 가장 잘 알려진 사람은 아래 도표에서 보는 대로 느부갓네살의 1차 침공 때 즉 주전 605년에 십대의 나이로 바벨론에 포로로 끌려갔던 왕족(단 1:3) 다니엘입니다.

바벨론 포로의 삼 단계

단계	침공년대	중 요 사 건	관련성구
첫째 단계	주전 605년	다니엘과 그의 세 친구 및 유다 귀족들 잡혀감	단 1:1-7
둘째 단계	주전 597년	여호야긴 왕과 에스겔 및 10,000명 포로로 잡혀감	대하 36:10; 왕하 24:8-20; 겔 1:1-3
셋째 단계	주전 586년	예루살렘과 성전 파괴 및 유다의 공동체 완전히 멸망함	왕하 25:1-7; 렘 34:1-7; 39:1-7; 52:2-11

그는 뛰어난 지혜를 가졌을 뿐만 아니라 투철한 신앙심을 소유하고 있었습니다. 느부갓네살은 환관장(宦官長)에게 명하여 포로로 잡혀 온 이스라엘 자손 중에서 "흠이 없고 용모가 아름다우며 모든 지혜를 통찰하며 지식에 통달하며 학문에 익숙하여 왕궁에 설 만한 소년을 데려오

라"(단 1:4)고 하였습니다. 환관장은 끌려온 유다인들 중에서 지혜롭고 재주가 뛰어난 젊은이들을 뽑아 왕궁으로 데려다가 바벨론의 말과 글을 배우게 한 후 거기서 일하도록 하였습니다. 그들 가운데에는 다니엘과 그의 세 친구, 하나냐, 미사엘, 아사랴라는 네 청년이 있었습니다. 환관장은 그들에게 새로운 이름을 지어 주었습니다. 다니엘은 벨드사살, 하나냐는 사드락, 미사엘은 메삭, 아사랴는 아벳느고라 하였습니다. 이런 개명(改名)은 피정복민의 민족혼을 말살하기 위해서 정복자들이 동원한 정책 중의 하나였습니다.

왕은 그들을 특별히 아꼈기 때문에 자기가 먹는 것과 똑같은 음식을 먹게 하였고 그들을 돌보는 관리인까지 두었습니다. 이러한 상황에서 유다의 네 젊은이들이 자기네 전통과 모세의 율법을 잘 지킨다는 것은 매우 어려운 일이었습니다. 그러나 다니엘은 자기가 받는 진귀하고 기름진 음식을 거절하고, 야채와 과일 그리고 물만 먹게 해 달라고 관리인에게 부탁했습니다. 그러나 관리인은 "너희 먹을 것과 너희 마실 것을 지정하였거늘 너희의 얼굴이 초췌하여 같은 또래의 소년들만 못한 것을 그가 보게 할 것이 무엇이냐"(단 1:10)고 말하면서 거절하였습니다. 다니엘은 관리인에게 계속 청하였습니다. "당신의 종들을 열흘 동안 시험하여 채식을 주어 먹게 하고 물을 주어 마시게 한 후에 당신 앞에서 우리의 얼굴과 왕의 음식을 먹는 소년들의 얼굴을 비교하여 보아서 보는 대로 종들에게 행하소서"(단 1:12-13)라 하였습니다.

관리인은 다니엘의 부탁을 받아들여 그대로 하였습니다. 그랬더니 자기가 돌보는 젊은이들이 다른 젊은이들보다 더 튼튼해 보였습니다. 그래서 그 이후부터는 유다의 청년들은 계속해서 다니엘이 부탁한 음식만 먹으며 지내게 되었습니다. 유다의 네 젊은이들은 하나님의 은총을 입어 모든 면에서 다른 젊은이들보다 탁월했습니다. 삼 년간의 교육을 마치고 왕이 그들을 불러 여러 가지로 시험해 보았더니 그들을 따라갈 사람이 없을 만큼 그들은 뛰어났습니다. 그 중에서도 다니엘은 하나님의 특별한 은총을 입어 “환상과 꿈”(단 1:17)을 깨달아 알 수 있었습니다.

느부갓네살 왕은 재위 이년 째 되는 해에 어떤 꿈을 꾸고 마음이 산란해져서 잠을 이룰 수가 없었습니다. 많은 술객과 점성가들도 못 푸는 그 꿈(단 2:31-45)을 다니엘이 풀어 주었습니다. 그 해몽의 결론인즉 바벨론을 위시해서 많은 열국들이 나타나지만 산산조각이 나는 날이 올 터인데, 그 때가 되면 하늘에 계신 하나님께서 영원히 멸망하지 않는 나라를 세우신다는 것이었습니다. 그 꿈 해몽을 듣자 왕은 무릎을 꿇고 다니엘에게 절하며 감탄하였습니다. 그리고 나서 왕은 다니엘에게 높은 벼슬을 내리고 많은 선물을 주었으며 궁중에서 근무하게 했습니다. 그리고 사드락, 메삭, 아벳느고도 바벨론 지방 관리로 임명하였습니다.

느부갓네살 왕은 큰 금신상(金神像) 하나를 만들었습니다. 왕은 사람들에게 “너희는 모든 악기 소리를 들을 때에”(단 3:5) 엎드리어 금신상에게 절하라고 하였습니다. 그렇게 하지 않는 자는 훨훨 타는 풀무 속에 넣어 태워 죽이겠다고 했습니다. 왕의 명령대로 모든 백성들은 그 앞에 엎드려 절을 했으나 사드락, 메삭, 아벳느고는 그 명을 어겼습니다. 그 소식을 들은 왕은 몹시 화가 나서 그들을 잡아들이게 했습니다. 그리고 나서 그는 그들에게 “이제라도 · · · 모든 악기 소리를 들을 때 내가 만든 신상 앞에 엎드려 절하면 좋거니와 너희가 만일 절하지 아니하면 즉시 너희를 맹렬히 타는 풀무 불 가운데 던져 넣을 것이니”(단 3:15)라 하였습니다. 그러나 그들은 왕의 명령에 굴복하지 아니 하였습니다.

왕은 노기에 차서 풀무의 불을 여느 때보다 일곱 배나 뜨겁게 지피도록 하였고(단 3:17), 옷을 입은 채 그대로 그들을 그 속에 던져 넣게 했습니다. 그 순간 느부갓네살 왕은 깜짝 놀라 벌떡 일어나 모사(謀士)들에게 물었습니다. “우리가 결박하여 불 가운데 던진 자는 세 사람이 아니었느냐.” 그런데 “결박되지 아니한 네 사람이 불 가운데로 다니니 (이 어찌된 일인가?)”(단 3:24-25). 이렇게 말한 뒤 왕은 다니엘의 세 친구를 불타는 풀무에서 나오게 했습니다. 풀무에서 나온 그들을 살펴보니 몸이 불에 데기는커녕 머리카락 하나 그슬리지 않았고 옷도 눋지 않았으며 불길이 닿은 냄새조차 나지 않았습니다. 왕은 그 놀라운 기적을 목격하고 나서 여호와 하나님을 찬양하였습니다(단 3:28). 그 이후로는 하나님을 욕하는 자는 토막 내어 죽이고 그의 집은 거름더미로 만들겠다는 조서를 내렸습니다. 또한 다니엘의 세 친구에게는 더 높은 벼슬을 내려 지방에서 근무하게 했습니다.

느부갓네살 왕이 궁궐에서 아무 걱정 없이 지내던 중 또 다시 무서운 꿈을 꾸었습니다. 이번에도 그는 다니엘을 불러 꿈 이야기를 들려준 후 해몽하게 했습니다. 왕이 들려준 꿈 이야기(단 4:10-18)는 대략 이런 것이었습니다. 세상 한 복판에 한 그루의 나무가 서 있는데, 너무도 우람져서 키가 하늘까지 닿았고 땅 끝 어디에서나 바라볼 수 있었습니다. 잎이 싱싱한 그 나무에는 사람들이 다 먹고 살 만큼 열매가 열려 있었습니다. 그런데 하늘에서 거룩한 말소리가 들려오기를, "그 나무를 베고 그 가지를 자르고 그 잎사귀를 떨고 그 열매를 헤치고 짐승들을 그 아래에서 떠나게 하고 새들을 그 가지에서 쫓아내라. 그러나 그 뿌리의 그루터기를 땅에 남겨두라(단 4:14-15). (그러면 사람은 정신을 잃고 짐승처럼 생각하면서 일곱 해를 지내게 될 것이라)"는 것이었습니다.

다니엘은 왕의 꿈 이야기를 듣고 이렇게 해몽했습니다. "그 나무는 바로 높고 강하신 임금님을 가리키지만 왕께서는 세상에서 쫓겨나 들짐승들과 같이 살게 될 것입니다. 그렇게 일곱 해를 지내고 나서야 인간 왕국을 다스리는 분이 지극히 높으신 하나님이심을 깨닫게 되실 것입니다. 하늘이 세상을 다스린다는 것을 왕께서 깨닫게 되시면 이 나라를 다시 왕께 돌려 주실 것입니다." 다니엘이 말한 대로 되었습니다.

느부갓네살 왕이 죽자 그 아들 벨사살이 왕이 되었습니다. 그러자 그는 성대한 잔치를 베풀고 만조백관들을 불러 함께 예루살렘 성전에서 약탈하여 온 금잔과 은잔으로 술을 마셨습니다. 이렇게 술을 마시며 그들의 신상을 찬양하고 있는데 갑자기 사람 손가락 하나가 나타나 왕궁의 벽에다 글씨를 썼습니다. 왕은 대단히 놀라 떨며 술사와 점성가들을 불러 들여 그 글을 읽고 그 뜻을 풀어달라고 하였으나 아무도 풀지 못하였습니다. 그래서 왕은 다니엘을 불러 그에게 요청하였습니다. 다니엘은 벽에 쓰여진 그 글은 "메네 메네 데겔 우바르신"(단 5:25)인데, "메네"는 "하나님께서 왕의 나라 햇수를 세어 보시고 마감하셨다"는 뜻이고, "데겔"은 "왕을 저울에 달아보시니 무게가 모자랐다"는 뜻이며, "우바르신"은 "왕의 나라를 메대와 바사에게 갈라 주신다"는 뜻이라고 설명해 주었습니다. 바로 그날 밤 벨사살 왕은 살해당하고 메데 사람인 다리우스가 왕이 되었습니다. 그 때 다리우스는 나이 육십 이세였습니다.

다리우스는 다니엘이 대단히 마음에 들었습니다. 그래서 그는 다니엘을 1백 20명의 지방장관들보다 더 높은 자리에 앉히고 전국을 다스리게 했습니다. 지방장관들은 왕의 편애가 싫어서 다니엘의 종교를 걸어 트집을 잡았습니다. 그것은 "이제부터 삼십 일 동안에 누구든지 왕 외에 어느 신에게나 사람에게 무엇을 구하면 사자 굴에 던져 넣기로 한 것이"(단 6:7)었습니다. 이 사실을 알면서도 다니엘은 예루살렘으로 향하여 그 방의 열린 창에서 전에 행하던 대로 하루 세 번씩 무릎을 꿇고 기도하며 하나님께 감사하였습니다. 모함자들은 이 사실을 왕에게 고했고 왕은 하는 수 없이 다니엘을 사자굴 속에 집어넣지 않을 수 없었습니다.

왕은 왕궁으로 돌아와 뜬눈으로 밤을 새우며 먹지도 마시지도 아니하고 후궁의 수청도 물리쳤습니다. 이튿날 일찍 왕은 서둘러 사자 굴에 가보았습니다. 다니엘은 아무 일 없이 그 안에 있었습니다. 왕은 다니엘이 살아있는 것을 보고 크게 기뻐하며 다니엘을 사자 우리에서 풀어 주었습니다. 그 대신 다니엘을 참소한 자들을 처자와 함께 사자 우리에 처넣었습니다. 사자들은 그들이 바닥에 채 떨어지기도 전에 달려들어 뼈까지 삼켰습니다. 그 이후 다니엘은 다리우스가 왕으로 있는 동안 영광스럽게 지냈습니다.

이미 위에서 본 바와 같이 "다니엘과 그의 세 친구"에 대한 이야기는 유대 민족이 바벨론에 포로로 잡혀 간 때에 일어난 사건들로 구성되어 있습니다. 이 플롯에 있어서 투쟁은 개인적, 국가적 수준에서 일어납니다. 개인적 수준으로 볼 때 이 이야기의 주인공인 다니엘은 이교국의 왕들과 그 생활 스타일 및 유대적인 주체성을 위협하는 동료들과 굶주린 사자들 같은 수많은 적대자들과 부딪히게 됩니다. 그러나 다니엘의 개인적 투쟁은 강렬한 종교 의식을 가지고 있는 유대 민족과 마찬가지로 강렬한 이교적 성향을 가지고 있는 바벨론 사람들 사이에 벌어지는 국가적 투쟁 속에 포함될 수 있습니다.

이 이야기에 있어서 다니엘과 그의 세 친구들이 직면하는 갈등은 신앙의 시련으로부터 시작됩니다. 우선 그들이 겪는 갈등은 생활양식의 차이에서 생기는 것으로, 왕궁의 생활은 단적으로 "왕의 음식과 그가 마시는 포도주술"(단 1:5)로 암시되는 지나친 사치와 쾌락으로 특징지을 수 있다면, 다니엘의 생활양식은 "채소와 물만 마시는"(단 1:12) 검소하고 전원적인 것이었습니다. 이들의 갈등은 단순히 생활양식의 차이에서 기인된 것만은 아닙니다. 성경에는 명확한 기록이 없지만, 왕이 베푸는 잔치에서 사용된 음식물은 주로 이방신(異邦神)들에게 바쳤던 것이었습니다. 그런 음식물을 먹는다고 하는 것은 이교의 신들을 숭상하는 것으로 결국은 신앙을 타협하는 것이 되며, 부정하고 불경스러운 행동이 되었습니다. 그러므로 다니엘은 그것을 거부했던 것입니다. 다니엘은 민족적인 영웅으로서 유대 민족과 다른 민족을 구분 짓게 하는 음식물에 관한 의식적 법칙과 타협하지 않으므로 그의 신앙을 더럽히지 않았습니다. 풀무나 사자굴 속에 던져짐을 당하면서도 신상이나 왕 앞에 절을 하지 않은 것도 결국은 신앙을 타협하지 않으려는 정신 때문이었습니다. 그 결과 다니엘은 기적적인 구출을 받았고 이방 세계에서 이교국의 왕을 돕는 높은 자리까지 얻을 수 있었습니다. 다니엘의 이런 시련은 하나님의 전능하신 주권과 행위를 계시해주는 방편이 되었을 뿐입니다. 이 모든 사건들을 종합해 볼 때, 하나님의 백성들도 수없는 환란을 당할 수 있으나 그런 가운데서도 하나님은 그들을 구출하여 인도 보호해 주신다는 것을 알 수 있습니다.

이 이야기의 세계는 몇 가지 주목할 만한 특징을 갖고 있습니다. 그 첫째는 초자연적인 세계로 그 분위기가 신비롭고 사람들의 생활에 중요한 의미를 주는 많은 꿈이 나오며 왕궁 주변에는 그 꿈을 해석하는 많은 점성가들이 있다는 것입니다. 그 둘째는 정치적인 세계로 강력한 통치자의 궁정이 모든 행위의 배경을 이루고 있다는 것입니다. 다니엘의 개인적인 이야기는 이런 정치적인 궁정을 배경으로 진행되며 그 수많은 꿈도 결국은 정치적인 의미를 갖게 됩니다. 마지막으로 그 세계는 하나님이 통치하는 세계로 하나님 자신이 모든 사건을 통치하며 신비로 가득찬 세계에 진리를 계시하고 있습니다. 이런 점에서 하나님만이 변화무쌍한 세계 속에서 오직 변하지 않는 유일한 정지점(still point)이 됩니다.

다니엘의 이름이 "신은 나의 심판자"(God is my judge)라는 뜻을 갖고 있는 것으로 보아서 다니엘은 설화에서 흔히 주인공으로 등장시키는 이상화된 영웅이라는 것을 알 수 있습니다. 요셉의 이야기에 있어서와 마찬가지로 설화자는 그 영웅을 이상화하는 세목을 선택해서 그를 최상급의 말로써 서술합니다. 다니엘은 민족적 영웅으로서 유다 민족과 다른 민족을 구분 짓게 하는 음식물에 관한 의식적 법칙과 타협하지 않았고, 종교적 영웅으로서 하나님을 중심으로 생활을 하며 그의 신앙을 더럽히지 않았습니다. 다니엘의 이런 확고한 믿음이 그 심각한 갈등 중에서도 그것을 극복할 수 있었고 어떠한 역경도 이길 수가 있었습니다.

영국의 19세기 빅토리아 시대의 시인인 알프레드 테니슨(Alfred Tennyson)은 "늙은 성인"이라는 시에서 다니엘이 가졌던 것과 같은 그런 기적까지도 창출해 낼 수 있는 믿음을 다음과 같이 노래하였습니다.

> 그대는 그대가 육체뿐이라는 것도,
> 그대가 영혼뿐이라는 것도 증명할 수 없고,

또한 그대는 그대가 그 둘 다라는 것도 증명할 수가 없다.
그러나 그대는 그대가 죽음의 존재라는 것도,
그대와 말하고 있는 내가 그대와 통하는
그대 자신이 아니라는 것도 증명할 수 없다.
증명할 만한 가치가 없는 것은 증명할 수 없지만
반증될 수도 없다. 그러므로 그대는 슬기롭고,
늘 회의의 밝은 쪽을 굳게 잡고
여러 모양의 신념 너머에 있는 믿음을 붙들어라.
믿음은 언쟁의 폭풍 속에서도 흔들리지 않고,
긍정과 부정의 충돌 중에서도 빛을 발한다.
믿음은 최악 속에서 어렴풋이 빛나는 최선을 보고,
태양은 밤에만 숨는다고 느낀다.
믿음은 겨울의 싹 속에서 여름을 찾아내고
꽃이 떨어지기 전에 열매를 맛본다.
믿음은 노래 없는 알 속에 종달새의 노래를 듣고
사람들이 신기루라고 울부짖는 곳에서 새물을 찾아낸다.

실로 믿음은 다니엘이 사자굴 속에 던져지는 경우처럼 역경의 폭풍 속에서도 흔들리지 않고 더욱 빛나게 하고 최악 속에서도 최선을 보게 만드는 것이라는 것입니다.

다니엘의 이야기는 결론적으로 다른 구약 성경의 설화보다는 구술 서사시(oral epic)를 연상시키는 스타일을 채용하고 있다고 할 수 있습니다. 특히 그 특징은 정교한 어구와 말투의 반복에서 찾을 수 있습니다.

에스겔과 해골 골짜기의 환상

에스겔은 주전 622-621년에 제사장 가문에서 부시의 아들로 태어났습니다. 바로 이 때는 요시야 왕이 종교 개혁을 추진하고 있을 때였습니다. 이렇게 범국가적으로 개혁을 펴나가고 있었던 요시야 왕은 자기의 후원 아래 성전에서 융성한 종교 활동을 할 수 있도록 허락하였습니다. 때문에 제사장 가정의 일원이었던 에스겔은 유다의 경건한 백성들과 더불어 즐거운 교제를 했을 것이 틀림없습니다. 그의 집은 아마 예루살렘 동편 성벽에 위치하고 있었기 때문에, 바깥뜰은 그의 놀이하는 마당이 되었고, 성전에 인접한 경내는 그의 공식적 훈련과 교육용 교실이 되었을 것입니다. 이처럼 솔로몬 성전 바로 곁에서 살아온 그의 어린 시절은 그로 하여금 이 웅장한 건물의 모든 세부와 매일의 집례 의식을 훤히 알게 해주었습니다. 게다가 에스겔은 소년 시절 동안 자기 아버지와 다른 제사장들을 도왔을 것으로 생각됩니다. 그의 어린 시절의 체험이 그의 예언 속에 특히 성전과 관련해서 반영되어 나타나는 것을 볼 수 있습니다.

그는 이처럼 좋은 가문에서 태어나 어린 시절을 유복하고 경건하게 살았지만, 주전 597년 유다의 여호야긴 왕이 포로로 잡혀 갈 때 함께 바벨론에 사로잡혀 가서(겔 1:2) 그발 강가에 있는 텔아빕(Tell-Abib)이라고 불리우는 곳에서 살았습니다(겔 3:15). 남의 나라로 끌려왔지만 고국을 그리워하며 살아가는 슬픔은 유다인들의 가슴 속에서 사라지지 않았습니다. 그들이 바벨론에서 불렀던 애가가 시편에 실려 있습니다.

우리가 바벨론의 여러 강변 거기에 앉아서
시온을 기억하며 울었도다.
그 중의 버드나무에
우리가 우리의 수금을 걸었나니
이는 우리를 사로잡은 자가
거기서 우리에게 노래를 청하며
우리를 황폐케 한 자가
기쁨을 청하고 자기들을 위하여
시온의 노래 중 하나를 노래하라 함이로다.
우리가 이방 땅에서
어찌 여호와의 노래를 부를까.
예루살렘아 내가 너를 잊을진대
내 오른손이 그 재주를 잊을지로다.
내가 예루살렘을 기억하지 아니하거나
내가 가장 즐거워하는 것보다 더 즐거워하지
아니할진대 내 혀가 내 입천장에 붙을지로다.
여호와여 예루살렘이 멸망하던 날을 기억하시고
에돔 자손을 치소서.
그들의 말이 헐어 버리라 헐어 버리라
그 기초까지 헐어 버리라 하였나이다.
멸망할 바벨론아 네가 우리에게 행한 대로
네게 갚는 자가 복이 있으리로다.
네 어린 것들을 바위에 메어치는 자는
복이 있으리로다. (시편 137편)

유대인들이 바벨론에 사는 동안에도 예언자들은 계속 하나님께서는 그들을 버리시지 않았다는 소망을 주려고 애썼습니다. 그런 예언자 중의 하나가 에스겔입니다. 에스겔은 포로가 된 지 5년째 되던 해인 주전 592년에 예언자로 부름을 받았습니다. 하나님은 바벨론에 사는 유대인들에게 에스겔을 보내어 이렇게 말씀하셨습니다. "인자야 내가 너를 이스라엘 족속의 파수꾼으로 세웠으니 너는 내 입의 말을 듣고 나를 대신하여 그들을 깨우치라"(겔 3:17). 그들이 듣든 안 듣든 내말을 그들에게 전하라고 하나님께서는 말씀하셨습니다(겔 3:11).

제사장 겸 예언자였던(겔 1:3) 에스겔은 그로부터 22년 뒤인 주전 570년까지 예언 활동을 계속하다가(겔 1:1-3; 29:17), 아마도 바벨론에서 죽은 것으로 추측됩니다. 하나님의 명령에 따라, 이스라엘의 파수꾼(겔 33:7)이 된 에스겔은 이스라엘 백성이 악한 생활을 한 벌로 포로로 잡혀오게 되었지만 그들이 지난날의 생활을 뉘우치고 돌이키면(겔 33:11) 하나님은 언젠가 다시 고국으로 돌아가게 해 주실 것이라고 예언하였습니다. 그의 예언은 크게 두 부분으로 나누어집니다. 첫째 부분은 죄에 대한 심판과 경고(겔 1장-32장)이고, 둘째 부분은 위로와 구원의 예언(겔 33장-48장)입니다.

에스겔의 시대는 정치적으로나 종교적으로 극도로 퇴폐한 때였고 대외적으로 일대 위기에 직면했던 때였습니다. 그는 이러한 어려운 상황 속에서 전기에는 주로 그 민족의 죄를 공격하고 그 형벌로써 예루살렘이 멸망할 것을 예언했습니다. 특히 그는 이 예루살렘의 멸망을 상징적인 말로 선포한 매우 특이한 예언자라 할 수 있습니다. 그 사실을 가장 잘 설명해 주는 좋은 예로서 에스겔서 4장 1절-3절을 들겠습니다.

"너 인자야 토판을 가져다가 그것을 네 앞에 놓고 한 성읍 곧 예루살렘을 그 위에 그리고 그 성읍을 에워싸되 그것을 향하여 사다리를 세우고 그것을 향하여 흙으로 언덕을 쌓고 그것을 향하여 진을 치고 그것을 향하여 공성퇴를 둘러 세우고 또 철판을 가져다가 너와 성읍 사이에 두어 철벽을 삼고 성을 포위하는 것처럼 에워싸라. 이것이 이스라엘 족속에게 징조가 되리라."

먼저 여기에 나오는 용어들에 대해서 이해하는 것이 필요하다고 생각됩니다. "토판"(박석)이란 당시의 건축 자재로서 흔히 사용되던 돌 혹은 불에 굽지 않고 햇볕에 말린 흙벽돌의 일종입니다. "사다리"(운제)는 성을 에워싸고 공격할 때 사용하는 높은 사닥다리를 가리킵니다. "공성퇴"는 성벽 또는 성문을 파괴하기 위하여 사용된 기둥 같은 큰 나무를 말하는데, 그 나무의 머리는 금속으로 씌워져 있다고 합니다. 그리고 "철판"(전철)은 지짐질에 쓰는 솥뚜껑 모양의 기구로서 철성(鐵城)을 만드는 데 사용한 철판을 가리킵니다. 전체적으로 볼 때 이 예언은 예루살렘이 바벨론 군대에 의해 포위당할 것을 상징적으로 보여주고 있습니다. 그것은 곧 예루살렘의 멸망을 뜻하는 것이기도 합니다. 특히 포위된 예루살렘과 포위자인 에스겔 사이에 철판으로 철성을 쌓도록 하신 것은 정복하려고 하는 바벨론 군대와 대항하는 유대인들 사이에 어떠한 타협도 없을 것임을 강력히 암시해 준 것입니다.

예루살렘의 멸망과 유다 민족들이 바벨론에 포로로 잡혀갈 것을 다른 상징을 사용해서 선포한 것이 에스겔서 5장 1절-8절입니다. 이 본문의 문맥을 살펴보면 결국 유대인들은 많은 사람들이 바람에 흩어지는 것처럼 바벨론으로 잡혀가게 된 것입니다. 그는 자기의 머리와 수염을 면도로 깎아서 저울에 달아 나누었다가 터럭 삼분지 일은 성읍 안에서 불사르고, 삼분지 일은 성읍 사방에서 칼로 치고, 삼분지 일은 바람에 날리고, 더러는 남겼다가 그것을 옷자락에 싸두는 것으로 유다가 당할 운명과 참상을 보여준 일이 있습니다(겔 5:1-8). 이 예언은 유다 민족이 하나님의 심판으로 완전히 멸망할 것을 상징적으로 보여준 것입니다. 여기서 언급된 "불과 칼과 바람"은 하나님의 심판이 매우 준엄함을 보여주는 상징입니다. 그리고 머리카락을 3등분 한 것은 형벌의 공평성과 필연성을 나타낸 것입니다(겔 7:4). 여기서 머리털은 단순히 신체의 일부분을 가리키는 것이 아니라 백성을 상징적으로 가리키는 말입니다. 유다 백성들은 예루살렘의 인구가 많으므로 자신들은 결코 망하지 않으리라는 교만을 품고 있었습니다. 그러나 에스겔의 머리털이 삭발됨 같이 그들에게는 애도와 슬픔이 임하게 될 것이라는 것입니다. 머리털을 나누었다가 삼분지 일씩 "불사르고, 칼로 치고 바람에 흩으라"고 한 표현은 백성들이 받을 심판이 각자의 행위에 따라 공평하게 적용될 것과 개개인의 운명이 서로 다를 것을 보여주는 상징입니다.

이처럼 바벨론으로 잡혀가게 된 것은 하나님을 외면하고 우상을 섬기고 있기 때문이라고 에스겔은 주장합니다. "나 주 여호와가 말하노라. 너희 요란함이 너희를 둘러싸고 있는 이방인들보다 더하여 내 율례를 행하지 아니하며 내 규례를 지키지 아니하고 너희를 둘러 있는 이방인들의 규례대로도 행하지 아니하였느니라. 그러므로 나 주 여호와가 말하노라. 나 곧 내가 너를 치며 이방인의 목전에서 너에게 벌을 내리되 네 모든 가증한 일로 말미암아 내가 전무후무하게 네게 내릴지라. 그러한즉 네 가운데서 아버지가 아들을 잡아먹고 아들이 그 아버지를 잡아먹으리라. 내가 벌을 네게 내리고 너희 중에 남은 자를 다 사방에 흩으리라. · · · 너희 가운데서 삼분지 일은 전염병으로 죽으며 기근으로 멸망할 것이요 삼분지 일은 너의 사방에서 칼에 엎드러질 것이며 삼분지 일은 내가 사방에서 흩어버리고 또 그 뒤를 따라 가며 칼을 빼리라"(겔 5:7-12).

그 이유는 우상 숭배 때문이라고 에스겔은 분명하게 말했습니다. 그리고 이 우상 숭배자들을 "그 남편 대신에 다른 남자들과 내통하여 간음하는 아내"(겔 16:32)와 같다고 하였습니다. 유다 민족은 하나님께 속해 있었음에도 불구하고 그들은 "행음하여 그가 연애하는 자 곧 그의 이웃 앗수르 사람을 사모하였(으며) · · · 그가 젊었을 때에 애굽 사람과 동침하매 그 처녀의 가슴이 어루만져졌으며 그의 몸에 음란을 쏟음을 당한 바 되었더니 그가 그때부터 행음함을 마지아니하였느니라"(겔 23:5-8)

라고 그는 질타하였습니다.

에스겔은 이와 같이 여러 차례에 걸쳐 영적인 행음자들에게 경고했지만 그들은 그것을 깨닫지 못하고 죄의 길로 치닫기만 했던 것입니다. 그 결과 예루살렘은 쑥밭이 되고 백성은 포로로 끌려가게 되었습니다. 포로들 앞에 나타난 예언자 에스겔은 "우리의 허물과 죄가 이미 우리에게 있어 우리로 그 가운데에서 쇠퇴하게 하니 어찌 능히 살리요"(겔 33:10)라고 하였는데, 그것은 회개하지 않고서는 살길이 없다는 것을 강조한 것입니다.

그발 강가에서 하나님의 묵시와 영광에 접한 에스겔은 나라를 잃은 민족의 살길은 개개인의 도덕적 재생 이외의 다른 길이 없다는 것을 깨닫고 그것을 백성들에게 일깨워 주려고 애썼습니다. 그들이 마음을 바꾸면 약속의 땅으로 다시 그들을 모아들이고 그들의 하나님이 되어 주시겠다는 희망의 말씀도 전하였습니다.

"맑은 물로 너희에게 뿌려서 너희로 정결하게 하되 곧 너희 모든 더러운 것에서와 모든 우상을 숭배에서 너희를 정결하게 할 것이며 또 새 영을 너희 속에 두고 새 마음을 너희에게 주되 너희 육신에서 굳은 마음을 제거하고 부드러운 마음을 줄 것이며 또 내 영을 너희 속에 두어 너희로 내 율례를 행하게 하리니 너희가 내 규례를 지켜 행할지라"(겔 36:25-27).

"맑은 물로 너희에게 뿌려서"라는 말은 육체적 청결을 종교적 청결에 대한 상징으로 이해하면 될 것 같습니다. 이것은 일종의 청결 예식인데, 이 역시 우상 숭배를 비롯한 온갖 죄악으로 더럽혀진 이스라엘을 정화시킨다는 차원에서 해석될 수 있을 것입니다. 죄를 말끔히 씻는다고 하는 측면에서 신약 시대의 세례와 같은 의미를 갖는다고 할 수 있습니다. 그리고 하나님께서는 자기의 언약 백성에게 "새로운 마음"과 "새로운 영"을 주시겠다고 약속했습니다. 이 "새로운 마음"과 "새로운 영"만이 이스라엘의 신생의 희망이 되는 것입니다.

이렇듯 절망에 휩싸여 일어설 기력조차 없는 포로들에게 에스겔은 저 유명한 "해골 골짜기"의 환상을 들어 하나님의 힘을 믿고 일어설 것을 역설했습니다.

"여호와께서 권능으로 내게 임재하시고 그의 영으로 나를 데리고 가서 골짜기 가운데 두셨는데 거기 뼈가 가득하더라. 나를 그 뼈 사방으로 지나가게 하시기로 본즉 그 골짜기 지면에 뼈가 심히 많고 아주 말랐더라. 그가 내게 이르시되 인자야 이 뼈들이 능히 살겠느냐 하시기로 내가 대답하되 주 여호와여 주께서 아시나이다. 또 내게 이르시되 너는 이 모든 뼈에게 대언하여 이르기를 너희 마른 뼈들아 여호와의 말씀을 들을지어다. 주 여호와께서 이 뼈들에게 이같이 말씀하시기를 내가 생기를 너희에게 들어가게 하리니 너희가 살아나리라. 너희 위에 힘줄을 두고 살을 입히고 가죽으로 덮고 너희 속에 생기를 넣으리니 너희가 살아나리라. 또 나를 여호와인줄 너희가 알리라 하셨다 하라. 이에 내가 명령을 따라 대언하니 대언할 때에 소리가 나고 움직이며 이 뼈, 저 뼈가 들어맞아 뼈들이 서로 연결되더라. 내가 또 보니 그 뼈에 힘줄이 생기고 살이 오르며 그 위에 가죽이 덮이나 그 속에 생기는 없더라. 또 내게 이르시되 인자야 너는 생기를 향하여 대언하라. 생기에게 대언하여 이르기를 주 여호와께서 이같이 말씀하시기를 생기야 사방에서부터 와서 이 죽음을 당한 자에게 불어서 살아나게 하라 하셨다 하라. 이에 내가 그 명령대로 대언하였더니 생기가 그들에게 들어가매 그들이 곧 살아나서 일어나서는데 극히 큰 군대더라"(겔 37:1-10).

하나님께서는 에스겔을 골짜기 가운데로 데려가서는 한 환상을 보여주었습니다. 그 골짜기에는 마른 뼈들이 심히 많아 가득했습니다. 이 뼈는 곧 이스라엘 족속을 가리키는 것이며(겔 37:11), 멸망당한 지금의 이스라엘이 얼마나 소망이 없는 상태인가를 보여주기 위하여 하나님께서는 예언자를 이런 곳으로 데려오셔서 환상을 보여주신 것입니다. 그러나 하나님의 명령에 따라 에스겔이 "뼈들아 들으라, 너희가 살아나리라" 고 외치자 이 뼈들은 서로 연결되고 살과 가죽이 생겼습니다. 그러나 여기에 생기가 없었습니다. 에스겔이 하나님의 명령을 다시 받아 생기를 그들에게 들어가게 하니 마른 뼈가 큰 군대를 이루었습니다.

이 환상을 통하여 우리가 배우는 것은 생사화복(生死禍福)이 다 하나님께 달렸다는 것입니다. 하나님의 사역을 통하여 마른 뼈도 살아있는 큰 군대가 될 수 있습니다. 이처럼 우리 인간은 육체를 다 갖추고 있어도 영혼이 없으면 살아있는 존재가 될 수 없습니다. 또한 이 환상은 곧 육체적인 이스라엘의 회복인 동시에 영적인 이스라엘의 회복에 대한 예언이라고 생각합니다. 여기서 우리가 알아야 할 것은 육적인 이스라엘보다는 영적 이스라엘을 하나님께서는 더 중요시하고 있다는 사실입니다.

다른 나라에도 예언자는 존재하지만, 구약성경에 나오는 이스라엘의 예언자는 그 사회적, 윤리적, 종교적 지위에 있어서 독특한 성질을 갖기 때문에 그들의 정신사적 역할은 막중한 것이었습니다. 예언자는 앞일을 미리 예시해 주는 예고자(foreteller)도 되지만, 이스라엘 예언자들에게 있어서 공통된 특질은 하나님의 대변자(spokesman)라는 것입니다. 다시 말해서 그들은 하나님의 부르심 곧 소명체험(召命體驗)을 갖고, 하나님으로부터 받은 말씀을 그의 백성들에게 전하는 하나님의 대변자라는 것입니다.

예언자들의 메시지는 역사적인 상황이 달라질 때마다 그 적용이 달라지기는 했지만, 그 중심 메시지는 변함이 없었습니다. 그것은 즉 역사의 중심은 하나님이시라는 것입니다. 역사 과정 속에 하나님은 나타나 죄에 대하여 회개를 촉구하고 심판하며 마침내는 악을 멸하고 복된 시대를 이끌어 들인다는 것입니다. 이러한 하나님의 뜻과 계시를 대변하여 전달한 자들을 일컬어 예언자들이라고 하였고, 그들의 종교 체험과 활동을 기록한 문서를 예언서라고 하는 것입니다.

끝으로 에스겔서의 문학적 특색을 간단히 살펴보기로 하겠습니다. 첫째 특색은 하나님의 계시가 환상(vision)을 틀로 해서 전달된다는 것입니다. 이 틀은 1장, 8장 및 40장으로 짜여져 있습니다. 아래 도표에서 보는 바와 같이 중요한 틀을 이루는 환상은 세 가지라고 할 수 있다고 생각합니다.

우선 1장의 환상을 살펴보겠습니다. 1장의 환상은 바벨론의 제2차 예루살렘 침략 때 여호야긴 왕 등과 함께 포로로 잡혀 와서 아무런 소망도 위로도 가질 수 없었던 상황에서 여호와의 말씀이 환상을 통하여 계시되었습니다. 그 계시를 통하여 에스겔은 하나님께서는 그의 뜻대로 세상을 통치(섭리)하시며 언제나 그의 백성을 보살피고 계신다는 것을 알았습니다.

에스겔이 본 중요한 환상들

환 상	의 미	관련성구
네 생물에 대한 이상	하나님의 끊임없는 세상 통치와 보살핌	겔 1:4-28
불같은 형상에 대한 이상	하나님의 분노와 심판	겔 8:1-4, 17
성전에 대한 계시	말세를 위한 하나님의 세부적인 계획	겔 40장-42장

에스겔이 본 이상(異象)은 네 생물에 대한 것입니다(겔 1:4-14). 이 네 생물에게는 네 바퀴가 달려 있었습니다(겔 1:15-21). 그리고 생물의 머리 위에 있는 수정 같은 궁창과 궁창 위 보좌에 있는 한 모습이었습니다(겔 1:22-28). 여기서 네 생물은 하나님의 천사 곧 하나님의 뜻을 수행하는 종들을 가리킵니다. 이 종들은 하나님의 뜻을 수행하기 위한 날개와 봉사를 위한 손을 가지고 있었습니다(겔 1:6, 8). 그 생물들은 사람, 사자, 황소, 독수리의 얼굴을 가졌는데(겔 1:10), 그것들은 각각 지능, 용맹, 힘 그리고 날으는 능력을 상징합니다. 그들은 성령에 순종하여 서로 밀접한 연락을 취하면서 번개 같은 기동력으로 그들의 직무를 수행했습니다(겔 1:9-14). 이것은 곧 하나님께서 세상사에 대하여 방관하시거나 아무 일도 하시지 않는 것처럼 보이는 때에도, 실상은 결코 쉬지 않고 큰 능력으로 일하고 계시다는 사실을 보여 주는 것입니다.

이 생물들에게는 네 바퀴가 달려 있는데 그것은 무엇을 가리키는 것이겠습니까? 그것은 이스라엘의 하나님 여호와께는 막강한 군대가 있어서, 완벽한 기동력으로 만사를 그의 뜻대로 인도해 가신다는 사실을 말해주고 있습니다. 그 바퀴가 땅에 닿아 있는 것은(겔 1:15) 하나님이 이 세상 사건들에 깊이 관여하고 계심을 보여 주신 것입니다. 바퀴 둘레에 눈이 가득한 것은(겔 1:18) 하나님께서 지상의 모든 사건을 일일이 다 보고 계시므로, 그가 모르는 가운데 발생하는 일이라고는 도무지 없다는 사실을 가르쳐 줍니다.

그리고 생물의 머리 위에 있는 수정 같은 궁창과 생물들의 날개 소리를 통해서 에스겔이 깨달은 것은 전능하신 하나님 앞에 자기 자신과 세상의 온갖 분요한 일들이 참으로 보잘 것 없다는 사실이었습니다. 보좌에 위에 있는 한 형상(겔 1:25-28)은 사람의 모양인데, 그의 허리 위는 온통 불같고 아래쪽도 불같아서 광채가 났으며 그 모양은 무지개와 같았습니다. 이것은 “여호와의 영광의 형상의 모양”(겔 1:28)으로서, 하나님의 거룩하심과 그의 지극하신 자비와 사랑을 상징하고 있습니다.

이러한 하나님의 이상을 통하여, 에스겔은 하나님을 확고하게 신앙하게 되었고 스스로 겸비하게 되었습니다(겔 1:28-).

그러나 유다 사람들은 미련하고 어리석고 교만해서 하나님을 저버리고 다른 이방신들과 행음을 일삼았습니다. 그래서 여호와 하나님께서는 질투하시는 하나님이시기 때문에 예루살렘을 멸망케 했고 또 유다 민족을 바벨론 포로로 잡혀가게 했습니다. 에스겔서 제8장에서 에스겔이 본 “불같은 형상”(8:2-4)은 하나님의 모습입니다. 특히 불은 심판을 비유하는 것이므로(히 12:29), ”불같은 형상“은 심판하시는 하나님을 상징한다고 하겠습니다. 하나님은 자기 백성들이 다른 나라의 신들과 놀아나는 것이 하도 가증스러워 하나님은 진노하사 긍휼이 없는 심판을 하시겠다는 것입니다(겔 8:18).

그러나 40장으로 42장까지에서 에스겔이 본 환상은 성전에 관한 것입니다. 그것은 유다 민족들이 돌이켜서 회개하면 예루살렘으로 다시 모으고 성전을 재건하고 회복시켜 주시겠다는 구체적인 약속입니다. 한마디로 에스겔서는 죄에 대하여 심판하시는 하나님의 사역과 회개하면 긍휼을 베풀어 돌이켜 주시고 다시 회복시켜 그의 축복을 함께 누릴 수 있다는 메시지로 구성되어 있습니다. 그것이 환상의 구조로 나타나는 것을 볼 수 있습니다.

둘째 그 특색은 풍유적 상징들을 많이 사용했다는 것입니다.

다음의 도표에 제시한 상징 말고도 더 많이 나오지만 대표적인 것들만 열거하였습니다. 그 중에서도 두 여인의 행음과 두 막대기의 연합을 예로 들어 그 상징의 의미를 설명해 보겠습니다. 우선 23장 2절-4절까지를 인용하겠습니다. "인자야 두 여인이 있었으니 한 어머니의 딸이라. 그들이 애굽에서 행음하되 어렸을 때에 행음하여 그들의 유방이 눌리며 그 처녀의 가슴이 어루만져졌더니 그 이름이 형은 오홀라요 아우는 오홀리바라. 그들이 내게 속하여 자녀를 낳았나니 그 이름으로 말하면 오홀라는 사마리아요 오홀리바는 예루살렘이니라."

여기서 한 어미의 딸인 두 여인이 애굽에서 어렸을 때 행음했다는 말

에스겔이 본 중요한 환상들

환 상	의 미	관련성구
박석 위의 그림	예루살렘 포위	겔 4:1-3
모로 눕는 날수	430년간의 포로생활	겔 4:4-8
부정한 떡 먹음	백성의 기근	겔 4:9-17
머리털 수염 깎음	유다의 멸망	겔 5:1-4
두 여인의 행음	사마리아와 예루살렘의 우상숭배	겔 23:1-49
두 막대기의 연합	이스라엘의 연합된 회복	겔 37:15-17

이 나오는데, 이 상징은 이스라엘 족속이 출애굽하기 전 애굽에 있을 때부터 하나님을 버리고 우상을 섬긴 일을 영적인 간음으로 묘사한 것입니다. 두 여인 오홀라와 오홀리바는 사마리아와 예루살렘을 가리키는 비유적 명칭입니다(겔 23:4). 이들이 "한 어머니에 속했다"(겔 23:2)는 것은 그들이 아브라함의 아내 사라의 자손들이라는 뜻이거나 혹은 한

민족이라는 것을 나타냅니다.

다른 풍유적 상징 하나를 더 들겠습니다. "여호와의 말씀이 또 내게 임하여 이르시되 인자야 너는 막대기 하나를 가져다가 그 위에 유다와 그 짝 이스라엘 자손이라 쓰고 또 다른 막대기 하나를 가지고 그 위에 에브라임의 막대기 곧 요셉과 그 짝 이스라엘 온 족속이라 쓰고 그 막대기들을 서로 합하여 하나가 되게 하라. 네 손에서 둘이 하나가 되리라"(겔 37:15-17).

북이스라엘과 남유다 즉 이스라엘의 모든 족속이 고토(故土)로 돌아가서는 "한 나라"가 되고 "한 임금"에 의해 다스려질 것을 묘사한 상징입니다.

셋째 그 특색은 비유를 많이 사용했다는 것입니다.

다음 도표에서 보듯이 많은 비유들이 에스겔서에는 나옵니다. 그 중에서도 단 한 가지만 선택해서 비유에 대한 설명을 드리겠습니다.

에스겔서에 나타난 비유들

내 용	관련성구
열매없는 포도나무	겔 15:1-8
간음하는 아내	겔 16:1-63
독수리 두 마리	겔 17:1-21
아름다운 백향목	겔 17:22-24
암사자와 새끼들	겔 19:1-9
두 음녀	겔 23:1-48

"여호와의 말씀이 내게 임하여 이르시되 인자야 포도나무가 모든 나무보다 나은 것이 무엇이랴. 숲속의 여러 나무 가운데에 있는 그 포도나무 가지가 나은 것이 무엇이랴. 그 나무를 가지고 무엇을 제조할 수 있겠느냐. 그것으로 무슨 그릇을 걸 못을 만들 수 있겠느냐. 불에 던질 땔감이 될 뿐이라. 불이 그 두 끝을 사르고 그 가운데도 태웠으면 제조에 무슨 소용이 있겠느냐. 그것이 온전할 때에도 아무 제조에 합당하지 아니하였거든 하물며 불에 살라지고 탄 후에 어찌 제조에 합당하겠느냐. 그러므로 주 여호와께서 이같이 말씀하셨느니라. 내가 수풀 가운데에 포도나무를 불에 던질 땔감이 되게 한 것 같이 내가 예루살렘 주민도 그같이 할지라. 내가 그들을 대적한즉

그들이 그 불에서 나와도 불이 그들을 사르리니 내가 그들을 대적할 때에 내가 여호와인 줄 너희가 알리라. 내가 그 땅을 황폐하게 하리니 이는 그들이 범법함이니라. 나 주 여호와의 말이니라 하시니라"(겔 15:1-8).

이 비유의 핵심은 열매를 맺지 못하는 포도나무는 아무 쓸모가 없으며, 따라서 불에 태워질 수밖에 없다는 것입니다. 이 비유에서 "포도나무"는 예루살렘 거민 곧 유다 백성을 상징하고 있습니다. 따라서 포도나무의 비유는 유다가 하나님의 사랑과 기대를 저버리는 생활을 했다는 사실을 지적해 주고 있습니다. 이처럼 그들이 스스로 무가치하게 살았으므로, 쓸모없는 포도나무를 잘라 땔감으로 쓰듯이 징벌하겠다는 하나님의 뜻을 보여주는 비유입니다.

마지막으로 그 특색은 애가를 사용한 비유가 많다는 것입니다. 27장은 두로의 온갖 세상적인 아름다움이 하나님의 심판을 받아 멸망하게 될 것을 노래한 일종의 애가입니다. 두로의 왕은 "기름부음을 받고 지키는 그룹"(겔 28:14) 같은 왕이었으며 그의 나라는 마치 "에덴동산"(겔 28:13)처럼 아름다웠지만, 마음의 교만으로 인하여 타락했으므로 영원히 멸망케 되는데, 그것을 애도한 노래가 에스겔서 28장 11절-19절입니다. 32장 1절-16절은 멸망당한 애굽의 비참한 모습을 슬퍼하는 애가이고, 17절-32절은 음부에 떨어질 애굽을 슬픈 곡조로 노래한 애가입니다.

에스겔서는 바벨론에 포로로 잡혀간 유대인을 대상으로 선포된 예언을 기록한 책입니다. 그 내용은 예레미야서와 대동소이(大同小異)한데, 그것은 모두 하나님에 대하여 신실하지 못한 유다에 임한 심판과 장래의 회복을 선포하고 있습니다. 이런 내용을 독특한 기술 방법으로 기록한 책이 에스겔서입니다.

〈잠깐 쉬며 묵상하는 코너〉

삶의 밭

눈물로 씨 뿌리지 않고
밭이랑에 물을 주지 않고서야
풍성한 알곡들을 거두리라고
우리는 기대할 수 없으리.

우리의 이렇듯 신비한
세계를
아무런 대가도 없이
얻을 수는 없으리니
가시밭이든 혹은 꽃밭이든
삶의 밭은
우리가 뿌리는 대로
거둘 것이라.

-요한 볼프강 폰 괴테

스룹바벨과 그의 성전 재건

예언자 이사야가 예고한 대로(사 44:28; 45:1) 바벨론은 바사(페르시아)의 왕 고레스에 의해서 주전 539년에 멸망당하였습니다. 더욱 고레스는 바벨론 유다 포로들에게 예루살렘으로 돌아가서 여호와의 집을 건축해도 좋다는 칙령을 주전 538년에 반포하였습니다. 고레스는 안샨(Anshan) 왕국의 캄비세스 1세 왕과 메데 왕 아스티야게스(Astyages, 585-559)의 공주 만다네 사이에서 태어났습니다. 고레스는 남부 페르시아의 작은 속주(屬州)를 다스리는 총독으로 정계에 입문하였으며, 외조부인 아스티야게스의 영토를 잠식하며 세력을 키워 나갔습니다. 이에 아스티야게스 왕이 고레스를 치러 나섰으나 군대의 반란으로 고레스의 포로가 되고 말았습니다. 이렇게 메데 제국을 장악한 고레스는 근동 아시아의 강자로 떠올랐고 마침내 주전 539년 신바벨론(갈대아)을 티그리스 강변 오피스(Opis) 전투에서 멸망시켰습니다.

고레스 왕은 바벨론의 주신(主神)인 마르둑(Marduk)에 대한 자신의 의무를 다 할것을 다짐했을 뿐만 아니라 피정복민들의 신들에 대해서도 경의를 표하였습니다. 고레스 이전의 왕들은 피정복민들의 신들을 전승 기념물로 취급하였습니다. 그러나 고레스는 외교 정책상 회유 정책을 펴서 피정복민들이 재량껏 예배할 수 있도록 허락하였던 것입니다. 이처럼 고레스는 매우 개방적인 훌륭한 통치자였습니다.

앗수르나 바벨론의 왕들은 자기들이 정복한 나라를 완전히 없애버리기 위하여 그 나라 사람들을 포로로 잡아갔으며 여기저기 흩어져 살게 하였습니다. 그리고는 한민족끼리 서로 사랑하지도 못하게 하였고, 같이 모여 살지도 못하게 하였습니다. 그러나 페르시아의 왕 고레스는 자기가 정복한 나라를 철저히 다스리면서도 그 나라 사람들에게 자유를 주어 그들의 하나님을 섬기면서도 그들의 풍습대로 살게 하였습니다. 더욱이 그는 포로생활을 하는 사람들에게 고국으로 돌아가 자기네 하나님을 섬기며 살고 싶은 사람은 그렇게 하도록 허락하였습니다.

고레스는 바벨론에 사는 유대인들에게 다음과 같은 명령을 내렸습니다. 이는 하나님께서 고레스의 마음을 움직여 예레미야를 통해 말씀하신 예언이 이루어지도록 하신 것입니다(스 1:1).

"하늘의 하나님 여호와께서 세상 모든 나라를 내게 주셨고 나에게 명령하사 유다 예루살렘에 전을 건축하라 하셨나니 이스라엘의 하나님은 참 신이시라. 너희 중에 그의 백성된 자는 다 유다 예루살렘으로 올라가서 이스라엘의 하나님 여호와의 성전을 건축하라. 그는 예루살렘에 계신 하나님이시니라 · · · 은과 금과 그 밖의 물건과 짐승 · · · 그 외에도 예루살렘에 세울 하나님의 성전을 위하여 예물을 기쁘게 드릴지니라" (스 1:2-4).

이 말을 들은 바벨론의 유대인들은 대부분 예루살렘에 돌아갈 준비를 하였습니다. 그러나 육십여 년 동안 남의 나라에서 살았기 때문에 고국을 모르는 2세, 3세들이 많았습니다. 그들은 고국으로 돌아가지 않고 예루살렘 성전을 짓는데 필요한 물건들 즉 은그릇과 황금과 그 밖의 물건과 짐승과 보물을 모아서 고국으로 보냈습니다(스 1:6). 또한 고레스는 옛적에 예루살렘에서 옮겨다가 자기 신들의 신당에 두었던 여호와의 전 기명(器皿)들 즉 금반(金盤), 은반, 칼, 금 대접, 은 대접, 기타 기명들을 꺼내어 계수하여 여호야긴의 아들이요(대상 3:18) 스룹바벨의 숙부요, 회복된 유대의 초대 총독으로 임명된 세스바살에게 주어 예루살렘으로 운반케 하였습니다(스 1:7-11). 에스라서에서는 그를 가리켜 유다 총독이라 하였습니다(스 1:8).

세스바살이 예루살렘 총독이 된다는 것은 유다 포로들의 가슴을 설레게 하는 충격적인 소식이었습니다. 50년간 다윗 가문의 어떤 인물도 물리적으로 예루살렘의 권좌(權座)에 앉은 적이 없었기 때문입니다. 그러나 다른 한편으로 살펴보면 전망이 그리 밝은 것만은 아니었습니다. 예루살렘은 폐허였으며, 이미 바벨론에서 삶의 기반을 닦아놓은 사람들이 다시 삶의 터전을 옮긴다는 것은 쉬운 일이 아니었기 때문입니다. 그러나 페르시아인들의 도움을 받아 제1차포로 귀환이 이루어졌습니다. 이 때의 두 지도자는 세스바살과 스룹바벨(Zerubbabel)이었습니다. 고레스에 의해 총독으로 임명된 세스바살(스 1:8; 2:2; 3:2,8)이 귀환민들을 지도하다가 곧 스룹바벨에 의해 물러난 것으로 보입니다. 맨 먼저 다윗의 후손인 스룹바벨이 수만 명을 인도하여 귀국길에 올랐습니다. 귀국길에 오른 때는 칠월(스 2:1)이었습니다. 이 칠월은 유대인들에게 있어서는 1년 중 가장 거룩한 달이었습니다. 이 달의 첫째 날은 나팔을 불어 성회로 모이는 나팔절이었고(렘 23:24), 10일은 속죄일이었습니다(레 23:27; 민 29:7). 그리고 15일은 3대 절기 중의 하나인 초막절로서 22일에 끝이 났습니다. 따라서 스룹바벨과 예수아(Jeshua)는 이 거룩한 달을 맞으면서 우선 번제를 드릴 제단을 세웠던 것입니다(스 3:2). 그들은 모세의 율법에 기록된 대로 초막절을 지켜 번제를 드리고(스 3:4) 성전 재건의 사역을 시작하였습니다.

그리고 이십 세 이상의 레위 사람들을 세워 여호와의 전 역사를 감독하게 하였으며 건축자가 여호와의 전 지대를 놓았습니다. 제사장들은 예복을 입고 나팔을 들고 아삽 자손 레위 사람들은 제금을 들고 서서 이스라엘 왕 다윗의 규례대로 여호와를 찬송하였습니다. 어떤 늙은 사람들은 첫 성전을 보았었기 때문에 다시 놓는 지대가 너무나 초라해서 대성통곡하였고 어떤 사람들은 기뻐하며 즐거이 부르짖었습니다(스 3:8-13).

첫 두 해 동안 성전의 지대를 놓은 후 착수하였으나 그 사역은 15년 간 중단되었습니다. 그것은 사마리아인들을 중심으로 한 팔레스타인의 주민들이 성전 건축에 동참할 것을 표시하였으나, 이들이 전에 하나님께 불충했다는 이유로 스룹바벨과 예수아가 이 제안을 거부하자 성전 건축을 반대하기 시작하였기 때문입니다(스 4:1-4). 이에 이들이 "바사 왕 고레스의 시대부터 바사 왕 다리오가 즉위할 때까지 관리들에게 뇌물을 주어 그 계획을 막았으므로" (스 4:5) 성전 건축이 15년간 중단되었습니다. 즉 사마리아인들은 뇌물로 의사들(변호사, counselors)을 사서 고용하여 예루살렘 거민들을 고소하였습니다(스 4:6). 그리고 페르시아 왕으로 하여금 명령을 내려 다시 조서가 내려질 때까지 성을 건축하는 것을 못하게 하였습니다(스 4:21). 성전 건축이 이렇게 지연된 것은 자신들만을 위해서 여호와의 집을 짓는다고 하는(학 1:2-4) 스룹바벨과 다른 귀환 포로들의 선입견 때문이었습니다.

예언자 학개(Haggai)와 스가랴(Zechariah)의 재촉을 받아 스룹바벨은 다리오가 통치하기 시작한지 2년 후 성전 재건의 역사를 부지런히 다시 시작하였고(스 5:1-2) 그 선지자들은 스룹바벨을 도왔습니다. 이 성전 재건의 노력은 귀환 포로들과 선지자 및 페르시아 왕(스 6:4)의 협동의 모델을 제시해 주게 됩니다. 스룹바벨은 페르시아 왕으로부터 상당한 액수의 돈과 물자를 공급받았고(스 6:5) 동시에 선지자 학개와 스가랴의 지속적인 격려를 받았습니다(스 5:2).

물론 총독 닷드내가 페르시아 왕에게 성전 건축에 대해 알아보라는 서신을 보냄으로써 성전 건축이 또다시 중단될 위기가 없었던 것은 아니지만(스 5:6-6:12), 선지자 학개와 스가랴의 활동과 하나님의 "돌아보심"과 다리오 왕의 도움으로 성전 공사를 주전 516년에 마무리 할 수 있었습니다. 이스라엘 사람들은 "즐거이 하나님의 성전 봉헌식"을 행하였습니다(스 6:16). 이 축하 행사는 유월절을 지키는 것으로 절정에 이르게 됩니다(스 6:19).

성전을 완성하자 스룹바벨은 공적인 생활에서 물러났거나 죽은 것 같습니다. 그러나 그의 영향은 지대해서 역사가들은 제2의 성전을 다음 도표에서 보듯이 "스룹바벨 성전"이라고 명명합니다.

이스라엘의 세 성전

성전 이름	완 공 년 대	관련성구
솔로몬 성전	주전 959년	왕상 6:1-38
스룹바벨 성전	주전 516년	스 6:15-18
헤롯 성전	주전 20-주후 63년	요 2:19

하나님은 스룹바벨을 세워 포로들을 예루살렘으로 데려오게 하셨고 돌아와서는 제2성전을 건축하는 일을 스룹바벨에게 맡기셨습니다. 학개 2장 23절에는 "스알디엘의 아들 내 종 스룹바벨아 여호와가 말하노라. 그 날에 내가 너를 세우고 너로 인장으로 삼으리니 이는 내가 너를 택하였음이니라. 만군의 여호와의 말이니라"는 말씀이 있습니다.

여기서 예언자 학개는 스룹바벨이 스알디의 아들임을 강조하고 있습니다. 이것은 스룹바벨이 다윗의 후손임을 강조한 것이며(창 49:8-10) 다윗의 후손 곧 메시아를 통하여 성취될 인류 구속과 하나님 나라 건설의 위업은 오직 만군의 여호와의 지혜와 능력으로써만 성취될 수 있다는 것을 보여 주기 위한 것이라 할 수 있습니다. "내 종 스룹바벨"이라는 말씀 속에서 "내 종"이란 하나님의 거룩한 계획을 받들기 위하여 하나님께서 주권적으로 선택하신 자라는 의미와 함께 그는 세상의 종 곧 세상 나라를 위해 봉사하는 인간 충독이 아니라는 의미가 포함되어 있습니다. 이러한 종개념은 하나님 앞에서 비굴한 위치를 강조하기보다는 하나님과 날마다 인격적 관계를 유지하는 자라는 영광스러움을 담고 있습니다(사 42:1; 49:3; 스 5:11). 이런 의미에서 스룹바벨은 친히 종의 신분

(빌 2:7)으로 오셔서 인류 구속을 위해 십자가에 달리신 예수 그리스도를 예표 합니다(사 41:8; 42:1; 겔 34:23). 그리고 스룹바벨의 지도 아래 성전 재건 공사를 시행하도록 촉구한 것도 결국 성전의 완성자는 오직 예수 그리스도이심을 바라보게 하기 위함이었던 것입니다(요 2:18-22).

"스룹바벨과 그의 성전 재건"에 관한 이야기에서 가장 주목을 끄는 것은 여호와 하나님께서 세우신 섭리와 언약은 신실하고 영원하다는 것입니다. 예레미야의 예언대로 이스라엘 민족이 바벨론 포로로 잡혀가 70년 동안 종살이를 하고 있을 때는 이 지상에서 멸절되는 듯한 위기감을 느끼게도 하지만, 이스라엘을 향하신 영원한 그의 언약을 완성시키기 위해 하나님께서는 고난 가운데 있는 이스라엘 백성들과 늘 함께 계셨던 것입니다. 그러시다가 하나님께서는 그의 언약을 이루시기 위해 "바사 왕 고레스의 마음을 감동시키시매" (스 1:1) 포로 석방과 예루살렘 성전 재건을 허락케 하고 그 일을 적극적으로 돕게 하셨던 것입니다.

늘 유대인들은 하나님을 배반하고 그를 거슬려 살았지만, 하나님께서는 항상 그들과 함께 하시며 그들을 돌보셨습니다. 이런 점에서 우리는 영국의 17세기 형이상학 시인 중의 한 사람인 조지 허벗(George herbert, 1593-1633)이 찬양한 사랑의 하나님을 연상하게 됩니다.

> 사랑은 나에게 환영한다고 하였지만, 나의 영혼은
> 주춤했다, 죄 많은 몸인 것을 의식하고서.
> 그러나 눈이 빠른 사랑은, 처음 들어서면서부터
> 힘이 빠져 있는 나의 모습을 보고,
> 나에게로 가까이 다가와 상냥하게 물었다,
> 무엇이 부족한 것이 있느냐고.
>
> 이 장소에 걸 맞는 손님이 없다고 대답하자,
> 사랑은 말했다, 그대가 그런 손님이 되라고.
> 불친절하고 감사할 줄 모르는 제가요? 아 그대여,

나는 당신을 바라볼 수가 없습니다.
사랑은 내 손을 잡고 미소 지으며 대답했다,
그대의 눈을 만든 자가 나 이외의 또 누군가고.

주님 옳습니다, 그러나 나는 그것을 못 쓰게 만들었습니다.
그러니 나의 수치에 걸 맞는 곳으로 가게 해 주십시오.
사랑은 말한다, 그 책망을 누가 내렸는지 그대는 모르는가고.
나의 사랑하는 이여, 그렇다면 나에게 종노릇하게 해 주십시오.
이에 사랑은 앉아 이 식사를 맛보라고 하였다.
래서 나는 그 자리에 앉아 음식을 먹었다.

사랑의 하나님께서는 유대인처럼 늘 죄를 짓고 살아가는 우리 인간들을 초대하여 한 자리에 앉아서 함께 식사를 하기를 원하고 계십니다. 비록 유대인들을 쳐서 바벨론 포로로 끌려가도록 하시기는 하셨지만, 그것은 유대인이 미워서가 아니라 오히려 강하게 쳐 그들을 돌이켜서 다시 제자리로 돌아오게 하려는 사랑의 역설적 행위라 할 수 있습니다.

스룹바벨의 성전 재건은 사마리인들의 반대로 15년 동안 중단 되었으나 하나님께서는 학개와 예언자 스가랴를 세워 스룹바벨을 독려하여 재개케 하고 마침내 주전 516년에 완공케 하셨습니다. 포로 귀환과 제2성전 건축(재건) 등이 모두 사람들이 힘을 합쳐서 이루어진 것 같지만 실은 하나님의 섭리와 성실한 약속 이행 없이는 이루어질 수 없었습니다. 제1성전은 솔로몬이 단독으로 세웠지만 제2성전은 국민 전체의 손에 의해 이루어졌다고 해도 과언이 아닙니다. 이렇게 제2성전이 재건됨으로써 예루살렘 공동체는 다시 일어서게 되는 것입니다.

에스라와 그의 종교개혁 운동

바벨론 포로로 잡혀갔던 유대인들의 귀환은 모두 세 번에 걸쳐서 이루어졌습니다. 아래 도표에서 보듯이 첫 번째 귀환한 사람들은 스룹바벨의 인도로 주전 538년에 고국에 돌아왔습니다(스 1장-6장). 이들은 성전 재건에 온 힘을 기울였습니다. 두 번째 그룹은 주전 458년에 에스라의 인도로 고국에 귀환했습니다(스 7장-10장). 이 사람들은 먼저 그 자신들이 개혁되어야 할 필요가 있었습니다. 그들은 자신들에게 주어진 계약의 의무를 다시 한 번 확인해야만 했습니다. 그리고 세 번째 그룹은 주전 444년에 느헤미야의 인도로 귀환했습니다. 느헤미야는 예루살렘의 성벽을 재건하는 데 관심을 기울였으며, 에스라가 그랬던 것

포로 귀환의 과정

과 정	귀환의 시기	통 치 자	인 도 자	귀환한 후 한 일	관련성구
제1차	주전 538년	고레스 왕	스룹바벨	성전 재건	스 1:1-6:22
제2차	주전 458년	아닥사스다 1세	에 스 라	종교개혁 운동	스 7:1-10:44
제3차	주전 444년	아닥사스다 1세	느헤미야	예루살렘 성벽 재건	느 1:1-13:31

처럼 백성들이 하나님께 복종하도록 권고했습니다.

이미 앞에서도 언급한 바와 같이 두 번째 바벨론 포로 귀환은 아닥사스다 즉위 7년째인 주전 458년에 이루어졌습니다(스 7:7). 제1차 귀환 후 스룹바벨의 성전 재건이 완성된 때로부터 57년이라는 세월이 흘러서 이루어진 귀환이었습니다. 이 귀환의 인도자는 에스라였습니다. 에스라는 바벨론에서 유대인들과 함께 살아가던 아론가의 경건한 레위인이었습니다. 에스라는 제사장일 뿐만 아니라 바벨론에서 유대인들과 함께 살며 모세의 율법을 열심히 읽고 실천하는 율법 학사였습니다(스 7:11). 여기서 학사는 기록자, 서기관, 비서, 작가(삼하 8:17; 에 3:12; 8:9; 시 45:1) 등을 가리키는 말입니다. 학사라는 말은 또한 읽고 쓸 줄을 아는 지식이 있는 사람(렘 36:23)과 하나님의 율법을 읽고서 그것을 가르칠 수 있는 학식이 있는 사람을 말합니다. 그리고 느헤미야서에서는 6번씩이나 에스라를 서기관이라고 부르고 있습니다(느 8:1, 4, 9, 13; 12:26, 36). 그는 오랜 포로 생활 동안 학자들이 여기저기서 모아 정리한 모세 오경을 연구하며 베껴 쓰는 일을 했습니다.

에스라는 이스라엘의 계약의 하나님의 축복뿐만 아니라 아닥사스다라는 이방 왕의 축복도 받았습니다. 에스라 후에 느헤미야는 왕 앞에서 시중드는 직분을 맡았지만(느 1:11) 에스라는 아무런 공식적인 직책이 없었습니다. 에스라는 율법에 익숙한 학사였다는 사실만 언급되고 있습니다. 학사로서의 직분은 에스라가 그의 생애에 있어서 그가 행하여야 할 가장 중요한 임무였습니다.

항상 팔레스타인으로 돌아가기를 열망했던 에스라는 이 귀환 운동의 승인을 아닥사스다에게 호소했습니다. 포로들이 에스라의 인도 아래 예루살렘으로 돌아가는 것을 권하기 위해 바사 왕은 뜻 깊은 칙령을 공포했고(스 7:11-26), 에스라에게 강 서편에 있는 지방의 유사(magistrate)와 재판관 임명에 관한 권리를 위임했습니다(스 7:25). 게다가 에스라는 순응하지 않는 자는 누구나 재산을 몰수하고 투옥이나 처형을 시킬 수 있는 권세도 맡았습니다(스 7:26).

아닥사스다는 에스라의 임무를 위해 가장 너그러운 재정 지원을 했습니다. 왕궁의 기부금, 포로들이 자원해서 바친 예물, 신성한 기명(器皿) 등이 예루살렘 성전을 위해 에스라에게 주어졌습니다(7:15-23). 아닥사스다는 에스라를 크게 신뢰하여 그가 성전 봉사에 필요하다고 보는 것은 무엇이나 무제한으로 왕의 내탕금(內帑金)을 쓸수 있게 했습니다(스 7:20). 그들은 성전을 짓는데 긴히 필요한 최소한의 물품들을 갖고 돌아왔습니다(스 7:21-22). 밀과 기름과 소금은 소제를 드리는데 사용되었고 (레 2:1, 2, 7, 13), 포도주는 유제(drink offering)에 사용되었습니다(레 12:13). 그리고 제사장들과 레위인들은 세금을 내지 않았습니다(스 7:24).

에스라는 하나님의 은혜와 아닥사스다의 정성어린 후원에 용기를 얻어 아하와로 흐르는 강가에 이스라엘의 지도자를 모았습니다(스 8:15). 그 중에는 레위인들이 하나도 없는 것을 발견하고, 에스라는 모든 족장들을 불러 가시뱌 지방으로 보내어 그곳 족장 잇도에게 하나님의 전을 위하여 수종드는 자를 데리고 오라고 명하였습니다(스 8:15-17). 이에 응하여 40명의 레위인과 220명의 성전 봉사자들이 귀환대열에 합세하였습니다(스 8:18-20). 약 1,800명의 남자와 그 가족으로 구성된 귀환대는 예루살렘까지 거의 1,600km 되는 길고도 위험한 여행을 시작하게 됩니다. 그들은 시작에 앞서 금식과 기도로써 하나님의 인도와 보호를 간구하였습니다(스 8:21-23).

여행은 니산월(정월) 12일에 시작되었습니다(스 8:31). 3개월 반 후 예루살렘에 도착하여 제사장들과 레위인들이 바벨론으로부터 가지고 온 보화와 기명을 확인하여 성전에 들인 후 귀환자들은 뜰에서 정성들인 예물을 드렸습니다(스 8:34-35).

하나님의 은혜를 크게 입어 예루살렘으로 돌아왔음에도 불구하고 유대인들은 아직껏 모세에 의해 기록된 하나님의 말씀을 지키지 못하고 거기서 벗어나 방황하고 있었습니다. 그들은 율법을 잘 지키지 않을 뿐 더러 율법을 잘 모르고 있었습니다. 그래서 에스라는 그들에게 하나님의 법을 가르쳐 주고 실천할 수 있도록 도와주었습니다. 그것이 그의 종교개혁 운동의 핵심이 되었습니다. 에스라의 종교개혁은 그가 예루살렘에 도착한지 5개월도 채 못 되어서 일어났습니다(스 10:9).

지방의 방백들이 에스라를 찾아와 이스라엘 사람들이 이방인 거주자와 통혼(通婚)하는 죄를 범했다고 고했습니다(스 9:1-2). 그들은 스룹바벨의 인도로 에스라 이전에 예루살렘에 온 사람들인데, 그 가운데서 종교 지도자들과 민간 지도자들까지도 통혼에 가담한 사람들이 있었습니다. 통혼은 하나님께서 금하신 법입니다. 하나님께서 통혼을 금하신 것은 종족이 달라서가 아니라 단순히 종교적인 이유 때문이었습니다. 만약 이스라엘 백성들이 이방 사람들과 통혼을 하게 되면, 솔로몬이 그랬던 것처럼(왕상 11:3-5), 그들이 이방인들로부터 유혹을 받아서 그들이 드리는 우상 숭배에 탐닉할 수도 있었기 때문이었습니다. 만일 유대인들이 이 명령을 깨뜨린다면, 그 이외의 다른 것들도 얼마든지 범할 수 있다는 것을 에스라는 알고 있었습니다. 그래서 에스라는 엄격하게 유대인들에게 통혼의 죄를 범하지 말라고 권면했습니다.

그럼에도 불구하고 유대인들은 예사롭게 통혼을 하였고, 거기에 종교 지도자들까지 합세하고 있었습니다. 이 사실을 안 에스라는 깊은 슬픔에 잠길 수밖에 없었습니다. 그는 슬픔의 표로 옷을 찢었을 뿐 아니라, 도덕적 분노와 노여움을 표현하기 위해 머리털을 뜯었습니다(스 9:3). 백성들이 그의 주변에 모여 두려워하는 동안, 그는 기가 막혀 통곡하며 성전 뜰에 그대로 앉아 있었습니다. 저녁 제사는 오후 세시 경에 드렸는데, 그때 그는 금식하던 자리에서 일어나 찢어진 옷 그대로 무릎을 꿇고 하나님을 향하여 "우리의 죄악이 많아 정수리에 넘치고 우리 허물이 커서 하늘에 미침이니이다"(스 9:6)라고 기도하며 이스라엘인들의 귀에 들릴 정도로 크게 죄를 고백했습니다. 그리고 그는 너무 얼굴이 부끄러워서 낯을 들 수 없다고 하였습니다(스 9:7).

에스라가 하나님 전 앞에 엎드려 울며 죄를 자복(自服)하는 기도를 드리고 있을 때, 많은 백성들도 심히 통곡하며 함께 죄를 회개하는 기도를 드렸습니다(스 10:1). 엘람 자손 중 여히엘의 아들 스가냐가 에스라에게 새로이 언약을 맺으면 소망이 있을 것이므로 이러한 사회적 악습을 제거하는 일에 전적으로 돕겠다고 확약을 했습니다(스 10:2-4). 에스라는 즉시 지도자들에게 스가냐의 말대로 행하도록 순종의 맹세를 하게 하였습니다(스 10:5).

에스라는 밤에 여호하난의 방으로 물러가 계속하여 금식 기도를 드리며, 자기 백성들의 죄 많음을 자복하고 애통했습니다(스 10:6). 에스라는 3일 안으로 백성들을 예루살렘 성전 앞 빈 광장에 모이도록 온 나라에 선포케 하였습니다. 만약 오지 않으면 추방하거나 재물을 몰수하겠다고 위협했습니다. 성전은 에스라서에서는 항상 모든 사건이 벌어지는 중심지였습니다. 에스라의 지시가 공포 된지 삼 일 안에 백성들이 예루살렘 성전으로 모여들자 큰 비가 내렸습니다(스 10:9). 그때는 우기였습니다. 그렇지만 서약(스 10:5)과 벌을 받는다는 것 때문에 그 모임은 예정대로 진행되었습니다.

에스라는 떨고 있는 회중들에게 자신들이 귀환할 수 있었던 것은 바로 하나님의 은혜였다고 선포했습니다. 그럼에도 불구하고 그들은 자신들을 하나님 앞에서 순결토록 해주는 하나님의 계명을 깨뜨렸으므로 어떤 형벌을 하나님께서 내리시더라도 달게 받아야 한다고 했습니다(스 10:8-14). 그러니 그들의 죄를 자각하고 진정한 회개의 표로 이방인 아내들과 헤어지라고 권고했습니다. 백성들은 에스라의 말에 기꺼이 순종하겠다고 대답했습니다. 이스라엘 백성들의 신앙 부흥 운동은 모든 죄악을 회개하는 데서부터 시작되었습니다.

그러나 거기에 관련된 사람이 많고 또 비가 내려서 그것을 당장 시행할 수는 없고 조금 시간을 두고 행하기로 했습니다. 그리고 그 일을 조사할 대표들을 뽑고 백성들은 해산하게 하였습니다. 선발된 일단의 사람들에게서 조력을 받고 유대도의 각 부에서 온 여러 대표들에게 도움을 받아 에스라는 통혼한 범법자들을 3개월 간 조사하게 하였습니다. 모든 사항은 개별적으로 처리해서 정의가 이루어지도록 했습니다(스 10:16-17).

에스라는 그의 기록을 마치면서 끝부분에 이방인들과 결혼한 사람들의 명단을 제시하고 있습니다. 이 중대한 범죄에 가담한 사람은 제사장이 17명(스 10:18-22) 그리고 노래하는 사람 1명과 문지기 3명을 포함해서 레위인 10명(스 10:23-24) 또한 이스라엘 주변의 민족들 중에서 귀환한 사람들 84명(스 10:25-43)이었습니다. 백성들은 지도자들이 말한 것처럼(스 9:1), 제사장들과 레위인들 조차도 범죄 하였습니다. 범죄 한 네 제사장들은 레위기서 5장 14절-15절에 명시되어 있는 것처럼 속죄제를 드리면서 제물로 양 한 마리씩을 각각 바쳤습니다. 이방인들과 결혼한 사람들 가운데는 이미 자녀를 가진 사람들도 있었습니다(스 10:44).

에스라의 기록은 여기서 갑작스럽게 끝나고 있습니다. 그러나 에스라가 주려고 한 메시지는 분명하고 완벽합니다. 백성들이 하나님과의 교제를 회복하기 위해서는 그들이 바른 성전예배를 드리며(스 1장-6장) 또한 하나님의 말씀에 따라서 사는 것이 절대적으로 요구된다는 것이었습니다(스 7장-10장). 에스라는 유대인들에게 깨끗한 마음과 올바른 생활을 함으로써 다가올 메시아를 맞이할 준비를 하도록 도와주었습니다.

"에스라와 종교개혁 운동"에 관한 이야기를 마치면서 떠오르는 시는 조지 허벗의 "속죄"라는 시입니다.

오랫동안 어떤 부유한 지주의 소작인이었지만
계속 가난하였기에, 나는 대담해지기로 결심하고,
낡은 토지는 버리고 소작료가 적은 새로운
토지를 빌려달라고 지주에게 청원키로 하였다.

하늘에 있는 그의 장원으로 나는 지주를 찾아갔다.

그곳 사람들이 말하기로는 지주는 근래에
오래전에 지상에서 비싼 값으로 사두었던
토지를 손에 넣기 위하여 떠났다는 것이었다.

나는 즉시 되돌아왔다. 그리고 그분의 위대한 출생을 알기 때문에
사람들이 많이 모이는 곳에서 그분을 찾았다.
도시, 극장, 정원, 공원 그리고 궁전에서.
드디어 나는 도적들과 살인범들의 떠드는 소음과 환성을
들었다. 거기서 나는 그분을 보았다.
그분은 즉시 "너의 청원은 허락되었느니라" 고 말씀하시고 죽으셨다.

교회의 사제였던 헐벗은 예수께서 하신 것처럼 비유를 사용하여 자기 교구의 신자들에게 진리와 교훈을 쉽게 전달하였습니다. 14행으로 구성된 위의 시에서 그는 의미심장한 종교적 내용을 아주 쉽고 단순한 이미지로 묘사했습니다. "부유한 지주"는 그리스도를 가리키고, 가난한 "소작인"은 신자를 가리킵니다. "오랫동안"이란 말은 전후의 문맥으로 미루어 보았을 때, 어디서 하나님을 찾아야 할지를 몰랐던 어리석은 유대인들로 대표되는 인간의 우상숭배를 비롯한 긴 종교적 탐색을 함축하고 있다고 할 수 있습니다. "낡은 토지"란 형식과 규율이 엄격하고, 충족되어야 할 조건이 까다로운 유대교의 율법주의를 암시하며, "소작료가 적은 토지"란 단순히 예수께로 나아가 믿고 의지하기만 하면 구원받는다는 그리스도의 은혜를 암시합니다. 에스라 시대에는 아직 그리스도가 오시지는 않았지만, 때가 되면 그리스도 즉 메시아가 오실 것인데 이방 사람들과 통혼하고 그들이 섬기던 신을 섬기던 일을 회개하고 새로운 마음과 바른 생활을 회복하여야만 구원의 축복을 누릴 수 있다는 것입니다.

에스더와 유다 민족

바벨론의 왕 느부갓네살은 예루살렘으로 쳐들어가 많은 사람을 바벨론으로 끌고 왔습니다. 그들은 바벨론에서 수십 년 동안 포로생활을 했습니다. 그러던 중 페르시아의 왕 고레스가 바벨론을 멸망시켜 유대인들에게 예루살렘으로 돌아가도 좋다는 명령을 내렸습니다. 그래서 많은 유대인들이 예루살렘으로 돌아갔지만 그대로 바벨론에 머물러 사는 유대인들도 꽤 있었습니다. 그들 중의 하나가 바로 모르드개(Mordecai)이었습니다.

그 당시의 페르시아 왕은 아하수에로(Ahasurus=Xerxes 크세륵세스, 주전 486- 465)입니다. 그는 인도(파키스탄)에서 구스(이디오피아)까지의 1백 27도를 다스리고 있었습니다. 나라를 다스리기 시작한 지 삼 년째 되던 해, 왕은 각 도의 귀족과 방백(지방 관리)들을 모아놓고 자신의 부귀와 혁혁(赫赫)한 위엄을 드러내 보이려고 1백80일 동안 잔치를 베풀었습니다. 그것이 끝나자 왕은 또다시 수산 성의 백성들을 위해 이레 동안 잔치를 열었습니다. 잔치가 끝날 무렵, 왕은 와스디(Vashti) 왕후의 아름다운 모습을 여러 사람에게 보여 주고 싶어 몇 차례 사람을 보내어 왕후에게 잔치에 참석하라고 명했습니다. 그러나 부인들을 따로 초대하여 잔치를 벌이고 있던 왕후는 초대에 응하지 않았습니다. 화가 난 왕은 이러한 일 때문에 왕후와 이혼을 하였으며 이 사실을 나라 안 곳곳에 알렸습니다(에 1장). 이런 일이 있은 지 얼마 지나지 않아서 신하들은 왕에게 새 왕비를 맞이하라고 권하였습니다. 왕이 이 의견을 받아들이자, 신하들은 전국 각 도에 관리들을 보내어 "아리따운 처녀들"을 뽑아 들이라는 명령을 내렸습니다.

그 때 수산 성에는 모르드개가 살고 있었는데, 그는 하나님의 법대로 사는 용기 있는 사람이었습니다. 그에게는 부모 없는 사촌 누이가 있었습니다. 그 이름은 에스더(Esther)였습니다. 에스더는 몸매도 아름다웠고 용모도 단정하였습니다. 모르드개는 이 에스더를 왕비 간택 자리에 내보내었습니다. 왕은 다른 어느 아가씨들보다도 에스더에게 마음이 끌렸습니다. 왕은 에스더가 유다 사람이라는 것을 몰랐습니다. 그래서 왕은 에스더의 머리에 면류관을 씌우고 와스디를 대신하여 왕비를 삼은 뒤 호화로운 잔치를 베풀었습니다. 어느 날 모르드개는 왕에게 큰 불만을 품고 있던 두 신하가 왕을 죽이려고 음모를 꾸미고 있는 이야기를 우연히 들었습니다. 모르드개는 이 사실을 못 들은 체하고 지나칠 수 없어 에스더를 통하여 즉시 이 사실을 왕에게 알렸습니다. 왕은 두 신하를 불러 심문을 하였습니다. 그 결과 왕을 죽이려고 음모하였다는 사실이 드러났습니다. 왕은 그들을 반역자로 사형에 처하는 한편 모르드개에게 고마워하면서 왕실의 일을 낱낱이 적어두는 관리에게 이 일을 적어두라고 명령하였습니다(에 2장).

왕의 대신 중에는 하만(Haman)이라는 사람이 있었습니다. 그는 여러 가지 방법으로 왕의 신임을 얻어 대신들 중에서 제일 높은 총리 자리에 앉게 되었습니다. 페르시아에서는 신을 섬기듯이 왕을 섬기고 있었습니다. 그때부터 하만은 왕의 신임을 빙자(憑藉)하여 자기에게도 무릎을 꿇어 절을 하게 하였습니다. 모든 사람이 다 그에게 절을 하였지만, 오직 유다인 모르드개 만이 절하지 않았습니다. 주위의 사람들이 왕의 명령을 거역하는 것은 옳지 못하다고 권유했지만, 끝내 그의 뜻을 굽히지 않았습니다.!

마침내 당시 실권자(實權者)였던 하만에게 그 사실이 알려졌습니다. 하만은 언제든지 기회가 오면 그를 없애버리기로 작심하였습니다(에 3장). 어느 날 모르드개가 유대인이라는 사실을 알게 된 하만은 유다인 모두를 진멸하기로 결심하였습니다. 그래서 그는 왕 앞에 나아가 왕의 법을 무시하고 그들 자신들의 법과 풍습만을 따르는 유다 민족을 진멸해달라고 요청하였습니다. 왕은 반지를 손에서 빼어 하만에게 주며 "(그대) 소견에 좋을 대로 행하라" (에 3:11)고 하였습니다.

하만은 왕을 빙자하여 모든 지방 관리에게, "아달월(12월) 십삼일 하루 동안에 모든 유대인을 젊은이 늙은이 어린이 여인들을 막론하고(가리지 말고) 죽이고 도륙(屠戮)하고 진멸하고 또 그 재산을 탈취하라" (에 3:13)고 영을 내렸습니다. 이 소식을 전해들은 모르드개는 옷을 찢고 굵은 베옷을 걸친 다음, 재를 무릎 쓰고 단식하고 기도하며 울면서 거리를 돌아다녔습니다. 한편 왕궁에 사는 에스더는 모르드개가 이상한 옷차림을 하고 울며 거리를 돌아다닌다는 소문을 듣고 사람을 보내어 그 까닭을 물었습니다. 모르드개는 유대인을 모두 죽이라는 왕의 명령이 내려졌으니 유대인을 살리기 위해 왕에게 애원하라는 말을 에스더에게 전하였습니다. 이 말을 들은 에스더는 몹시 당황하였는데, 그것은 자기 힘으로서는 그런 일을 할 수가 없었기 때문입니다. 페르시아의 법에는 어떤 사람이든지, 비록 왕후라 하더라도 왕이 부르지 않으면 왕 앞에 나아가지 못하게 되어 있었고, 이 법을 어기는 사람은 사형을 당하게 되어 있었습니다.

에스더는 모르드개에게 사람을 보내어 그런 힘이 자기에 없다는 것을 알렸습니다. 그러나 모르드개는 물러서지 않고 에스더가 보낸 사람에게 다시 "네가 왕후의 위를 얻은 것이 이때를 위함이 아닌지 누가 아느냐" 라고 하였습니다. 모르드개의 말을 들은 에스더는 "죽으면 죽으리라" (에 4:16)라는 일사의 각오로 왕에게 나아가기로 결심하였습니다. 에스더는 유대인들과 함께 단식하고 기도한 다음 화려하게 몸단장을 하고 왕 앞에 나아갔습니다. 뜻밖에도 왕은 손에 잡았던 금홀(金笏)을 그녀에게 내밀어 반갑게 맞아 주었습니다. 왕은 왕후에게, "에스더여 그대의 소원이 무엇이뇨"라고 물었습니다. 에스더는 왕에게 왕을 위하여 잔치를 베풀려 하는데 선히 여기시면 하만과 함께 참석해 달라고 간청하였습니다. 하만은 왕후가 베푸는 잔치에 자기만을 초청받은 것을 매우 기뻐하며 돌아왔으나 궁궐 문에 있으면서도 절을 하지 않는 모르드개를 보고는 그만 분노하여 그를 매달아 죽일 오십 규빗(23미터)이나 되는 나무를 세웠습니다(에 5장).

한편 왕은 잠이 오지 아니하므로 역대 일기를 가져다가 읽게 했습니다. 그 기록에 따르면 왕의 내시 빅다나와 테레스가 왕을 암살하려는 것을 모르드개가 고발하여 왕의 생명을 구했다고 적혀 있었습니다. 왕은 이 기록을 보고 모르드개에게 어떤 논공행상이 있었느냐고 물었습니다. 그러나 아무 것도 베푼 것이 없다는 대답을 듣고, 왕은 하만에게 일러 그의 머리에 왕관을 씌우고 거리로 다니며 왕이 존귀케 하고자 하시는 사람은 이렇게 된다고 외치게 하였습니다(에 6장). 이런 왕명을 받은 하만은 기가 막혔지만 그대로 시행할 수밖에 없었습니다.

그의 아내와 가까운 친구들은 하만에게 큰 액운이 돌아오리라고 예고했지만, 그는 이 일을 미쳐 생각도 해보지 않고 에스더가 베푸는 둘째 날 잔치에 나아갔습니다. 왕은 술을 마시며 에스더에게 "왕후 에스더여 그대의 소청이 무엇이뇨 곧 허락하겠노라"고 재촉하였습니다. 이것은 아하수에로 왕이 조건 없이 에스더를 사랑했기 때문에 이루어질 수 있는 일이었습니다.

아하수에로의 에스더에 대한 사랑은 19세기 영국의 유명한 시인인 브라우닝의 아내이며 여류 시인이었던 엘리자베스 브라우닝(Elizabeth Barret Browning, 1806-1861)의 남편에 대한 사랑과도 같은 그런 사랑이었습니다. 이 사랑은 조건이 없는 사랑이라 할 수 있습니다. 어떤 조건을 두고 사랑한다는 것은 참사랑이라 할 수가 없습니다. 그래서 브라우닝은 이런 노래를 불렀습니다.

> 당신이 날 사랑해야 한다면,
> 오직 사랑을 위해서만 사랑해 주세요.
> 난 그 미소와 얼굴과 부드러운 말씨와
> 나와 꼭 어울리는 생각의 실마리 때문에,
> 또한 어느날 즐거운 느낌을 주었기 때문에
> 사랑한다고 말하진 마십시오.
> 이러한 일이란, 임이여, 그 자체가 변할 수도 있고,
> 당신에게 있어서도 변할 수도 있으니까요—
> 그렇게 짜인 사랑은 그렇게 풀려버릴 수 있을 거예요.
> 내 뺨의 눈물을 닦아주는 당신의 사랑어린 연민으로
> 날 사랑하진 마세요— 당신의 위안을 오래 받았던 사람도 울기를
> 잊어 버려 그로써 당신의 사랑을 잃을지도 모르니까요!
> 언제까지나 사랑의 영원을 통해 사랑할 수 있도록,
> 오직 사랑을 위해서만 날 사랑해 주세요.

조건이 없는 오직 사랑을 위해서만 사랑하라고 주장한다. 그 미소나 얼굴에 반해서 또는 말씨나 재주 때문에 사랑하는 것은 참사랑이 아니라는 것입니다. 왜냐하면 이러한 사랑의 조건은 변하게 마련이고, 조건이 변하면 그 사랑은 마침내 깨지고 말 것이기 때문입니다. 적어도 에스더가 아무런 허락도 없이 아하수에로 왕 앞에 나갔을 때 그가 "무엇을 원하느냐" 고 물으시며 그녀를 받아들인 것은 전혀 조건이 없는 그런 사랑이었다고 생각합니다.

에스더는 왕에게 "나와 내 민족의 생명을 구해 주소서" 라고 애걸하였

습니다. 왕은 "이런 일을 심중에 품은 자가 누구며 그가 어디 있느뇨"라고 따져 물었습니다. 에스더는 "대적과 원수는 이 악한 하만이니이다"라 하였습니다(에 7장). 크게 노한 왕은 모르드개를 죽이려고 세운 오십 규빗의 나무 장대에 하만의 목을 달게 했습니다. 왕은 유다인의 생명과 재산은 보호하라는 조서를 내리고 모르드개를 하만의 자리에 앉힌(에 8장) 반면, 수많은 하만의 자손들과 그들의 원수들은 죽이도록 하였습니다. 유대인들은 그들의 원수 죽인 것을 큰 기쁨과 영광으로 생각하고, 아달월 14일과 15일을 영구히 기념할 기쁨의 날로 정하고, 이날에는 잔치를 베풀고 서로 즐기며 서로 예물을 교환하며 가난한 자를 구제케 하였습니다(에 9장). 이 날을 아래 도표에서도 열거한 대로 부림절(the days of Purim)이라 합니다. 그 이후 모르드개는 왕 다음가는 높은 자리에 앉았고 왕후 에스더는 왕의 많은 사랑을 받으며 살았습니다(에 10장).

히브리의 구원사 기념절기

절기수	절기명	관련성구
1	유월절	출 12:6
2	무교절	레 23:5-6
3	수전절	요 10:22
4	부림절	에 9:17

"에스더와 유다 민족" 이야기는 전 10장으로 이루어진 에스더서 전편에 나옵니다. 이 이야기는 두 위대한 인물 즉 모르드개와 에스더를 중심으로 구성한 일종의 민족적 서사시라 할 수 있습니다. 그러나 문학적 양식 면에서 보면 일종의 짧은 소설(설화)이라 할 수 있습니다.

모르드개는 예레미야 못지않은 신앙의 투사였고 에스더도 민족적 여걸 즉 유다 민족의 대표자였습니다. 비록 하나님이라는 이름은 이 이야기에는 한 번도 나오지 않지만, 이 이야기 속에 전개되는 사건 안에 하나님은 존재하며 그 속에서 역사하시는 하나님의 섭리를 찾아볼 수 있습니다. 유다의 한 무명 소녀가 바사(페르시아) 제국의 왕후로 간택되었으며(에 2:15-18), 모르드개의 충성스러운 행적이 궁중 일기에 기록되었고(에 2:19-23), 한 달 동안이나 에스더를 부르지 아니했던 아하수에로 왕이 그녀를 반겼으며(에 5:2), 왕이 불면증에 시달리며 역대 일기를 읽던 중 모르드개의 공적을 알게 되었으며(에 6:1-3), 모르드개를 달아 죽이기 위하여 만든 나무에 오히려 적그리스도의 상징인 하만 자신이 달렸으며(에 7:9-10), 그리고 왕이 새 조서를 내려 유대인들로 하여금 승리를 거두도록 한 사실(에 9:1-19) 등이 모두 하나님의 섭리에 의해 이루어진 것이었습니다. 여기서 에스더는 자기 백성을 구해내는 중보자의 역할을 다합니다.

이 이야기에서 돋보이는 것은 이야기의 설화적 기교 중의 하나라 할 수 있는 구성(plot)입니다. 여기서 플롯은 발단, 투쟁, 결말로 전개됩니다. 발단의 단계는 가난한 유다 민족의 환경과 대조를 이루는 호화로운 왕궁의 잔치, 왕의 초청을 거절하는 왕후 와스디의 반응, 에스더의 왕후 간택 따위를 설명하는 것으로 이루어져 있습니다. 그 다음으로는 구성상의 투쟁이 나오는데, 개인적으로는 아하수에로 왕과 와스디 왕후, 하만과 모르드개 사이에 벌어집니다. 그것은 개인적인 충돌로 그치지 않고 하만의 군대와 유다 민족의 투쟁으로 확대됩니다. 더욱 악의 세력을 극복하기 까지 따르는 많은 장애물이 거기에 끼여 있어서 독자가 체험하는 서스펜스는 결말 부분까지 연속됩니다. 유다 민족을 구해달라는 모르드개의 간청을 받고도 에스더가 주저하는 것이나 왕의 허락 없이 왕궁에 나갈 수 없다는 것은 사건 해결을 어렵게 만드는 장애적인 요소가 되지만, 에스더가 법을 어기고 왕에게 접근하는 장면에서 일대 전기가 마련됩니다.

"에스더와 유다 민족" 에 관한 이야기는 점진적인 전개를 통하여 시적 정의(poetic justice)가 충족되며 결론에 이릅니다. 그 시적 정의는 첫째로 왕이 역대 일기로부터 모르드개가 세운 공로를 알아내고 하만을 시켜 그의 적 모르드개를 높여 주게 한 것이고, 둘째로 모르드개를 죽이기 위해 세워놓은 나무 장대에 하만 자신이 달려 죽게 한 것이며, 셋째로 모르드개가 왕 다음 가는 높은 자리에 올라 왕이 하만에게서 찾은 인장 반지를 받게 됨으로써 구체적으로 이루지는 것을 볼 수 있습니다.

실로 모르드개의 애국심과 에스더의 "죽으면 죽으리라"는 일사각오(一死覺悟)의 신앙은 적그리스도가 난무하고 있는 현대인들에게 신앙생활의 지표가 될 것입니다.

느헤미야와 예루살렘 성벽 재건

북 왕국의 이스라엘 백성들은 앗수르에 예속 되어서 결국 다른 문화권에 동화되었지만, 남왕국 유다의 백성들은 바벨론에서 바벨론의 문화에 물들지 않은 채 자신들의 문화를 고수했고, 바벨론이 주전 539년에 메데와 바사에 의해서 붕괴된 후에 많은 유대인들은 고국으로 돌아왔습니다.

제1차로 스룹바벨이 귀환하였고, 제2차로는 에스라가 귀환하였으며, 에스라가 귀환한 지 14년이 지난 주전 444년에, 느헤미야가 제3차로 귀환했습니다. 느헤미야의 어린 시절, 청년시절 그리고 그의 가문에 대해서는 전혀 알려진 바 없습니다. 단지 그의 부친의 이름이 하가랴(느 1:1)라는 것과 그의 형제의 이름이 하나니(느 1:2)라는 사실만이 밝혀져 있습니다. 아마도 느헤미야의 조부는 예루살렘이 바벨론에 의해서 점령되었을 때 포로로 끌려간 것 같습니다.

느헤미야는 이방 사회에서 높은 지위에 오른 인물이었습니다. 그는 아닥사스다 왕의 술 관원의 직분을 맡고 있었습니다(느 1:11). 왕의 궁정에 있어서 술 관원은 상당한 지위였는데, 느헤미야가 그러한 위치에 있었다고 하는 것은 느헤미야의 삶과 성격을 파악하는데 많은 도움을 준다고 생각합니다. 바사의 왕과 같은 막강한 힘을 가진 군주들은 자신의 술 관원을 택할 때 지혜롭고 식견이 있으며 성품이 정직하고 신뢰할 만한 사람을 원했습니다. 그래서 느헤미야의 지위는 그가 지적으로 탁월한 능력을 지니고 있었다는 것과 그가 정서적으로 성숙했으며 또한 영적으로도 높았다는 것을 알려줍니다.

바사만의 북동쪽 160km 가량에 있는 수산궁서, 느헤미야는 편안하게 살고 있었습니다. 그런 그에게 예루살렘의 성벽이 아직도 폐허 가운데 있다는 소식이 전해지자, 그는 깊은 슬픔에 젖게 됩니다. 그는 며칠 동안 금식하며 애곡했고 울며 예루살렘에 있는 자기 백성을 위해 기도했습니다(느 1:2-4).

느헤미야서 1장 5절-11절에 기록된 기도는 이 애곡 기간 중 그가 행한 중보 기도의 정수라 할 수 있습니다. 이것은 그가 이스라엘 역사, 시내산에서의 언약, 모세에게 주어진 율법, 그 율법을 이스라엘이 깨뜨린 것, 회개하는 망명인들에 대한 회복의 약속 등에 정통해 있음을 반영해 주고 있습니다. 느헤미야는 "하늘의 하나님"(느 1:4)을 언약의 하나님으로 인정했고, 그분께서 이스라엘에게 자비를 베풀어 주시기를 간청했습니다. 결론적으로 그는 주인인 바사 왕으로부터 은총을 입을 수 있게 해달라고 하나님께 간구했습니다(느 1:11).

3개월 후에 느헤미야는 황금 같은 기회를 얻게 됩니다. 그가 아닥사스다의 시중을 들 때, 왕은 그가 매우 수심에 싸인 것을 알아차렸습니다(느 2:1). "네가 병이 없거늘 어찌하여 얼굴에 수심이 있느냐?"(느 2:2)라는 주인의 질문에 대해 느헤미야는 두렵고 떨림으로 예루살렘의 혼돈스런 상태에 대한 자신의 슬픔을 왕에게 고했습니다. 아닥사스다가 소원이 무엇인지 말해보라고 관대히 물었을 때, 느헤미야는 재빨리 은밀한 기도를 드린 후 담대히, "나를 유다 당 나의 조상들의 묘실이 있는 성읍에 보내어 그 성을 건축하게 하옵소서"라고 요구했습니다(느 2:5). 느헤미야는 그의 원수들의 반대에 직면하게 될 것으로 예견하고, 그는 유프라테스 유역과 강서부의 대평야 지역을 통과할 수 있는 왕의 허가서를 왕에게 요청했으며(느 2:7), "왕의 삼림 감독 아삽"(느 2:8)에게 편지를 써 줄 것을 간청했습니다. 그것은 그가 성문과 벽과 성의 다른 부분을 재건하는 데는 많은 목재가 필요했기 때문이었습니다. 군대 장관과 마병과 더불어 느헤미야가 예루살렘에 도착한 것은 주변 지역의 총독들에게는 실로 놀라운 일이 아닐 수가 없었습니다. 즉시 느헤미야는 두서너 사람을 대동하고 성벽의 상태를 점검하는 야간 순시를 돌았습니다(느 2:13). 그리고 사람들을 모아 성벽을 재건하자는 제안을 내놓았습니다. 그들은 열성적으로 느헤미야를 지지했습니다(느 2:18-20). 느헤미야는 민완한 조직가로서, 아래의 도표에서 보는대로, 예루살렘 성벽의 여러 문과 구역에 사람들을 배치하였습니다(느 3:1-32).

예루살렘의 성문들

이 름	관 련 성 구
양 문	느 3:1; 요 1 1:29
어 문	느 3:3; 마 4:19
옛 문	느 3:6; 마 11:29
골짜기문	느 3:13; 눅 14:11
분 문	느 3:14; 고후 7:1
샘 문	느 3:26; 요 7:38
수 문	느 3:26; 요 15:3
마 문	느 3:28; 엡 6:11
동 문	느 3:29; 계 22:12
함밉갓문	느 3:31; 고후 5:10

이러한 급작스러운 집중적인 활동은 주변의 여러 지역으로부터 반발을 샀습니다. 호론 사람 산발랏과 암몬 사람 도비야 및 아람 사람 게셈 같이 영향력 있는 지도자들은 일이 시작되자마자 유대인들을 반역자라고 비난했습니다(느 2:18). 수리 계획이 신속하게 진행되는 것을 보자, 그들은 저항 세력을 조직할 정도로 분격했습니다. 그 결과 산발랏과 도비야는 아라비아인, 암몬인, 아스돗 사람들의 지지를 받아서 예루살렘 공격의 계획을 꾸몄습니다.

이때쯤에 성벽은 그 높이의 반쯤 완성되었습니다. 느헤미야는 기도만 한 것이 아니라 주야로 파수꾼을 세워 적들을 막았습니다(느 4:9). 이 효율적이고, 효과적인 파수 체제 때문에 적들의 계획은 좌절되었습니다.

그러자 유대인들은 힘을 얻어 성벽 건축을 재개하기 시작했습니다. 느헤미야는 백성들 가운데서 절반은 일을 하게하고 나머지 절반은 갑옷을 입고 창과 방패와 활을 들고 파수를 보도록 했습니다. 예루살렘의 민관(관리)들은 성벽 재건 작업에 직접 참여하지는 않았지만, 일하는 사람들 뒤편에서 파수를 본 것으로 추측됩니다. 느헤미야는 거기에 덧붙여서 자신 옆에 나팔수를 대동했는데, 그 나팔수는 느헤미야가 일을 감독하기 위해서 가는 곳마다 따라다녔습니다. 만약 외부에서 적들이 공격해오면 나팔수는 나팔을 불어서 백성들로 하여금 공격받는 장소로 집결하게 하였습니다. 그들은 새벽부터 밤까지 일했고, 밤에는 파수꾼의 직무를 감당하여야만 했습니다(느 4:15-23).

성벽이 거의 준공되어갈 무렵, 느헤미야는 이방인들 보다는 유대인들의 도전을 더 받게 됩니다. 당시에 그들에게는 세 가지 어려움이 있었습니다. 첫째, 예루살렘의 거민들은 식량난에 허덕이고 있었습니다. 그들은 자신들과 그들의 가족들이 먹고 살기 위한 식량이 필요하다고 말했습니다(느 5:2). 성벽에서 일하는 동안 그들은 농사일을 돌볼 수가 없었습니다. 그래서 수확을 할 수가 없었고 이것은 기근을 가져왔습니다. 둘째, 수확을 하지 못한 사람들은 전답과 포도원, 집을 팔아서(느 5:3) 그것으로 곡식을 살 수밖에 없었습니다. 셋째, 재산을 팔지 않으려는 사람들은 재산이 넉넉한 유대인들에게서 돈을 빌려서 그것으로 아닥사스다 왕에게 재산세를 바쳤습니다. 그런데 돈을 빌려준 사람들이 엄청난 이자를 부과해서 이것이 문제를 더욱 복잡하게 만들었습니다.

느헤미야는 이 어려운 문제들을 과감히 해결해 나가기 시작했습니다. 첫째, 느헤미야는 하나님의 백성에게 돈을 빌려주고 이자를 받지 말라고 하신 하나님의 계명(출 22:25; 레 25:35-38; 신 23:19-20)을 범하고 다른 사람의 고통에는 참여하지 않는 사람들을 책망했습니다. 둘째, 느헤미야는 대집회를 열고, 자신과 또 다른 사람들이 유배생활을 하면서 자신들의 동포인 유대인들을 개인적으로 도와주었던 사실과 비교하면서

탐욕스러운 자들의 행위를 지적했습니다. 느헤미야나 다른 사람들은 외국인들에게 팔리는 몇몇 노예들을 돈을 지불하고 사서 그들을 속전(贖錢)시켜 주었습니다. 이런 일을 함에 있어서 느헤미야는 본을 보였습니다(느 5:10-11). 게다가 예루살렘을 드나들던 150명의 유다인과 민장(ruler)들은 무료로 느헤미야의 식객이 되어 식사 문제를 해결했습니다. 그도 그의 종자도 가난한 자들을 도울 때, 돈이나 옥수수의 대여에 의해 땅을 전당 잡힌 일은 없었습니다. 이렇게 하여 느헤미야는 이 중대한 보수 시기 중에 있던 경제적 위기를 효과적으로 해결했습니다.

유다인의 적들은 그들의 방해에도 불구하고 성벽이 완공되어 간다는 소리를 듣자, 느헤미야를 함정에 빠뜨릴 계획을 고안해냈습니다. 산발랏과 게셈은 네 번이나 그를 "오노 평지 한 촌에서"(느 6:2) 만나자고 청하였습니다. 그들에게 악한 의도가 있는 것을 어렴풋이 알아챈 느헤미야는 초대를 거절하고 자기가 너무 바쁘다는 그럴 듯한 핑계를 댔습니다. 다섯 번째의 제안은 산발랏으로부터 온 공개서한이었는데, 느헤미야에게 반역의 계획과 왕이 되려는 개인적 야심이 있다며 비난했습니다(느 6:5-6). 이 말이 바사 왕에게 알려지리라는 경고와 함께 산발랏은 느헤미야를 재촉해 문제를 토의할 회합에 참여하라고 했습니다. 느헤미야는 산발랏에게 말하기를 이것은 단순히 산발랏 자신의 마음에서 지어낸 것이라고 비난하는 것으로써 이 협박에 담대히 응했습니다. 동시에 그는 하나님께서 이 책임을 수행함에 있어서 자기를 강건하게 세워주실 것을 소청(所請)하였습니다(느 6:8-9).

그 다음 계략은 백성 앞에서 느헤미야의 체면을 손상시키는 일이었습니다. 산발랏과 도비야가 교활하게도 뇌물을 주고 거짓 선지자인 스마야를 고용한 것은 느헤미야를 두렵게 하고 이렇게 함으로써 범죄하게 하고 악한 말을 지어내는 것은 그를 비방하기 위한 것이었습니다(느 6:10-14). 느헤미야가 두문 분출하던 스마야를 방문했을 때 거짓 선지자는 성전에 숨자고 제안했습니다. 그는 그를 죽이려는 모략이 있다고 느헤미야에게 경고했습니다. 느헤미야는 결단코 "들어가지 않겠노라"(느 6:11)라고 힘주어 말했습니다. 우선 그는 도망하지도 않겠고, 또 성전에 들어가지도 않겠다고 했습니다. 분명 느헤미야는 이런 행동이 자기 백성으로부터 심한 비난을 듣게 되고 제사장이 아닌 연고로 성전에 들어가는 것 때문에 하나님의 심판까지도 받으리라는 것을 예견했습니다. 그는 스마야가 산발랏과 도비야에게서 뇌물을 먹는 거짓 선지자라는 것도 잘 알고 있었습니다.

이런 모든 문제를 더욱 악화시킨 것은 도비야와 그의 아들 여호하난이 유다의 저명한 가족과 연관이 있었다는 사실입니다. 도비야의 장인인 스가냐는 스룹바벨과 함께 돌아온 아라의 아들이었습니다(스 2:5). 여호하난의 장인 무술람도 성전 재건에 있어 능동적인 참여자였습니다(느 3;4; 4:30). 그 관계가 언급은 안 되었지만, 심지어는 대제사장 엘리아십도 도비야와 관련이 있었습니다. 따라서 도비야와 이들 유다에 있는 가족 사이에는 잦은 통신이 오갔습니다. 이 효과적인 의사소통의 연결점이 느헤미야에게는 가장 어려웠으나 이는 그의 행동과 발표 계획이 계속 도비야에게 보고되기 때문이었습니다. 비록 도비야의 친척들이 느헤미야의 선행에 대해 칭찬의 보고를 했다손 치더라도 도비야가 예루살렘의 백성에 대해서 악한 의도밖에는 가진 것이 없다는 것을 느헤미야는 알고 있었습니다.

이런 방해에도 불구하고 예루살렘 성벽은 52일 만에 완공되었습니다. 원수들은 체면을 잃었고 주변의 국가들은 당연히 감명을 받았으며 하나님께서 느헤미야에게 은혜 베푸심을 다시 한 번 더 깨달았습니다. 원수의 방해에 직면해서도 느헤미야의 보수 계획이 성공적으로 완료되자, 유프라테스 서방의 여러 지역들 사이에 유다 국가의 위세는 확립될 수가 있었습니다.

느헤미야는 성을 재건했을 뿐 만 아니라 꾸어준 돈을 갚지 못하는 가난한 사람들을 노예로 삼아버리는 부자들의 못된 행동을 꾸짖는 등 올

바른 정치를 폈습니다. 그는 가난한 사람들 편에 서서 정의를 위해 불의와 싸웠습니다. 미국의 시인인 로웰(James Russel Lowell, 1819-1891)도 느헤미야와 마찬가지로 노예 폐지론을 주장한 기독교 휴머니스트였습니다. 그는 그런 기독교 정신을 "왕좌는 가난한 자와 더불어"라는 시에서 이렇게 노래했습니다.

> 나는 그들이 가는 곳에 따라갔다.
> 거기는 허름한 오막살이었는데
> 비와 바람을 막을 것이라고는 아무것도 없었다.
> 하지만 거기에
> 내가 계속해서 찾던 왕 그리스도가
> 부드러운 미소를 머금고 서 있었다.
> 굶주린 소년이 맨발로
> 그 사랑어린 무릎 주위에서 놀고 있었고,
> 초라한 노예 한 명이 얼굴을 들어
> 자기 마음을 해방시켜 준 그리스도의 미소에 마주 미소 짓고 있었다.
> 새로운 기적이 그의 임재하심에 의하여 생기는 것을
> 나는 내 눈으로 똑똑히 본 것이다.
> 거기에는 이미 벌거숭이 같은 오막살이는 없었다.
> 모아졌던 나무토막은 장작더미가 되고
> 잘려진 한 덩어리 빵조각은 부풀어
> 먹음직스러운 음식이 되었다.
> 나는 꿇어앉아 울었다.
> 나는 이미 나의 그리스도를 찾지 않는다.
> 그의 왕좌는 의지할 데 없는 자와 더불어 있다.

유다의 율법주의자들은 율법 준수를 최고의 가치로 알았겠지만 그리스도교는 의지할 데 없는 자들과 가난한 자들과 노예들을 더 소중하게 여깁니다. 정치가들은 대부분 부정직하며 부요하고 가난한 자들을 억누르고 착취하는 도적들이라 할 수 있지만 느헤미야는 실로 백성을 참으로 사랑하고 특히 가난한 자들을 돌보고 노예들을 위하여 싸운 참으로 모범적인 정치가였습니다. 메시아의 세계가 멀지 않아 도래할 조짐을 여기서 보게 됩니다.

끝맺는 말

성경은 하나님의 말씀으로 기독교의 유일한 경전입니다. 그러나 성경은 문학으로서도 위대합니다. "성경은 일련의 사상을 묶어 놓은 모음집도 이념적인 문서도 아니다. 또한 기독교적 삶의 행동 강령을 단순히 나열해놓은 책은 더 더욱 아니다. 성경은 하나님의 이야기(God' s story)이다. 성경은 이야기 혹은 내러티브를 통하여 하나님을 알리고, 기독교의 진리를 선포하고 있다. 스테판(Steffen)의 성경내용 분석에 의하면 많게는 성경의 2/3의 분량이 이야기라고 보며 나머지 1/3의 비이야기체 본문도 이야기를 떠나서는 이해할 수 없다고 본다. 예를 들어 시편은 분명히 이야기체로 구성되어져 있지는 않다. 시(詩)로 구성되어 있다. 그러나 이야기를 배제하고서 그 시의 의미는 파악되기 어렵다. 그 좋은 예가 바로 시인이 하나님의 구원하심을 노래할 때 그 밑바닥에 흐르는 것은 출애굽사건의 가슴 벅찬 이야기이다. 또 다른 일예로 바울이 기록한 서신서에서도 찾아볼 수 있다. 바울의 서신서 또한 이야기가 아니라 편지의 형식을 가지고 있다. 그러나 바울 서신을 자세히 들여다보면 바울이 그의 편지에서 구속의 주제를 설교할 때, 예수 그리스도의 십자가 이야기가 중심이 되지 않고서는 바울이 의도했던 바를 제대로 이해할 수 없을 것이다. 결국 성경이 여러 가지 장르로 기록되어 있지만 성경 핵심에 이야기가 있다는 사실을 누구도 부인할 수 없을 것이다. 하나님 백성의 삶은 성경의 이야기를 떠나서는 설명할 수 없기 때문이다." 이 장황한 인용은 총신대학교 학생생활지도센터에서 2005년 3월에 펴낸 『학생생활연구』제9호에 실려 있는 아동학과 조혜정 교수의 글을 그대로 옮겨놓은 것입니다.

조혜정 교수의 주장에 본 저자도 전적으로 동의합니다. 성경은 정확무오한 하나님의 말씀이지만 그 의미는 다양한 양식으로 이루어져 있습니다. "우리는 성경을 무오한 하나님의 말씀이라고 인정하는 동시에 성경에는 다양한 양식이 있음을 인정할 필요가 있다. 하나님의 말씀으로서의 성경은 그 내용, 기능, 형식, 전달방식에 있어서 여러 가지 측면들을 신중하게 고려할 때 비로소 객관적이고 참된 하나님의 음성이 규명되어지는 것이다"(조혜정, 46).

무엇보다 중요한 것은 성경이 어떤 핵심적인 내용을 가지고 있는 이야기인가를 아는 일입니다. 롱만(Longman)에 따르면 "성경은 분명한 혹은 명백한 원인과 결과의 구조에 의해서 각 사건이 서로에게 관련되어 있는 이야기입니다."(조혜정, 52쪽에서 재인용). 학자들은 대개 이것을 플롯이라고 합니다. 모든 이야기에는 반드시 플롯이 있어야 합니다. 플롯 없이 이야기는 성립될 수가 없습니다. 그러므로 성경의 이야기도 시작-중간-결말을 가지고 있는 플롯을 갖고 있습니다. 성경 전체를 놓고 볼 때 창세기는 시작이고 요한계시록은 결말입니다. 그리고 그 외의 모든 성경들은 중간이라 할 수 있습니다.

성경 이야기의 시작에 해당되는 창세기 1-2장은 성경적인 세계관의 핵심이 되는 창조의 역사를 통해 이 우주와 인간의 역사 속으로 개입해 들어오시는 하나님의 이야기입니다. 창세기 3장 이후 계속되어 신약까지 이어지는 거대한 플롯은 타락과 구원에 대한 이야기입니다. 즉, 타락한 인간들을 구원하시기 위해 세우신 하나님의 계획을 예수 그리스도의 십자가를 통해 성취해 가시는 이야기입니다.

그러나 그 구원은 이 세상에 존재하는 한 완성될 수가 없고, 믿음과 기나긴 성화의 과정을 거쳐 하늘나라에 들어가 하나님과 함께 영화로운 삶을 사는 완성으로 종결되는 것입니다. 그러니까 이 세상의 삶은 하늘나라를 향하여 가며 연출하는 기나긴 긴장과 스릴이 넘치는 극적인 여정이라 할 수 있습니다. 이 여행을 거치지 않고 하늘나라로 바로 들어갈 수 있는 사람은 하나도 없습니다. 그 과정에서 우리 인간은 실로 많은 조건과 환경과 싸우지 않으면 안 되도록 되어 있습니다. 마귀하고도 싸워야 하고 세상의 많은 악들과도 싸워야 하며 인간과 자연을 포함한 모든 미혹하는 세력들과도 피 터지는 싸움을 하지 않고서는 승리의 영광과 성결의 완성을 달성할 수가 없습니다. 이런 의미에서 인생은 한 편의 스펙터클 드라마라 할 수 있습니다. 성경은 이런 인생의 드라마 속에 개입하여 들어오셔서 선택된 백성들을 그 자신의 뜻대로 끌고 가셔서 영원한 생명을 누리게 하는 것으로 완결 짓는 하나님의 거대한 이야기인 것입니다.

이런 식으로 성경을 문학으로 취급하면 그 종교적 가치를 소멸하게 된다고 흔히들 말하지만, 그것은 문학을 깊이 이해하지 못하는 데서 오는 천박한 통념에 불과합니다. 존 디링크워터(John Drinkwater, 1882-1837)가 『문학으로서의 영어성경』에서, "성경을 문학으로서 생각한다는 것은 그 신성한 성질을 무시하는 것이 아니며, 더 더구나 그것을 부정하는 것이 아니다. 성경의 문자적 영감설을 항상 믿고 있는 사람들이야말로 먼저 신성한 표현법 그 자체가 신성한 것이며, 또한 그 방법은 그것을 받는 사람이 알고 있는 가장 아름답고 감동적인 언어를 사용하는데 있다는 것을 알아야만 한다. 만일 그렇다면, 문학으로서의 성경의 아름다움을 연구하는 것은 하나님의 말씀으로서의 성경의 일반적 연구보다도 훨씬 더 타당한 것이다"라고 말한 뜻을 음미해 볼 필요가 있습니다.

성경은 물론 하나님의 말씀으로, 그것 없이는 교회도, 교회 교육도, 존재할 수 없고, 신학이니 교회 정치니 하는 것도 존재할 수 없습니다. 기독교의 생명은 계시의 말씀 곧 성경에 있습니다. 그러나 외형적 문학 형식에 대한 깊은 이해는 내면적 의미를 심화시켜 줄 수 있다는 사실을 알아야 합니다. 더 더구나 성경을 문학으로 생각하는 것은 그 신성한 성질을 무시하거나 부정하는 것이 아니라는 것도 알아야 합니다. 성경을 "봉인된 책"(The sealed book)이라 하여 경의를 표하는 사람들이야말로, 경의만 표하면서 일반적 연구로 그치는 우를 범하지 말고, 그 표현 자체가 신성한 것이므로 그것을 깊이 이해하게 되면 자연 계시의 내용을 보다 깊이 이해할 수 있게 된다는 사실에 유의할 필요가 있습니다.

그린(J. R. Green, 1837-1883)이 "영국은 한 책의 민족이 되었고, 그 책은 성경이었다"라고 할 정도로, 영국민은 성경을 애호하는 민족이었습니다. 우리가 잘 알다시피 그들의 정신적 골격을 형성해 준 것이 성경이었고, 그들의 문화적 기초가 된 것도 성경이었습니다. 또한 수많은 영국 작가들의 영감과 문학적 발상, 용어와 문체 등에 지대한 영향을 미친 것도 성경이었습니다. 그들은 성경을 거룩한 하나님의 말씀으로 알아 일반적 연구도 게을리 하지 않았지만, 보다 중요한 것은 그것을 문학으로 취급하여 그것의 신성한 표현법과 상징적인 언어를 깊이 연구하는 동시에 그것을 생활화 내지 문학화 했던 것입니다. 그 결과 그들은 위대한 성경의 민족이 되었고, 따라서 그들은 성경적 정신을 창조적 원동력으로 하여 훌륭한 문화 예술(특히 문학)을 창조할 수가 있었습니다. 이런 민족적 사례만을 보아도 성경의 문학적 연구 즉 외형적 문학 양식과 표현법의 연구는 그 신성한 특질을 무시하거나 부정하는 것이 아니라 오히려 그것을 심화해 주며 더 나아가서는 기독교적 문화 창조의 원동력이 된다는 것을 알 수 있습니다.

헨리 밴 다이크(Henry Van Dyke, 1852-1933)가 "현대 세계에 있어서 기독교가 절대적인 영향력을 갖게 된 것은 현대문학에서 차지하는 성경의 지위 때문이다. 성경이 그 최대의 유력한 힘을 발휘하는 것은, 성경이 그 밖의 다른 책의 대용품이 될 때가 아니라, 모든 문학 속에 침투 할 때다"라고 말한 바와 같이, 성경은 한 국민의 문화적 내질을 변화시킬 수 있는 유력한 힘을 갖고 있습니다. 그러나 성경이 다른 가짜 문학에 대치될 때가 아니라 그 문학 속에 침투될 때 그것은 최대의 유력한 힘을 발휘할 수 있습니다. 마찬가지로 그것이 우리의 생활에 이야기로서 침투될 때 유력한 힘으로 나타날 수 있습니다. 이런 의미에서 성경의 토착화 곧 사회 문화 속에 깊은 뿌리를 내리게 하는 것이 시급하다고 생각합니다. 그러면 성경적 문화의 찬란한 꽃이 필 수 있을 것입니다. 본서가 이런 역할의 일부를 담당할 수 있기를 바랍니다. 마지막으로 내가 좋아하는 기도시 한편을 선사하는 것으로 본서의 대미를 마무리 하겠습니다. 시의 제목은 "하나님이여" 입니다.

하나님이여, 나에게 내가 변화시킬 수 없는 일에
대해서는 그것을 받아들일 수 있는 평정을 주시고,

내 힘으로 고칠 수 있는 일에 대해서는
그것을 고칠 수 있는 용기를 주시며,

그리고 이 두 가지 차이를 깨달아 알 수 있는
지혜를 허락해 주옵소서.

- 라인홀드 니버

구약설화의 세계
재미있고 신나는 성경이야기

2008. 3. 25 초판 인쇄
2008. 3. 30 초판 발행

지은이 조 신 권
발행인 김 영 무

발행처 : 도서출판 아가페문화사
156-094 서울 동작구 사당4동 254-9
전화 3472-7252, 3 팩스 523-7254
등록 제3-133호(1987. 12. 11)

보급처 : 아가페문화사
156-094 서울 동작구 사당4동 254-9
전화 3472-7252, 3 팩스 523-7254
온라인 우체국 011791-02-004204 (김영무)

정가 17,000 원

ISBN 978-89-8424-098-8 03230